盐野宏行政法教科书三部曲

行政法 II
Administrative Law

行政救济法

（第六版）

［日］盐野宏／著

杨建顺／译

北京大学出版社
PEKING UNIVERSITY PRESS

著作权合同登记号　图字：01-2019-3054

图书在版编目(CIP)数据

行政法Ⅱ（第六版）行政救济法／（日）盐野宏著；杨建顺译. -- 北京：北京大学出版社，2025. 1. -- ISBN 978-7-301-35897-9

Ⅰ. D931.353；D931.321

中国国家版本馆 CIP 数据核字第 20259JP464 号

Gyoseiho Ⅱ Gyoseikyusaiho 6th Edition
Copyright © 2019 by Hiroshi Shiono
Simplified Chinese translation copyright © 2025 by Peking University Press
All rights reserved.

Original Japanese language edition published by Yuhikaku.
Simplified Chinese translation rights arranged with Yuhikaku,
through Hanhe International(HK) Co., Ltd.

书　　　名	行政法Ⅱ（第六版）行政救济法 XINGZHENGFA Ⅱ（DI-LIU BAN）XINGZHENG JIUJIFA
著作责任者	〔日〕盐野宏　著　杨建顺　译
责任编辑	关依琳　王建君
标准书号	ISBN 978-7-301-35897-9
出版发行	北京大学出版社
地　　　址	北京市海淀区成府路 205 号　100871
网　　　址	http://www.pup.cn　http://www.yandayuanzhao.com
电子邮箱	编辑部 yandayuanzhao@pup.cn　总编室 zpup@pup.cn
新浪微博	@北京大学出版社　@北大出版社燕大元照法律图书
电　　　话	邮购部 010-62752015　发行部 010-62750672　编辑部 010-62117788
印 刷 者	三河市北燕印装有限公司
经 销 者	新华书店
	650 毫米×980 毫米　16 开本　25.75 印张　613 千字 2025 年 1 月第 1 版　2025 年 1 月第 1 次印刷
定　　　价	98.00 元

未经许可，不得以任何方式复制或抄袭本书之部分或全部内容。
版权所有，侵权必究
举报电话：010-62752024　电子邮箱：fd@pup.cn
图书如有印装质量问题，请与出版部联系，电话：010-62756370

作 者 简 介

盐野宏（しおの　ひろし，Shiono Hiroshi）
1931 年生。
1956 年毕业于东京大学法学部。
曾任东京大学法学部教授、成蹊大学法学部教授、东亚大学通信制大学院教授。
现东京大学名誉教授。

[主要著作]
《奥特·玛雅行政法学的构造》（"行政法研究"第 1 卷），有斐阁，1962 年版。
《公法与私法》（"行政法研究"第 2 卷），有斐阁，1989 年版。
《行政过程及其统制》（"行政法研究"第 3 卷），有斐阁，1989 年版。
《国家和地方公共团体》（"行政法研究"第 4 卷），有斐阁，1990 年版。
《行政组织法的诸问题》（"行政法研究"第 5 卷），有斐阁，1991 年版。
《广播法制的课题》（"行政法研究"第 6 卷），有斐阁，1989 年版。
《法治主义的诸形态》（"行政法研究"第 7 卷），有斐阁，2001 年版。
《行政法概念的诸形态》（"行政法研究"第 8 卷），有斐阁，2011 年版。
《国土开发》（现代法学全集），筑摩书房，1976 年版。
《行政法Ⅰ（第六版）行政法总论》，有斐阁，2015 年版。
《行政法Ⅱ（第六版）行政救济法》，有斐阁，2019 年版。
《行政法Ⅲ（第五版）行政组织法》，有斐阁，2021 年版。
《条解行政程序法》（合著），弘文堂，2000 年版。
《演习行政法》（新版，合著），有斐阁，1989 年版。

《行政法散步》(合著),有斐阁,1985年版。

《行政法Ⅰ》(繁体中文版),刘宗德、赖恒盈合译,台北月旦出版股份有限公司,1996年版。

《日本行政法论·行政法Ⅰ》《日本行政法论·行政法Ⅱ》(韩文版),徐元宇、吴世卓合译,韩国法文社,1996年版。

《行政法》(简体中文版),杨建顺译,姜明安审校,法律出版社1999年版。

《行政法Ⅰ(第四版)行政法总论》《行政法Ⅱ(第四版)行政救济法》《行政法Ⅲ(第三版)行政组织法》(简体中文版),杨建顺译,北京大学出版社2008年版。

《行政法Ⅰ(第六版)行政法总论》《行政法Ⅱ(第六版)行政救济法》《行政法Ⅲ(第五版)行政组织法》(简体中文版),杨建顺译,北京大学出版社2025年版。

译 者 简 介

杨建顺,1963年生,山东招远人,中国人民大学二级教授、博士生导师,比较行政法研究所所长,中国法学会行政法学研究会副会长,北京市法学会行政法学研究会副会长,日本国一桥大学法学博士。

[主要成果]
《日本行政法通论》,中国法制出版社1998年版。
《日本国会》(编著),华夏出版社2002年版。
《行政规制与权利保障》,中国人民大学出版社2007年版。
《行政强制法18讲》,中国法制出版社2011年版。
《行政法总论》(主编,第二版),北京大学出版社2016年版。
《权力的规则——建顺微思录(一)》,北京大学出版社2017年版。
《行政裁量的运作及其监督》,载《法学研究》2004年第1期。
《论行政评价机制与参与型行政》,载《北方法学》2007年第1期。
《计划行政的本质特征与政府职能定位》,载《中国人民大学学报》2007年第3期。
《论给付行政裁量的规制完善》,载《哈尔滨工业大学学报(社会科学版)》2014年第5期。
《中国行政规制的合理化》,载《国家检察官学院学报》2017年第3期。
《论土地征收的正当程序》,载《浙江社会科学》2019年第10期。
《行政法典化的容许性——基于行政法学体系的视角》,载《当代法学》2022年第3期。

翻译日本南博方作品:
《日本行政法》(合译),中国人民大学出版社1988年版。
《行政法》(第六版),中国人民大学出版社2009年版。

《行政法》(第六版·中文修订版),商务印书馆2020年版。
《行政诉讼中和解的法理(上)》,载《环球法律评论》2001年第1期。
《行政诉讼中和解的法理(下)》,载《环球法律评论》2001年第4期。

翻译日本盐野宏作品:
《行政法》(姜明安审校),法律出版社1999年版。
《行政法Ⅰ(第四版)行政法总论》《行政法Ⅱ(第四版)行政救济法》《行政法Ⅲ(第三版)行政组织法》,北京大学出版社2008年版。
《行政法Ⅰ(第六版)行政法总论》《行政法Ⅱ(第六版)行政救济法》《行政法Ⅲ(第五版)行政组织法》,北京大学出版社2025年版。

目　录

2025 年三分册中文版译者说明 ……………………………………（1）
写给中国读者的话 ……………………………………………………（7）
新中文版三分册总序 …………………………………………………（9）
合订本中文版序言 ……………………………………………………（11）
序言(第六版) …………………………………………………………（13）
序言(第五版) …………………………………………………………（15）
序言(第四版) …………………………………………………………（17）
序言(第三版) …………………………………………………………（19）
序言(第二版) …………………………………………………………（21）
序言(初版) ……………………………………………………………（23）
文献简称与全称对照一览表 …………………………………………（25）

第三编　行政救济论

绪　论　行政救济法的观念 …………………………………………（1）

第一部　行政争讼法 ………………………………………………（3）
序　章　行政争讼的观念 ……………………………………………（3）
第一章　行政过程中的行政争讼 ……………………………………（6）
　第一节　行政上的不服申诉——概述 ……………………………（6）
　第二节　行政不服审查法 …………………………………………（10）
　第三节　行政审判 …………………………………………………（35）
　第四节　行政过程中的其他行政争讼 ……………………………（43）
　第五节　苦情处理和行政监察员 …………………………………（47）

第二章　行政事件诉讼 (52)

- 第一节　沿革 (52)
- 第二节　《行政事件诉讼法》的特色 (62)
- 第三节　抗告诉讼——概述 (66)
- 第四节　撤销诉讼——基本构造 (67)
- 第五节　诉讼要件 (77)
- 第六节　撤销诉讼的审理 (123)
- 第七节　诉讼的终结 (147)
- 第八节　撤销诉讼中的临时救济——执行停止制度 (167)
- 第九节　无效确认诉讼（争点诉讼和当事人诉讼）——无效的行政行为及其救济方法 (175)
- 第十节　不作为的违法确认诉讼 (187)
- 第十一节　义务赋课诉讼 (191)
- 第十二节　中止诉讼 (204)
- 第十三节　法定外抗告诉讼 (207)
- 第十四节　当事人诉讼 (209)
- 第十五节　民众诉讼和机关诉讼 (220)
- 第十六节　裁判权的界限 (231)

第二部　国家补偿法 (238)

序章　国家补偿的观念 (238)

第一章　国家赔偿 (240)

- 第一节　概念 (240)
- 第二节　《国家赔偿法》的定位及概要 (245)
- 第三节　与公权力的行使有关的赔偿责任——《国家赔偿法》第1条 (248)
- 第四节　与营造物的设置管理有关的赔偿责任——《国家赔偿法》第2条 (277)
- 第五节　赔偿责任者 (287)
- 第六节　民法的适用 (294)

第二章　损失补偿 ……………………………………………（298）
　第一节　概　念 ……………………………………………（298）
　第二节　损失补偿的必要性 ………………………………（300）
　第三节　补偿的内容 ………………………………………（306）
　第四节　国家补偿的稀疏领域 ……………………………（316）

判例索引 ………………………………………………………（325）

事项索引 ………………………………………………………（343）

合订本中文版译后记 …………………………………………（351）

三分册中文版译后记 …………………………………………（353）

2025年三分册中文版译后记 …………………………………（357）

行政法Ⅰ(第六版)行政法总论

2025年三分册中文版译者说明 ………………………………… (1)
写给中国读者的话 ……………………………………………… (7)
新中文版三分册总序 …………………………………………… (9)
合订本中文版序言 ……………………………………………… (11)
序言(第六版) …………………………………………………… (13)
序言(第五版) …………………………………………………… (15)
序言(第四版) …………………………………………………… (17)
序言(第三版) …………………………………………………… (19)
序言(第二版) …………………………………………………… (21)
序言(初版) ……………………………………………………… (23)
文献简称与全称对照一览表 …………………………………… (25)

第一编 行政法的基础

第一章 行政与法的一般关系 ………………………………… (1)
 第一节 行政的概念与分类 ………………………………… (1)
 第二节 行政法的产生——古典模式 ……………………… (10)
第二章 日本行政法的基本构造 ……………………………… (20)
 第一节 问题所在 …………………………………………… (20)
 第二节 公法、私法二元论及其有用性 …………………… (21)
 第三节 行政法学的存在方式 ……………………………… (40)
第三章 行政法的法源 ………………………………………… (46)
 第一节 成文法源 …………………………………………… (46)
 第二节 不成文法源 ………………………………………… (52)
 第三节 行政法的效力 ……………………………………… (54)
第四章 日本行政法的基本原理 ……………………………… (57)
 引 言 ………………………………………………………… (57)

第一节　依法律行政的原理 …………………………………（58）
　第二节　行政监控体系的充实 ………………………………（67）
　第三节　法的一般原理 ………………………………………（68）

第二编　行政过程论

绪　论　行政过程论的概要 ………………………………………（72）
第一部　行政的行为形式论 …………………………………（76）
第一章　行政立法——法规命令和行政规则 ………………（76）
　引　言 …………………………………………………………（76）
　第一节　法规命令 ……………………………………………（77）
　第二节　行政规则 ……………………………………………（82）
第二章　行政行为 ……………………………………………（92）
　第一节　行政行为的概念 ……………………………………（92）
　第二节　行政行为与法的拘束 ………………………………（94）
　第三节　行政行为的种类 ……………………………………（95）
　第四节　行政行为与裁量 ……………………………………（102）
　第五节　行政行为的效力 ……………………………………（115）
　第六节　行政行为的瑕疵 ……………………………………（135）
　第七节　行政行为与法律关系 ………………………………（140）
　第八节　行政行为的附款 ……………………………………（149）
第三章　行政上的契约 ………………………………………（155）
　第一节　问题所在 ……………………………………………（155）
　第二节　行政上的契约之问题 ………………………………（157）
第四章　行政指导 ……………………………………………（166）
　第一节　概　述 ………………………………………………（166）
　第二节　行政指导与法的拘束 ………………………………（171）
　第三节　行政指导与救济制度 ………………………………（174）
第五章　行政计划 ……………………………………………（177）
　第一节　概　述 ………………………………………………（177）
　第二节　计划与法的拘束 ……………………………………（179）

第三节　计划与救济制度 …………………………………………… (180)

第二部　行政上的一般性制度 ………………………………………… (183)

第一章　行政上确保义务履行的制度 ………………………………… (183)
第一节　行政上确保义务履行的制度之类型 ……………………… (183)
第二节　行政上的强制执行——概论 ……………………………… (188)
第三节　行政代执行 ………………………………………………… (193)
第四节　直接强制 …………………………………………………… (196)
第五节　执 行 罚 …………………………………………………… (197)
第六节　行政上的强制征收 ………………………………………… (198)
第七节　其他确保义务履行的制度 ………………………………… (199)
第八节　行 政 罚 …………………………………………………… (205)

第二章　即时执行 ……………………………………………………… (209)
第一节　概　述 ……………………………………………………… (209)
第二节　即时执行的问题 …………………………………………… (210)

第三章　行政调查 ……………………………………………………… (213)
第一节　概　述 ……………………………………………………… (213)
第二节　行政调查的问题 …………………………………………… (214)

第四章　行政程序 ……………………………………………………… (220)
第一节　行政程序的含义与功能 …………………………………… (220)
第二节　公正程序的基本内容 ……………………………………… (222)
第三节　行政程序法的法源 ………………………………………… (224)
第四节　《行政程序法》(1)——总论 ……………………………… (231)
第五节　《行政程序法》(2)——处分程序 ………………………… (239)
第六节　《行政程序法》(3)——行政指导程序 …………………… (253)
第七节　《行政程序法》(4)——处分等的请求 …………………… (256)
第八节　《行政程序法》(5)——备案程序 ………………………… (258)
第九节　《行政程序法》(6)——命令、计划程序 ………………… (259)
第十节　程序的瑕疵与处分的效力 ………………………………… (264)

第五章　行政信息管理 ………………………………………………… (268)
引　言 ………………………………………………………………… (268)
第一节　信息公开 …………………………………………………… (269)

第二节　行政机关个人信息保护 …………………………（289）
　　第三节　补论——行政模式的变革 …………………………（300）
第三部　行政过程中的私人 ……………………………………（302）
第一章　行政过程中私人的地位 ………………………………（302）
　　第一节　问题所在 ……………………………………………（302）
　　第二节　私人地位的各种形态 ………………………………（303）
第二章　行政过程中私人的行为 ………………………………（310）
　　第一节　私人的法行为与适用法规范 ………………………（310）
　　第二节　私人的行为与行政过程 ……………………………（312）

判例索引 ……………………………………………………………（317）

事项索引 ……………………………………………………………（327）

合订本中文版译后记 ……………………………………………（335）

三分册中文版译后记 ……………………………………………（337）

2025 年三分册中文版译后记 ……………………………………（341）

行政法Ⅲ(第五版)行政组织法

2025年三分册中文版译者说明 …………………………………… (1)
写给中国读者的话 ……………………………………………… (7)
新中文版三分册总序 …………………………………………… (9)
合订本中文版序言 ……………………………………………… (11)
序言(第五版) …………………………………………………… (13)
序言(第四版) …………………………………………………… (15)
序言(第三版) …………………………………………………… (17)
序言(第二版) …………………………………………………… (19)
序言(初版) ……………………………………………………… (21)
文献简称与全称对照一览表 …………………………………… (23)

第四编　行政手段论

绪　论　行政手段论的概念 …………………………………… (1)
第一部　行政组织法 …………………………………………… (3)
序　章 …………………………………………………………… (3)
第一章　行政组织法的一般理论 ……………………………… (4)
　第一节　行政组织法的特殊性质 …………………………… (4)
　第二节　行政机关——概念 ………………………………… (16)
　第三节　行政机关通则 ……………………………………… (24)
第二章　国家行政组织法 ……………………………………… (46)
　引　言 ………………………………………………………… (46)
　第一节　内阁 ………………………………………………… (48)
　第二节　在内阁统辖之下的行政机关 ……………………… (57)
　第三节　特别行政主体 ……………………………………… (76)
　第四节　委任、委托 ………………………………………… (104)

第三章　地方自治法 …………………………………………… (110)
引　言 ………………………………………………………… (110)
第一节　地方自治的基础 …………………………………… (111)
第二节　地方公共团体的概念 ……………………………… (122)
第三节　地方公共团体的事务 ……………………………… (137)
第四节　地方公共团体的权能 ……………………………… (145)
第五节　地方公共团体的机关 ……………………………… (167)
第六节　居民的权利和义务 ………………………………… (180)
第七节　国家与地方公共团体的关系 ……………………… (198)
第八节　地方公共团体相互间的关系 ……………………… (219)

第二部　公务员法 …………………………………………… (223)
序　章　公务员法制的理念及其展开 …………………… (223)
第一章　公务员法制的基本构造 ………………………… (229)
第一节　公务员的概念及其种类 …………………………… (229)
第二节　公务员法的法源 …………………………………… (236)
第三节　人事行政机关 ……………………………………… (239)
第二章　勤务关系总论 …………………………………… (244)
第一节　勤务关系的性质 …………………………………… (244)
第二节　勤务关系的变动 …………………………………… (245)
第三章　公务员的权利和义务 …………………………… (259)
引　言 ………………………………………………………… (259)
第一节　公务员的权利 ……………………………………… (259)
第二节　公务员的义务 ……………………………………… (271)
第三节　公务员的责任 ……………………………………… (291)

第三部　公　物　法 ………………………………………… (302)
第一章　公物法的概念 …………………………………… (302)
引　言 ………………………………………………………… (302)
第一节　概括性公物的概念 ………………………………… (303)
第二节　公物法的存在形式 ………………………………… (304)
第二章　公物法通则 ……………………………………… (311)
引　言 ………………………………………………………… (311)

第一节 公物的要素 …………………………………………（311）
第二节 公物的种类 …………………………………………（313）
第三节 公物和交易秩序 ……………………………………（318）
第四节 公物的成立及消灭 …………………………………（320）
第五节 公物管理权 …………………………………………（323）
第六节 公物的使用关系 ……………………………………（337）
补　论 公物法论的定位及界限 ……………………………（347）

判例索引 …………………………………………………………（353）

事项索引 …………………………………………………………（359）

合订本中文版译后记 ……………………………………………（369）

三分册中文版译后记 ……………………………………………（371）

2025 年三分册中文版译后记 ……………………………………（375）

2025 年三分册中文版译者说明

2025 年三分册中文版的翻译,确认遵循了之前"译者说明"所阐述的相关规则,并针对新的情况确立了若干新规则。

一、为增强文章的可读性,有时将原书正文中括号内的注释移作脚注,与原书中的尾注混合排列。个别情况下,由于括号内的注释内容和正文内容的关系极为密切,就将其作为正文直接叙述,或者保持原行文风格,采取正文中括号内注释方式。

二、关于文章排序数码,按照中国现行通用的规范,一律统一为"编、(部)、章、节、(款)、一、……(一)……1.……(1)……"。

三、原文中有时在一处连标数注,为了便于参阅,按照中国现行通用的规范,全部并为一个注释,分段表示。

四、全简称对照一览表的表格化。《文献简称与全称对照一览表》,日文版中没有表格,为增强其对应直观性,根据日文版提供的信息绘制了表格;日文版中书名的简称没有用书名号,为了避免误读误解误用,特地添加了书名号。此外,部分在书中大量出现简称的文献,也将其纳入一览表。

五、强调几点特别翻译规则。精准理解、翻译日文专业书籍,需要扎实的专业基础,同时也需要多多积累一些特殊词的用法,鉴别其意思是否发生了改变。最基础的工作就是对照日文原著逐字逐句斟酌,以求翻译表述最大限度地忠实于原文,在可能的限度内修正某些翻译上的不当表述,做到用心体会,尽可能完美地理解把握。对翻译表述的修正,贯彻确认、承继和发展的方法论,遵循了以下原则:

(一)若干概念的特殊处理

『ジュリスト』,译为《法学者》——以区别于中国的《法学家》。

「情報」,译为"信息"——以与中国信息公开法制中的概念相对应。

「住民」,译为"居民"——是与「国民」相对应的概念,主要用于地方自治层面。

「弁償」，译为"赔偿"，与「賠償」通用。

（二）相关特殊词语翻译的斟酌完善

考虑到同是汉字国家的日本，有些词的用法与中国不同，翻译过程中对某些特殊词语采取了尽可能采用日文原术语表述的原则。对于更好地理解日本行政法的制度经验和研究成果来说，这实是斟酌后的更优选择。

例如，将「行政事件」译为"行政事件"，对或译为"行政案件"或译为"行政事件"的做法进行了统一；将「行政事件訴訟」译为"行政事件诉讼"，而不再译为"行政案件诉讼"；但并未采取将「事件」一律改译为"事件"的做法，而是依然使用"案件"来表述某具体案件名，如「マクリーン事件」译为"马库林案件"，「神戸全税関事件」译为"神户全税关案件"，等等。

又如，将「台帳」译为"台账"，消除了是"台账"还是"底账"的翻译困惑；将「整備」译为"整备"，用以表示「整理整頓」和「整序」这两个概念之和的同义词"整顿完备"；如《信息公开法》确立"開示制度を中心に定め"的"开示制度"所示，使用"开示"，回归本位，与"公开"并用；等等。

对某些保留使用日文词语可能不太好理解的重要概念，则采取了括注说明乃至添附原文对照的形式，如事情判决（特别情况下的驳回判决）；上乘条例（「上乗せ条例」，严于法令的条例）和横溢条例（「横出し条例」，超出法令的条例）；等等。

涉及法规范名称等专用语表述的，则充分发挥日本行政法上专业术语精准表意的优势，尽可能回归日译汉的原点，能使用日文原汉字排列的，就不予以重新排列组合。例如，将『行政事件訴訟法』由原来的《行政案件诉讼法》改译为《行政事件诉讼法》；『公文書管理法』有《公文书管理法》《公文管理法》和《公文件管理法》等译法，皆将其统一为《公文书管理法》；但并未对法规方面一律采取改译的做法，即对于某些已约定俗成的法规范名称等专用语的翻译表述，不强求回归日文原表述，尊重并坚持"习惯约束原则"，如『行政手続法』，尊重既有译法，依然译为《行政程序法》。

此外，修正了之前将「届出」或译为"登记"或译为"申报"的做法，统一引入"备案"用于对应「届出」，个别情况下根据需要保留"登记"；将「差止めの訴え」译为"中止诉讼"或者"中止之诉"，而没有采用所谓"禁止诉讼"或者"停止诉讼"的概念。

(三)版本和页码等相关内容的衔接调整

日文版三分册最新版的出版时间不同，分别为 2015 年、2019 年和 2021 年，前后相差六年，这给相关内容的表述和衔接调整带来挑战。为了确保相关表述的一致性、衔接信息的准确性和有效性，在翻译过程中根据需要采取了灵活应对措施。

1. 目录内容的调适。日文版三分册在每册前的目录部分，除列出各自的目录外，还列出了其他两册的目录。由于出版时间不同，所列其他分册的目录有的并非其最新版目录。考虑到三分册相互之间进行索引的有效性，翻译时将之前版本的目录全部改换为最新版目录。

2. 脚注页码的调适。日文版三分册的括注和尾注中都有涉及其他分册的内链接引用，而出版时间的差异决定了所链接的其他分册的页码中的内容不一定是其最新版的内容。考虑到 2025 年三分册中文版同时出版，为方便读者查对引用，将脚注(包括日文版中的括注和尾注)相关内容的页码调整为各分册最新版所对应的页码。在中文版脚注中，首先是尽可能查找准确对应的页码予以标示，其次是针对个别情况进行特殊处理。例如，由于最晚出版的《行政法Ⅲ(第五版)行政组织法》修改幅度较大，之前版本的不少内容被删除了，无法找到与较早出版的《行政法Ⅰ(第六版)行政法总论》《行政法Ⅱ(第六版)行政救济法》注释中所标示页码准确对应的页码，在这种情况下，就采取参见对应的相关篇章节题目的标示方法。这样处理，有些表述形式发生了改变，但其内容仍忠实于原文，确保了"内链接"的准确性和有效性，更方便读者查阅。为了节约篇幅，一律将著者信息省略为"盐野著"，且未加"杨建顺译"和"北京大学出版社 2025 年版"等相关信息，以楷体进行区别。

有的注释所标示页面内容恰好对应小标题，为增强注释的提示性，就在标示页码后添加小标题。例如，参见盐野著:《行政法Ⅱ(第六版)行政救济法》，第 78 页"起诉期间"。

有的注释所标示的是之前版本中的内容，在其最新版中无法找到恰好对应的内容(这种情形是极个别的)，就保留原注释内容，并添加出版社和出版时间等信息。例如,盐野著:《行政法Ⅱ(第五版补订版)行政救济法》,有斐阁,2013年版,第13页脚注(1)。

3. 注释和索引页码的调适。在日文版三分册中,有的事项所在页码与其尾注所在页码相差很多,而翻译成中文后,由于将尾注改为脚注,有时候会导致页码变动,出现将原正文和尾注两者内容并入同一页的情形。针对这种极个别情况,为了防止出现无效页码标示,进行了变通处理:将原注释、判例索引和事项索引所标示的两个页码(一个指向正文,一个指向尾注)合并为一个页码。为了使这种标示更接近原版意思,在相应页码后面添加了扩展符"—"(原来有扩展符的,保持原样不动)。

六、判例部分引用的简称及其全称如下(日文版皆用简称;中文版大多用简称,亦有用全称的情形,如《劳动判例》《讼务月报》《判例时报》和《判例时代》用全称而不是简称;此外,《行政案件裁判例集》对应的简称有《行集》和《行裁例集》,这里一并予以列出,但这套书中皆使用《行裁例集》):

《民录》——《大审院民事判决录》

《刑录》——《大审院刑事判决录》

《民集》——《最高法院民事判例集》

《刑集》——《最高法院刑事判例集》

《高民集》——《高等法院民事判例集》

《高刑集》——《高等法院刑事判例集》

《下民集》——《下级法院民事判例集》

《下刑集》——《下级法院刑事判例集》

《行集》——《行政案件裁判例集》

《行裁例集》——《行政案件裁判例集》

《劳例》——《劳动判例》

《讼月》——《讼务月报》

《劳民集》——《劳动关系民事裁判例集》

《判时》——《判例时报》

《判夕》——《判例时代》(判例タイムズ)

《判自》——《判例地方自治》

《集民》——《裁判集民事》

七、判决或者决定的简称及其全称如下(日文版大多用简称,亦有用全称的情形;中文版皆用全称。判例索引中有省略,如省略"最判""最决"等信息,进行了统一归类处理):

最　判——最高法院判决

最　决——最高法院决定

最大判——最高法院大法庭判决

最大决——最高法院大法庭决定

最小判——最高法院小法庭判决

最小决——最高法院小法庭决定

高　判——高等法院判决

高　决——高等法院决定

地　判——地方法院判决

地　决——地方法院决定

行　判——行政法院判决

八、年代的对应

明治元年＝1868 年

大正元年＝1912 年

昭和元年＝1926 年

平成元年＝1989 年

令和元年＝2019 年

写给中国读者的话

承蒙杨建顺教授的特别厚意和尽力,拙著《行政法Ⅰ(第六版)行政法总论》(2015年版)、《行政法Ⅱ(第六版)行政救济法》(2019年版)和《行政法Ⅲ(第五版)行政组织法》(2021年版)的简体中文版将由北京大学出版社出版,这对我来说是无上的荣光,也是意外的幸福。

在中国,作为日本行政法概说书,南博方所著《行政法》(第六版)已由杨建顺教授翻译出版。拙著《行政法》(Ⅰ、Ⅱ、Ⅲ)同样是由杨教授翻译,根据我的理解,它们是作为展示其后日本行政法及行政法学之展开的一例而被选中的。此次翻译的三册教科书,基本构造维持了前著,其主要对象是以《行政不服审查法》的修订为代表的作用法、救济法、组织法、公务员法、公物法等各领域法制度的修改,以及判例和学说的展开。

日本的行政法学以欧洲尤其是德国法为模范,形成了以美浓部达吉著《日本行政法》(上卷,1936年版;下卷,1940年版)为代表的行政法学体系。在《日本国宪法》之下,美浓部行政法学一直具有强大的影响力。但是,随着行政法学将比较法的视野扩展至法国法、英国法、美国法,同时着眼于日本行政实务的现实存在方式,日本行政模式的特色得以明确。

在现代社会,随着国际交流的推进,外国行政法的比较研究越来越重要。这一点对于日本和中国来说也是完全适用的。不过,在日本和中国的比较行政法研究中,具有特征性的是法令用语及学问上的概念。也就是说,在日本法上,虽然也存在像"スポーツ"一样用英语发音的片假名来表现的情形(比如《スポーツ基本法》),但是,法令用语几乎全部是汉字和平假名。学问上的概念,通例也是以汉字来表现。因此,法令用语及学问上的概念在日本和中国相同时,有必要检讨以下问题:其作为法概念是否同义,也就是说,是"同语、同义",还是"同语、异义",进而也包括"异语、同义"情形的存在。

像这样的事情,是日本进行欧美诸国的行政法之比较研究中所不曾存在的既有难度又饶有趣味的问题,我认为,这一点也适合于中国的行政法学。

我期待拙著能够进一步激发中国和日本的行政法研究者相互的学术好奇心。

日本东京大学名誉教授

盐野宏

2021 年 6 月

新中文版三分册总序

我的行政法教科书,在日本已经历了数次改版。在中国,其最新版再次由杨建顺教授翻译成中文,即将付诸出版,这对我来说是非常荣幸的事情,也是无比喜悦的事情。

这次被翻译成中文的我的行政法教科书,在基本上维持了以往的体系的同时,全面跟踪反映了近年来日本行政法的制度和理论方面的诸多改革和发展。在日本,就行政法总论部分而言,相继制定了《关于行政机关保存、持有的信息的公开的法律》(1999年)、《关于行政机关保存、持有的个人信息的保护的法律》(2003年),并且也进行了《行政程序法》的修正(2005年);在行政救济法部分,对《行政事件诉讼法》进行了重要的修正(2004年),国会也正在审议《行政不服审查法》的全面修正法案;从行政组织法部分来看,进行了有关行政组织的大幅度的制度改革,包括中央省厅的改革,地方分权的促进,独立行政法人法制、国立大学法人法制的整备等,为此也制定了诸多法律。在成为这次简体中文版之源的日文版中,除添加关于前述重要法令的论述之外,还从总体上关注了之后的学说、判例的展开,并对其进行了跟踪研究。

我衷心希望这套书的出版能够为促进日本和中国的学术交流有所贡献。

为将我的行政法教科书翻译成中文,杨建顺教授再度付出辛劳,在此表示深深的谢意。

盐野宏
2008年7月

合订本中文版序言

我的日本行政法教科书《行政法》第一、二、三册被翻译成中文,作为"早稻田大学·日本法学丛书"之一出版,我感到非常荣幸和高兴。

这套书是以我在东京大学法学部讲授行政法课程时的授课教案为基础写成的。第一册论述了行政法的基本原理和行政过程,第二册论述了行政救济,第三册论述了行政组织。

我认为,行政法是实现宪法价值的技术法。因此,这套书所要解决的基本问题是,在实现法治国的、民主的宪法所具有的诸价值的过程中,行政法和民事法、刑事法相比较具有什么特色及需要何种特别的法技术。在这种意义上,希望读者能够在一定程度上掌握宪法、民法和刑法等基础性法律知识。

在新宪法下,日本以实现民主主义和法治主义为目的,一直致力于近代法制度的创立和完善。这套书也试图在这一基本方向上对行政法的诸制度进行理论上的归纳整理。在整理过程中,通过对行政过程进行更加动态的、综合的考察,注意对以前的行政法学不曾论及的一系列问题展开论述,即立于行政过程论的方法。这是这套书的特色之一。

在日本,虽然行政制度上的近代化已在相当程度上展开,但是,行政的现实形态中依然存在透明性及公正性不充分的地方,并且也保留了中央集权的实际状态。因此,为了改革这种状况,近年来,日本开展了《行政程序法》《信息公开法》的制定和完善及地方分权的推进等运动,并且也开始了对公务员制度改革的探讨。在这套书中,虽然也将行政程序法作为论述对象,但是,由于现阶段信息公开、地方分权、公务员制度改革等依然处在由国会及审议会等探讨的过程中,故不能展开深入的论述。希望读者也能对日本的这些新动向予以关注。

衷心祝愿日本和中国的学术交流今后取得飞跃发展。在学术交流过程中,若这套书对中国行政法学者有一定的帮助,作为作者,我感到无上的荣幸。

盐野宏

1998 年初夏

序言(第六版)

作为本书对象的行政争讼之重要部分的行政不服审查法制,通过平成 26 年 6 月 13 日的《行政不服审查法》的制定而得以大幅度修改。并且,在行政事件诉讼、国家赔偿、损失补偿的领域,虽然没有进行基本性法典的修改,但是,在第五版(2010 年)、补订版(2013 年)以降,广泛地实现了判例、学说的积蓄和进展,为了追踪其动向,也包括对自己学说的补强,决定进行本书的改订。

在改版之际,得到了有斐阁书籍编辑部的诸位,尤其是佐藤文子女士的特别关照,在此表示深挚的谢意。

盐野宏
2019 年 2 月

序言(第五版)

以《行政事件诉讼法》修改为契机,刊行本书第四版以来,已经近五年。在这期间,在修改法之下,关于行政事件诉讼的判例、学说实现了多样的展开。并且,在国家补偿的领域也有新的判例、学说的积蓄。于是,为了再将这些关于行政救济法的判例、学说的动向纳入其中,同时尝试对自己学说的补强,进行了本书的改订。

此外,《行政不服审查法》的修正法案及相关联的《行政程序法》的修正法案被提交给第169次国会,结果却因为审议未完结而成为废案。鉴于《行政不服审查法》修改工作的重要性,本书记述了其修改工作的经过及法案的概略。

在改订之际,跟《行政法Ⅰ》同样,得到了有斐阁的高桥均先生、奥贯清先生的关照,在此一并深表谢意。

盐野宏
2010 年 2 月

(补订)补订事项是:(1)误记等的修正;(2)重要法令的动向及最高法院新判决的追加;(3)《行政判例百选》(第六版)的应对(引用案件编号的变更);(4)《行政法Ⅲ(第四版)行政组织法》的应对(引用页数的变更)。对自己学说的斟酌及补强、新文献的引用,原则上没有进行。

2013 年 1 月

序言(第四版)

在去年(2004年3月)第三版刊行一年多后,第四版又要面世了。之所以在比较短暂的时间内改版,是因为去年6月《行政事件诉讼法》得以修改,并于今年4月1日起施行。

所以,此次修改工作的重点是就《行政事件诉讼法》的修改部分添加信息,同时也阐述了作者的相应观点。修改涉及诸多方面,尤其是义务赋课诉讼、中止诉讼等新的诉讼类型得以法定,所以,第一部第二章行政事件诉讼部分,不仅在内容上,而且在结构上也尝试进行了改变。因为尚处于试论的阶段,所以我想今后继续对这些问题进行探讨。

此次改版之际,在编辑上,得到了有斐阁奥贯清先生和副岛嘉博先生非同寻常的支持。在此一同深表谢意。

盐野宏
2005年5月

序言(第三版)

继去年(2003年)的《行政法Ⅰ》(第三版)刊行之后,此次,本书第三版亦得以面世。

在修改之际,将重点置于对第二版刊行(1994年)以后的学说和判例的展开之追踪,同时也留意了以行政诉讼制度为中心的行政救济法制全体的改革动向。在第一部的末尾以附录的形式展示关于《行政事件诉讼法》修改的资料,也正是这种意图(而参考文献截至2003年年末)。不过,对本书的构成本身并未加以变更。

在改版之际,和《行政法Ⅰ》(第三版)一样,在编辑方面,得到了有斐阁的奥贯清先生和副岛嘉博先生的大力支持。再次向二位表示感谢之意。

盐野宏
2004年2月

序言(第二版)

由于《行政程序法》的制定,笔者对《行政法Ⅰ》进行了修订,对于本书,也补充了有关行政程序法的内容,并借此机会,全面地增加了有关判例、文献等新的信息。但总体结构没有改变。

修订工作得到有斐阁西尾道美女士与初版时同样的关照。而关于校正,则多劳烦加藤和男先生。本书之所以能够和《行政法Ⅰ》同时改版,亦由于得到二位的支持和援助。借此机会,深深地致以衷心的谢意。

盐野宏
1994年1月

序言(初版)

  本书是继笔者的《行政法Ⅰ》,为在大学授课用而执笔的教材。所收范围是行政救济法,包括行政争讼法和国家补偿法两个领域。
  本书的公开刊行,得到有斐阁副岛嘉博先生和西尾道美女士的鼎力支持。本书之所以能够在《行政法Ⅰ》发刊后比较短的时间内完成,亦由于得到二位的支持和援助。
  在此致以衷心的感谢。

盐野宏
1991 年 8 月

文献简称与全称对照一览表

序号	简称*	全称及相关信息
01	盐野著:《行政法Ⅰ(第六版)行政法总论》	盐野宏著:《行政法Ⅰ(第六版)行政法总论》,北京大学出版社 2025 年版
02	盐野著:《行政法Ⅱ(第六版)行政救济法》	盐野宏著:《行政法Ⅱ(第六版)行政救济法》,北京大学出版社 2025 年版
03	盐野著:《行政法Ⅲ(第五版)行政组织法》	盐野宏著:《行政法Ⅲ(第五版)行政组织法》,北京大学出版社 2025 年版**
教科书类		
1	阿部著:《行政救济的实效性》	阿部泰隆著:《行政救济的实效性》,弘文堂,1985 年版
2	阿部著:《国家补偿法》	阿部泰隆著:《国家补偿法》,有斐阁,1988 年版
3	阿部:《行政诉讼改革论》	阿部泰隆著:《行政诉讼改革论》,有斐阁,1993 年版
4	阿部著:《行政法解释学Ⅱ》	阿部泰隆著:《行政法解释学Ⅱ》,有斐阁,2009 年版
5	几代著、德本补订:《不法行为法》	几代通著、德本伸一补订:《不法行为法》,有斐阁,1993 年版
6	今村著:《国家补偿法》	今村成和著:《国家补偿法》,有斐阁法律学全集,1957 年版
7	今村著:《行政法入门》	今村成和著,畠山武道补订:《行政法入门》(第 9 版),有斐阁,2012 年版
8	宇贺著:《国家责任法的分析》	宇贺克也著:《国家责任法的分析》,有斐阁,1988 年版

* 本栏中的简称基本上是本书中直接引用的形态。——译者注

** 以上三项为译者结合第三册提供的信息,根据翻译引用的实际情况添加的。——译者注

(续表)

序号	简 称	全称及相关信息
9	宇贺著:《国家补偿法》	宇贺克也著:《国家补偿法》,有斐阁,1997年版
10	远藤著:《国家补偿法》(上)	远藤博也著:《国家补偿法》(上册),青林书院,1981年版
11	远藤著:《实定行政法》	远藤博也著:《实定行政法》,有斐阁,1989年版
12	雄川著:《行政争讼法》	雄川一郎著:《行政争讼法》,有斐阁法律学全集,1957年版
13	雄川著:《行政的法理》	雄川一郎著:《行政的法理》,有斐阁,1986年版
14	雄川著:《行政争讼的理论》	雄川一郎著:《行政争讼的理论》,有斐阁,1986年版
15	兼子著:《行政争讼法》	兼子仁著:《行政争讼法》,筑摩现代法学全集,1973年版
16	兼子著:《行政法总论》	兼子仁著:《行政法总论》,筑摩书房,1983年版
17	兼子著:《行政法学》	兼子仁著:《行政法学》,岩波书店,1997年版
18	古崎著:《国家赔偿法》	古崎庆长著:《国家赔偿法》,有斐阁,1971年版
19	小早川著:《行政法》(下Ⅱ)	小早川光郎著:《行政法》(下册Ⅱ),弘文堂,2005年版
20	小早川著:《行政法》(下Ⅲ)	小早川光郎著:《行政法》(下册Ⅲ),弘文堂,2007年版
21	小早川、高桥编:《详解修改行政事件诉法》	小早川光郎、高桥滋编:《详解修改行政事件诉讼法》,第一法规,2004年版
22	小林著:《行政事件诉讼法》	小林久起著:《行政事件诉讼法》,商事法务,2004年版
23	芝池著:《行政救济法讲义》	芝池义一著:《行政救济法讲义》(第二版补订增补版),有斐阁,2004年版
24	小早川编:《修改行政事件诉讼法研究》	小早川光郎编:《修改行政事件诉讼法研究》(《法学者》增刊),有斐阁,2005年版

(续表)

序号	简 称	全称及相关信息
25	《条解行诉》	南博方原编著,高桥滋、市村阳典、山本隆司编:《条解行政事件诉讼法》(第四版),弘文堂,2014年版
26	《条解行服》	小早川光郎、高桥滋编:《条解行政不服审查法》,弘文堂,2016年版
27	《新·实务民事诉讼讲座》	铃木忠一、三个月章监修《新·实务民事诉讼讲座》(全14卷),日本评论社,1981—1984年版
28	新堂著:《新民事诉讼法》	新堂幸司著:《新民事诉讼法》(第五版),弘文堂,2011年版
29	杉村编:《行政救济法1》	杉村敏正编:《行政救济法1》,有斐阁,1990年版
30	杉村编:《行政救济法2》	杉村敏正编:《行政救济法2》,有斐阁,1991年版
31	杉本著:《行政事件诉讼法的解说》	杉本良吉著:《行政事件诉讼法的解说》,法曹会,1963年版
32	园部编:《注解行政事件诉讼法》	园部逸夫编:《注解行政事件诉讼法》,有斐阁,1989年版
33	园部、芝池编:《理论与实务》	园部逸夫、芝池义一编:《修改行政事件诉讼法的理论与实务》,行政,2006年版
34	高桥编:《施行状况》	高桥滋编:《修改行诉法的施行状况之检证》,商事法务,2013年版
35	田中著:《行政争讼的法理》	田中二郎著:《行政争讼的法理》,有斐阁,1954年版
36	田中著:《行政上的损害赔偿及损失补偿》	田中二郎著:《行政上的损害赔偿及损失补偿》,酒井书店,1954年版
37	田中著:《行政法总论》	田中二郎著:《行政法总论》(有斐阁法律学全集),1957年版
38	田中著:《行政法》(上)	田中二郎著:《新版行政法》(上卷)(全订第二版),弘文堂,1974年版
39	田中、加藤著:《行政不服审查法解说》	田中真次、加藤泰守著:《行政不服审查法解说》(改订版),日本评论社,1977年版

(续表)

序号	简 称	全称及相关信息
40	《逐条解说行服法》	行政管理研究中心编:《逐条解说行政不服审查法》,行政,2016年版
41	西埜著:《损失补偿的必要性和内容》	西埜章著:《损失补偿的必要性和内容》,一粒社,1991年版
42	西埜著:《国家赔偿法》	西埜章著:《国家赔偿法》,青林书院,1997年版
43	西埜著:《国家补偿法概说》	西埜章著:《国家补偿法概说》,劲草书房,2008年版
44	西埜著:《国赔法逐条解释》	西埜章著:《国赔法逐条解释》(第二版),劲草书房,2014年版
45	西埜著:《损失补偿逐条解释》	西埜章著:《损失补偿逐条解释》,劲草书房,2018年版
46	原田著:《诉的利益》	原田尚彦著:《诉的利益》,弘文堂,1973年版
47	原田著:《行政法要论》	原田尚彦著:《行政法要论》(全订第七版补订二版),学阳书房,2018年版
48	福井、村田、越智著:《新行政事件诉讼法——逐条解说和问答》	福井秀夫、村田齐志、越智敏裕著:《新行政事件诉讼法——逐条解说和问答》,新日本法规,2004年版
49	藤田著:《行政法总论》	藤田宙靖著:《行政法总论》,青林书院,2013年版
50	藤山、村田编:《裁判实务》	藤山雅行、村田齐史编:《行政争讼》(改订版,新·裁判实务大系25),青林书院,2012年版
51	《国家补偿法大系》	西村宏一等编:《国家补偿法大系》(全四册),日本评论社,1987—1988年版
52	南编:《注释行政事件诉讼法》	南博方编:《注释行政事件诉讼法》,有斐阁,1972年版
53	南、小高著:《全订注释行政不服审查法》	南博方、小高刚著:《全订注释行政不服审查法》,第一法规,1988年版
54	美浓部著:《日本行政法》	美浓部达吉著:《日本行政法》(上、下卷),有斐阁,1936年版、1940年版

(续表)

序号	简 称	全称及相关信息
55	宫田著:《国家责任法》	宫田三郎著:《国家责任法》,信山社,2000年版
56	宫田著:《行政诉讼法》	宫田三郎著:《行政诉讼法》(第二版),信山社,2007年版
57	室井编:《新现代行政法入门》	室井力编:《新现代行政法入门(1)》(补订版),法律文化社,2005年版
58	室井、芝池、滨川编:《行诉法》	室井力、芝池义一、滨川清编:《行政事件诉讼法、国家赔偿法》,日本评论社,2006年版
59	森岛著:《不法行为法讲义》	森岛昭夫著:《不法行为法讲义》,有斐阁,1987年版
纪念论文集等		
60	《芦部古稀》	《现代立宪主义的展开》(上、下册、芦部信喜先生古稀祝贺),有斐阁,1993年版
61	《阿部古稀》	《面向行政法学的未来》(阿部泰隆先生古稀纪念),有斐阁,2012年版
62	《新井古稀》	《行政法与租税法的课题和展望》(新井隆一先生古稀纪念),成文堂,2000年版
63	《石川古稀》	《经济社会与法的作用》(石川正先生古稀纪念论文集),商事法务,2012年版
64	《矶部古稀》	《都市与环境的公法学》(矶部力先生古稀纪念论文集),劲草书房,2016年版
65	《市原古稀》	《行政纠纷处理的法理和课题》(市原昌三郎先生古稀纪念论集),法学书院,1993年版
66	《雄川献呈》(上)	《行政法的诸问题》(上册)(雄川一郎先生献呈论集),有斐阁,1990年版
67	《雄川献呈》(中)	《行政法的诸问题》(中册)(雄川一郎先生献呈论集),有斐阁,1990年版
68	《雄川献呈》(下)	《行政法的诸问题》(下册)(雄川一郎先生献呈论集),有斐阁,1990年版
69	《川上古稀》	《信息社会的公法学》(川上宏二郎先生古稀纪念),信山社,2000年版

(续表)

序号	简 称	全称及相关信息
70	《小嶋退职纪念》	《宪法和行政法》(小嶋和司博士东北大学退职纪念),良书普及会,1987年版
71	《小高古稀》	《现代的行政纷争》(小高刚先生古稀祝贺),成文堂,2004年版
72	《小早川古稀》	《现代行政法的构造与展开》(小早川光郎先生古稀纪念),有斐阁,2016年版
73	《小林还曆》	《现代国家与宪法的原理》(小林直树先生还曆纪念),有斐阁,1983年版
74	《佐藤古稀》	《经济行政法的理论》(佐藤英善先生古稀纪念论文集),日本评论社,2010年版
75	《盐野古稀》(上)	《行政法的发展与变革》(上册)(盐野宏先生古稀纪念),有斐阁,2001年版
76	《盐野古稀》(下)	《行政法的发展与变革》(下册)(盐野宏先生古稀纪念),有斐阁,2001年版
77	《芝池古稀》	《行政法理论的探究》(芝池义一先生古稀纪念),有斐阁,2016年版
78	《新堂古稀》(上)	《民事诉讼法理论的新构筑》(上册)(新堂幸司先生古稀祝贺),有斐阁,2001年版
79	《新堂古稀》(下)	《民事诉讼法理论的新构筑》(下册)(新堂幸司先生古稀祝贺),有斐阁,2001年版
80	《园部古稀》	《宪法裁判与行政诉讼》(园部逸夫先生古稀纪念),有斐阁,1999年版
81	《高柳古稀》	《行政法学的现状分析》(高柳信一先生古稀纪念论集),劲草书房,1991年版
82	《滝井追悼》	《行政诉讼的活性化与迈向国民之权利重视的行政》(滝井繁男先生追悼论集),日本评论社,2017年版
83	《田中古稀》(上)	《公法的理论》(上)(田中二郎先生古稀纪念),有斐阁,1976年版
84	《田中古稀》(中)	《公法的理论》(中)(田中二郎先生古稀纪念),有斐阁,1976年版
85	《田中古稀》(下Ⅰ)	《公法的理论》(下Ⅰ)(田中二郎先生古稀纪念),有斐阁,1976年版

(续表)

序号	简 称	全称及相关信息
86	《田中古稀》(下Ⅱ)	《公法的理论》(下Ⅱ)(田中二郎先生古稀纪念),有斐阁,1976年版
87	《中川古稀》	《民事责任的规范构造》(中川淳先生古稀纪念论文集),世界思想社,2001年版
88	《成田退官纪念》	《国际化时代的行政与法》(成田赖明先生退官纪念),良书普及会,1993年版
89	《成田古稀》	《政策实现与行政法》(成田赖明先生古稀纪念),有斐阁,1998年版
90	《波多野古稀》	《波多野弘先生古稀祝贺纪念论文集》,该文集刊行委员会,1992年版
91	《原田古稀》	《法治国家与行政诉讼》(原田尚彦先生古稀纪念),有斐阁,2004年版
92	《藤田退职纪念》	《行政法的思考样式》(藤田宙靖先生东北大学退职纪念),青林书院,2008年版
93	《水野古稀》	《行政与国民的权利》(水野武夫先生古稀纪念论文集),法律文化社,2011年版
94	《南古稀》	《行政法与法的支配》(南博方先生古稀纪念),有斐阁,1999年版
95	《宫崎古稀》	《现代行政诉讼的到达点与展望》(宫崎良夫先生古稀纪念论文集),日本评论社,2014年版
96	《室井追悼》	《行政法的原理和展开》(室井力先生追悼论文集),法律文化社,2012年版
97	《山田古稀》	《税法的课题和超越》(山田二郎先生古稀纪念),信山社,2000年版
98	《行政法大系》	雄川一郎、盐野宏、园部逸夫编:《现代行政法大系》(全10卷),有斐阁,1983—1985年版
99	《行政法的新构想Ⅰ》	矶部力、小早川光郎、芝池义一编:《行政法的新构想Ⅰ 行政法的基础理论》,有斐阁,2011年版
100	《行政法的新构想Ⅱ》	矶部力、小早川光郎、芝池义一编:《行政法的新构想Ⅱ 行政作用、行政程序、行政信息法》,有斐阁,2008年版

(续表)

序号	简 称	全称及相关信息
101	《行政法的新构想Ⅲ》	矶部力、小早川光郎、芝池义一编:《行政法的新构想Ⅲ行政救济法》,有斐阁,2008年版
102	《现代行政法讲座Ⅰ》	现代行政法讲座编辑委员会编:《现代行政法讲座Ⅰ现代行政法的基础理论》,日本评论社,2016年版
103	《现代行政法讲座Ⅱ》	现代行政法讲座编辑委员会编:《现代行政法讲座Ⅱ行政程序与行政救济》,日本评论社,2015年版
104	《现代行政法讲座Ⅳ》	现代行政法讲座编辑委员会编:《现代行政法讲座Ⅳ自治体争讼、信息公开争讼》,日本评论社,2014年版
105	《行政判例百选Ⅰ》	宇贺克也、交告尚史、山本隆司编:《行政判例百选Ⅰ》(第七版),有斐阁,2017年版
106	《行政判例百选Ⅱ》	宇贺克也、交告尚史、山本隆司编:《行政判例百选Ⅱ》(第七版),有斐阁,2017年版
107	《自治判例百选》	矶部力、小幡纯子、齐藤诚编:《地方自治判例百选》(第四版),有斐阁,2013年版
108	《行政法的争点》	高木光、宇贺克也编:《行政法的争点》,有斐阁,2014年版

第三编　行政救济论

绪　论　行政救济法的观念

国家、地方公共团体等行政主体,在以各种各样的行为形式介入私人的自由领域和权利领域的同时,也实施给付活动。与此相对,在私人方面,则不仅限于对行政活动的被动接受地位,而且在行政过程中有时也立于积极的地位。①

这样,在行政过程中,私人和行政主体之间必然会产生纠纷。从第二编中所列举的大量判例便可以清楚地看出这一点。这样的纠纷,是以私人对行政活动的不服之形式出现的,在这种意义上,所谓纠纷的解决,可以说是相对于行政活动(包括不作为在内)的对私人的救济,与此相关的法,就是行政救济法。

在考察行政救济法时,存在着如下两种不同的观点:

第一种观点是着重探究关于该救济程序的法的观点。例如,某人就租税接受更正处分时,请求撤销该更正处分,被作为救济的一种方法来考虑。在这种情况下,有必要考察通过怎样的行政性和裁判性程序来实施救济。如果说在行政过程论中考察的行政程序是以事前程序为中心的话②,那么,行政程序中的事后救济程序则成为这里的主要对象之一。进而,关于裁判性程序的法,和相对于实体民法意义上的民事诉讼法一样,是指相对于行政实体法意义上的诉讼法,即行政(事件)诉讼法。在日本行政法学中,通

---

① 参见盐野著:《行政法Ⅰ(第六版)行政法总论》,第二编"行政过程论"。
② 参见盐野著:《行政法Ⅰ(第六版)行政法总论》,第220页以下。

常将这种行政过程中的救济程序和裁判过程中的救济程序结合起来,作为行政争讼法来论述,这是出于便宜的考虑,本书也基于这种观点。①

谈到行政救济法,第二种观点,是着重于探究行政过程中产生的私人方面财产性损失的补救制度的观点。具体地说,包括国家赔偿和损失补偿两个制度。首先就前者而言,作为寻求对因行政活动所产生不利的救济方法之一,有请求纠正某种行为的情形和向国家及其他公共团体请求赔偿作为某种行为结果所产生损害的情形。请求纠正某种行为情形下的程序,就是前述行政争讼。与此相对,国家赔偿,不是纠正某种行为,而是意图补偿因某种行为而产生的损害。在这种情况下,其所关心的主要是具备了何种要件才能导致受害者方面发生损害赔偿请求权。在这种意义上,《国家赔偿法》属于《民法》上所说的不法行为法。当然,相对于实体不法行为法,有为了其实现的程序法即《民事诉讼法》;并且,关于国家赔偿也是一样,可以考虑诉讼程序。然而,在国家赔偿法的探究中,主要着眼于其实体法。

国家赔偿,是谋求对该行政活动违法时的损害予以补救的制度。与此相对,还有一种制度,虽然行为本身是合法的,但原封不动地置之不理的话,就会违反正义、公平的理念,因而意图补救因此所产生损失的制度,就是损失补偿。伴随土地收用的损失补偿则是其典型。在这种情况下,同样是以在什么情况下应该进行何种程度的损失补偿意义上的实体法为中心。并且,将国家赔偿和损失补偿结合起来,作为国家补偿来进行统一考察,在我国成为通例,这也是有理由的②,本书也基于这种观点。

如上说明,谈到行政救济法时,在广泛的意义上,是指意图通过行政过程对私人方面产生的某种不利的救济,而其关心之所在,既有程序法,又有实体法。不过,无论在哪种制度中,成为重要的要素的,都是国家行为的适法性的问题。在行政争讼中,其实现作为直接的效果而出现;在国家赔偿中,行政活动的违法有时会成为请求权成立的要件,同时,该制度的存在对违法行为具有抑制效果;而在损失补偿中,行为的适法性则是请求权成立的前提。在这种意义上,这些制度不应该个别地来考虑,而应该通过综合把握来构思合理的救济制度,这种视角是重要的。

---

① 盐野著:《行政法Ⅱ(第六版)行政救济法》,第5页脚注④。
② 参见盐野著:《行政法Ⅱ(第六版)行政救济法》,第238页"国家补偿的观念"。

第一部 行政争讼法

序 章 行政争讼的观念

"行政争讼"这个术语,不是法令上的用语,并且也不是作为行政法解释上的手段概念而发挥作用的。不过,作为规定考察对象的概念,在学术上经常使用。①

所谓行政争讼,顾名思义,是行政和争讼的合成语。关于其中的"争讼",雄川著《行政争讼法》第1页以下,对其形式性特征列举了如下五点:

(一)其程序只有基于当事人的提起(争讼的提起)才能开始。

(二)成为程序对象的事项,由提起者以外的国家机关来裁断。

(三)提起的争讼只要是符合形式,前述裁断机关就必须予以审理,并对提起争讼者作出某种判断。

(四)在对争讼的审理中,当事人或者利害关系人在某种程度上予以参与。

(五)作为该程序的结果而进行的裁断行为(判决、裁决、决定等),属于采取该程序所伴随的结果,通常承认其特别的效力(确定力、羁束力等)。

以上是争讼的形式性特征。使用这种方式,主要是作为争讼的裁断而进行的,这也是得到普遍承认的。

---

① 用语方法并不确定。有人认为,不问裁决机关是法院还是行政机关,作为包括二者的上位概念,而使用"行政上的争讼"这一术语,而"行政争讼"则限定于行政机关裁断的情形,法院裁断的情形称为"行政事件诉讼"[田中著:《行政法》(上),第222页]。与此相对,有人则将"行政争讼"作为上位概念来使用,将法院实施的称为"行政诉讼",将行政机关实施的称为"行政审判"(雄川著:《行政争讼法》,第224页)。以下,在本书中,作为上位概念而使用"行政争讼"这一术语,将行政机关实施的裁断程序称为"行政过程中的行政争讼",将法院实施的称为"行政诉讼"或者"行政事件诉讼"。"行政审判"这一术语,作为在行政过程中的行政争讼中所履行的特别程序而使用。

因此，下面是冠以"行政"这一术语的行政争讼，对此概念，可作如下整理概括：

（一）所谓行政争讼，也可以称之为行政上的争讼，简而言之，是关于行政上的法律关系的争讼。

（二）对这种情况下的"行政上的"，虽然与行政主体有关系，但和私人间的纠纷完全相同的情形不包括在其中。例如，关于政府机关建筑物的契约关系产生纠纷而被提到法院，一般不称其为行政争讼，而是被作为通常的民事诉讼来把握。因此，与之相反的最为典型的事例，如关于建筑物拆除命令等行政厅行使公权力而产生纠纷的情形，即作为抗告诉讼，成为行政争讼的核心部分。

（三）所谓行政上的法律关系的争议，并不限于公权力的行使，也存在于对等当事人之间。以此为前提而构筑的不同于一般民事上的纠纷等行政上的争讼，为当事人争讼。

（四）争讼，通常是为了解决法主体之间的纠纷而使用。但是，争讼这种制度，除此以外还在行政上的各种各样的场合使用。其中之一是作为对机关相互间纠纷的处理而使用的情形。法的纠纷，一般是指法主体之间的纠纷，而在行政上，行政机关相互之间也产生纠纷，对此试图以争讼程序予以解决。例如，地方公共团体的知事、市町村长和议会之间的纠纷就属于这种情形。[①] 这种类型被称为机关争讼。

另外还有一种特别的争讼程序，称为民众争讼。例如，地方议会议员、国会议员的选举管理执行有违法的地方，在这种时候，虽然不是侵害了某人所固有的主观性权利，但是，现行法却承认了作为选民资格的诉讼的提起。[②] 此外，近年来根据《地方自治法》第 242 条之二进行的居民诉讼得以广泛运用。这种诉讼也并不是因为提起诉讼的人之主观性权利、利益的侵害成为问题，而是以居民资格纠正地方公共团体的职员在财务管理上的违法的制度。

（五）国家机关实施一定的行为时，虽不存在通常意义上的纠纷，但有时也采取争讼程序作出决定。公安审查委员会的决定程序[③]、海难审

---

① 《地方自治法》第 176 条。
② 《公职选举法》第 202 条以下。
③ 《破坏活动防止法》第 11 条以下。

判厅的审判程序①,诸如此类。这种类型称为形式上的行政争讼。②

(六)私人间的纠纷处理,原则上由法院承担;但是,考虑到简易、迅速且具有专门性判断的必要性,有时行政机关也成为争讼裁断机关。例如,就有关公害的受害问题而产生关于损害赔偿的纠纷时,公害等调整委员会所进行的责任裁定程序③,就是其中一例。在这种情况下,相应问题的法律关系本身是民事法上的关系,从严格意义上讲,其裁定程序也不属于行政争讼。但是,该程序有时也被作为行政争讼的一部分(严格说来是行政过程中的行政争讼)来说明。④

---

① 《海难审判法》第30条以下。
② 从前,公正交易委员会的事前审判程序曾被作为形式上的行政争讼的典型事例,而该审判程序经平成17年的修改,被改变成了作为实质性行政争讼的行政不服审查程序,进而,通过平成25年的法修改,审判程序本身被废止[参见盐野著:《行政法Ⅱ(第六版)行政救济法》,第43页]。
③ 《公害纷争处理法》第42条之十二以下。
④ 在行政争讼的观念之外,有人指出了综合地考察行政过程中的事前、事后之行政程序的视点之重要性(参见山田洋著:《事前程序与事后程序》,载《行政法的新构想Ⅱ》,第219页以下)。进而,也有人主张应当忌避、废弃行政争讼的观念(常冈孝好著:《行政程序法修改法案的检讨》,载《法学者》第1371号,2009年,第39页)。从法治主义、民主主义的观点出发,将行政过程作为全体来考察,对在那里应当存在的法进行追究之际,有必要对事前的行政程序、事后的行政程序、裁判程序的相互关联予以留意。在日本的行政法学体系中,由于本来曾经欠缺事前程序的观念,而另一方面行政救济制度的构筑曾是重要的课题,故而在行政法学的体系上设置了行政争讼的范畴。该范畴溯及明治宪法时期[美浓部著:《日本行政法》(上),第787页以下]。其后,伴随着事前行政程序的整备之推进,进而是行政事件诉讼得以充实,迫切要求对事后的行政程序之存在理由,进而是其具体的内容之再检讨,同时,上述程序三范畴的相互关联之综合性检讨的必要性终于得到强烈认识。不过,这三种程序应当处于什么关系,尤其是事后的行政程序应当如何定位,在理论上并没有定论,广泛地留下了立法政策性判断的余地。所以,问题的真正所在,是不要动摇对程序三范畴综合地进行考察的视点,学习上以怎样的组合来加以说明则是便宜的问题。本书将率直地揭示日本行政法学的发展过程,同时在行政争讼法的范畴之下,对依然具有概念的共通性较多的事后程序和裁判程序,采用连续地进行说明的方法。

第一章　行政过程中的行政争讼

第一节　行政上的不服申诉——概述

一、概念

这里所说的行政上的不服申诉,是指就行政厅行使公权力①,私人对行政机关申诉不服、即提起争讼的情形。

从法治国的原理看,在实体法的拘束上,行政必须服从法律,如果行政违反了法律拘束,相对人权利、利益因而受到侵害,可以从裁判上请求予以纠正。在明治宪法下,由于采取列举主义的原则,这种保障并没有得以充分实现。而《日本国宪法》广泛地保障了在法院接受裁判的权利(第32条),所以,宪法上当然必须采取概括主义。②

与此相对,如何构成对行政机关的不服申诉的问题,从法治国原理看并不具有单义性的回答,并且,在这一点上,《日本国宪法》也没有给予明确的指导方针。关于是否设置行政上的不服申诉制度,以及如设置,应设置何种制度等,必须注意保障整个行政过程(事前、事后)的公正程序。但是,这存在着立法者广泛的裁量余地,过去曾在明治宪法下存在,且作为行政上的不服申诉之一般法的《诉愿法》,自《日本国宪法》初期就一直被认为是正确的③,至1962年,为了纠正《诉愿法》的不完备(诉愿事项的列记主义等),才制定了现行《行政不服审查法》。从时间的经过来看,这比作为事前程序之一般法的《行政程序法》④的制定也早30年,揭示了日本行政法一直较为重视事后救济体系。进而,2014年对1962年制定的

---

① 以下称为"处分"。关于处分的内容将在后面叙述。
② 盐野著:《行政法Ⅰ(第六版)行政法总论》,第67页。
③ 1962年(昭和37年)法律第160号予以废止。
④ 平成5年法律第88号。以下,本书中根据情况需要有时简称为《程序法》。

《行政不服审查法》进行了全面修改。① 在这里,所谓"全面修改",是指在法律的题名之下,以设置对该法律的"全部进行修改"这样的制定文的形式进行的修改。虽然不存在关于修改之幅度的特别规定,但是,通过全部修改,法律番号也被重新赋予。② 所以,全面修改后的《行政不服审查法》的法律番号是平成26年法律第68号。顺带说一下,先行于《行政不服审查法》之全面修改的《行政事件诉讼法》的修改,并未采取全面修改的形式。

二、存在理由

关于行政上的不服申诉,可以列举如下制度性优点:

1. 可以作为简易、迅速的救济制度来构成其程序。如果是裁判程序,则必须经过诉讼的严格程序,需要时间性、经济性花费,而对于行政上的不服申诉来说,在立法上可以设置更加简易的程序。此外,由于此时的加害者是国家、公共团体,所以,设置对受害者私人的简易、迅速的救济程序,与对私人间的纠纷相比,具有更高的必要性。

2. 在裁判过程中,法院的审查限定于处分的合法性问题。法院仅就法律上的争讼中的法律问题作出判断。假设,法院对处分适当与否的问题也作出判断,就会导致宪法问题。与此相对,在行政上的不服申诉的情况下,因为是行政内部的自我统制,所以,即使由裁决机关就适当与否的问题作出判断,也并不会发生宪法上的问题,换言之,行政上的不服申诉的救济范围更加广泛。

3. 上述两点是从私人救济的角度看行政上的不服申诉之优点,而从行政方面看,也有其存在的理由:虽然以私人提起不服申诉为契机,但是,通过行政上的不服申诉,可以给予行政方面以重新认识自己所作出处分的机会。当然,作为行政,必须经常地就处分是否合法且妥当进行自我统制。然而,作为实际问题,对于一度作出的处分,往往没有重新认识的机会。因此,借不服申诉的机会进行自我统制,进而可以谋求行政的统一性。

---

① 关于修改的经过,参见盐野著:《行政法Ⅱ(第六版)行政救济法》,第10页"《审查法》制定的经过"。
② 参见山本庸幸著:《实务立法技术》,2006年版,第39页。

4.在行政主体和私人的关系中,有大量进行处分的领域。其最好的事例是租税法关系。此外,关于社会保险关系也是一样。在这种情况下,私人和行政主体之间发生的纠纷较多,如果这些纠纷都原封不动地带到法院的话,就会导致法院负担过重。因此,或多或少地在行政上的不服申诉阶段解决纠纷,以减轻法院的负担,作为立法政策也具有其合理性。进而,在此情况下,关于租税、社会保险等具有专门性的问题,在不服申诉阶段使争议点在某种程度上得以明确,其后纠纷被带到法院时,法院则较容易审理。如上所述,行政上的不服申诉在量和质的两个方面都具有筛选过滤的效果。

必须注意的是,行政不服申诉制度一方面具有如上所述的优点,而另一方面也具有缺点或者弱点。其缺点有如下几项:

1.行政上的不服申诉的裁决机关可以有各种形式,但无论是何种形式,都是行政机关,在这一限度内,与法院相比,第三人性质较弱。在这种意义上,从不服申诉人方面来看,不能不说其公平观点上的信赖性劣于法院。

2.所谓简易、迅速性的确保,从另一方面来说,有关事实的认定不像法院那样具有严格的规则,故对于弄清事实具有限度;同时,从当事人的角度来看,也存在信赖度不好的情形。此外,如果唯恐出现这种弊端而过分地强调独立性、程序的慎重性,则会导致其优点即简易、迅速性的丧失。

如上所述,设置行政不服申诉制度,既有优点又有缺点。不过,作为优点而列举的第3和第4两点不是私人救济上的优点,享受其利益的是行政机关和法院等国家机关方面。鉴于此,虽说设置行政不服申诉制度是有其意义的,但将该制度的运用一律委任给私人,即采取所谓不服申诉前置主义,却是存在问题的。

三、现行法制的概观

以上述几点为前提,从总体上简要地考察现行行政上的不服申诉制度,可以归纳为如下几点:

(1)作为行政不服申诉的一般法,有《行政不服审查法》①。这是为取代至1962年一直有效的《诉愿法》而制定的法律。

---

① 以下,在本章中,简称为《审查法》。此外,2014年以前的《行政不服审查法》简称为旧《审查法》或者旧法。

（2）不过，除《审查法》本身广泛地承认适用除外处分之外①，有时还会以个别的法律来规定适用除外②，或者设定与《审查法》不同的程序规定③（这其中也包含了属于行政审判④之类型的）。

（3）进而，关于某种处分，既不能根据《审查法》进行申诉，也不能根据特别法进行申诉，即有时不存在任何行政上的不服申诉制度。也就是说，《审查法》列举了该法适用除外处分，并且预测了在另外的法律中设置适用除外规定的情形；同时规定，对于这些适用除外处分，并不妨碍设置特别不服申诉的制度（第8条），而现实中却存在并未就这些适用除外处分设置特别不服申诉制度的情形。但是，这也和裁判制度不同，当然也不产生违反宪法的问题。

（4）《审查法》采取了一般概括主义，即原则上承认对行政厅的任何处分都可以进行不服申诉。但是，从前述理由可以看出，法律将是通过行政不服申诉的途径还是直接向法院起诉的判断，委任给了私人的选择。即并没有一律采取不服申诉前置主义（是否采取不服申诉前置主义，不是《审查法》本身的问题，而是与《行政事件诉讼法》上的主义相关。而《行政事件诉讼法》规定了自由选择主义的原则⑤）。并且，相对于一般原则，法律上也规定了数量众多的特例（例如，关于国税，有《国税通则法》第115条；关于对国家公务员的不利处分，有《国家公务员法》第92条之二；关于无线电台执照的撤销处分等，有《电波法》第96条之二等）。

---

① 《审查法》第7条第1款。作为旧《审查法》规定的适用除外的基准，当时的立案关系者曾经考虑过的有如下几点：其一，因为是经过慎重的程序而实施的处分，所以，即使承认不服申诉，被认为其结果也将是相同的处分（第7条第1款第1—4项相关处分）。其二，规定了要经过比《审查法》还要慎重的程序来处理其不服的处分（第7条第1款第5—7项相关处分）。其三，从处分的性质来看，根据《审查法》的程序承认不服申诉程序是不适当的处分（第7条第1款第8—11项）。参见《逐条解说行服法》，第53页以下。

② 《行政程序法》第27条、《破坏活动防止法》第36条之三。

③ 《国家公务员法》第90条以下、《信息公开法》第18条以下、《电波法》第85条以下。
除《审查法》自身的适用除外之外，部分条文的不适用、变更等各种各样对于一般法的特例规定为数众多。在跟《审查法》的全部修改法案同时向国会提出的《关于伴随行政不服审查法施行的相关法律之整备等的法律》中被提及的法律超过350部。其中也存在只是单纯字句变更的，具有内容的也很多。所以，对某种处分持有疑问的情况下，精查该处分的根据法是关键。并且，从理论上讲，可以说对究竟是否需要特例进行斟酌的提供了好的素材（关于前述《整备法》的内容之种类，参见《逐条解说行服法》，第391页以下）。

④ 参见盐野著：《行政法Ⅱ（第六版）行政救济法》，第35页以下"行政审判"。

⑤ 参见《审查法》第8条。

第二节 行政不服审查法

一、《审查法》制定的经过

（一）修改的要因

旧《行政不服审查法》于1962年取代曾经是明治宪法时期之遗物的《诉愿法》，将国民的权利利益之简易、迅速的救济作为主要目的之一而制定的。并且，为了有助于由国民进行利用之便宜，还新设置了教示制度。

可是，现实的利用度总体上来看并不一定高。并且，作为其理由，被指出的是国民方面知识的欠缺、救济之可能性较少、制度的复杂性等。从这种意义上说，认为旧《审查法》中本来就存在制度内在性的修改之必要性，这曾经是行政法学说上的认识。[1]

（二）修改的过程

在《行政事件诉讼法》修改的时候也曾是这样的[2]，要将学术上的要求跟现实的立法过程相联结，某种外在环境的变化成为前提条件的较多。关于行政不服审查法制，1993年《行政程序法》的制定成为重要条件之一。也就是说，《诉愿法》是在没有统一的《行政程序法》，且行政程序原则在个别制定法及判例法中也未展开的状况下制定的，而旧《审查法》是从充实国民事后权利救济的观点出发，取代《诉愿法》而制定的。所以，一旦事前的行政程序法制具备了一定的水准，便当然地要求对行政争讼法制和行政不服审查法制进行重新认识。另外，与旧《审查法》同时制定的《行政事件诉讼法》，从整备国民的权利利益更加实效性的救济程序这种观点出发，已于2004年进行了修改[3]，可以说这件事情也必然地促进了审查法制的再检讨（并且，伴随着《行政事件诉讼法》的修改，关于旧

---

[1] 关于以上内容，参见宫崎良夫著:《行政不服审查制度的运用和问题点》(1986年)，载宫崎著:《行政争讼与行政法学》，1991年版，第97页以下、第134页以下；南博方著:《面向行政不服审查法的改善》(1986年)，载南著:《纷争的行政解决手法》，1993年版，第95页以下；南博方著:《行政不服审查的理想与现实》，载《芦部古稀》(下)，第561页以下；事后救济制度研究委员会报告书《行政救济制度的课题》，载《法学者》第1137号，1998年，第159页以下。

[2] 参见盐野著:《行政法Ⅱ(第六版)行政救济法》，第56页以下。

[3] 盐野著:《行政法Ⅱ(第六版)行政救济法》，第59页以下。

《审查法》,也对执行停止之要件的弹力化、教示的书面主义进行了部分修改①)。进而,贯通国家和地方的全面性的行政改革加速了推进的速度,可以说也酿成了修改的机运。

以这样的状况为背景,首先,将《行政程序法》制定作为一个契机,对行政不服申诉和行政苦情申诉加以检讨的事后救济制度调查研究委员会发布了《关于事后救济制度的调查研究报告书》。②该报告书不是持有某种一定方向性的具体制度的提案,而是仅限于指出包括外国制度之调查在内的、涉及各方面的论点,但是,其成果为之后的检讨提供了资料,故而具有重要意义。

《行政事件诉讼法》的修改,进一步强化了审查法制之检讨的必要性,而具体地成为修改立法过程之发端的,则是行政不服审查制度检讨会《行政不服审查制度研究报告书》。③该报告书的特征在于,在事后救济制度调查研究委员会报告书之成果的基础上更进一步,将焦点聚集于行政不服审查制度,提示了具体性的方向性。不过,该报告书主要是从理论观点出发来加以检讨的,故而,为了与实际的立法过程相结合,还有必要经过另外一个阶段。回应其要求的,便是行政不服审查制度检讨会《行政不服审查制度检讨会最终报告——行政不服审查法及行政程序法修改纲要案的框架》。④该报告书正如其副标题所揭示,是聚焦于修改的纲要案及其说明的,而采纳了该纲要案之内容⑤的《行政不服审查法案》,由内阁于2008年4月向第169次国会提出。⑥

该法案虽然不是所谓执政党和在野党的对决法案,但是,没有达至实质性审议便接受了继续审议的处理,结果成为废案。其后,有从自民党政权到民主党政权的交替,设立了以总务大臣和管辖行政刷新的内阁府特

---

① 《行政事件诉讼法》修改附则第37条。
② 刊载于《法学者》第1137号,1998年,第160页以下。
③ 刊载于《法学者》第1315号,2006年,第78页以下。
④ 载《自治研究》第83卷第10号至第84卷第2号,2007年至2008年。
⑤ 作为对包括在正文中所记述的3个研究会报告书的内容介绍,详细地分析了《审查法》修改之动向的研究成果,有高桥滋著:《行政不服审查制度检讨会最终报告的概要》,载《自治研究》第84卷第2号,2008年,第3页以下。
⑥ 关于2008年《行政不服审查法案》,水野靖久著:《行政不服审查法案、行政程序法部分修改案的概要》,载《法学者》第1371号,2009年,第6页以下,进行了全面性的解说。作为对法案的批判性检讨,有福家俊朗、本多滝夫编:《行政不服审查制度的改革》,2008年版。

命担当大臣为共同组长的行政救济制度检讨小组,其审议的结果作为《行政救济制度检讨小组总结》(以下简称《检讨小组总结》),于2011年12月得以公布(国会图书馆主页、因特网资料收集保存事业、国家的机关、内阁府)。《检讨小组总结》除行政不服审查法制的改革之外,还包含了不服申诉前置的重新审视、导入广泛接受不服、苦情的新机制。但是,该改革案也是由于进一步的政权交替而止步,无果而终。

虽然经过了这样的迂回曲折,但是,由于行政不服审查制度早期改革的必要性和从前一样得以承认,所以,认为基本上应当维持2008年法案之修改内容的《行政不服审查制度的重新审视方针》得以公布,以此为基础展开工作的结果,《行政不服审查法全面修改法案》于2014年被提交国会,并获得了通过成立(2016年4月1日起施行。同时还制定了《关于伴随行政不服审查法施行的相关法律之整备等的法律》《部分修改行政程序法的法律》①)。②

二、《审查法》的目的及其地位

《行政不服审查法》的目的,第一,是针对行政厅的违法、不当处分,给予个人的权利、利益以简易、迅速且在公正的程序之下的救济;第二,是作为行政的自我统制的行政之适正运作的确保。③ 这两个目的,是

---

① 关于经过的详细情况,参见《逐条解说行服法》,第1页以下;滨西隆男著:《条解行服》,第538页以下。关于《行政程序法》的部分修改,参见盐野著:《行政法Ⅰ(第六版)行政法总论》,第228页。

② 基于正文中所示2014年《行政不服审查法》的制定经过,进而指出如下几点:
(1)现行《审查法》采取了旧法的全面修改之形式,而在理念、构造、具体的制度上,沿袭旧法的地方有很多,所以,对现行法进行解释依然有必要参酌旧法的相关规定。
(2)新导入《审查法》的诸制度,其中大多在制定过程中公布的《检讨会最终报告》《检讨团队总结》《重新审视方针》中已经谈及,有助于各种各样现行制度的理解(哪一种都包含在议事录、关联资料中)。
(3)也有制定过程中政权交替的缘故,在与所揭示的报告书等的制作相关的组织构成、制作过程中也能够看到变迁。也就是说,检讨会及检讨团队以行政法研究者为核心(不过,构成人员除地方公共团体的讼务担当职员1名重复外,相互各异),在检讨团队,采取了相关阁僚、政务官等也始终出席的所谓政治主导的形态。与此相对,在《重新审视方针》则不是通过特别的检讨会进行讨论方式,而是以总务省职员进行与相关团体的听证为中心,此时并让研究者、法制实务经验者2人加入其中的方式。以上的经过,在行政通则法的制定过程中是罕见的现象,但其能否成为先例则尚不确定。

③ 《审查法》第1条第1款。

构思行政上的不服申诉制度时经常考虑的问题,关于应该以哪个目的为重点的问题,则存在立法者的裁量余地,但《审查法》主要着眼于第一个目的,同时试图有助于实现第二个目的。

《审查法》是关于行政上的不服申诉的一般法。① 不过,关于作为一般法的《审查法》的性质,关于与地方公共团体的条例之间的关系,是在立法政策论和解释论上都有问题。作为立法政策,在同样是行政救济(程序)法的《行政事件诉讼法》中,并未残留通过条例设置特别规定的余地。那是因为其是规范司法权之行使的,被认为超出了地方公共团体的事务权限之范围。另外,《审查法》上的判断机关,无论是国家还是地方,哪一方都是行政机关,故而如何处理与地方公共团体的条例之间的关系,存在立法上的裁量之余地。

在《诉愿法》中,将其例外的规定完全置于法律、敕令,并未预定通过条例来进行特别的规定。究其原因,这被推测认为,是由于《诉愿法》曾经是在与行政裁判法的密切关联性之下来把握的,而诉愿法制全体没有被作为地方公共团体的内部的公共事务来把握。虽然在新宪法下的旧《行政不服审查法》的制定时点不曾存在这样的条件,但是,旧法是对基于条例的处分也适用的行政上的救济之一般法,这件事情被作为当然的前提,废止了关于不服申诉事项的《诉愿法》之列举主义,将着力点置于采用一般概括主义。但是,行政层面的救济事务,无法将国家的先占领域这种理解作为前提来考虑,故而与《诉愿法》不同,在旧《审查法》之下,行政不服审查法制虽然在制定法上被视为法律的先占领域,却也产生了其例外是否被承认的论点,现在,与基于信息公开条例的咨询机关的关系成为问题。② 进而,也存在着旧《审查法》中散见的"法令"③中是否包含了条例的解释问题。在立法实务中,不限于不服审查,而且广泛地将行政监察员等也作为对象,在这其中,虽然有采用了在《行政不服审查法》修改过程中成为检讨对象的审理员制度的事例(2009年《多治见市纠正请求程序条例》),但是,在地方公共团体层次尚没有看

---

① 《审查法》第1条第2款。关于例外情形,参见盐野著:《行政法Ⅱ(第六版)行政救济法》,第8页以下"现行法制的概观"。

② 参见盐野著:《行政法Ⅱ(第五版补订版)行政救济法》,有斐阁,2013年版,第13页脚注(1)。

③ 旧《审查法》第4条第2款、第32条等。

到对其追随的事例。① 此外,通过《行政不服审查法》的全部修改,将处分排除在条例的适用之外。②

与此相对,在旧《审查法》制定后的《行政程序法》中,从尊重地方自治的角度出发,当处分、备案的根据是条例或者规则之时,该法的程序规定被视为除外事项③,在许多地方公共团体,见到了行政程序条例的制定。从这种制定法的经纬及行政程序中事前事后的统一性把握④这种观点出发,在《行政不服审查法》的全面修改之际,与《行政程序法》同样,将基于条例的处分之不服申诉视为适用除外的立法政策也是能够成立的。但是,可以窥见,这个问题在立案过程中并未成为讨论的中心课题,而是将对有关地方公共团体问题之关心,置于了审理委员、行政不服审查会等组织相关的点。⑤ 换言之,得以全面修改的《行政不服审查法》,应对简易、迅速、公正的程序及国民的权利利益救济的实现⑥的制度性架构,通过该法而得以自足性地规定,可以说,这样的立场比旧法更进一步明确了。⑦ 其结果是,对基于条例的处分也适用《审查法》,但是,采用了在《审查法》上列举可以通过条例进行规定的特别规定的情形这种方式。⑧ 并且,作为必置机关,有对应国家的行政不服审查会的附属机关的设置。⑨ 这里也被认为承认了基于条例的缓和措施,存在"机关形态的选择裁量"。⑩

关于事前、事后的行政程序相关制定法的这种处理,从理论视角出发,依然被认为存在检讨的余地。⑪

---

① 关于该条例,参见大桥真由美著:《通过行政进行纷争处理的新动向》,2015年版,第58页以下。
② 多治见市主页。
③ 第3条第3款。盐野著:《行政法Ⅰ(第六版)行政法总论》,第233页。
④ 盐野著:《行政法Ⅱ(第六版)行政救济法》,第5页脚注④。
⑤ 行政不服审查制度检讨会——总务省、检讨会议事录第14回至第17回;《检讨团队总结》,第28页以下。
⑥ 《行政不服审查法》第1条。
⑦ 阿部泰隆著:《修改行政不服审查法的检讨(1)》,载《自治研究》第91卷第3号,2015年,第15页,主张"行政不服审查制度,作为权利救济制度,应当是全国共通的救济规则"。
⑧ 《审查法》第4条"审查厅"、第9条"审理员"、第43条"向行政不服审查会等的咨询"。
⑨ 《审查法》第81条。
⑩ 作为对其具体的存在方式进行检讨的成果,有齐藤诚著:《条解行服》,第375页以下。
⑪ 参见大桥真由美著:《行政不服审查法与地方自治》,载《地方自治》第819号,2016年,第2页以下。

三、全部修改的要点

在《行政不服审查法》的全部修改过程中,新创设的主要内容有如下几点:

1. 在不服审查制度之目的上,添加了"公正"的概念。①
2. 将不服申诉的种类进行了一元化处理,同时进行了一阶段化处理。②
3. 在国家、地方公共团体分别设置了行政不服审查会。③
4. 关于审理程序,采用了审理员制度。④
5. 延长了不服申诉期间。⑤

以下,在留意这些要点的基础上,对新的《行政不服审查法》进行概观。

四、《审查法》的基本结构

(一) 不服申诉的种类

关于行政不服申诉应当设置怎样的种类,被委任给立法者的选择。但是,《行政不服审查法》上,关于针对处分的不服及针对不作为的不服,以审查请求为基本类型⑥,而关于针对处分的不服,在个别法上有规定的情况下,补充性地添加了再调查的请求⑦和再审查请求。⑧

1. 在旧法上,曾经采取的是(对于处分厅的)异议申诉和(对于处分厅以外的上级行政厅等的)审查请求的两分法,而关于异议申诉,由于是由作为当事人的处分厅进行审理,故而从客观性、公正性的观点来看被认为是不充分的,从而废止了异议申诉程序。但是,如果单纯地予以废止,便会导致在处分厅没有上级行政厅的情况下没有了不服申诉程序的

---

① 《审查法》第1条。
② 盐野著:《行政法Ⅱ(第六版)行政救济法》,第16页。
③ 盐野著:《行政法Ⅱ(第六版)行政救济法》,第24页。
④ 盐野著:《行政法Ⅱ(第六版)行政救济法》,第22页。
⑤ 盐野著:《行政法Ⅱ(第六版)行政救济法》,第19页。
⑥ 《审查法》第2条、第3条。
⑦ 《审查法》第5条。
⑧ 《审查法》第6条。

结果,故而不问上级行政厅的有无而设置了综合的不服申诉程序。关于这种新的一元化了的不服申诉,也跟旧法一样使用了审查请求这个名称。但是,有必要注意的是,新、旧的审查请求之概念是不同的。审查请求是对于行政厅之处分的不服申诉,不问处分的根据是法律还是条例。并且,根据法律的规定,在审查请求之外,作为例外而准备了再调查的请求、再审查请求。①

2. 成为审查请求之相对方的行政厅,除其他法律或者条例有规定的情形外,规定为处分厅的最上级行政厅②,在处分厅没有上级行政厅的场合等情况下,则采用了该处分厅为审查厅这样的方式。③ 不过,并非因为作为相对方的行政厅之相异而导致审理程序不同。并且,有时以法律指定上级行政厅以外的行政厅为审查厅。例如,国家公务员的任免权者是各省大臣,而审查请求却是对于人事院进行的④,就是这种情形(除此以外,例如,对于建筑主任的处分,向该市町村或者都道府县的建筑审查会⑤提出审查请求;对税务署长的处分,向国税不服审判所所长⑥提出审查请求)。

3. 再调查的请求,是在个别法上有特别规定的场合,例外地承认了对处分厅进行不服申诉的制度。⑦ 这可以推测为处分是大量的,并且不服是有关事实认定的情形。具体来说,有关于国税的税务处分⑧等。此外,虽然说审查请求与再调查的请求是选择制⑨,但是,对于再调查的请求之决定有不服时,可以进行审查请求。⑩

4. 再审查请求,是对于审查请求的裁决有不服者,对于原处分及审查请求的裁决进行的再度的不服申诉。在旧法中,该制度也曾以同样的名称而得以承认,而考虑到具有专门技术性的第三者机关之存置的必要

---

① 盐野著:《行政法Ⅱ(第六版)行政救济法》,本页3.和4.。
② 《审查法》第4条。
③ 《审查法》第4条第1项至第3项。
④ 《国家公务员法》第90条。
⑤ 《建筑基准法》第94条。
⑥ 《国税通则法》第75条第1款。
⑦ 《审查法》第5条。
⑧ 《国税通则法》第75条。
⑨ 《审查法》第5条第1款。
⑩ 《审查法》第5条第2款。

性等,再审查请求制度得以维持。具体的例子,可以列举的有《厚生年金保险法》第 90 条、《劳动者灾害补偿保险法》第 38 条等,在再审查请求中让专门的机关(社会保险审查会、劳动保险审查会)来承担再审查。

5. 在《地方自治法》上,对于地方公共团体的首长(知事、市町村长)来说,不存在上级行政厅,所以,根据前面的原则,鉴于其处分及不作为都是该首长所为的,关于法定受托事务,总括性地规定,对都道府县知事的处分向主管大臣进行审查请求,对市町村长的处分向该市町村所属的都道府县知事进行审查请求。① 这也在形式上属于《审查法》第 4 条所揭示的特别法,其旨趣在于确保法定受托事务的全国统一性。该制度是在旧法时代已经存在的,在《地方自治法》上,是在裁定性介入的概念之下来论述的。②

6. 关于不作为,鉴于《诉愿法》上不曾有特别的规定,在旧《审查法》中导入,新法也予以维持了。③

7. 以下,以审查请求制度为中心展开论述(再调查请求、再审查请求,哪一种类型都准用了关于审查请求的许多规定④)。

(二)不服申诉的要件

行政上的不服申诉也是一种制度,当然存在何人、何时、在何种情况下可以运用该制度的问题。以诉讼来说明的话,即诉讼上所说的诉讼要件的问题。所以,关于问题的所在,和《行政事件诉讼法》上的撤销诉讼的诉讼要件具有共同之处,因而,此处姑且以《审查法》上的审查请求为中心阐述其概况。

1. 不服申诉,除其他法律(或者条例)规定可以口头进行的情况以外,必须以书面提出。⑤ 与该诉状相对应的审查请求书的记载事项也是法定的⑥,但是,行政上的不服申诉,作为简易程序,只有国民广泛运用才有意义,所以,其特征是请求书的书写方法并不很严格。关于这一点,在旧法下有的判例认为:"《行政不服审查法》第 15 条第 1 款第 4 项,虽然要

---

① 《地方自治法》第 255 条之二。
② 盐野著:《行政法Ⅲ(第五版)行政组织法》,第 212 页。
③ 《审查法》第 3 条以下。
④ 《审查法》第 61 条、第 66 条。
⑤ 《审查法》第 19 条第 1 款。
⑥ 《审查法》第 19 条第 2 款。

求在审查请求书上记载'审查请求的宗旨及理由',但是,审查请求在许多情况下是不具有专门法律知识的当事人自己进行的,而不是以法律家为代理人来进行的。这种情况下审查请求书的形式内容并不一定合法,其请求的宗旨有时要在审查请求的程序过程中经过调查、审理等逐渐得以明确,因此,不应该拘泥于其请求书所使用的词语,而应该从总体上观察其内容,尽可能地作出善意的理解,解释、判断为在审查请求制度的范围内合法的请求"。①

2. 运用《审查法》,必须是法所预定的对象。以前的《诉愿法》采取的是列举主义,因而在什么情况下可以提起诉愿曾是很明确的。与此相对,《审查法》与旧法相同,采取的是一般概括主义,因而,作为规定的方式,形成了以一般条款来应对的情形。关于这一点,《审查法》只规定:"行政厅的违法或者不当的处分及其他该当公权力的行使的行为"(以下称为"处分")②,而对于什么是成为适用对象的"处分",则委任给了针对个别行为进行的解释。不过,同样的规定在《行政程序法》和《行政事件诉讼法》上存在,作为立法过程,是《审查法》准据了先行的两部法律。于是,对于关联三法律共通地作为处分来规定的,在《审查法》的实务中也以其为准,故而在本书中,关于成为不服申诉之对象的处分,也将在《行政事件诉讼法》的撤销诉讼之处分性部分进行论述。③ 不过,通过裁判例尤其是最高法院判例,对撤销诉讼的对象进行扩大或者缩小,展示了新的判断时,便会产生在《审查法》上是否也应当按照该判断来应对的问题。此外,在某自治体中,基于居民的利益救济扩大的观点,进行处分概念的扩张性适用,在解释论上也存在是否被承认的问题。关于这些问题,都留作今后的检讨课题。

此外,本来属于行政处分的概念,但是,根据法律的规定,有的处分也不能进行《审查法》上的审查请求。④

并且,关于以《审查法》为根据的处分,原则上不存在根据该法进行救济的途径。⑤

---

① 大津地方法院判决,昭和57年1月25日,载《行裁例集》第33卷第1·2号,第1页。
② 《审查法》第1条。
③ 盐野著:《行政法Ⅱ(第六版)行政救济法》,第81页以下"处分性"。
④ 盐野著:《行政法Ⅱ(第六版)行政救济法》,第9页。
⑤ 《审查法》第7条第1款第12项。

3. 不服申诉,原则上必须在法定的期间内进行——不服申诉期间。即必须在知道处分之日的翌日起 3 个月(旧法上是 60 日)以内提起;从作出处分之日的翌日起,一年后便不能提起了。① 无论是哪种情形,有正当的理由则另当别论。这与撤销诉讼中的起诉期间②相对应,并且是作为行政行为效力的不可争力③的一种制度性表现。

4. 以上是客观的利用条件。还有主观性要件的问题,即谁能够进行行政上的不服申诉的问题。虽然在《审查法》上不存在关于这一点的明文规定,但是,有的观点认为,既然行政的公正运作也被明确揭示为法的目的,那么,符合不服申诉的资格者的范围应该比撤销诉讼中的原告适格的范围更加广泛地予以承认。但是,最高法院在旧法之下的所谓主妇联合会饮料诉讼中,对于《不当景品类及不当表示防止法》上的不服申诉指出,那里所说的"存在不服者",是指"与对一般的行政处分的不服申诉的情形相同,关于该处分具有进行不服申诉的法律上的利益者,即,是指因该处分,自己的权利或者法律上所保护的利益被侵害,或者必然地具有被侵害之危险的人……前述法律上所保护的利益,是指行政法规以保护私人等权利主体的个人性利益为目的,而通过对行政权的行使赋课制约来保障的利益"④。这是在撤销诉讼中的原告适格问题上最高法院所采取的论理原貌,对不服申诉没有予以特别的考虑。重视主观性要件的最高法院的见解,在关于对有关议员资格的议会决定的不服申诉范围的案件中,也表现出来了。⑤ 鉴于这种判例的动向,关于原告适格的考虑事项法定⑥,也应该对不服申诉适格的判断产生影响。

5. 作为与主观性要件相关的问题,主要体现为国家的机关、独立行政法人,进而是地方公共团体、地方公共团体的机关能否成为审查请求人的问题。这一点,在《审查法》上,关于这些法人乃至其机关,在"固有的

---

① 《审查法》第 18 条。
② 参见盐野著:《行政法Ⅱ(第六版)行政救济法》,第 78 页以下"起诉期间"。
③ 参见盐野著:《行政法Ⅰ(第六版)行政法总论》,第 130 页以下"不可争力"。
④ 最高法院判决,昭和 53 年 3 月 14 日,载《民集》第 32 卷第 2 号,第 211 页;《行政判例百选Ⅱ》第 131 案件。
⑤ 参见最高法院判决,昭和 56 年 5 月 14 日,载《民集》第 35 卷第 4 号,第 717 页;《行政判例百选Ⅱ》第 134 案件。
⑥ 通过平成 16 年的《行政事件诉讼法》的修改予以法定,盐野著:《行政法Ⅱ(第六版)行政救济法》第 110 页以下。

资格"中被作为《审查法》的适用除外。① 这种规定,在旧《审查法》②上已经设置了,进而,《行政程序法》③也模仿设置了。这里所说的固有的资格是指不是这些法人或者其机关的话,便不能介入的地位,反过来说,就是私人无法介入的地位,作为典型事例来列举的是地方公共团体的起债之许可。④ 从近期的立法事例中捡拾,《独立行政法人通则法》中规定的主务大臣等的认可等,也被认为该当此类。

综上所述,国家、地方公共团体、独立行政法人等的固有的资格,作为制度已经固定下来了。但是,关于这一点在法解释学上是立足于什么样的根据这个问题,则是不明确的,进而,关于这种固有的资格论,是否不仅限于行政程序乃至行政过程中的行政争讼(行政不服审查),而且也涉及行政诉讼中的机关诉讼论,也是需要进行讨论的。⑤

另外,不以其固有的资格时,即地方公共团体和一般私人处于同样的地位时,例如,地方公共团体经营《自来水法》《煤气事业法》《地方铁道法》等规定的事业时,存在对作为该经营主体的地方公共团体的处分,对该处分不服时,该地方公共团体可以进行不服申诉。

(三)教示

《审查法》以简易、迅速的救济制度为国民广泛运用作为其立法的一个宗旨。但是,由于采用了一般概括主义,该行政决定是否成为《审查法》的对象,假设成为其对象,应该向何处提出不服申诉的问题,并不一定明确。所以,如果放置不管,《审查法》特意设立不服审查制度的宗旨将失去其意义。因此,为了对不服申诉制度的利用提供方便,旧《审查法》设置了《诉愿法》不曾有的、称为教示的制度,《审查法》也导入了这个制度。在这样的背景下建立起来的教示制度的概要如下⑥:

1. 成为教示对象的处分,不仅是审查请求,也包括成为行政上的不服申诉对象的所有处分,所以,关于不包括在《审查法》对象内的处分,也

---

① 《审查法》第 7 条第 2 款。
② 旧《审查法》第 57 条第 4 款。
③ 《行政程序法》第 4 条第 1 款、第 2 款。
④ 《地方财政法》第 5 条、第 5 条之四。
⑤ 参见盐野著:《行政法Ⅱ(第六版)行政救济法》,第 222 页以下。
⑥ 教示制度,经过 2004 年的修改,也被导入了《行政事件诉讼法》(第 46 条)。参见盐野著:《行政法Ⅱ(第六版)行政救济法》,第 122 页以下"教示"。

必须予以教示。但是,行政厅的教示义务仅限于以书面作出的处分。①

2. 教示的对象是处分的相对人。② 所以,所谓二重效果处分情况下的关系人(例如,基于《建筑基准法》的建筑确认中的近邻居住者),就不能成为教示的相对人。但是,这些人可以请求教示。③

3. 教示的内容是:能够进行不服申诉的宗旨(根据第 82 条第 2 款的请求进行教示的情况下,有时需要教示不能进行不服申诉的宗旨)、不服申诉的行政厅、可以进行不服申诉的期间。④ 教示以书面形式进行。⑤

4. 行政厅没有进行应该进行的教示时,对该处分不服者,可以向该处分厅提出不服申诉书。⑥ 如果错误地教示了比法定期间长的期间,那么,在该期间内所进行的不服申诉,被视为在法定期间内进行的不服申诉⑦(《审查法》也规定了错误指示不服申诉厅时的对应措施)。⑧

五、审理体制

关于针对行政上的不服申诉,予以受理,并在行政过程中作出决定的行政主体方面的存在方式,立法政策的幅度也很宽广。关于这一点,《审查法》设置了审查厅、审理员、行政不服审查会这三种行政机关,并就各机关应当承担的作用作出了规定。其中,审理员、行政不服审查会是新导入的制度。

(一)审查厅

在《诉愿法》上,作为审理诉愿、作出裁决的行政机关,列举了(上级)行政厅。⑨ 在旧《审查法》上,赋予了审查厅这种名称⑩,《审查法》也蹈袭了这个概念⑪(所谓简称规定)。关于该组织法的性质,虽然自《诉愿

---

① 《审查法》第 82 条第 1 款。
② 《审查法》第 82 条第 1 款。
③ 《审查法》第 82 条第 2 款。
④ 《审查法》第 82 条第 1 款、第 2 款。
⑤ 《审查法》第 82 条第 1 款。
⑥ 《审查法》第 83 条第 1 款。
⑦ 参见《审查法》第 18 条。
⑧ 参见《审查法》第 22 条。
⑨ 《诉愿法》第 2 条、第 16 条等。
⑩ 旧《审查法》第 8 条第 1 款、第 32 条等。
⑪ 《审查法》第 9 条。

法》以下哪个法律都没有设置特别的规定,但是,被解释为是以决定国家、地方公共团体等的意思,并将其予以表示的行政组织法论上的行政官厅①为前提的。具体的行政处分中的审查厅,根据个别行政作用法,是各省大臣、都道府县知事等(有时候也指下级行政机关,如税务署长②、建筑主管③)。进而,在个别法上,也能散见到以合议制的机关来作为审查厅的事例(开发审查会④、国民健康保险审查会⑤、人事委员会、公平委员会⑥)。

审查厅具有针对审查请求作出不受理、驳回请求、容认等裁决权限。⑦ 在到达裁决权限的行使之前,如后所述,不服审查过程不是以审查厅为主体,而是由审理员进行的审理程序,由行政不服审查会进行的调查审议程序先行。不过,裁决权不受审理员的意见书和行政不服审查会的答复之拘束,是以自己的责任作出的,由此可以解释为,在与先行程序不同的裁决过程中,审查厅独自进行调查活动得以承认。⑧

(二)审理员

即便在行政官厅法之下,在现实的行政实务中,是以辅佐这些行政官厅的职员(辅助机关)存在为当然的前提的⑨,这一点在旧《审查法》上也是同样。不过,旧法上也有就审理程序中职员职务进行规定的地方⑩,但没有设置与该职员的资格要件等相关特别规定。

针对这样的状况,很早以前就有人指出对审理的公正性存有疑念,故而在此次的《行政不服审查法》全部修改中,实现了审理员制度的导入。⑪ 在立法的过程中,关于审理担当职员的资格要件、身份保障等,也曾将设置了严格规范的美国行政法法官(Administrative Law Judge, ALJ)纳入视

---

① 盐野著:《行政法Ⅲ(第五版)行政组织法》,第19页。
② 《国税通则法》第24条、第25条。
③ 《建筑基准法》第6条等。
④ 《都市计划法》第50条、第78条。
⑤ 《国民健康保险法》第91条。
⑥ 《地方公务员法》第49条之二。
⑦ 《审查法》第45条以下。
⑧ 大江裕幸著:《条解不服审查法》,第231页。
⑨ 参见盐野著:《行政法Ⅲ(第五版)行政组织法》,第35页以下。
⑩ 旧《审查法》第31条。
⑪ 关于导入经过,参见大桥真由美著:《通过行政进行纷争处理的新动向》,2015年版,第38页以下。

野之中,但在检讨的过程中,将其导入定为将来性的检讨课题。①

审理员,从审查厅所属的职员之中选任,但介入了处分的职员等具有除斥事由。② 另外,积极要件并未规定,特别的资格要件也未要求。所以,律师资格自不必说是不问的,事务官也好技术官也好,都是可以的。

审理员,跟审理关系人(请求人、参加人、处分厅)一起,被认为是应当谋求审理程序有计划进行者③,在审理程序的各种阶段都有权限。具体来说,处分厅的辩明书提出要求④,口头意见陈述之机会的许可,意见陈述的限制等⑤,物件的提出要求⑥,参考人的陈述、鉴定的要求⑦,检证⑧,向审理关系人的提问⑨,等等,发挥许多重要的作用。此外还规定,为了有计划地推行审理程序,可以要求召集审理关系人。⑩ 鉴于如上所述审理员的作用,虽然审理员是审查厅的职员,但是,就审查程序而言,被解释为不受审查厅的指挥监督。⑪ 因此,在《行政程序法》上以听证官作为对听证程序的"主持者",而在《审查法》上,在法令上不使用"主持者"这个术语。

审理员,在终结了审理程序时,必须制作意见书,并向审查厅提出。⑫ 进而,审查厅向行政不服审查会(后述)进行咨询时,规定要添附意见书的复印件⑬,审理员的意见书,成为行政不服审查会进行调查审议的基础性资料。

---

① 参见《行政不服审查制度检讨会最终报告》第 19 页;大桥真由美著:《条解行政不服审查法》,第 82 页以下。此外,关于美国 ALJ 的详细情况,有宇贺克也著:《美国行政法》(第二版),2000 年版,第 121 页以下。关于审理员制度的概要及问题点,参见大江裕幸著:《审理员制度》,载《法学教室》第 420 号,2015 年,第 18 页以下。
② 《审查法》第 9 条第 1 款、第 2 款。
③ 《审查法》第 28 条。
④ 《审查法》第 29 条第 2 款。
⑤ 《审查法》第 30 条。
⑥ 《审查法》第 33 条。
⑦ 《审查法》第 34 条。
⑧ 《审查法》第 35 条。
⑨ 《审查法》第 36 条。
⑩ 《审查法》第 37 条。
⑪ 相同旨趣,大江裕幸著:《审理员制度》,载《法学教室》第 420 号,2015 年,第 22 页。
⑫ 《审查法》第 42 条。此外,关于审查厅的裁决与审理员的意见书的关系,参见盐野著:《行政法Ⅱ(第六版)行政救济法》,第 33 页。
⑬ 《审查法》第 43 条第 2 款。

与审理员类似的制度,在日本个别法领域,被作为所谓行政审判制度的要素之一来定位。① 并且,在行政过程中一般法的阶段,作为《行政程序法》的听证官出现,在现行《行政不服审查法》中,作为事后的行政程序一般制度终于得以整备。在这里,好像也能够看到日本行政模式变化的重要局面。另外,也不能否认的是,审理员制度,关于其资格要件等,留下了检讨的余地。

(三)行政不服审查会

关于行政上的不服申诉,在达至裁决的过程中,行政厅向合议组织进行咨询的方式,从以前就在个别法上使用了(信息公开、个人信息保护审查会②,关税等不服审查会③)。在《行政不服审查法》全面修改之际,为了确保程序更进一步的客观性、公正性,在审理员制度的基础上,除法律规定的除外事由之外,将合议制的咨询机关作为一般性制度加以设置。也就是说,在接受了审理员的意见书之提出之后,审查厅原则上必须向行政不服审查会进行咨询(例外是法律事项)。④ 在国家层面,在总务省设置行政不服审查会⑤,在地方公共团体层面,也要求作为执行机关的附属机关,以条例设置同样的不服审查机关。⑥ 为了能够作出针对地方实情的应对,设置了弹力条款。⑦ 作为地方公共团体的条例,有两种类型:包括手续费等其他的条例事项的《东京都行政不服审查法施行条例》和限定于行政不服审查会的《国分寺市行政不服审查会设置条例》。

以下,就国家的行政不服审查会,论述其概略(关于国家的行政不服审查会,在总务省主页的"行政不服审查会"栏目,揭示了委员名簿、答复一览、答复书全文、相关法令等)。

行政不服审查会的委员,规定为"具有关于法律或者行政的优异识见者"。⑧

---

① 盐野著:《行政法Ⅱ(第六版)行政救济法》,第39页"审理官"。
② 《信息公开法》第18条(2014年修改前)。
③ 《关税法》第91条、《关税法施行令》第82条。
④ 《审查法》第43条。
⑤ 《审查法》第67条。委员9名。3人以内为常勤。
⑥ 《审查法》第81条第1款、第4款。
⑦ 《审查法》第81条第2款。
⑧ 《审查法》第69条第1款。

在行政不服审查会设调查专门事项的专门委员会。专门委员是非常勤,专门事项调查终了之际被解任。① 专门委员制度,在若干个审议会中能看到②,而从《审查法》的适用范围非常广泛的角度来考虑,专门委员制度的必要性被认为是更高的。

关于对行政不服审查会的审查厅的咨询义务,法律上没有更加具体的规定,但是,根据相关法令(《行政不服审查法施行令》《行政不服审查会运营规则》),咨询被规定为以咨询书的方式进行,该咨询书上,除审理员意见书之外,规定要添附咨询说明书(记载了关于裁决的审查厅的观点及其理由的书面)。③ 行政不服审查会在以这些资料为前提的基础上,针对咨询,经过调查、审议,进行答复。④ 审查厅接受了答复之后,必须没有迟延地作出裁决。⑤

行政不服审查会方式,通过在一般行政过程中导入审理员所欠缺的外部性,从而具有涉及超越了个别案件的影响力的可能性,其今后的动向令人瞩目。⑥

(四)如上所示,2014 年的《审查法》,针对审查厅维持了从前的行政官厅概念,但是,为了谋求程序的公正性,而在审理体制上导入了审理员、行政不服审查会,这是《诉愿法》和旧《审查法》上作为一般制度所未曾存在的。今后,这些新制度的运用令人瞩目。

六、程序的开始

审理程序,依私人不服申诉而开始。只要申请符合形式要件,裁决机关就必须予以审理,并作出决定,这是争讼制度的当然要求。在与私人不服申诉的关系上,存在如下问题:

(一)申诉书,是行政上的不服申诉,还是单纯的陈情书,有时并不分

---

① 《审查法》第 71 条。
② 《公害等调整委员会设置法》第 18 条,《大学设置·学校法人审议会令》第 1 条第 3 款、第 2 条第 3 款等。
③ 《行政不服审查会运营规则》第 6 条第 1 款第 2 项。
④ 《行政不服审查会运营规则》第 74 条以下。
⑤ 《行政不服审查会运营规则》第 44 条。关于报告书跟裁决的关系,参见盐野著:《行政法Ⅱ(第六版)行政救济法》,第 33 页。
⑥ 参见北见宏介著:《行政不服审查会等的创设》,载《法学教室》第 420 号,2015 年,第 25 页以下、第 29 页以下。

明。这完全可以通过当事人的意思解释来解决,而不是根据申诉事项的内容来决定。①

(二)审查厅,对满足了不服申诉要件的不服申诉,就相应案件进行审理,作出维持或者驳回的裁决。

(三)关于当没有满足要件时,是否应该直接予以驳回的问题,是立法政策上有必要考虑的。关于这一点,《审查法》规定了称为补正的制度(第23条)。没有进行补正而作出驳回的裁决、决定,是违法的。当根据补正命令纠正了申诉书时,视为从最初就存在不服申诉。

(四)关于提出不服申诉后,应如何处理原处分效果的问题,也是立法政策的问题。在《审查法》上,采用了执行不停止原则。即仅有不服申诉的提起,处分的效果不变,只是在一定的情况下,根据审查机关的决定,才停止处分的效力、处分的执行或者程序的继续之全部或者一部分,以及采取其他措施(停止执行)(第25条、第26条)。执行不停止的原则,是《行政事件诉讼法》也采用的原则(第25条),其要件等制度的具体结构,二者也是相通的②,但《审查法》的执行停止制度具有反映行政过程中行政争讼之特殊性的特点。其中之一是承认了依职权执行停止制度(第25条第2款)。停止执行程序,包括《行政事件诉讼法》上的情形在内,只有根据当事人的申诉才开始。而在审查厅是处分厅的上级行政厅或者是处分厅的情况下,从作为处分厅的监督机关的性质来看,不必等待当事人的申请,可以主动依职权进行执行停止。此外,关于作为审查厅的上级行政厅及处分厅,可以作为执行停止的措施而采取"其他措施"的规定(第25条),也是因为是有关自己事务的处理,故对决定权者的对策赋予灵活性。进而,关于不服申诉阶段的执行不停止决定,东京地方法院平成28年11月29日判决③承认了对于该决定的当事人之撤销诉讼的对象性,被评价为将临时救济的意义及于行政上的不服申诉阶段的判例。

---

① 最高法院判决,昭和32年12月25日,载《民集》第11卷第14号,第2466页;《行政判例百选Ⅱ》(第六版)第139案件。

② 所以,详细情况将在论述《行政事件诉讼法》时展开。参见盐野著:《行政法Ⅱ(第六版)行政救济法》,第167页以下。

③ 载《判例时代》第1445号,第189页。

七、审理的方式

以下,以审查程序为中心展开论述。

(一)审理原则

1. 书面审理主义

一般地说,在争讼程序中,对采取书面审理主义还是口头审理主义的问题,存在各种不同的观点。书面审理,具有资料确实而稳定,审理简易而迅速的优点,但是,也具有印象是间接的,不能通过释明而当场明确疑点等缺点。与此相对,口头审理,具有印象直接而鲜明、可以通过释明而明确疑点、容易把握当事人的真正意图等优点,也具有可能产生陈述者陈述遗漏、要求审理机关有一定的能力等缺点。①

《审查法》考虑到确保审理的简易、迅速性和审理机关的情况,规定了书面审理主义的原则。但是,《审查法》在另一方面规定,审查请求人等提出申请时,审理员必须赋予申诉人以口头陈述意见的机会(第 31 条第 1 款但书)。在这一点上,与将该机会的赋予完全委任给诉愿裁决厅之裁量的《诉愿法》(第 13 条)是不同的。

关于口头陈述意见的机会,存在着是仅对本案审理予以保障,还是对要件审理即利用条件是否存在也予以保障的问题。鉴于要件审理和本案审理并不一定能够明确地区分开来(关于环境问题的地域居民的不服申诉资格等),只要不是明确地欠缺申诉要件的情况,关于要件审理也应该承认口头陈述意见权。此外,虽然是在旧法之下的事情,但是对于审查厅来说,有裁判例认为,即使已经取得了处分是正当的心证,也不能以此为理由而拒绝口头陈述之申诉。②

关于意见陈述的方法,《审查法》没有设置明确的规定。但是,鉴于和本规则的关系及也存在个别法令规定了不服申诉审理程序以公开进行口头审理的事例③等情况,被解释为没有要求公开、对审构造。④ 在个别法中规定了不服申诉审理程序以公开进行口头审理的,重点在于当事

---

① 参见雄川著:《行政争讼法》,第 247 页以下。
② 东京地方法院判决,昭和 45 年 2 月 24 日,载《行裁例集》第 21 卷第 2 号,第 362 页。
③ 《国家公务员法》第 91 条第 2 款,《地方公务员法》第 50 条第 1 款,《地方税法》第 433 条第 6 款,《都市计划法》第 50 条第 3 款。
④ 同样旨趣,参见友冈史仁执笔,载《条解行服》,第 175 页。

人当场提出证据和反证,在此基础上,审理机关进行事实的认定,但并不是确定了其具体的细节问题。因此,有必要就各个具体的程序来分析该法律的结构。关于这一点,在《地方税法》上固定资产评价审查委员会的口头审理程序中,将以口头审理以外的方式所进行的职权调查结果作为判断的基础而采用,并驳回审查的请求时,最高法院以审查请求人能够阅览关于事实调查的记录,并对此提出反驳和证据为理由,对经过将前述职权调查的结果提交口头审理的程序之必要性作出消极的解释。①

2. 职权主义

《审查法》规定,可以让认为适当的人作为参考人陈述意见(第34条),对材料及其他物件的持有人,可以请求该物件的提出,且可以留置所提出的物件(第33条),关于必要的场所,可以进行检查验证(第35条),可以对审理关系人(第28条)进行审讯(第36条)。显而易见,这是允许职权证据调查。进而,关于其宗旨是否在于承认超出该范围,以职权调查当事人所没有主张的事实是否存在,即是否承认职权探知主义,却并不一定明确。关于这一点,在《诉愿法》时代,虽然没有明文规定,但是,最高法院曾经承认了职权探知。② 行政不服审查依然是行政过程中的争讼,其目的是对私人的权利、利益予以救济,同时确保行政的公正运作。考虑到这一点,人们认为,《审查法》也承认了职权探知。不过,这并没有上升为义务。

(二)不服申诉人的程序上的权利

如果说《审查法》是国民的权利和利益的救济程序的话,那么,为了提高其救济之效果,就有必要承认不服申诉人在程序中充分主张、举证等程序性权利。但是,与此同时,由于《审查法》的存在理由在于其程序简易、迅速,所以又不能使之像民事诉讼那样严格。因此,在立法政策论及解释论上,便存在如何在这两个要求之中划定界线的问题。

1. 在旧法之下,关于是否对审查请求人承认其对于处分厅的辩明书

---

① 最高法院判决,平成2年1月18日,载《民集》第44卷第1号,第253页;《行政判例百选Ⅱ》第136案件。

② 最高法院判决,昭和29年10月14日,《民集》第8卷第10号,第1858页;《行政判例百选Ⅱ》第135案件。

之提出要求权,曾经存在争议;而在新法下,则采用了对此实质上予以保障的机制。也就是说,审理员设定相当的期间,对处分厅等要求提交辩明书,并且,在该辩明书提出的情况下,审理员被赋课了将其向审查请求人等送付的义务。[1] 进而,审查请求人针对辩明书上所记载的事项,可以提出反论书。[2] 质言之,不是以跟作为相对方的处分厅直接交流,而是以审理员为媒介的形式,通过对审的构造来实现保障审查请求人的程序性权利之目的。

2. 在口头陈述意见(前述)的情况下,审查请求人等除拥有陈述自己意见的机会之外,还可以对作为审理关系人而被召集来的处分厅等发出质问。[3] 旧法不曾赋予不服申诉人对于处分厅的质问权,与之相比较,这是部分地承认了对审要素的规定。而从其并没有承认处分厅等对审查请求人的质问权,以及程序是以非公开的形式进行的来看,这里并非采纳了《日本国宪法》第82条及《民事诉讼法》上所说的对审审理的原则。[4]

3. 审查请求人还拥有其他权利,包括证据文件的提出权[5]、物件提出申诉权[6]、参考人的陈述、鉴定的申诉权[7]、检证的申诉权[8]、对审理关系人的质问申诉权[9]。这些权利在旧法下也曾得以承认。[10]

4. 《审查法》对审查请求人承认了在审理程序中所提出文件等的阅览请求权。[11] 在旧法下,该阅览请求权的对象曾被限定在处分厅对于审查厅所提出的文件等[12],与之相对照,新法不仅其对象未限定于处分厅,而且也扩大了阅览的方法。哪一种都是谋求了审查请求人的程序保

---

[1] 《审查法》第29条第2款、第5款。
[2] 《审查法》第30条。
[3] 《审查法》第31条。
[4] 关于民事诉讼中的口头辩论主义、对审审理的原则及其内容,参见竹下守夫著:《条解民事诉讼法》(第二版),2011年版,第868页;新堂著:《新民事诉讼法》,第504页以下。
[5] 《审查法》第32条。
[6] 《审查法》第33条。
[7] 《审查法》第34条。
[8] 《审查法》第35条。
[9] 《审查法》第36条。
[10] 参见旧《审查法》第26条至第30条。
[11] 《审查法》第38条。
[12] 旧《审查法》第33条第2款。

障至充实的措施。而关于笔记等周边部分的阅览请求权,依然残留了运用上的问题。①

(三)行政不服审查会的调查审议程序

行政不服审查会的程序,也基本上跟审理程序相等。也就是说,以书面主义、职权主义为基础,具体来说,就是设置了与审理员实施程序相对应的规定,包括:审查会的调查权限(对审查关系人的主张文件的提出要求等)②;审查请求人等以口头形式进行意见陈述(但是,审查后对其是否必要拥有判断权)③;由审查请求人等进行主张文件、资料等的提出④;审查关系人的资料阅览⑤;审查会答复的送付、公布⑥等。并且,在审查会的调查审议的过程中,审理员的意见书是咨问之际的添附文件之一⑦,而审理员并不出现。

八、程序的终结

不服申诉程序,也可以以申诉的撤回终结⑧,但是,制度本来所预定的是以对于审查请求的审查厅的判断来终结,这在《审查法》上就是"裁决"。在旧《审查法》上,对应不服申诉的二元构成,分别就对于异议申诉的决定和对于审查请求的裁决两种类型作出规定;而在新法上,在予以裁决一元化的同时,还就解释上有疑义的事项,谋求了规定的整备。以下揭示其概略。

(一)裁决的时期

裁决,在审查会作出了回答时(在不需要向审查会进行咨问的情况下,在审理员的意见书提出时),要求马上作出。⑨ 之所以设置了一定的时间上的余地,是因为裁决并非受答复(意见书)的拘束,而是以其自己的权限和责任作出的,故而,有些场合需要包括调查在内的考虑时间。不

---

① 参见友冈史仁著:《条解行政不服审查法》,第200页以下。
② 《审查法》第74条。
③ 《审查法》第75条。
④ 《审查法》第76条。
⑤ 《审查法》第78条。
⑥ 《审查法》第79条。
⑦ 《审查法》第43条第2款。
⑧ 《审查法》第27条。
⑨ 《审查法》第44条。

过,这个过程中的调查并没有特别的法的规定,故而可以将其解释为限于任意调查。①

(二)裁决的内容

1. 裁决和诉讼程序中的判决一样,有不予受理、驳回和容认共三种类型。② 不予受理,是针对经过不服申诉期间后提起的不服申诉等,即欠缺不服申诉要件的情况下所作出的。驳回,是针对不服申诉没有理由时所作出的。容认,是针对处分的不服申诉有理由时,以撤销或者变更该处分的全部或者一部分的形式所作出的。不同种类的裁决,其内容根据不服申诉的旨趣不同而各异。作为行政过程中行政争讼的特殊性质,在"有理由的情形"中,不仅包括处分的违法,还包括处分的不当。

2. 容认,针对除事实上的行为以外的处分,作为该处分的全部或者一部分的撤销或者变更而作出(但是,在审查厅不是处分厅的上级行政厅时,不得变更)。③ 此外,关于对申请的不予受理、驳回的处分,包括上级行政厅对处分厅命令作出一定的处分,处分厅自己作出一定的处分。④

3. 关于事实上的行为,在宣告该事实上的行为违法或者不当的同时,当审查厅是处分厅时,可以撤废、变更该行为的全部或者一部分;当审查厅是处分厅的上级行政厅时,可以命令撤废、变更该行为之一部分或者全部(审查厅不是上级行政厅的场合,不能作出变更命令)。⑤

4 关于不作为,审查厅在宣告该不作为之违法或者不当的同时,不作为厅要作出该处分,上级行政厅的场合,则命令不作为厅作出处分。⑥ 所以,当审查厅不是处分厅或者上级行政厅时,不得命令处分。

5. 关于不利变更的禁止,旧法得以维持。⑦ 并且,由于特别的事情,虽然是违法或者不当,还是驳回请求的所谓事情裁决(特别情况下的驳回裁决)的制度,也与旧法相等。⑧

---

① 盐野著:《行政法Ⅰ(第六版)行政法总论》,第213页。
② 《审查法》第45条、第46条、第49条。
③ 《审查法》第46条第1款。
④ 《审查法》第46条第2款。
⑤ 《审查法》第47条。
⑥ 《审查法》第49条。
⑦ 《审查法》第48条。
⑧ 《审查法》第45条第3款。此外,参见后述《行政事件诉讼法》上的事情判决(特别情况下的驳回判决)。

6. 审查厅的裁决制度,尤其是关于不服申诉容认裁决中审查厅的权限之存在方式,在旧法之下,围绕审查厅(上级行政厅及上级行政厅以外的行政厅)的权限之范围,曾经存在讨论。关于这一点,如上所述,新法关于上级行政厅的权限,对属于申请容认的新处分,没有承认上级行政厅的代执行,而是止于对处分厅的命令,而关于上级行政厅以外的审查厅,连对行政厅的命令也予以否定了。在这种限度内,与其说是行政官厅法理①中加入了某种新的要素,倒不如说是将救济的便宜作为基本追求的实务性应对。

7. 在旧法上,也曾存在对于作为上级行政厅的审查厅之处分、事实上的行为变更制度②,该制度得以原封不动地维持。③ "变更"的概念,《诉愿法》上不曾明示,而在学说上则是跟"撤销"并列,作为容认裁决的一种形态来列举的。④ 作为具体的事例,可以设想的有将执照撤销处分改为停止处分的,以及将营业停止处分的期间缩短等,而对于"变更"来说,则残存了如下理论上的问题:是看作原处分原封不动地得以维持⑤,还是看作原处分与新处分的组合⑥,进而还有与部分撤销的区别等。这一点,与行政官厅法理中上级行政厅跟下级行政厅的关系⑦相关联,但无论如何,在行政救济法上,不能说立法上不能承认作为上级行政厅的审查厅之原处分变更权。

8. 再调查请求之容认,作为决定而就处分作出撤销或者变更,关于事实上的行为,通过决定进行违法或者不当的宣言,进行该行为的撤废或者变更。⑧ 再审查请求之容认,仅是指作为裁决而进行原裁决的撤销,以及对事实上的行为进行撤废的命令。⑨ 这些都是以再审查厅不属于处分厅、裁决厅及它们的上级行政厅为前提的。⑩

---

① 盐野著:《行政法Ⅲ(第五版)行政组织法》,第 32 页以下。
② 旧《审查法》第 40 条第 5 款。
③ 《审查法》第 46 条第 1 款、第 47 条。
④ 参见雄川著:《行政争讼法》,第 252 页。此外,田中二郎著:《行政法》(上卷),1956 年版,第 296 页,称为"一定的处分"。
⑤ 《逐条解说行服法》,第 260 页。
⑥ 宇贺克也著:《行政法概说Ⅱ》(第六版),2018 年版,第 70 页。
⑦ 盐野著:《行政法Ⅲ(第五版)行政组织法》,第 32 页以下。
⑧ 《审查法》第 59 条。
⑨ 《审查法》第 65 条。
⑩ 《逐条解说行服法》,第 329 页。

(三) 裁决的方式

裁决必须以书面形式作出，并附记理由。① 最高法院最初是在关于行政上的不服申诉决定的案件中阐述了其理由附记的见解，并且，作为其理由附记的程度，指出："必须使对应于请求人的不服事由而作出该结论的过程能够清楚"。②

裁决应当附记理由，在旧法中也曾作出规定③，而在新法中进一步作出如下规定而受到注目，即在正文与审理员的意见书、行政不服审查会的回答书不同内容的情况下，必须写明不同的理由。④ 关于这种新方式，有人称之为"确保判断过程的透明性，对审理关系人尽量说明的观点"。⑤ 该旨趣是可以理解的，但是，鉴于这种规定的方法，是以审理员的审理报告书及行政不服审查会的回答书并不拘束审查厅这种理解为前提的。该前提本身依然存在讨论的余地。而与其不同的问题是，与处分是营业停止相对，在审理员提出处分撤销的意见书，审查会也进行了同样的回答，审查厅却作出了审查请求驳回的裁决（原处分维持）的情况下，其理由并未出现在审理程序等之中的事实，对于审查请求人来说便是出其不意，会不会被怀疑程序的不公正呢？关于该事实，实务上应当考虑以某种方式设置听取审查请求人意见的方略。

(四) 裁决的效力

行政上的不服申诉中的裁决，虽是争讼的裁断，但依然是行政过程中具体的、权力性的、法的行为形式，即行政行为。这种性质，也反映于裁决的效力上。

1. 其效力基于对相对人的送达而产生。但是，《审查法》规定，在应受送达的人去向不明等情况下，可以采取公告送达的方式。⑥

2. 在行政行为的效力之中，关于规范力、公定力和不可争力，《审查

---

① 《审查法》第50条。
② 最高法院判决，昭和37年12月26日，载《民集》第16卷第12号，第2557页；《行政判例百选Ⅱ》第139案件。
③ 旧《审查法》第41条。
④ 《审查法》第50条第1款第4项括号内。
⑤ 《逐条解说行服法》，第283页。相同旨趣，大江裕幸著：《条解行政不服审查法》，第261页。
⑥ 《审查法》第51条。

法》没有设置特别的规定,但被解释为是当然发生的效力。不过,当作出驳回裁决后,相对人在裁判上主张原处分违法时,已经不是撤销裁决的请求,而是撤销原处分的请求①,所以,一旦该请求被支持,原处分便被撤销。因此,虽然裁决在形式上依然存在,但已失去了实质性效力,在这种限度内,便不存在论述公定力的意义。当然,如果不是争议原处分,而是争议裁决的固有瑕疵时,公定力便发挥作用。

3. 关于执行力,在驳回的裁决,容认的裁决之中,关于处分的撤销、事实行为的撤废,没有适用的余地。处分的变更之裁决被视为新的处分,并且,只要是适合于执行力观念的,就得以承认。

4. 关于裁决是否产生不可变更力、实质性确定力,也可能成为讨论的对象。即行政行为的不可变更力、实质性确定力并不是对所有行政行为都承认的效力,而是仅限于其中一定的行政行为的效力。但是,对行政上的不服申诉之裁决,着眼于其程序的话,具有承认其不可变更力、实质性确定力的余地。②

5.《审查法》就裁决的拘束力作了规定。③ 该拘束力与在有关行政行为的公定力的关系中所说明的公定力不同,是保证裁决实效性的效力,《诉愿法》中也曾存在这种规定。④《审查法》在法条上并没有将拘束力限定于容认裁决,而在《行政事件诉讼法》中,只对撤销判决规定了拘束力,因此,在《审查法》上也没有将其作出不同解释的理由。⑤ 我认为,关于驳回裁决,拘束力的观念是不涉及的。

(五)违法、不当判断的基准时

《审查法》上的拘束力制度,是和《行政事件诉讼法》上的撤销判决的拘束力(第33条)相对应的,所以,详细情况见《行政事件诉讼法》的说明。⑥

审查请求的审理过程中,出现了法令的变更(处分基准的变更等)、

---

① 《行政事件诉讼法》第10条第2款。原处分主义。
② 盐野著:《行政法Ⅰ(第六版)行政法总论》,第132页以下。
③ 《审查法》第52条。
④ 《诉愿法》第16条。
⑤ 作为拘束力的效果,可以考虑,处分厅今后不能作出处分的撤销。但是,并不存在因为裁决厅是监督厅,所以一旦驳回裁决,处分厅就不能行使自己固有的处分权限的特别理由。
⑥ 参见盐野著:《行政法Ⅱ(第六版)行政救济法》,第153页以下。

事实关系的变更(申请者方面的疾病痊愈等事情变更)时,以处分时的判例、事实为基准,还是以裁决时的状况为基准?会产生这样的问题。这一点,在撤销诉讼中曾经成为讨论的对象。而在不服审查阶段,并未曾被论及,被解释为准同于撤销诉讼。不过,不服审查的时点和诉讼的时点是同一的,这并不是普遍的原理。现实中在德国,被确定为不服审查决定时,日本法是否也应当进行参考,这个问题得以检讨。① 当然,鉴于在日本法上并未采用一律的不服申诉前置主义②,而是以不服申诉程序与裁判程序并行为前提③,在审查请求裁决的撤销诉讼中,只能主张裁决固有的瑕疵④等,我们可以认为不服申诉的违法判断基准时与撤销诉讼的违法判断基准时是相同的。⑤

九、小结

实现了全面修改的《行政不服审查法》,通过谋求审理员制度、行政不服审查会制度的导入、审查请求人的程序性权利扩充,可以说对应了公正程序的重视这种法目的。⑥ 但是,必须注意的是,并非由此而实现了准司法程序亦即将全部切换为行政审判制度。⑦ 程序之公正的充实和简易迅速的确保,这两个法目的之均衡如何持续确保,留下了作为今后立法政策的课题,同时,也是运用上的重要考虑要素。

第三节 行 政 审 判

一、概念

行政审判本来不是法令上的术语,而是学术上的用语,一般是指,包括从通常的行政机关系统独立出来的行政委员会或者与此类似的行政机

---

① 大江裕幸著:《为了审查请求中违法性不当性判断的基准时考察的一个视点》,载《小早川古稀》,第479页以下。
② 《行政事件诉讼法》第8条第1款,盐野著:《行政法Ⅱ(第六版)行政救济法》,第9页。
③ 《行政事件诉讼法》第8条第3款。
④ 盐野著:《行政法Ⅱ(第六版)行政救济法》,第73页以下。
⑤ 盐野著:《行政法Ⅱ(第六版)行政救济法》,第165页以下。
⑥ 《审查法》第1条。
⑦ 关于行政审判制度,参见本章第四节。

关,通过类似于裁判的程序即准司法程序,来作出一定决定时的该决定本身,或者与该决定有关的程序在内的制度总体。所以,即便是职权行使的独立性得以在制度上保障的《国家行政组织法》第 3 条机关的行政委员会,在未采取准司法程序的情况下,其程序也不属于这里所说的行政审判制度(例如,原子力规制委员会规则的程序)。如前所述,行政审判完全着眼于行为的主体及程序的形式,在这一限度内,它是形式性概念。换言之,程序的目的和此概念没有关系,通常并不是以行政争讼概念为前提的纠纷解决之目的为要件。①

像这样的行政审判,在战前的日本并不是不曾存在,海难审判②及特许审判③就是其例。但是,在当时,这两种审判分别作为独立的制度而存在,并没有构成作为其上位概念的行政审判这一概念。行政审判概念的诞生,完全是由历史原因所决定的。即作为美国占领军的占领政策之一环,行政委员会制度被大幅度地导入日本,日本行政法学将其置于行政审判的概念之下归纳整理。④

不过,值得注意的是,正如后述考察可以明确的那样,虽然说是行政审判,但并不是一律都具有一定的法效果。因为并没有制定可以和《行政程序法》及《行政不服审查法》相匹敌的行政审判法。此外,虽然从解释论上可以导出某种法的归结,但是,即使属于学术上的行政审判,要赋予其特别的法效果,有的事项也需要在法律上采取特别的处理

---

① 厚谷襄儿著:《行政审判的法理》,载《行政法大系 4》,第 71 页,将行政审判定义为:"成为行政程序的一部分,行政委员会或准行政委员会的行政机关,为进行行政处分而采取的作为事前程序或其事后审查程序的准司法程序"。

② 严格说来,是海员惩戒——《海员惩戒法》(明治 39 年)。

③ 《特许法》(大正 10 年)。

④ 行政审判这个用语,在实务上也作为行政改革会议最终报告《行政审判厅的构想》而使用(《报告》Ⅲ八),在那里所说的行政审判,跟学术上的行政审判相同,并非内容得以严密确定了的概念。并且,《中央省厅等改革基本法》(第 50 条第 3 款)规定了"行政审判"的充实强化之方略的检讨必要性,这个概念也是被解释为以学术上的用语为前提的,而不是在立法技术上得以明确化的概念(关于以上内容,参见松田隆利、山本庸幸监修:《中央省厅改革法规集》,1999 年版)。参见盐野宏著:《关于行政委员会制度——在日本的定着度》(2004 年),载盐野著:《行政法概念的诸形态》,第 447 页以下、第 462 页以下;盐野著:《行政法Ⅲ(第五版)行政组织法》,第 63 页"委员会"。作为有关在战后日本的行政委员会制度的详细研究,有伊藤正次著:《日本型行政委员会制度的形成》,2003 年版。此外,关于主张行政审判不是美国所固有的法制度,而是广泛地在英美法上发达起来的制度的成果,参见碓井光明著:《行政不服审查机关的研究》,2016 年版,"第一部·从外国法学习"。

方法。① 进而,关于什么程序才是行政审判这一点,也并不存在统一的理解。因此,在这里姑且以开头所揭示的有关行政审判的记述为前提,指出其特色或者问题所在。

二、种类

根据其和纠纷的关系,可以将行政审判分为两种。其一是为了解决实质性纠纷而采取的审判,如:人事院就对国家公务员作出的不利处分而进行的不利审查;公害等调整委员会,通过《关于有关矿业等土地利用的调整程序等的法律》(土地利用调整法)所规定的程序,对《矿业法》上行政厅的矿业权设定之不服的裁定程序;电波监理审议会进行的基于《电波法》的异议申诉之审查等。这些审判都是对行政决定的不服之审查,所以,在行政上的不服审查之中,可以说是采取准司法性程序进行的。② 此外,也有的纠纷本身是私人间的纠纷。劳动委员会进行不当劳动行为的救济命令程序,以及公害等调整委员会基于《公害纷争处理法》进行的裁定程序,即是其例。

与此相对,其二是在不存在具体纠纷的情况下,有时对行政机关作出的首次性决定而采取行政审判程序。公安审查委员会基于《破坏活动防止法》而采取的决定程序,电波监理审议会采取的《电波法》上的不利处分(吊销执照等)程序,即是这种类型。③

---

① 关于这一点,有必要注意的是特许审判。该制度与美国法的导入无关,早在明治宪法下就已经展开,并在《日本国宪法》下充实完善了其法的结构。鉴于兼有实体法和实体法的特许法制的独自性,本书也是一样,来自行政(救济)法学的贡献不少。但是,这个问题,有必要从特许法制及行政诉讼制度这两个方面综合地进行探讨。在这种意义上,虽然是以诉讼程序为中心的,作为有关特许审判(审决)的特色的总括性研究,大渊哲也著:《特许审决撤销诉讼基本构造论》(2003 年版)值得参考。

② 关于这种行政审判,是否限于在通常的不服申诉中采用了准司法性程序的情形,是有争议的。对于公害等调整委员会基于《关于有关矿业等土地利用的调整程序等的法律》所进行的不服裁定的程序,公害等调整委员会裁定(平成 4 年 6 月 22 日,载《判例时报》第 1427 号,第 24 页)将其理解为从公益的见解出发,以谋求行政性、政策性调整为主要目的的制度,是和《行政不服审查法》上的不服申诉的宗旨、目的皆不同的制度,在此理解的基础上,认定了和《行政不服审查法》不同的不服申诉的适格范围。

③ 厚谷襄儿著:《行政审判的法理》,载《行政法大系 4》,第 74 页,根据听证的方式,区别为事实审型听证和陈述型听证;根据审判程序的开始之不同,区别为弹劾性审判程序和纠问性审判程序。

从制度目的的角度出发,将准司法程序(包括本书的行政审判)分为当事人间纷争处理型、违反行为监视型和不服审查型三种类型的尝试也得以进行。① 这种分类,是在上述以纷争为机轴的二分类之中,将具有实质性纷争解决功能的行政审判进而进行二分的分类方法,对于姑且整理行政审判的功能来说,可以认为是便利的分类。

不过,无论是哪一种分类,对于与行政审判相关的特别法的问题来说,都是共同的,所以,以下聚焦于这些事项来推进考察。②

三、特色

(一)职权行使的独立性

审判机关独立于其他行政机关而行使职权,是行政审判的特色之一。关于公害等调整委员会,《公害等调整委员会设置法》第5条就其职权行使的独立性设置了明文规定。关于人事院,在不利处分的审查程序中有这种类型的规定,即《人事院规则十三——一》第22条。进而,有的规定则从身份保障出发,对职权行使的独立性采取了实质性保障。③ 当然,既然设置行政委员会或者准行政委员会的行政机关,并赋予其在慎重的程序之下作出决定的权限,我认为,从解释论上就能够推导出如下结论:任命权者就其职务给予个别的指示,当其不服从该指示时,不能行使惩戒权。在这种情况下,有必要个别地考虑该行政机关的性质、职务的性质、程序等。

(二)准司法性程序

虽说是准裁判程序的程序,但是,其内容并非单义性地得以固定化。行政审判具有如下程序上的特色。④

1. 从法律上保障了公开口头审理的机会。⑤ 因为公开的口头审理是

---

① 参见高桥滋著:《准司法程序、特例的行政程序之诸类型——总论的检讨》,载《法学者》第1352号,2008年,第41页以下,以及《法学者》同号所刊载的诸论文;高桥滋著:《行政法》(第二版),2018年版,第457页。

② 在《审查法》的不服申诉程序跟行政审判程序的中间,可以考虑各种程序,现实中也是准备了许多程序,这些都留给后面来单独论述(本章第四节)。

③ 关于人事院,参见《国家公务员法》第8条、第9条;关于公安审查委员会,参见《公安审查委员会设置法》第7条。

④ 此外,参见厚谷襄儿著:《行政审判的法理》,载《行政法大系4》,第87页以下。

⑤ 《土地利用调整法》第32条、《劳动组合法》第27条(《劳动委员会规则》第41条之七)、《国家公务员法》第91条等。

行政审判的要素,所以,欠缺公开口头审理这一要素的程序,不属于行政审判程序。但是,如果法律上仅规定应当进行口头审理(审查)①,尚不能说其具备了准司法性程序的性质。

2. 事实认定,只能根据出现在程序中的证据来进行。换言之,成为审判之基础的证据,必须是接受过当事人质证的证据。这是与《审查法》中的一般性程序最不相同的行政审判之特色,通过该规定,当事人可以有效地行使其防御权。有的法律明确规定了这一点②,而从该程序总体的宗旨来看,在解释论上展开该种法理是可能的。③

3. 为了减轻审判机关的职务,有时候行政审判程序的一部分(调查、审议)由行政委员会以外的其他组织来进行。④ 人们以"审理官"⑤来称呼这些职员。该行政委员会的决定就是"根据"或者"基于"这些审理官等的报告来作出的。⑥ 这样的制度不存在于司法裁判程序中,因而行政审判依然呈现出行政过程中的特色。

4. 在程序构造上采取纠问性程序的情况下,追诉功能和审判功能由同一机关进行,所以在和自然正义原则⑦的关系上便产生了问题。关于这一点,在我国,尤其是有关公正交易委员会的问题,实行在程序内部对从事追诉功能的机关和从事审判功能的机关分离的尝试。⑧ 这就是所谓职能分离的制度。只要审判机关和追诉机关不完全分离,问题就得不到根本解决;但是,完全分离的话,有时不符合设置专门的行政委员会进行规制行政的宗旨。要同时完全满足这两个要求,是有困难的。⑨

(三)审判的效力

行政审判也是行政过程中行政机关作出的适法决定,在这一点上具有行政行为的性质。但是,因为其是经过特别程序进行的,所以,既

---

① 《都市计划法》第50条第3款、《建筑基准法》第94条第3款。
② 《海难审判法》第37条。
③ 《国家公务员法》第92条。
④ 公平委员会(《人事院规则十三——一》第19条,由公平委员或者人事官及人事院的职员构成。同规则第21条)。不过,人事官不是必须的要件。
⑤ 《电波法》第99条之十四。
⑥ 《人事院规则十三——一》第70条、《电波法》第93条之四。
⑦ 参见盐野著:《行政法Ⅰ(第六版)行政法总论》,第222页。
⑧ 旧《垄断禁止法》第35条第7款、第56条。
⑨ 关于职能分离,另外参见厚谷襄儿著:《行政审判的法理》,载《行政法大系4》,第90页。

有在制定法上作出特别规定的,又有在解释论上承认其应该进行特别对待的。

1. 在和撤销诉讼的关系上,有时审判的审级被省略。① 裁判管辖完全由制定法来规定,所以,不能说因为该程序属于学术上的行政审判而从解释论上省略审级。

2. 当行政审判属于对原处分的不服申诉制度时,有时采取所谓裁决主义。在对行政处分进行行政上的不服申诉,对其作出了驳回裁决的情况下,存在着应该以原处分为对象起诉,还是应该以裁决为对象起诉的问题。对此,现行法采取了原处分主义。② 但是,当采取行政审判这种慎重的程序作出决定时,作为例外,有时以裁决为对象,即采取了裁决主义。③ 这也仅限于制定法规定的情形,所以,关于没有设置这种特别规定的《国家公务员法》上的人事院的裁决,在解释论上不能说应该采取裁决主义。④

3. 针对审决等的撤销诉讼的被告,有时候与一般原则⑤不同,不是国家,而是该行政审判机关。⑥ 此外,基于《土地利用调整法》的公害等调整委员会的裁决之撤销诉讼的被告是国家,却被规定为《法务大臣权限法》的适用除外。⑦

4. 关于和有关审判的撤销诉讼审理的关系,有的规定了实质性证据法则。例如,旧《垄断禁止法》规定:"关于第七十七条第一款所规定的诉讼,公正交易委员会认定的事实,当存在予以证明的实质性证据时,拘束法院","是否存在前款所规定的实质性证据,由法院判断之"。⑧ 所谓实质性证据法则,本来是美国行政程序上的法原则(Substantial evidence

---

① 《电波法》第97条、《土地利用调整法》第57条、《海难审判法》第44条。无论哪一种,都是东京高等法院具有专属管辖权。

② 《行政事件诉讼法》第10条第2款。另外,参见盐野著:《行政法Ⅱ(第六版)行政救济法》,第73页。

③ 参见《土地利用调整法》第50条、《电波法》第96条之二。

④ 关于对不利处分的不服申诉,人事院作出驳回裁决后,被处分者不是以人事院的裁决为对象,而是应该以任命权者为对方提起原处分的撤销诉讼。所以,在而后的诉讼程序中,没有论述实质性证据法则或者新证据提出之限制等行政审判所特有效果的余地,因而在相当程度上抹杀了人事院在不利审查中所采取的准司法程序的意义。

⑤ 盐野著:《行政法Ⅱ(第六版)行政救济法》,第75页。

⑥ 《特许法》第179条、《海难审判法》第45条。

⑦ 《土地利用调整法》第58条。

⑧ 旧《垄断禁止法》第80条。另外,参见《土地利用调整法》第52条、《电波法》第99条。

rule)。该原则是第二次世界大战后,和引进美国行政委员会制度一起,在规定行政审判程序的上述法律中予以规定的。在美国,关于这一法则,有休斯裁判长的如下定义:"意味着被认为足以使能够合理地考虑的人支持该结论的、确切的证据"。① 此外,关于旧《垄断禁止法》第80条所规定的实质性证据的意思,东京高等法院昭和28年8月29日判决②认为:"所谓实质性证据,是指能够成为审决认定事实之合理基础的证据。即基于该证据,具有理性的人通过合理考虑,就能够作出该事实认定的话,该证据应当称为实质性证据"。并且,该证据是在审判庭出现过的证据,故而必须是能够在审判记录中找到的证据。③

5. 作为和实质性证据法则处于相反关系上的原则,有在审判撤销诉讼阶段提出新证据的限制。有的法令明文规定了这一道理。④ 既然承认了实质性证据法则,当然要求这样。这是因为,如果承认在诉讼阶段提出新证据,法院依据该证据而进行事实认定的话,将违反承认实质性证据法则之宗旨。⑤

6. 制定法上没有关于实质性证据法则(提出新证据的限制)的规定

---

① 参见日本法律家协会编:《准司法性行政机关的研究》,1975年版,第173页。
② 载《行裁例集》第4卷第8号,第1898页。
③ 参见今村成和著:《垄断禁止法》(新版),1978年版,第263页。关于这种一般论,在现阶段,我想恐怕是不存在异议的,而问题在于运用。关于这一点,就公正交易委员会的审决而言,在裁判例方面可以看到一定程度的积蓄,但是,就其具体的内容及适用范围而言,有人分析指出,其并不一定相同(参见陬访园贞明、西冈繁靖、渡边淳司、岸本宏之著:《关于我国审决撤销诉讼中的实证性证据法则》,载《公正交易》第618号,2002年,第36页)。此外,在公害等调整委员会的裁定撤销诉讼中,东京高等法院判决(平成10年11月25日,载《判例时报》第1665号,第34页)指出:"根据本案裁定的审判程序中所调取的《证据略》,前述事实得以承认。即关于前述事实,由于存在实质性证据,所以,法院受前述认定事实的拘束,不被允许作出与之不同的认定"。不过,这好像不是在论述实质性证据法则的问题,而是在论述正文5中所论述的新证据提出之限制的法的效果。进而,关于将实质性证据法则的原则得以法定了的电波监理审议会的认定,基于相关证据,法院在亲自进行了事实认定的基础上指出:"所以,以与其相同的结论,驳回了本案异议申诉的本案决定是相当的"(东京高等法院判决,平成11年1月25日,载《判例时报》第1700号,第17页)。该判决对实质性证据法则并没有进行任何触及。如果认为这是对于包括审判程序在内的审判机关的评价结果的判断,那么,将这件事情如实地在判决文中予以明确,会有助于实质性证据法则在日本的合理扎根。
④ 旧《垄断禁止法》第81条,《土地利用调整法》第53条,在对诉讼阶段的新证据提出课以一定制约的同时,规定在认为具有调查之必要时将该事件发回委员会。
⑤ 最高法院判决也承认了这一道理。昭和43年12月24日,载《民集》第22卷第13号,第3254页。

时,存在着是否在解释论上承认该法则的问题。关于法院的事实认定之限制,是关于要件裁量同样产生的问题①,并且,通过适用这一法理,可以谋求程序的实质性补充。换言之,不承认适用实质性证据法则等时,具有使煞费苦心的程序形式化的危险,违反了制定法特别规定准司法性程序的宗旨。不过,具备了怎样程度的程序才能够得以承认实质性证据法则等的适用,则留下了一个困难的问题。②

四、小结

行政审判,源于美国制度。并且,在美国,其特色在于该程序、效果(实质性证据法则)在《联邦行政程序法》(APA)中得以规定。此外,美国的行政决定并不是都经过该正式程序,是否适用 APA,被委任给个别的法律规定,不过,和日本进行比较的话,APA 适用的实例,即承认行政审判之完全形态的情况,则是非常多的。③ 与此相对,在日本,没有制定关于行政审判的通则性法典。此外,关于行政审判的个别制定法,其规定的方

---

① 实质性证据法则,是以美国行政法中行政决定的司法审查中的事实问题和法律问题的区别为前提的,为了谋求和以事实的认定及法的适用双方为裁判要素的《日本国宪法》的调整,例如,旧《垄断禁止法》规定:"是否存在实质性证据,由法院判断之"(第80条第2款)。但是,在日本,在自由裁量领域的扩张化现象之下,也存在承认关于事实认定问题的行政厅裁量的倾向。在这种情况下,与实质性证据法则的正当化根据在于该领域的专门技术性和决定程序的慎重性相对,在日本的裁量论中,有仅着眼于前者的倾向。在这一点上,必须注意的是,宪法上的正当化根据的问题具有更加困难之处[参见盐野著:《行政法Ⅰ(第六版)行政法总论》,第251页]。

② 学说上,即使在没有明文规定适用实质性证据法则的情况下也予以承认的见解很有说服力。参见雄川一郎著:《关于司法审查的一个问题》(1970年),载雄川著:《行政争讼的理论》,第562页以下;原田尚彦著:《行政审判的司法审查》,载原田著:《诉的利益》,第195页以下。与此相对,最高法院并没有达至承认这一道理的程度。并且,作为承认新证据提出之限制的判例而引用的,有最高法院大法庭判决,昭和51年3月10日,载《民集》第30卷第2号,第79页;《行政判例百选Ⅱ》第191案件。但是,通说认为,该判决并非承认了实质性证据法则的案例(《行政判例百选Ⅱ》第191案件,须田守解说),即便在特许法学说上,作为解释论也不能承认[参见中山信弘、小泉直树编:《新·注释特许法》(下卷,第二版),2017年版,第2930页(本多广和)]。这一点,不仅解释论,而且对立法论来说也是重要的。关于实质性证据法则,在其导入时就曾经存在过消极说和积极说的对立[参见纳谷广美著:《实质性证据的法则》,载《新堂古稀》(下),第265页以下],即使在现阶段,关于行政审判实态(包括将来性的预测)的评价被认为成为焦点[参见纳谷广美著:《实质性证据的法则》,载《新堂古稀》(下),第294页以下;大渊哲也著:《特许审决撤销诉讼基本构造论》,2003年版,第304页以下]。

③ 关于联邦级的事例,参见宇贺克也著:《美国行政法》(第二版),2000年版,第97页以下。

法也极不统一,并且,可以称为行政审判的完全形态的实质性证据法则,以明文规定承认的情形也极为少数。①

这期间,在行政改革讨论的过程中,行政审判厅构想被作为政府提案而提出②,而其后的探讨并未在政府内部展开。进而,作为战后行政审判的典型事例,公正交易委员会作出的排除命令的程序被列举,可是,该程序经2005年的法修改而被改为事后审判程序,经2013年的法修改这种事后审判程序也被废止了,故而在公正交易委员会的程序中,行政审判法制消灭了。③ 在此基础上,伴随着《行政程序法》的制定、《行政不服审查法》的全面修订,作为日本法的事前事后的行政过程中的公正程序得以整备,行政审判将会被交给个别法领域来进行具体的应对。不过,我认为,对于有必要与政治性判断保持一定的距离且需要进行专门判断的领域来说,行政审判的路径则可以作为对于现代行政来说也是具有普遍性的制度来定位。实质性证据标准可以说是美国法上特有的法技术,但是,独立的审判机关、审判程序、审级省略(二审制)、新证据提出限制(这也存在下功夫的余地)等,被认为是具有普遍性的制度,故而留下了包括比较法的视野在内的理论检讨的必要性。

第四节　行政过程中的其他行政争讼

一、特别的不服申诉

关于行政上的不服申诉,有作为一般法的《行政不服审查法》所规定的审查请求、再调查请求和再审查请求。此外,虽然也是行政上的不服申诉,但个别法律规定了许多与这些名称不同的不服申诉,如,审查的申诉、异议的申诉、审决的申请、裁决的申请、裁定的申请等。关于这些在某种意义上不适用《审查法》,或者被认为其适用不适当的行政决定,法律设置了与《审查法》不同的不服申诉制度。具体有如下情况:

---

① 解释上可以考虑适用实质性证据法则的情形也为数不多。
② 参见盐野著:《行政法Ⅱ(第六版)行政救济法》,第36页脚注④。
③ 参见常冈孝好著:《行政审判》,载《行政法的争点》,第86页以下;竹岛一彦、上杉秋则、松岛隆英、村上政博著:《回想垄断禁止法修改》,2016年版;大桥真由美著:《由行政进行纷争处理的新动向》,2015年版,第101页以下。

（一）关于"确认或者形成当事人之间的法律关系的处分，根据法令的规定，关于该处分的诉讼中应当以该法律关系的当事人之一方为被告的"，即，关于所谓形式上的当事人诉讼①，《审查法》规定，排除该法的适用（第7条第1款第5项）。其立法宗旨似乎是："这种情况下承认不服申诉，其结果是就该处分或裁决承认抗告诉讼，因此，构成与规定应该以当事人诉讼进行争议的法条之间的矛盾"。② 尽管这样，有时以特别的法律特别地承认对行政机关的不服申诉。例如，在因自卫队进行训练等而禁止渔船作业等情况下，对于内阁总理大臣作出的通常必定产生损失之补偿决定所规定的异议申诉制度③，从事情的性质来看，尽量在行政阶段予以处理更为理想。

（二）关于专门技术性处分，有设置特别的不服申诉制度的事例。《植物防疫法》第36条第2款规定的再检查的申诉，即是这种情形。作为对检查的行政过程的救济，我认为是基于如下考虑：以不服审查程序进行再次检查，也是简便的。当然，在《审查法》中，并没有明确规定将专门技术性处分除外，所以，对检查、检定等处分而承认行政上的不服申诉时，被理解为并不当然地需要特别的制度。④

（三）对于虽是《地方自治法》上的地方公共团体的机关进行的处分，但不能进行《审查法》上的不服申诉及审查的，规定了特别的不服申诉。⑤ 议员的除名处分即是其例，而该制度的特殊性在于不服申诉事由被限定在违法性上。此外，在这种情况下，对于都道府县的机关作出的处分，裁决机关是自治大臣；对于市町村的机关所作出的处分，裁决机关是都道府县知事，审决的申请适用不服申诉前置主义。⑥ 因此，必须注意的是，该制度与其说是救济手段，倒不如说，重要的是赋予了国家对地方公共团体的活动进行裁定性介入的功能。⑦

---

① 关于诉讼的详细情况，参见盐野著：《行政法Ⅱ（第六版）行政救济法》，第210页以下。
② 《逐条解说行服法》，第57页。
③ 《自卫队法》第105条第7款。
④ 《消防法》第21条之十六，设置了以关于《消防法》上的检定而适用《审查法》为前提的规定。
⑤ 《地方自治法》第255条之四——审决的申请。
⑥ 《地方自治法》第256条。
⑦ 参见盐野著：《行政法Ⅲ（第五版）行政组织法》，第205页以下"与国家的行政权的关系——行政性介入的存在方式"。

（四）关于行政过程中的中间性决定，有时也承认特别的不服申诉。① 这被解释为是基于该决定属于中间性决定，因而不属于《审查法》上的处分这一立法者的判断，才承认特别的不服申诉。但是，我认为，不能当然地将《审查法》上的处分解释为限定于最终处分。

（五）《审查法》是有关国民个人的权利、利益之救济的法，故仅为了维持客观的法秩序，不能适用该法。因此，关于在行政过程中承认所谓民众争讼②，需要有特别法的规定。③

（六）关于机关诉讼④，也同样需要有特别的法律规定。⑤

（七）关于地方公共团体以固有的资格成为其相对人的处分，不适用《审查法》⑥，所以，承认行政上的不服申诉的情况下，需要有特别的法律。⑦

（八）对属于行政审判的行政上的不服申诉，有时设置特别的不服申诉制度。⑧ 即使在属于行政审判的行政上的不服申诉中，有时在适用《审查法》上，作为其特别规则而采用准司法性程序。⑨

（九）此外，有时不是不服申诉，而是在作出行政处分之际听取相对人意见，即在事前的行政程序中设置异议申诉这种制度。⑩

如上所述，特别的不服申诉制度，从其和《审查法》的关系来看有多种形态。此外，有的存在着是否有特意设立特别制度的意义之疑问的余地。应该采取不损害《审查法》的一般法功能的立法政策。

---

① 《土地改良法》第9条第1款——异议的申诉、第98条第5款——审查的申诉，《农药取缔法》第4条第1款——异议的申诉。
② 盐野著：《行政法Ⅱ（第六版）行政救济法》，第224页。
③ 《地方自治法》第74条之二——异议的申诉、审查的申诉，《公职选举法》第24条、第202条第1款——异议的申诉、第202条第2款——审查的申诉。
④ 盐野著：《行政法Ⅱ（第六版）行政救济法》，第229页。
⑤ 《地方自治法》第176条第5款——审查的申诉。
⑥ 盐野著：《行政法Ⅱ（第六版）行政救济法》，第20页。
⑦ 《关于有关补助金的预算执行公正化的法律》第25条——不服的申诉、《地方交付税法》第18条第1款——审查的申诉、《地方税法》第8条第4款——裁决的申诉。最后的制度，也有人将其作为机关诉讼予以整理，但是，这是就市町村的课税权的归属发生纠纷时，市町村长对都道府县知事的决定进行的不服申诉，而不是机关争讼。
⑧ 《矿业法》第133条——裁定的申请、《采石法》第39条——裁定的申请。
⑨ 《电波法》第83条以下。
⑩ 《律师法》第14条第1款。

二、当事人争讼

在当事人之间就法律关系存在争议的情况下,国家为解决该争议而建立了裁判制度。但是,在立即向法院起诉之前,有时在实务上由行政机关设法解决纠纷,或者设置有关解决纠纷的制度。

(一)作为对行政上的法律关系是否存在或者是否成立的确认,有对市町村境界的争议裁定①、对地方公共团体课税权归属的决定。②

(二)根据当事人的协议而形成法律关系,是法律上所规定的;但是,有时规定,当不能达成该协议时,基于当事人一方的申请,由有权限的行政机关来形成该法律关系。如《土地收用法》上收用委员会的收用裁决(第47条以下);《矿业法》上经济产业局长进行的矿区增减的决定(第47条、第90条);有线电视播放中对于电视再播送的同意之总务大臣的裁定(《电视广播法》第144条)等。

(三)关于私人间的法律关系纠纷,和裁判程序相并列,有的试图由行政机关解决纠纷。基于《公害纷争处理法》的公害等调整委员会的责任裁定和原因裁定的程序(第42条之二以下)即是其例。

其中,(三)所列举的事例,从作为市民法治国原理之前提的民事不介入的原则来看,可以说是一种特殊的制度。③ 但是,在这种裁定的制度之外,行政机关作为私人之间纠纷的调整者,不仅在事实上介入④,并且,制定法上也设置了和解的中介⑤、斡旋⑥、调停⑦、仲裁⑧等制度。在这里,必须注意如下状况:在民事不介入这一基本原则之外,可以看出日本

---

① 《地方自治法》第9条第2款。但是,关于这一点,倒不如说存在着创设性行为的余地。参见盐野宏著:《关于境界纷争的法制度上的问题要点》(1980年),载盐野著:《国家和地方公共团体》,第290页以下。
② 《地方税法》第8条第2款。
③ 关于其宪法上的界限,参见齐藤诚著:《对于私人间纷争的行政的权力性干预》,载《成田古稀》,第159页以下,第169页以下。
④ 所谓调整性行政指导。参见盐野著:《行政法Ⅰ(第六版)行政法总论》,第168页。
⑤ 《矿业法》第122—125条、《关于原子能损害之赔偿的法律》第18条。
⑥ 《建设业法》第25条之十一、第25条之十二,《公害纷争处理法》第28—30条,《消费者基本法》第19条第1款,《电子通信事业法》第154条。
⑦ 《建设业法》第25条之十一、第25条之十三,《公害纷争处理法》第31—38条,《电子通信事业法》第155条。
⑧ 《公害纷争处理法》第39—42条、《建设业法》第25条之十五至第25条之十八。

社会具有较高的行政依存性这一实际状况,同时,也存在解决纠纷的专门知识的必要性、简便的解决纠纷体系的必要性、与法的严格处理相比之下灵活地解决纠纷的必要性等现代性要求,行政机关比司法机关更加适合于回答这些要求。①

第五节　苦情处理和行政监察员

一、引言

上文考察的行政过程中的行政争讼,虽然有详略之差,但无论哪一种,都是经过一定的争讼程序的,对作为其结果的裁决、决定,承认比通常的行政行为具有更强的效果。这些虽然都是简易的程序,但对制度的运用者都要赋课一定的负担。此外,这其中也存在纠正自己的处分这一救济制度上的难点。进而,由于在现代行政过程中所产生的国民的不服富有多样性,有的难以很好地按照既成的行政争讼制度进行。

因此,更加简易、灵活的救济制度便成为必要。关于这一点,在日本,很早就设置了苦情处理制度并得以运用。并且,在诸外国,行政监察员制度(Ombudsman)的建立和完善工作得以推进,在日本的部分地方公

---

① 关于民事纠纷和行政处理,另外参见原田尚彦著:《行政和纷争解决》,载《基本法学8》,1983年版,第353页以下;新井隆一著:《民事纷争的行政性处理》,载《行政法大系5》,第13页以下;关哲夫著:《由行政机关进行的民事纷争的处理》,载《市原古稀》,第25页以下。此外,铃木庸夫著:《建筑、开发纷争由行政机关进行解决的问题及其改革的方向》,载《市原古稀》,第137页以下,并不是将由行政机关来进行民事纷争解决视为单纯的权利关系的随便的解决装置,而是强调指出,应当重视其与政策的积极实现之间的关联。

从关于民事纷争的裁判外纷争解决手段(ADR)这种角度来看,前述方式属于所谓行政型ADR。关于作为司法制度改革的一环的ADR关联法制,通过制定《关于促进裁判外纷争解决程序之利用的法律》(平成16年法律第151号),暂且得以整备。由于该法律是以关于民间纷争由民间事业者进行的纷争解决程序为对象的(参见第2条第1项等),所以并不包含行政型ADR。当然,由于行政主体成为民事上的纷争之当事人,是日本法制的当然前提,所以,在这种限度内,行政主体也被解释为本法的适用对象。包括对在这种情况下所发生的、具有可能性的问题进行揭示,大桥真由美著:《行政纷争解决的现代性构造》(2005年)进行了对美国的"行政纷争解决"(比日本的行政型ADR还要广义)的仔细分析,对于今后的行政型ADR的探讨来说,富有诸多启示。关于日本的行政型ADR近年来的动向与问题,参见大桥真由美著:《由行政进行纷争处理的新动向》,2015年版[盐野著:《行政法Ⅱ(第六版)行政救济法》,第43页],第108页以下];大久保规子著:《由行政机关进行的ADR》,载《行政法的争点》,第106页。

共团体层级,也创设了该制度。

二、苦情处理

(一)苦情处理,是指就行政机关的业务听取私人的不平、不满等苦情,并对该苦情采取某种对策。这种事实上的行为,是所有行政机关都在进行的,并且,以诚意对待有关自己事务的苦情,是行政机关的责任和义务,关于这一点,本来不存在设置特别的法制度的必要性。不过,鉴于由行政机关采取对策,其中立性、公正性(外观性)本身具有限度,由第三人机关进行苦情处理更为理想。

(二)从第三人的角度承担苦情处理的,是总务厅所进行的苦情处理。总务厅对有关各行政机关等的"有关苦情的申诉,进行必要的斡旋"。[1] 具体地说,总务厅行政评价局承担苦情处理的事宜。

为了使苦情处理制度能够合理地发挥其作用,必须保证能够较容易地提出苦情处理请求。为此而基于《行政咨询委员会法》设置了行政咨询委员。行政咨询委员,根据总务厅长官的委托,设置于全部市町村,委员基于有关行政机关业务的苦情咨询,对申诉人进行必要的建议,并将该苦情通知总务厅及该有关行政机关。并且,就通知过了的苦情,回应行政机关的照会,或者将行政机关的处理结果通知申诉人(第2条)。此外,虽然是基于内部措施进行的,认为有必要进行制度修改等的,有经由向设置于总务省的行政苦情救济推进会议(管辖区中也有)进行附带审议的斡旋通知制度。

(三)和行政过程中的行政争讼相比较,苦情处理制度具有苦情的对象广泛(不限于处分)、没有申诉期间的限制和申诉简单等优点。另外,总务厅所进行的斡旋,不具有法的效果,因而缺乏相应的强制力。不过,通过与行政评价制度相结合,不仅限于该案件,而且和行政运作的一般改善相联系,这是日本第三人苦情处理制度的特色之所在。[2]

---

[1] 《总务厅设置法》第4条第15项。

[2] 参见宫地靖郎著:《行政上的苦情处理》,载《行政法大系3》,第280页。与关于行政机关的业务的苦情处理不同,关于针对私人的行为的苦情,有时也由行政机关进行咨询业务(国民生活中心、各地的消费者中心)。在地方公共团体层级,通过后述的行政监察员方式,也存在着实施对于私人的行为的私人的苦情处理的情形(川崎市的《人权行政监察人员条例》第21条以下)。

三、行政监察员(私人组织监察员)＊

(一) 概念

行政监察员,在日语中,将瑞典语 Ombudsman 的发音,原封不动地用片假名音译表示为"オンブズマン"。在瑞典,该制度的沿革很悠久,而设置宪法上的机关,被认为是1809年的事情。① 行政监察员,本来是"为了代替公众来监视国家政府机关及地方政府机关是否正确地推行法令所规定的责任和义务,作为议会的代理人而从议员以外选出的人。"② 瑞典的行政监察员制度具有如下特色:1. 行政监察员由国会选出(4名);2. 依申请提出或者依职权开始活动;3. 具有实地调查权、报告要求权等调查权;4. 进行劝告、惩戒、刑事追诉。

上述瑞典的行政监察员,以对一般国家机关(国会议员、大臣、地方议会议员等一定的职位除外)进行监察的作用为核心,具有强大的权限。后来,行政监察员制度被各国所采用,呈现出各种各样的变迁。例如,行政监察员的设置只限于某行政领域内(相对于一般行政监察员,这被称为特殊行政监察员)。此外,行政监察员本来是作为议会的代理人来进行行政监察的,但有的也倾斜于苦情处理。③

(二) 国家的动向

在日本,关于行政监察员制度,从学术角度展开的研究先行。其后,政府进行了围绕其导入的调查,在临时行政调查会(第二次)的最终答复中,也指出有必要进行具体研讨的宗旨。受此影响,1986年提出了总务厅行政监察员制度研究会报告,但依然没有得以实现。该报告指出:

＊ 虽然"Ombudsman"和"Ombudsperson"这两个词经常互换使用,但是,需要注意的是,前者通常是指政府任命的官员,故而翻译成"行政监察员";而后者通常是在私人组织内任职,故而翻译成私人组织监察员。——译者注

① 参见平松毅著:《行政监察员制度》,载《行政法大系3》,第305页以下;园部逸夫、枝根茂著:《行政监察员法》(新版),1997年版,第122页以下。关于行政监察员法制在日本的研讨状况及各国的比较等详细情况,也参见上述两文献。

② 平松毅著:《行政监察员制度》,载《行政法大系3》,第306页。

③ 对国内外行政监察员制度进行综合调查研究的近年来的成果,有宪法调查研究会著:《行政监察员的过去、现在、未来》,载《当代的法令》第1839、1841、1843、1845、1847、1849、1851号(共7章),2008—2009年。

1.将行政监察员(3~5人)置于行政部门,由内阁总理大臣经国会同意而任命;2.管辖国家的行政机关;3.以苦情申诉而开始活动;4.具有文件阅览和文件提出要求等的调查权限;5.其处理事项有进行意见的表明和劝告(随时公布于众)。①

不是设在国会,而是设在行政部门,将重点置于苦情处理,处理事项限定于劝告和公布于众等,这些特色和本来的行政监察员制度有相当的不同,在这种意义上,可以说,这是日本型行政监察员。但是,若从另外的角度来看,则存在其和现在的苦情处理制度到底有多少差异的问题有待研究。

(三)地方公共团体的动向

在国家层面导入行政监察员制度较迟缓的阶段,地方公共团体已出现设置行政监察员的动向。其先驱是埼玉县基于《行政信息公开条例》第13条而设置的救济机关,这是所谓的特殊行政监察员。

与此相对,也出现了设置一般行政监察员的事例②,其最初形态就是川崎市于1990年制定的《市民行政监察员条例》(1990年)。该条例规定:1.行政监察员基于议会的同意由市长委任(2名);2.管辖有关市的机关业务的执行事项;3.依据苦情申诉或职权而开始其活动;4.具有实地调查等调查权;5.其处理事项为:进行改善劝告、表明请求一般性制度改善的意见。该报告、意见的表明,以及与之相对应的市机关的报告,一律公布于众。

川崎市行政监察员,被作为执行机关之一的附属机关③而定位,所以并不是本来意义上的行政监察员。④ 此外,从其倾斜于苦情处理、仅限于

---

① 关于报告书的概要,参见园部逸夫、枝根茂著:《行政监察员法》(新版),1997年版,第48页以下。

② 作为地方公共团体中特殊行政监察员、一般行政监察员的综合研究,有佐藤英世著:《地方公共团体中的行政监察员制度》,载《奈良法学会杂志》第5卷第4号,1993年,第1页以下,园部逸夫、枝根茂著:《行政监察员法》(新版),1997年版,第72页以下(枝根);行政管理研究中心著:《为了对地方公共团体中的公共行政监察员制度进行实态把握的调查研究报告书》,2016年版。宪法调查研究会著:《行政监察员的过去、现在、未来》,载《当代的法令》第1851号,第42页以下,也论及地方自治体的行政监察员。

③ 《地方自治法》第138条之四。

④ 关于这一点,被认为是由于《地方自治法》上有制约的缘故。的确,《地方自治法》没有预定议会的附属机关,但是也不能当然地理解为否定了附属机关的设置。在这一点上,和委员会的法定主义——《地方自治法》第138条之四第1款——不同。

劝告、公布于众等内容来看,可以说是日本型行政监察员。

如果说行政监察员在于得到人才,提供回答市民之期待的活动的话,那么,我认为其将给日本今后在地方公共团体层面,进而在国家层面导入该制度带来极大的刺激。当然,在日本,作为今后的课题,还存在着如何理解其与既存的苦情处理制度之关系的问题。

第二章　行政事件诉讼

第一节　沿　革

一、明治宪法下的行政裁判制度

在日本创立和完善近代国家的法制度时,如何处理国家和私人之间的法纠纷,也当然成为研讨对象。但是,当时在制度上的对策是极具变动性的。即根据1872年(明治5年)司法省的通知规定,有关地方官厅的违法处分,人民可以向地方法院或者司法省法院起诉。虽然争议的对象仅限于地方官的处分,但是,这里明显有不同于大陆法系国家制度的内容。然而,该制度在两年后的1874年予以改革。根据该制度改革,关于官民纠纷,由受诉法院受理之,并向太政官具体陈述并禀报情况,而太政官本来是行政部门的机关。有关该次改革的理由,1889年伊藤博文著:《宪法义解》作了如下说明,曰:"明治五年司法省第46号通知规定,大凡状告地方官者皆在法院进行,由于状告地方官吏的文书集合于法庭,因而存在着司法官钳制行政之弊端。明治七年第24号通知首次设置了称为行政裁判的制度,状告地方官者,向司法官具体陈述情况,向太政官禀报。"①其后进行了数次更加具体的制度改革,规定府县知事以上为被告的诉讼,必须向控诉院提起,该法院就是否受理此案向司法省具体陈述情况,司法省对此附上意见,向太政官禀报,请求其裁定,获得应受理的裁定后,再经过同样的程序作出判决。这样,将受理、判决交由太政官作出裁定。

有人认为这好像标志着明治初期就创设了英美法型的制度,但是,这还不能说是基于某种基本的观点而进行的制度建设。当时尚没有确切的方针,不管怎样,先承认人民对官吏行为的起诉,关于其具体的制度,不过

---

① 第104—105页。宫泽俊义校注,岩波文库版,1940年,第99页。

是以各个时期的权宜之计糊涂地应付了事而已。

和这种实务阶段的对策完全不同的是，当时已经开始了创立永久性制度的探索。即1882年，伊藤博文被派遣到欧洲考察，其中包括"请愿或者行政裁判之事宜"。伊藤在柏林及维也纳，向摩泽（Albert Mosse）及斯坦因（Lorenz von Stein）学习了这些内容。后来，摩泽来到日本，结果由他制定的《行政法院法案》被日本政府采用。这件事和日本基本的统治构造倾向于德国特别是普鲁士的历史是相对应的。或者应该说，作为其大局性潮流的一个横断面来把握行政法院制度的地位，更为确切。

1889年（明治22年）制定的明治宪法，在其第61条中规定："由于行政官厅的违法处分而导致权利受到伤害的诉讼，应属于另外以法律规定的行政法院审判的，不能由司法法院予以受理"。在这一规定之下，明治23年6月30日，以法律第48号制定颁布了《行政裁判法》；明治23年10月10日，制定颁布了法律第106号；明治23年10月10日，以法律第105号制定颁布了《诉愿法》。① 至此，明治宪法时期的行政争讼法制得以确立，其特征有如下几点：

1. 在东京设置唯一的一所一审终审的行政法院。
2. 法院由长官和评定官组成。长官和评定官享受优厚的身份保障，是终身官。评定官中有行政官经历的较多，曾任法官的人也被任命为评定官。
3. 关于行政法院的管辖事项，采用了列举主义。一般地规定管辖事项的是法律第106号。其所规定的诉讼事项为：(1)关于赋课除海关税外的租税及手续费的案件；(2)关于租税滞纳处分的案件；(3)关于拒绝或者吊销营业执照的案件；(4)关于水利及土木的案件；(5)关于土地之官有民有区分之查定的案件。
4. 作为审理程序，确立了书面主义、职权主义的原则。
5. 采用了所谓诉愿前置主义。

这样，日本也设立了近代的行政裁判制度，并且，该制度对于通过国民的权利救济、判例的积累而形成行政法通则，发挥了一定的作用。但是，从前述行政裁判制度的特色可以清楚地看到，对国民的权利救济这一点上是不够充分的，这是在当时就有人指出的不足之处。现实中，例

---

① 这三个法的条文，皆作为资料而刊登于《行政判例百选Ⅱ》。

如,1929 年政府设置了《行政裁判法》《诉愿法》修改委员会,1932 年制定了修改法案。修改法案由《行政法院法案》和《行政诉讼法案》两个组成,目的在于制定和《法院构成法》《民事诉讼法》相并列的自足完结的行政诉讼法典。其主要内容如下:

(1)行政法院为二审制。

(2)归纳整理诉讼类型,除抗告诉讼外,追加当事人诉讼、有关先决问题的诉讼。

(3)扩大列举事项。

(4)关于审理程序、判决的效力,也设置详细的规定。①

但是,这种《行政裁判法》《诉愿法》的修改工作并没有得出结果,日本进入战时体制,之后便迎来了战败。

二、《日本国宪法》的制定和行政诉讼

在《日本国宪法》得以制定的同时,以前的大陆法系型行政法院的存在便被否定。② 为此,政府曾推进《关于行政的特别诉讼法》的制定审议,但却没有得到占领军的同意,暂且制定了伴随《日本国宪法》施行的《关于民事诉讼法的应急性措施的法律》。③ 但是,这本来不过是应急措施而已,关于请求行政处分的撤销或变更的诉讼,只设置了关于 6 个月的起诉期间(第 8 条)的规定,其余全部限于和民事诉讼同样对待。可是,其间发生了所谓平野案件。这是对当时社会党右派代议员平野力三,以符合关于公职的就职禁止、关于退职等的敕令(第 4 条)为理由,被指定为开除公职的案件。平野对该指定处分进行争议,请求无效确认,同时提出了请求地位保全的假处分之申请,东京地方法院作出了承认其申请的决定。与此相对,联合国司令部进行抗议,最高法院长官发表了以"日本国法院对开除公职没有管辖权,故东京地方法院的决定无效"为主要内容的谈话,东京地方法院也撤销了前述决定。以该案件为契机,当时

---

① 关于明治时代《行政裁判法》的制定过程及其后的修改案等,参见行政法院著:《行政法院五十年史》,1941 年版;和田英夫著:《行政裁判》,载《讲座日本近代法发达史 3》,1958 年版,第 87 页以下。关于行政法院长官及评定官的简历,参见宫崎良夫著:《行政法院和评定官》(1985 年),载宫崎著:《行政争讼和行政法学》,1991 年版,第 48 页以下。

② 《日本国宪法》第 76 条。盐野著:《行政法Ⅰ(第六版)行政法总论》,第 20 页。

③ 昭和 22 年法律第 75 号。

对制定立足于行政案件特殊性的法律持消极态度的占领军,也改变了观点,与日本方面进行交涉取得进展,1948年制定了《行政事件诉讼特例法》(昭和23年法律第81号)①。

三、《行政事件诉讼特例法》及其修改问题——《行政事件诉讼法》的制定

《行政事件诉讼特例法》,是全文共12条的简单法律,正如其题名所示,是关于行政案件而规定民事诉讼之特例的法律。作为其特例的主要观点,可以列举以下事项:

(一)采用了诉愿前置主义(第2条)。

(二)规定处分厅为被告(第3条)。

(三)规定起诉期间为6个月(第5条)。

(四)关于行政处分的撤销或者变更的诉讼及恢复原状、损害赔偿等相关请求,承认了诉的合并(第6条)。

(五)设置了依职权进行诉讼参加、职权证据调查的规定(第8条、第9条)。

(六)采用执行停止制度的同时,设置内阁总理大臣的异议制度(第10条)。

(七)虽然处分是违法的,但是,通盘考虑所有情况,认为撤销或者变更处分,不适合于公共福祉时,法院可以驳回请求(事情判决,即特别情况下的驳回判决。第11条)。

(八)关于确定判决对相关行政厅的拘束力作出规定(第12条)。

《行政事件诉讼特例法》,是规定民事诉讼之特例的法律,并且,其审理判断由普通法院承担,这是与明治宪法下的行政裁判法制的不同之处。进而,曾经存在于旧制度之下的、关于诉讼事项的列举主义被废止了。换言之,这里出现了与过去的断绝。但是,与此同时,对行政处分,拟制了撤销、变更之诉,对其一律设置起诉期间,采用执行不停止的原则等,可以说是继承了行政法院时代的法理、法制度。此外,所谓事情判决(特别情况下的驳回判决)制度,其前身可以在1932年《行政诉讼法案》第174条看

---

① 该法的条文作为资料刊登于《行政判例百选Ⅱ》。关于《行政事件诉讼特例法》的制定过程,参见高柳信一:《行政诉讼法制的改革》,载东京大学社会科学研究所编:《战后改革4——司法改革》,1975年版,第291页;关于平野案件,参见宫崎良夫著:《平野案件》,载《法律案件百选》(《法学者》第900号),1988年版,第34页。

到。这里存在着与过去的连续性。① 进而,内阁总理大臣的异议制度是战前不曾存在的,可以说是以占领时代的特别情况为背景的。

《行政事件诉讼特例法》,说起来也是紧急制定的,因而在运用过程中产生了诸种问题。因此,政府于1955年对法制审议会进行了关于行政诉讼的法令修改之咨询,于1961年制定了《修改案纲要》,翌年即1962年制定了现行的《行政事件诉讼法》(昭和37年法律第139号)。② 其修改理由如下:

(一)将诉讼的种类类型化,明确所适用的法规范。

(二)原则上废止诉愿前置主义。

(三)废止专属管辖的制度。

(四)健全和完善执行停止制度及内阁总理大臣的异议制度。

(五)法定行政处分的撤销判决对第三人的效力,同时承认第三人再审的途径。

(六)行政处分的无效确认诉讼,只限于在通过有关现在的法律关系的诉讼不能达到其目的时,才予以允许。同时,设置了关于争点诉讼的规定。

(七)此外,健全和完善了关于起诉期间、当事人适格、相关请求、处分的撤销诉讼和裁决的撤销诉讼的关系、事情判决(特别情况下的驳回判决)等事项的规定,以去除解释上的疑义。

四、《行政事件诉讼法》修改的经过

(一)修改讨论的发端和动因

《行政事件诉讼法》制定之后,1989年及1996年进行了部分修改,但都

---

① 雄川一郎著:《行政事件诉讼法立法的回顾与反省》(1983年),载雄川著:《行政争讼的理论》,第197页,回顾战后的制度改革,指出存在否定以前的行政裁判制度的侧面,同时指出:"与此同时,在技术上,承受行政裁判时代的行政诉讼法理的情形很多。即,并不是在空地上建起了新的行政诉讼制度——这在当时大概被认为是不可能的——此外,可以说,作为制度上有许多缺陷的旧行政裁判制度的修正案,昭和7年的《行政诉讼法案》,对战后的行政诉讼立法产生了巨大的影响。……关于行政诉讼,一方面基本上依据民事诉讼的法理、法制度,另一方面适应了行政诉讼之特殊性质的特殊规则——该规则在很大程度上承受了从前的行政诉讼的法理、法制度——只要有必要就予以立法。这就是战后的《民事诉讼应急措施法》和《行政事件诉讼特例法》的立法"。

② 作为收集了有关《行政事件诉讼法》的法制委员会的审议资料的文献,有盐野宏编著:《行政事件诉讼法》(1)—(7)(日本立法资料全集),1992—1995年。

是伴随着《民事保全法》和新《民事诉讼法》的制定而进行的技术性修改,从这种意义上,可以说,《行政事件诉讼法》一直保持着施行当时的状态。

但是,早在1980年代,修改论就正式出现了。即1982年日本公法学会总会上的雄川一郎报告中可以看出其征兆。正如该报告的标题《〈行政事件诉讼法〉立法的回顾与反省》所显示的,主要是对《行政事件诉讼法》的立案过程进行考察,该报告认为:"《行政事件诉讼法》在技术上基本上沿袭了从前的行政诉讼法理,因而在展望行政诉讼的未来,应对新的时代方面的准备这一点上,存在着不充分的地方",并且,也谈及了针对现代型行政纷争的新的立法之必要性。①

1980年代后半期,修改论进一步呈现出明确的形态。其象征是,在1989年的日本公法学会总会上,在"现代型诉讼——迈向争讼制度的改革"这个统一主题之下,展开了包括立法论在内的行政事件诉讼论。

进入1990年代,出现了以纲要案的提示这种方法来进行《行政事件诉讼法》的全面修改提案。

这样,围绕《行政事件诉讼法》改革的探讨逐渐增加了其广度和深度。作为其动因,可以列举如下几点:

(1)《行政事件诉讼法》不曾预期的、所谓现代型诉讼出现了,而以现行的《行政事件诉讼法》的运用,难以适切地应对这种形势,这种认识逐渐固定下来。

(2)与前述动因也相关联,在运用的过程中,来自《行政事件诉讼法》所内在的诸问题之中的、对于国民来说太过随意这种观点的问题性,变得越来越明确了。

(3)在行政法的领域,自曾经是悬案的《行政程序法》得以制定(或者将制定这件事情得以确定)之时起,试图从制度改革的观点出发,对于作为行政法的基本性法典的《行政事件诉讼法》的内在性论点,综合地展开探讨的关心便增强了。

(4)与行政诉讼的宪法上的根据相关的研究得以推进,逐渐形成了对于现行法及其运用的批判性探讨的理论性基础的整备。即在《日本国宪法》之下,重新构想新的行政争讼制度之际,便已经讨论过了行政事件诉讼的宪法性基础。例如,田中二郎就曾经以明治宪法之下那种统一的

---

① 参见《公法研究》第45号,1983年,第135页;雄川著:《行政争讼的理论》,第198页。

行政法院制度被否定,行政事件诉讼也被归入司法法院的管辖为根据,认识到司法国家主义的采用,同时,以这种行政事件诉讼进而是彻底贯彻法治主义,保障国民的接受裁判的权利(《宪法》第 32 条)为根据,试图为其提供宪法论的根据。① 法治主义和接受裁判的权利这两个视点,其后一直被引用和承继下来②,加之以外国法研究为基础,两个宪法原理及其相互关系成为讨论的对象。这种讨论从宪法解释论出发,到对于《行政事件诉讼法》的修改,富寓启示意义。③

但是,这种在学术领域的讨论,进而由在野法律工作者推动的行政诉讼改革运动并没有直接与立法过程相结合而得以推移。④

(二)司法制度改革审议会意见书——行政诉讼检讨会的设立

为不得不迈出步伐的日本行政诉讼制度改革的实现架设道路的,是中央省厅的改革告一段落之后创设的司法制度改革审议会的审议及其意见书。司法制度改革审议会是以对有关日本的司法制度的全面改革和基础整备的基本性对策进行探讨为目的而设置的,2001 年 6 月的意见书,从强化司法对于行政的制约功能,更加具有实效地保障国民的权利和自由这种观点出发,在承认存在修改行政诉讼制度的必要的基础上,指出:"包括《行政事件诉讼法》的修改在内,关于对行政的司法审查的存在方式,有必要在'法的支配'的基本理念之下,从对司法及行政的作用正确把握的、综合的多角度进行检讨"。⑤ 其后,为了实现符合司法制度改革审议会的意见之宗旨的司法制度改革,平成 13 年以法律第 119 号制定了《司法制度改革推进法》,根据该法而在内阁设置了司法制度改革推进

---

① 田中二郎著:《行政法的基本原理》,1949 年版,第 237 页以下、第 243 页以下。
② 盐野宏行政法教科书也是以此为前提的。参见盐野著:《行政法Ⅱ(第六版)行政救济法》,第 6 页、第 168 页。
③ 参见村上裕章著:《宪法与行政诉讼》(1995 年),载村上裕章著:《行政诉讼的基础理论》,2007 年版,第 2 页以下;大贯裕之著:《通过行政诉讼进行国民的权利保护》,载《公法研究》第 59 号,1997 年,第 203 页以下;高田敏著:《法治主义与行政诉讼、宪法诉讼》,载《园部古稀》,第 373 页以下。这些代表性文献中提供了诸多值得参见的相关文献。
④ 关于以上的经过,更加详细的情况,参见盐野宏著:《行政裁判的课题》(1990 年)及《行政事件诉讼法修改讨论管见》(1996 年),载盐野著:《法治主义的诸形态》,第 298 页以下、第 308 页以下。
⑤ 司法制度改革审议会的意见书及相关资料,登载于《法学者》第 1208 号,2001 年。此外,作为审议会上笔者的意见,参见盐野宏著:《关于司法对于行政的制约功能的存在方式》(2000 年),载盐野著:《法治主义的诸形态》,第 328 页以下。

总部。推进总部以内阁总理大臣为首长,由全部国务大臣所组成,而在该总部制定的司法制度改革推进计划中,重新将司法对行政的制约功能之强化作为一个课题来提出。实现计划所需要的具体性工作由总部事务局来承担,在此之际,以和事务局成为一体的形式而进行讨论,将其成果反映于法令案等为目的,按照每个课题,分别设置了有识之士等组成的检讨会。关于司法对于行政的制约功能之强化,设置了行政诉讼检讨会。

这样,至此,《行政事件诉讼法》的修改终于被提上了现实的日程上。

(三)行政诉讼检讨会的审议经过

2002年2月设置的行政诉讼检讨会,推进以《行政事件诉讼法》的修改为中心性课题的行政诉讼存在方式的探讨,于2004年1月,初次公布了以《修改行政诉讼制度的观点》为题的文件(以下简称《观点》)。《观点》在"关于行政诉讼制度,为了谋求国民的权利利益的更加有效的救济,而整备其程序"这一基本的观点之下,针对以原告适格的扩大为代表的具体性的事项,揭示了"修改的观点"和"修改的概要"。① 虽然没有像所谓纲要那样从法技术上予以具体化,但是,以此为基础,导致了向着在政府内部制作《行政事件诉讼法修正法案》和在国会审议这种立法过程发展的趋势。②

(四)修改事项的概要

在这里,将《观点》中所阐述的具体性修改事项,根据那里所记载的顺序,在介绍概要的同时,并对其内容简单地予以评述(以※标记)如下。

1. 救济范围的扩大

(1)撤销诉讼的原告适格的扩大

※认为《行政事件诉讼法》第9条为了从实质上广泛地承认原告适格,而试图规定必要的考虑事项。

(2)义务赋课诉讼的法定

※并不限于从前作为典型的诉讼类型来考虑的、要求对于申请的处分的义务赋课诉讼,而且还将请求对于第三人的处分的义务赋课诉讼也

---

① 关于《观点》,参见盐野著:《行政诉讼改革的动向——以行政诉讼检讨会的〈观点〉为中心》(2004年),载盐野著:《行政法概念的诸形态》,第233页以下、第244页以下。

② 行政诉讼检讨会在公开发表了《观点》之后,提出剩余的检讨课题,推进审议,将其结果以司法制度改革推进总部行政诉讼检讨会的《行政诉讼检讨会最终总结》(平成16年10月29日,载《法学者行诉研究》,第196页以下)的形式予以公布。

视为法定的抗告诉讼。

(3)中止诉讼的法定

※这是对学理上的预防性不作为诉讼的法定化。

2. 审理的充实、促进(新设了将处分的理由予以明确的资料提交的制度)

※具体来说,就是作为释明处分①的特例,规定了法院可以要求行政厅送付裁决的记录,提交能够明确处分理由的资料,也可以作为行政诉讼阶段中的行政的说明责任之一环来理解。

3. 为了使行政诉讼更加容易利用、便于理解的机制

(1)抗告诉讼之被告适格的明确化

※将被告改变为作出处分的行政厅所归属的行政主体。

(2)抗告诉讼之管辖法院的扩大

※在现行的管辖法院的基础上,规定也可以向管辖原告的普通裁判籍所在地的高等法院所在地的地方法院提起诉讼。在《信息公开法》上存在先例。

(3)起诉期间的延长

※将起诉期间从现在的3个月改为6个月,并且,即使在这种情况下,有正当理由时,仍然试图承认例外。

(4)起诉期间等信息提供制度的新设

※试图将《行政不服审查法》上存在的教示制度②改造成为适合于《行政事件诉讼法》的形式加以导入。

4. 本案判决前临时救济制度的整备

(1)执行停止要件的整备

※试图将《行政事件诉讼法》第25条第2款正文中的"难以恢复的损害"这个术语,改为"重大的损害",不仅对损害的性质,而且适当地对损害的程度、处分的内容及性质予以考虑。

(2)临时的义务赋课、临时的中止制度的新设

※与义务赋课诉讼、中止诉讼的法定化相平行,试图新设置临时的救济制度。

---

① 《民事诉讼法》第151条。
② 参见盐野著:《行政法Ⅱ(第六版)行政救济法》,第20页。

（其他的检讨结果）

1. 确认诉讼的活用

※在谋求国民的权利利益的实效性救济的基础上，确认了确认诉讼具有有效性。不过，在《观点》中，关于法定的无效确认诉讼以外的确认诉讼，并未言及是否在《行政事件诉讼法》中设置特别的规定。

2. 关于执行停止的不服申诉

※关于内阁总理大臣的异议的制度，虽然这是从前就有主张废止论的情形，但是，在《观点》中认为，充分考虑到对国民的重大利益产生重大影响的紧急事态等的应对方法及与三权分立的关系，应继续进行检讨。

（五）《修改〈行政事件诉讼法〉的一部分的法律》（平成16年法律第84号）

政府在行政诉讼检讨会的《观点》公布之后，向第159次国会提交了《修改〈行政事件诉讼法〉的一部分的法律案》。其内容虽然以《观点》为基础，但是，经国会再三审议，在众参两院，修改法案以与提案完全相同的形式获得全会一致的表决通过，《修改〈行政事件诉讼法〉的一部分的法律》（以下简称《修改法》）得以成立。① 于是，行政诉讼制度改革问题迎

---

① 作为从立案关系者的立场出发，对修改事项的旨趣、内容进行解说的文献，有小林著：《行诉法》（在该书中，除进行了作为中心部分的修改条款的逐条解说之外，还登载了 Q&A 及其他相关资料，很便利）。此外，按照每个修改项目，分别指出法修改的要点，并加以解说的文献，则有小早川、高桥编：《详解修改行诉法》；桥本博之著：《解说修改行政事件诉讼法》，2004 年版；园部、芝池编：《理论与实务》。

作为导致《行政事件诉讼法》修改的原因，有关于行政事件诉讼和宪法的关系之研究的深化〔参见盐野著：《行政法Ⅱ（第六版）行政救济法》，第 57 页。关于作为修改法的旨趣的"国民的利益之更加实效性救济"，作为其具体化的程序之整备的方法本身及运用的存在方式，今后依然要在与宪法的关系中加以斟酌，这是至关重要的。关于这一点，在与实体权的关联上，以将实效性权利保护的存在方法视为目标的德国法为基础，针对修改法而添加了评论的是笹田荣司著：《从宪法学看〈行政事件诉讼法〉修改》，载《民商法杂志》第 130 卷第 6 号，2004 年，第 1047 页以下。此外，虽然是在修改法制定近前，但从法的支配的观点出发而论述了行政诉讼制度的，还有大浜启吉著：《法的支配与行政诉讼》，载《原田古稀》，第 25 页以下；周作彩著：《法的支配与行政诉讼制度改革》，载《原田古稀》，第 83 页以下。即使仅仅以立足于法的支配之观念来看，也不是展开了一义性的制度。关于日本公法学喜欢将其视为问题的法的支配和法治主义的关系，爱敬浩二著："法的支配"再考——从宪法学的观点出发》（载《社会科学研究》，第 56 卷第 5·6 号，2005 年，第 3 页以下〕，对于行政法学也提供了有益的视角。作为从更广泛的视野对行政机关和司法的作用分担进行论述的成果，有曾和俊文著：《行政与司法》，载《行政法的新构想Ⅰ》，第 309 页以下。

来了一个新的阶段。①《修改法》于平成17年4月1日起施行。② 下面将在谈及修改事项的同时,考察《行政事件诉讼法》的基本结构。③

第二节 《行政事件诉讼法》的特色

一、一般法的性质

《行政事件诉讼法》是关于行政事件诉讼的一般法(第1条)。在这一点上,与被作为就民事诉讼作出特例规定的《行政事件诉讼特例法》不同。但是,另一方面,现行的《行政事件诉讼法》,并没有作为和民事诉讼并列的意义上自足完结的法典而制定。关于与一般诉讼相通的许多方面,例如,口头辩论、证据等,没有设置规定。在这一点上,和以自足完结的法典为目标的1932年《行政诉讼法案》也不同。并且,关于《行政事件诉讼法》没有规定的这些事项,规定依据民事诉讼之例(第7条)。这样,《行政事件诉讼法》的地位并不一定能界定得清楚,但是,极其一般地说,《行政事件诉讼法》不像《行政事件诉讼特例法》那样仅是《民事诉讼法》的特例法,关于该法上没有规定的事项,期待能够对应行政事件诉讼的特殊性,并依据民事诉讼之例来处理。这一点,在《修改法》上也并无不同。④

---

① 《修改法》制定后经过了10年多,其后,《行政事件诉讼法》的修改也进行了十余次,而伴随着《行政不服审查法》的全面修订,通过删除"异议申诉"的术语等,主要是与关联法令整备联动,故而看不到与行政事件诉讼制度本身相关的实质性修改。

这期间,作为对《修改法》的基本状况及其后的裁判例动向进行了总体上积极评价的研究成果,有高桥滋编:《施行状况之检证》;而另一方面,作为对上述检证包括立法论从批判的立场出发进行分析、检讨的研究成果,有日本律师协会著:《检证法务省检证报告书》,载《判例时报》第2182号,第2页以下;2183号,第3页以下,2013年。此外,《行政事件诉讼法》修改后的判例、学说的动向,也被作为公法学会的课题展开研究(《公法研究》第77号,2015年)。

② 平成16年政令311号。

③ 另外,从宏观上看,此次的法修改,也为行政诉讼以外的行政法制提供了饶有趣味的再检讨的平台。参见盐野宏著:《行政事件诉讼法改正与行政法学——从行政法一般理论来看》(2005年),载盐野著:《行政法概念的诸形态》,第61页以下。

④ 在宪法学上有"宪法诉讼"的概念,但是,并非存在像《民事诉讼法》《行政事件诉讼法》那样统一的制定法。有必要留意的是,在现行法之下,宪法诉讼也是在《民事诉讼法》《行政事件诉讼法》及《刑事诉讼法》之下展开诉讼推行,其中的《行政事件诉讼法》则是宪法诉(转下页)

因此，对行政事件诉讼的特殊性进行更加具体的应对，被委任给了解释论、立法论，故而今后有必要进一步发展行政诉讼法理论。在推进行政诉讼法理论发展之际，一方面，现行法制本身具有继承了战前之讨论的部分，那是溯及德国行政法理论的部分；另一方面，与德国模式依然在坚持行政法院制度相对，日本法上废止了行政法院制度，由此存在界限。与日本相同，管辖司法法院的英美之行政救济法理的参照，大多存在对于"国民的权利利益之实效性确保"是有效的余地。这样，必须注意的是，对于日本的行政诉讼法理的进一步深化来说，比较法研究增强了其必要性，那也同时意味着，在理解日本的行政诉讼学说之际，有必要对其渊源予以留意。①

二、行政事件(诉讼)的概念

在《行政事件诉讼特例法》中，只在题名中使用的行政事件(诉讼)这一术语，在《行政事件诉讼法》中，却在法条文中也使用了(第1条、第2条、第7条)。这种现象在《修改法》之下同样得以维持。行政事件的概念，虽然在明治宪法之下的法令上不曾使用，但是，当时在学说上已经固定下来。这是和民事事件相对比而使用的，即"属于除刑事法以外的公法关系的事件是行政事件，属于私法关系的事件是民事事件"。② 虽然《行政事件诉讼法》没有就行政事件(诉讼)设置特别的定义，但是，要在否定第二次世界大战前用语方法的意思上来理解，则是有困难的。对立法者来说，以存在公法和私法的区别为前提，试图作为有关其公法诉讼的一般

(接上页)讼之最为重要的适用场景。只是对于是否因为宪法诉讼故而有必要对《行政事件诉讼法》进行特别的运用及其范围的问题，在《行政事件诉讼法》修改讨论的过程中并未特别予以展开。在宪法学说上，也被解释为应当对《行政事件诉讼法》的运用中宪法诉讼的特色之具体的体现方式进行检讨。参见户松秀典著：《宪法诉讼》(第二版)，2008年版，第129页以下；高桥和之著：《体系宪法诉讼》，2017年版，第117页以下。

① 在行政诉讼检讨会，也以德国、法国、美国为素材，进行了比较法的检讨。参见盐野宏著：《行政诉讼的课题与展望》(2002年)，载盐野著：《行政法概念的诸形态》，第171页以下、第177页以下。但是，在这些国家，并未像日本那样采用司法法院审查行政事件的构造。与此相对，横山信二著：《加拿大行政法的形成——英美行政法与大陆行政法的混在》(2009年)，载横山信二著：《行政的裁判统制与司法审查》，2017年版，第135页以下，就处于跟日本类似状况的、加拿大(尤其是魁北克)的行政法院之定位，提供了饶有趣味的分析结果。

② 美浓部达吉著：《行政裁判法》，1929年版，第62页。此外，参见田中二郎著：《民事案件和行政案件》(1934年)，载田中著：《公法与私法》，1955年版，第216页以下。

法,而形成《行政事件诉讼法》。在这种意义上,虽然审理行政案件的法院是司法法院,但是,其程序本身是针对公法上的案件,由此可以看出与第二次世界大战以前的连续性。

进而,必须注意的是,有人认为,"对《行政事件诉讼特例法》内容的继承和发展,构成了《行政事件诉讼法》的实质性内容之主要部分"。① 可见这里存在以《行政事件诉讼特例法》为中转点的战前和战后的连续。②

三、诉讼类型的提示

《行政事件诉讼法》揭示了与民事诉讼不同的诉讼类型,并采取了将关于诉讼类型的适用法规范予以明确的主义,这是该法的特色所在。③ 这种主义,在修改法之下依然没有改变。④ 这些诉讼类型具体包括如下内容:

(一)在民事诉讼中,根据请求种类的不同,通常将诉讼分为确认、给付和形成三种。与此相对,行政事件诉讼分为抗告诉讼、当事人诉讼、民众诉讼和机关诉讼四种(第2条)。在这种情况下,必须注意的是,民事诉讼的分类和行政事件诉讼的分类只是观点不同,它们并不是相互排他的,行政事件诉讼的诉讼类型可以归属于民事诉讼的某种类型。

(二)前述行政事件诉讼四种类型的分类基准是不一样的。即从争讼的性质来看,抗告诉讼及公法上的当事人诉讼是主观诉讼,与此相对,机关诉讼和民众诉讼是客观诉讼。⑤

抗告诉讼及公法上的当事人诉讼的分类基准是公权力的行使,即抗

---

① 雄川著:《行政争讼的理论》,第198页。
② 对行政处分一律规定了起诉期间的1947年的伴随《日本国宪法》施行的《关于民事诉讼法的应急性措施的法律》(第8条),也可以解读为曾经是以行政行为的公定力(当时的理解)为前提的。虽然是应急性措施,但是,可以看出,自战前以来的连续性并没有被视为问题。
③ 日本行政诉讼法制的整备之过程,也曾经是诉讼类型整备的过程。参见盐野宏著:《〈行政事件诉讼法〉修改与行政法学——从诉讼类型论所看到的》(2004年),载盐野著:《行政法概念的诸形态》,第262页以下。
④ 作为《修改法》下的诉讼类型整备的意义内容的综合性考察,有市村阳典著:《诉讼类型》,载园部、芝池编:《理论与实务》,第24页以下。
⑤ 关于主观诉讼、客观诉讼,参见盐野著:《行政法Ⅱ(第六版)行政救济法》,第66页"主观诉讼与客观诉讼的巨大差异"。

告诉讼是对公权力的行使不服的诉讼,而公法上的当事人诉讼则是除此以外的诉讼。

民众诉讼和机关诉讼并不是客观诉讼的排他性二区分。虽然尚未被纳入制定法,但是,团体诉讼在行政事件诉讼中也被归入客观诉讼的类型。民众诉讼和机关诉讼中也存在公权力的行使这种观念,因而,在这种情况下,抗告诉讼的规定得以准用。

(三)如上所述,修改后的《行政事件诉讼法》也维持了诉讼类型方式。不过,这件事情不应当视为各类型分别划定了排他的、明确所掌管的范围,或者说试图进行那样的解释。有必要注意的是,《行政事件诉讼法》修改的目的在于国民的权利利益之实效性确保,作为其手段,而在一定的基准之下将诉讼类型化了。①

四、修正性辩论主义

这里所说的修正性辩论主义,是指《行政事件诉讼法》一方面以作为民事诉讼的基本原则的辩论主义②为基本原则,另一方面则对其进行了微调整。具体而言,职权证据调查的规定(第 24 条),这并未达到为职权探知主义开拓路径的程度,而只不过意味着对辩论主义的或多或少的纠正而已。这一点,从明治时代的行政事件诉讼中曾经认为职权探知主义是妥当的这件事来看,倒不如说是意味着与战前的断绝。③《修改法》规定了由法院进行释明处分的特别规则(第 23 条之二),关于这一点,虽然可以认为导入了与民事诉讼法原则性质不同的规则④,但是,并未达到变更修正性辩论主义的原则之程度。

五、主观诉讼与客观诉讼的巨大差异

主观(性)诉讼、客观(性)诉讼的术语,作为用语本身并未被《行政事

---

① 作为从救济(remedy)这种观点出发对这个问题进行论述的成果,有曾和俊文著:《权利与救济》,载《阿部古稀》,第 543 页以下;作为从抗告诉讼与当事人诉讼的学说史的观点出发进行论述的成果,有中川丈久著:《抗告诉讼与当事人诉讼的概念小史》,载《行政法研究》第 9 号,2015 年,第 1 页以下、第 39 页以下,具有启迪性。
② 盐野著:《行政法Ⅱ(第六版)行政救济法》,第 124 页。
③ 盐野著:《行政法Ⅱ(第六版)行政救济法》,第 125 页。
④ 盐野著:《行政法Ⅱ(第六版)行政救济法》,第 126 页。

件诉讼法》所采纳。但是,在学说上,从前就确立了以个人的权利利益为目的的主观性诉讼和以保障法规的客观适正或者保护一般公共的利益为目的的客观性诉讼之区别①,《行政事件诉讼法》(第 5 条、第 6 条)所规定的民众诉讼和机关诉讼的类型,是作为与后者即客观诉讼相对应的类型而制定的。②

第三节 抗告诉讼——概述

《行政事件诉讼法》进而将抗告诉讼进行了分类,分为撤销诉讼(包括处分的撤销诉讼、裁决的撤销诉讼两种)、不作为的违法确认诉讼、无效等确认诉讼、义务赋课诉讼和中止诉讼。

下面列举应当注意的几个问题。

(一)前述五种类型的诉讼之中,前三种已经在 1962 年(昭和 37 年)的《行政事件诉讼法》制定时便加以规定了,而后两种则是作为法定外抗告诉讼(无名抗告诉讼),围绕其容许性而展开了讨论。通过《修改法》,这两种也变成了法定抗告诉讼。不过,这并不意味着在《修改法》之下便从理论上否定了法定外抗告诉讼的存在。③

(二)在修改前的《行政事件诉讼法》之下,以撤销诉讼为中心,其他的抗告诉讼(尤其是法定外抗告诉讼)则被定位为补充性的诉讼。这就是所谓撤销诉讼中心主义。④ 但是,《修改法》则是以从这种主义中逃脱出来为目标的。⑤ 在这种意义上,可以说,与修改前的《行政事件诉讼法》曾经是扩张性抗告诉讼观相对应,《修改法》则是立足于开放性抗告诉讼观的。⑥

---

① 参见雄川著:《行政争讼法》,第 10 页以下、第 115 页、第 117 页。
② 杉本著:《行政事件诉讼法的解说》,第 25 页。
③ 盐野著:《行政法Ⅱ(第六版)行政救济法》,第 207 页。
④ 关于撤销诉讼中心主义,参见盐野宏著:《无名抗告诉讼的问题》(1983 年),载盐野著:《行政过程及其统制》,第 320 页;小早川光郎著:《抗告诉讼的本质与体系》,载《行政法大系 4》,第 160 页。
⑤ 盐野宏著:《行政诉讼改革的动向》(2004 年),载盐野著:《行政法概念的诸形态》,第 235 页以下。
⑥ 参见盐野宏著:《行政事件诉讼法修改与行政法学——从诉讼类型论来看》,载盐野著:《行政法概念的诸形态》,第 265 页以下。

（三）必须注意的是，开放性抗告诉讼观，并不限于单纯地针对抗告诉讼的再分类是开放性的，而且还包括如下问题，即关于抗告诉讼，在对于公权力的行使之不服的诉讼这种说明性言说以上，是否具有作为关于判决的效力、诉讼物等诉讼法上特别的范畴而存在的意义。①

鉴于抗告诉讼之范畴的上述性质，下面按照个别的诉讼类型分别进行考察。

第四节　撤销诉讼——基本构造

一、撤销诉讼的概念

《行政事件诉讼法》将处分的撤销诉讼定义为"请求撤销行政厅的处分及其他属于公权力的行使之行为（……）的诉讼"；将裁决的撤销诉讼定义为"请求撤销对于审查请求及其他不服申诉（……）的行政厅的裁决、决定及其他行为（……）的诉讼"（第3条第2款、第3款）。进而，将处分的撤销诉讼和裁决的撤销诉讼合在一起称为撤销诉讼，这是《行政事件诉讼法》制定以来的用语方法（第9条第1款），这一点，在《修改法》上也是原封不动地得以维持。

这里所说的行政厅的处分及其他属于公权力的行使之行为的具体范围，将在后面专门进行考察②，这里仅指出在如下两点不存在异议：即由在行政过程论中所阐述的行政行为构成了其核心部分；撤销使得作为法行为的行政行为的法效果丧失。并且，在裁判上，使得行政行为的效果丧失的，也限定为撤销诉讼，由此将其作为撤销诉讼的排他性管辖来说明，进而将由此而获得的行政行为的特别效果作为公定力来说明。③

此外，有时会将撤销诉讼作为行政行为的公定力排除诉讼来加以

---

① 关于详细情况，将随时根据需要而指出。姑且参见盐野著：《行政法概念的诸形态》，第265页以下。作为抗告诉讼概念的理论史，齐藤浩著：《抗告诉讼物语》，载《水野古稀》，第52页以下，有详细的分析。
② 盐野著：《行政法Ⅱ（第六版）行政救济法》，第81页以下。
③ 盐野著：《行政法Ⅰ（第六版）行政法总论》，第120页以下。

说明①,而这种观点并不一定正确。这是因为,如果仅是公定力的排除,那么,没有公定力的法行为依然存在,这样的话,便没有完成原状恢复。《行政事件诉讼法》是将撤销诉讼作为完结性的诉讼来加以规定的,因此,将撤销诉讼视为使得作为法的行为的行政行为本身不再存在②,这种理解才是正当的。③

二、撤销诉讼的功能

撤销诉讼,有处分的撤销诉讼和裁决的撤销诉讼④,其具体内容将在后面考察,这里暂且将处分及裁决作为和行政行为几乎对应的概念来理解。因此,可以说撤销诉讼是请求撤销行政行为的诉讼,而《行政事件诉讼法》上,可以说撤销诉讼是发挥如下功能的诉讼:

(一)处分的典型形态是命令,以其中的基于《建筑基准法》作出的违法建筑物拆除命令⑤的撤销诉讼为例予以分析。在这种情况下,作为原告,只要主张该命令的违法而请求其撤销,并获得胜诉的话,该拆除命令

---

① 虽然在用语方法上存在或多或少的差异,但是,作为采取公定力排除诉讼之观念的研究,参见田中著:《行政法》(上),第305页;渡部吉隆著:《行政诉讼的法理论》,1998年版,第61页;司法研修所编:《改订·关于行政诉讼一般性问题的实务性研究》,2000年版,第14页、第85页。公定力的排除、公定力(不能被)排除等术语,也可以在最高法院判决的补充意见中看到。最高法院判决,平成17年10月25日,载《判例时报》第1920号,第32页(病院开设中止劝告案件)藤田补充意见;最高法院判决平成20年9月10日,载《民集》第62卷第8号,第2029页;《行政判例百选Ⅱ》第152案件(土地区划整理事业计划案件)近藤补充意见。但是,所有这些都不是自己的公定力观的积极提示,而是止于"采取了……这样的观点""被解释为……"。

② 盐野著:《行政法Ⅰ(第六版)行政法总论》,第116页以下,认为是否定行政行为的规范力本身。

③ 在这种意义上,撤销诉讼=公定力排除诉讼的观念,呈现出行政行为的规范力和公定力的观念之重叠。例如,田中著:《行政法》(上卷),第309页,作为说明公定力排除诉讼的适当事例,列举了事实行为的撤销诉讼,认为通过排除公定力,使得其成为与私人所作出的事实行为同样的行为(同样的观点,见杉本著:《行政事件诉讼法的解说》,第12页)。但是,在私人间的妨害排除请求之际,虽然该妨害行为是否具有法的权限作为先决问题而存在,但是,在撤销判决确定后,先决问题的要素由于其前的撤销诉讼而被视为事先消失了。进而,撤销诉讼被视为公定力排除诉讼的话,成为撤销诉讼的对象的便是具有公定力的行为,这种命题和具有公定力的行为成为撤销诉讼的对象这种命题,便形成了循环论证[关于这一点,参见盐野著:《行政法Ⅰ(第六版)行政法总论》,第117页;盐野著:《行政法Ⅱ(第六版)行政救济法》,第82页。]雄川著:《行政争讼法》,第59页,也被认为采取了同样的观点。

④ 《行政事件诉讼法》第3条第2款、第9条。

⑤ 《建筑基准法》第9条。

就会被以判决撤销。这样,命令的效果不溯及既往。换个角度来看,是从起初就不存在命令。换言之,是恢复到相对人从来就不曾有拆除义务的状态。在这个意义上,可以说这是撤销诉讼的原状恢复功能。这种原状恢复功能,是所有撤销诉讼所共通的、最为重要的功能。无论是更正处分的撤销诉讼,还是惩戒免职处分的撤销诉讼,通过其胜诉判决,都同样复归行政行为不曾作出的状态。

在这里使用了"原状恢复"一词,实际上这里面隐藏着一种观点。也就是说,例如,在私人之间的雇用契约中,因解雇而发生纠纷时,可以主张解雇本来是无效的,因而请求地位确认。与此相对,对于行政行为来说,则一度有以行政行为变动法律关系的观点,所以,便是以判决再次变动已变动的该法律关系,即回归原状。这种现象是将现行法理解为采用了撤销诉讼的排他性管辖的制度而产生的。①

(二)在撤销诉讼中,该行政处分的合法、违法的审理成为中心内容。并且,审理的结果,若被认定为违法的话,则处分被撤销,即违法状态被排除。这说明撤销诉讼具有服务于原告的主观性利益保护功能,同时还具有服务于客观的法秩序之维持的功能。这可以称为撤销诉讼的合法性维持功能。

(三)在处分的撤销诉讼中,有时在原告以外还存在利害关系人。当根据《自耕农创设特别措施法》作出农地收买处分、出卖处分时,即使原所有人依据撤销诉讼的排他性管辖,请求收买处分的撤销判决,只要该判决的效果不涉及接受出卖者的话,结果是没有意义的。即接受出卖者可以主张:因为该收买处分的撤销诉讼和自己没有任何关系,所以,自己依然可以维持从国家接受的农地出卖之状态。因此,为了避免这种不合理的现象发生,《行政事件诉讼法》第32条第1款规定,撤销判决的效力也涉及第三人。这可以称为撤销诉讼的合一确定功能。

(四)在违法建筑物的拆除命令的撤销诉讼中,一旦作出撤销判决,作为行政厅,便不能继续进行处分的执行,在这种情况下,便不能继续推进代执行程序。此外,在对基于《国税通则法》而作出的税金更正处分而提起的撤销诉讼中,一旦作出胜诉判决,便不允许推进下一步滞纳处分。这样,撤销诉讼在行政过程中发挥着停止功能或曰中止功能(撤销诉讼的中止功能)。

---

① 参见盐野著:《行政法Ⅰ(第六版)行政法总论》,第120页以下。

（五）提起申请拒绝处分的撤销诉讼而胜诉时，作为法状态，在这里可以看到的是和提出申请同样的状态，即具有原状恢复功能。但是，如果仅限于此，便存在出现以前行为的重复之可能性。因此，《行政事件诉讼法》设置了撤销诉讼拘束有关行政厅的规定（第33条），要求行政厅应该依照判决宗旨采取行动。即由于作出了申请拒绝处分的撤销判决，因而行政厅对于再次申请，必须在依据判决的宗旨的同时予以考虑。这称为撤销诉讼的再度考虑功能。

（六）即使在撤销诉讼中请求撤销了侵害性处分，如果同样的处分以同样的理由反复作出的话，那么，煞费苦心进行的诉讼，也就失去了意义。因此，虽然关于其法律根据在学说上尚存在争议①，但是，关于撤销判决，被认为具有禁止基于同一理由作出同一处分的禁止反复效果。这就是撤销诉讼的防止处分反复功能。

这样看来，可以说撤销诉讼（撤销判决）除主要具有原状恢复功能、合法性维持功能外，还具有法律关系合一确定功能、停止（中止）功能、再度考虑功能、防止反复功能。撤销诉讼的这些功能，可以说，都是以行政行为作为在所展开的行政过程中的一个阶段所占有的地位为基础的。并且，考虑到这种撤销诉讼的功能，努力推进撤销诉讼的运用是重要的。②

三、撤销诉讼的性质

撤销诉讼发挥如上所述的功能，从理论上考察，其和民事诉讼中的确认诉讼、给付诉讼、形成诉讼这三种类型中的哪一种相对应，则是撤销诉讼的性质论问题。

---

① 盐野著：《行政法Ⅱ（第六版）行政救济法》，第157页。

② 远藤著：《实定行政法》，第367页，作为行政处分撤销诉讼中撤销请求的功能之代表事例，列举了单纯的撤销诉讼、减额诉讼、重作请求、义务赋课请求、停止（中止）请求、恢复原状请求。其用语方法有的和本文所揭示的不同。芝池著：《救济法讲义》，第28页以下，作为撤销诉讼制度的优点，列举了如下四项功能：适法性统制功能，早期权利保护功能，既成事实发生的预防功能，纷争的一举解决功能，第三者救济功能。上述撤销诉讼的功能，通过撤销诉讼的排他性管辖而在制度上得以确保。但是，这件事情，假设撤销诉讼制度没有得以法定的话，不得将其解释为处分相对方的救济之路被堵住了。总要存在某种救济手段，这是法治国家原理所要求的。尤其应当留意的是，关于这一点，仲野武志著：《撤销诉讼的存在理由》（2015年），载仲野武志著：《法治国原理与公法学的课题》，2018年版，第237页以下，从废止了撤销诉讼的情况下应当存在的诉讼（重复诉讼）这种观点出发，详细地进行论述，认为撤销诉讼"可以赋予简易迅速、广泛或者高度的救济"（第258页）。

在支持撤销诉讼的请求时,因为法院并不是对行政厅作出应该采取某种措施的判决,所以,不属于给付诉讼,这是不言而喻的。因此,接着便是其属于确认特定的权利关系之存在与否的确认诉讼,还是由法院的判决进行权利变动的形成诉讼的问题。

关于这一点,将撤销诉讼作为确认诉讼来理解的观点具有说服力。根据这种观点,"行政行为即使具有违法的瑕疵,在由判决撤销之前被视为合法、有效,是基于在行为当时关于合法要件的存在与否的判断,赋予了行政厅的判断以暂时的适当力(也就是公定力)。但是,该适当力是暂且的、临时的效力,其后保留了确定行为时合法要件(从主体方面看则是具体的权限)是否存在的诉讼程序。在该程序中,当然预定了若确认了合法要件(具体的权限)的不存在,才溯及当初而丧失效力(其结果,才可以主张该行政行为从起初就是违法、无效的)。所谓抗告诉讼,只能是对应于对行政厅所承认的临时的适当力而设置的、确定行为时是否存在合法要件(具体的权限)的诉讼"。①

的确,从法治主义的原则出发,本来违法的处分不应该具有效果,不应该具有实体法上的法效果。之所以可以看作动态的,是因为完全是假设的。但是,如果以制定法的体系为前提的话,根据撤销诉讼的排他性管辖,只要没有通过撤销诉讼予以撤销(有时也依据职权撤销、通过行政上的不服申诉而撤销),就作为依据处分而发生法效果来看待。② 并且,以通过撤销诉讼才使其效果丧失、恢复原状这一法现象为前提的话,在与民事诉讼上的诉讼类型的对比中,将撤销诉讼理解为形成诉讼,被认为是适当的。③ 撤

---

① 白石健三著:《抗告诉讼》,载山田幸男、市原昌三郎、阿部泰隆著:《演习行政法》(下册),1979年版,第20页。同样观点,阿部泰隆著:《解释学Ⅱ》,第61页。

② 盐野著:《行政法Ⅰ(第六版)行政法总论》,第120页以下。

③ 在私人之间,基于当事人的合意而形成法律关系,在具备一定的要件时,承认由一方当事人的意思表示进行该关系的变更、消灭。这是私人所具有的实体法上的形成权。不过,法律上,代替该私人的形成权的行使,有时通过法院判决进行。例如,关于离婚,依据合意的情况下另当别论,关于除此以外的情形,法律不是将其委任给一方当事人的形成权之行使,而是规定由该人提起离婚诉讼,当存在法定的离婚原因时,依法院的判决解除婚姻关系,使之产生形成性效果。这就是形成诉讼。参见新堂著:《新民事诉讼法》,第187页以下。巽智彦著:《第三者效的研究》,2017年版,第131页,作为一般论,认为"形成诉讼的标志,可以求证于以下两点:为了与给付诉讼区别开来的执行不必要性,以及为了与确认诉讼区别开来的排他性"。

从前,在学说上,关于撤销诉讼,曾经有人主张其为诉讼上的形成之诉(例如,请求异议之诉),同时认为是具有违法的确定之确认诉讼和形成诉讼两方面性质的特别的救济之诉。进而,该见解发展为实体法上的形成之诉也在救济之诉的延长线上之主张(三个月章著:《民事诉讼法》,1979年版,第60页)。

销诉讼的效力也涉及第三人①,作为形成诉讼来把握也是自然的。② 进而,即使做如上理解,在实质上也并不违反法治主义的原理。

当然,在民事诉讼的形成诉讼中,原告的实体法上的形成权是否存在便成为问题。必须注意的是,行政行为的撤销诉讼中,原告方面是否在实体法上具有违法处分的撤销权,是存在疑问的③,并不完全是民事诉讼上的形成诉讼。

四、撤销诉讼的诉讼物

诉讼物,是民事诉讼法上的基础概念,是审判的对象或者成为对象的单位。即当事人向法院提出申诉,法院予以审理,进而如果其对象在作出判断的每一个阶段都不确定的话,便不可能解决纠纷。并且,在民事诉讼中,该单位只要没有诉讼请求的变更,则从最初到最后,即从起诉阶段到判决效果发生的阶段为止,一直被视为是相同的。换言之,如果提起和已经提起的诉讼之诉讼物相同的诉讼,就会触犯禁止二重诉讼的原则。在一个诉讼程序中,如果有两个诉讼物,则应进行诉的合并;一旦变更诉讼物,便产生诉的变更之程序问题。此外,判决的既判力的客观范围,也由诉讼物的范围决定。④

关于这一点,根据确认诉讼说,该处分是没有法根据的,从起初就不允许行使,在这层意义上的处分的违法性成为诉讼物。⑤ 与此相对,在形成诉讼说看来,如果原封不动地适用民事诉讼的理论,形成要件便成为诉讼物,而在撤销诉讼中,诉讼物却是行政行为的违法。⑥ 但是,由于成为行政行为的撤销权的实体法上的权利之存在是有疑问的,所以,诉讼物明

---

① 《行政事件诉讼法》第 32 条。
② 通说。参见雄川著:《行政争讼法》,第 61 页。
③ 雄川著:《行政争讼法》,第 59 页认为,"实体法上的私人,关于公法上的法律关系特别是行政行为的撤销,基本上没有被赋予作为其撤销原因的事实是否存在的认定之权限,以及通过意思表示撤销该认定的权限。即行政权具有通过行政行为来规范行政上的法律关系的权限,该行政行为对私人具有拘束力,只有基于有权的判断行为才能使其效力丧失,所以,不存在通常的形成诉讼中那种形成权的概念"。
④ 参见新堂著:《新民事诉讼法》,第 307 页以下。
⑤ 白石著:《抗告诉讼》,载山田等编:《演习行政法》(下册),第 23 页。
⑥ 兼子一著:《民事诉讼法体系》,1954 年版,第 165 页。

显被求证于行政行为的违法性本身。① 可以说,相关观点更加直接地表现了只要行政行为违法,从法治主义的原则出发,本来就不应该具有效力的原则。②

虽然说处分的违法性成为审理的对象,但是,仅此依然不能作为具体案件中特定诉讼物。这是因为存在如下问题:支持处分违法性的违法事由有时是复数(例如,处分的程序性瑕疵和主体的瑕疵),应该认为其违法事由分别存在诉讼物;还是一个处分的违法事由即使是复数的,也将诉讼物视为一个? 在撤销诉讼中论述这个问题的实际意义,特别是在于能否更换理由(行政厅方面的)的判定、既判力的范围之判定等。所以,详细情况将在探讨该问题中论述。③

五、撤销诉讼的种类及其相互关系

撤销诉讼中有处分的撤销诉讼和裁决的撤销诉讼。④ 前者是请求撤销原处分的诉讼,后者是请求撤销对原处分的行政上不服申诉的裁决、决定等的诉讼。并且,只要法律上不采取特别的措施,对哪一种都可以提起诉讼。但是,这些虽分别具有各自目的,而从功能方面看,却存在着重合的部分,如果对之不加研究的话,则对如何调整二者的关系,可能产生解释上的混乱。现实中,在《行政事件诉讼特例法》之下,法院的应对有时

---

① 雄川著:《行政争讼法》,第59页。

② 冈田正则著:《行政诉讼中撤销诉讼的诉讼物》,载《新井古稀》,第3页以下,排斥了违法性说,认为"由原告基于一定的事实关系所请求的裁判之要求"是诉讼物。该论文指出了被认为是通说的违法性说之逻辑的、实际的问题,对关于一般撤销诉讼的诉讼物的诸说进行了检讨,是值得参考的。不过,违法性说由于其与客观诉讼说之间的亲近性的缘故,而被视为批判的对象,这种做法是不适切的。其前提是如果适法的话,行政厅便能够侵害原告的权利利益,所以,着眼于适法、违法的要素,并不能归结于行政诉讼的客观诉讼性构成,而作为首尾一贯地来说明行政过程和行政诉讼的学说,违法性说被认为更具有适合性。并且,被视为违法性说的技术性难点的既判力的范围等个别问题,是可以在违法性说的内部予以处理的。

③ 盐野著:《行政法Ⅱ(第六版)行政救济法》,第144页、第157页。大贯裕之著:《行政诉讼的审判对象与判决的效力》,载《行政法的新构想Ⅲ》,第134页,认为撤销诉讼的诉讼物的实际上的意义,在于理由的替换、既判力的范围,那归根结底是该处分成为前提,故而也被认为采取了同样的见解。在这里,值得注意的是关于处分,主张应当将其分为"作为规范的行政行为"和"作为措施的行政行为"来分别进行论述(该书第136页以下)。就后者而言,如果说重点被置于程序的话,那么,那是论及作为规范的行政行为之际,作为其程序要件来把握,只要对程序的要件对上述论点产生了怎样的影响进行考虑即可。

④ 《行政事件诉讼法》第3条第2款、第9条。

候就欠缺统一性。因此,《行政事件诉讼法》通过主要考虑原处分的所谓原处分主义,试图进行一定的整合。在《修改法》之下,这种主义也得以维持。但是,依然存在只能留待解释的部分。

(一)当存在原处分和驳回不服申诉的裁决、决定时,在形式上有两个处分。在这种情况下,若采取只承认裁决的撤销诉讼的所谓裁决主义时另当别论①,原告可以提起处分的撤销诉讼或者裁决的撤销诉讼之任何一种诉讼。但是,此时,在裁决的撤销诉讼中,不能攻击原处分的违法,而只能主张裁决所固有的瑕疵。② 相反,在原处分的撤销诉讼中,不能主张裁决所固有的瑕疵。这称为原处分主义。所谓裁决所固有的瑕疵,其典型事例是在裁决阶段的程序性瑕疵等,如审查请求的裁决中附记理由不完备,或者不适当地对物件的阅览不予承认等。

另外,关于驳回裁决的意义,《行政事件诉讼法》没有特别设置规定。但是,根据和原处分不同的理由而维持原处分裁决也包括在这里所说的驳回裁决之内,并且,部分撤销的裁决之情形,也被解释为以残余部分之原处分撤销诉讼形式进行。

当作出变更裁决时,该变更使原处分消灭,并作出了新的处分,形式上处分成为一个,变更裁决的实质属于原处分的部分撤销,原处分主义发挥着作用。③

(二)原处分的撤销诉讼和裁决的撤销诉讼同时分别提起时,从二者密切关系出发,设置了相关请求的诉讼移送(第13条)、请求的客观合并(第16条)、由原告进行的请求的追加性合并(第19条)等制度。

(三)原处分一旦被撤销,对原封不动地维持原处分的裁决再提起撤销诉讼,将视为没有诉的利益的起诉而不被受理。此外,原处分的诉讼被驳回,并得以确定的情况下,裁决之撤销诉讼的处理便成为问题。即使原处分不违法得以确定,因为这并不意味着确立了该法律关系本身,所

---

① 《电波法》第96条之二。
② 《行政事件诉讼法》第10条第2款。
③ 作为在原处分和裁决的关系上需要注意的是,《国家公务员法》上人事院进行的修正裁决(第92条第1款。《地方公务员法》第50条第3款也有修正的观念)。修正裁决,是指将惩戒免职改为停职、将停职改为降低工资等,这种处分和原处分处于何种关系,曾经成为问题。最高法院认为,原处分并不因修正而消灭,而应视为从起初由裁决所修正的内容作为惩戒处分而存在(最高法院判决,昭和62年4月21日,载《民集》第41卷第3号,第309页;《行政判例百选Ⅱ》第138案件)。

以,在行政上的不服申诉中,还存在作出另外的个别判断的可能性,裁决之撤销诉讼的利益被认为依然存在。①

六、撤销诉讼的主体

和民事诉讼一样,撤销诉讼中也是由原告、被告两当事人和法院三者所推进的程序。作为撤销诉讼的特色,有如下几点:

(一)在民事诉讼中,存在本来的原告、被告以外的第三人,为了维护其权利、利益而参加的制度。在撤销诉讼中,除承认《民事诉讼法》上的参加之一的补助参加之外②,还有第三人的诉讼参加③、行政厅的诉讼参加④等独具一格的制度。⑤

(二)关于当事人能力、诉讼能力,因为《行政事件诉讼法》上没有特别的规定,所以,依据民事诉讼的规定处理。⑥ 由于《行政事件诉讼法》没有采用律师强制,所以,本人诉讼也是可能的。关于诉讼代理人的问题,也是依据民事诉讼的规定处理。不过,关于国家方面,由《关于与国家利害有关的诉讼中法务大臣的权限等的法律》(以下简称《法务大臣权限法》)进行调整。⑦

(三)关于撤销诉讼,成为原告的适格性(原告适格)成为重要的论点。⑧

(四)关于撤销诉讼的被告,在日本,从前就采取了以作出成为诉讼对象的行政处分的行政厅(有时称为处分厅)为被告的主义。其原因之一,在于如下这种教条主义的影响,即抗告诉讼"是以行政厅的处分或者

---

① 最高法院判决,昭和37年12月26日,载《民集》第16卷第12号,第2557页;《行政判例百选Ⅱ》第139案件,认为,对蓝色申报承认的撤销处分,请求处分撤销诉讼和审查请求驳回决定之双方的撤销而起诉,虽然认定了审查请求驳回决定中理由附记不完备而违法,但是,只要确定了原处分并不违法,则撤销审查决定就是没有意义。关于这一点,少数意见认为,审查请求被撤销,再次作出审查决定的情况下,因为不能说完全不存在原处分也被作为不当或者违法处分而撤销的可能性,所以,不能说撤销审查决定毫无意义。我认为少数意见是正确的。
② 《民事诉讼法》第42条以下。
③ 《行政事件诉讼法》第22条。
④ 《行政事件诉讼法》第23条。
⑤ 盐野著:《行政法Ⅱ(第六版)行政救济法》,第129页以下。
⑥ 《行政事件诉讼法》第7条、《民事诉讼法》第45条以下。
⑦ 参见盐野著:《行政法Ⅱ(第六版)行政救济法》,第76页第(五)部分的论述。
⑧ 参见盐野著:《行政法Ⅱ(第六版)行政救济法》,第101页第五节第五部分。

裁决为前提,对其违法与否进行争议的诉讼,所以,立于被告之地位者始终是作出处分或者裁决的行政厅。……行政诉讼之所以如此在诉讼当事人方面与民事诉讼之主义不同,其原因在于行政诉讼与民事诉讼在性质上的差异"。此外,另一个原因在于如下这种历史经过,即制定《行政事件诉讼法》的当时,基于被告适格与其说是理论问题倒不如说是便宜的问题这种观点,和从前一样将处分厅规定为被告。①

关于这个问题,《修改法》同样立足于合目的性见地,采用了将作出处分或者裁决的行政厅之所属的国家或者公共团体规定为被告的主义。② 这是为了减轻原告致力于特定成为被告的行政厅之负担,进而便于采取诉的变更及合并等程序,作为方略而采用的主义③,构成了谋求国民的权利利益之实效性救济的此次行政诉讼改革的重要的一环。当然,并不是经过被告本来就应当是行政主体这种理论性探讨之后而采取的方略,所以,这种修改除给国民带来方便之外,对于行政诉讼的存在方式将会带来怎样的影响的问题,大多有待于今后的探讨。

(五)伴随着被告适格从行政厅变更为行政主体,关于以国家为被告的撤销诉讼,法务大臣代表国家应诉。④ 但是,处分厅在该诉讼中具有作出裁判上一切行为的权限,这是在《行政事件诉讼法》中新规定的(第 11 条第 6 款),在《法务大臣权限法》上,也设置了行政厅在以国家为被告的撤销诉讼中,可以指定所辖职员来进行诉讼这种所谓指定代理的制度(第 5 条),由此可以指出,在现实的诉讼推行中,从前的实务得以维持。⑤

但是,撤销诉讼的被告适格变更为行政主体,这并不单纯地限于便宜的问题,而且,也可以认为,它将成为从前曾影响到诉讼之场面的行政官

---

① 参见盐野著:《行政法概念的诸形态》,第 265 页、第 267 页;杉本著:《行政事件诉讼法的解说》,第 70 页以下。
② 《行政事件诉讼法》第 11 条第 1 款。不过,在个别法上,有的规定了将处分厅作为被告的特例。《特许法》第 197 条等,《海难审判法》第 45 条,《垄断禁止法》第 77 条。
③ 参见小林著:《行政事件诉讼法》,第 226 页以下;村田齐志著:《条解行政事件诉讼法》,第 242 页以下。
④ 《法务大臣权限法》第 1 条。
⑤ 参见石川和雄著:《抗告诉讼的被告适格与法务大臣权限法的修改》,载《法律的广场》第 57 卷第 10 号,2004 年,第 52 页以下;稻叶馨著:《行政诉讼的当事者、参加人》,载《行政法的新构想Ⅲ》,第 83 页以下。

厅法理以及抗告诉讼类型论的再检讨之开端。①

七、管辖

根据修改法,为了有助于原告的便宜,管辖得以扩大。其结果是,管辖,除了管辖被告(国家或者公共团体)的普通裁判籍的所在地的法院(国家的情况下是东京)以及管辖作出处分的行政厅的所在地的法院②之外③,在国家或者独立行政法人等成为被告的诉讼中,又加上了对管辖原告的普通裁判籍之所在地的高等法院之所在地进行管辖的地方法院,称为特定管辖法院。④ 特定管辖法院的制度,早在《信息公开法》中已经导入了,在该制度中也包含着如下旨趣,即通过将撤销诉讼(包括其他抗告诉讼)予以集中,以谋求专门性案件的早期的合理性解决。

第五节 诉 讼 要 件

一、概念

诉讼要件,是指关于实质性审判,即关于本案作出审理判断的要件。通俗地说,是运用国家制定的诉讼制度的条件。当欠缺该条件时,法院不能就请求作出本案判决,而应作出不予受理的判决。在诉讼要件中,也有民事诉讼和行政事件诉讼所共通的要件,如以具备一定形式的诉状进行等。而本书,仅对从行政事件诉讼的观点来看是主要的事项进行考察。

---

① 参见盐野著:《行政法概念的诸形态》,第70页以下、第267页;木藤茂著:《关于两个"行政机关"概念与行政责任的相互关系的一项考察》,载《行政法研究》第2号,2013年,第34页以下。例如,黑川哲志著:《公法上的当事人诉讼的守备范围》,载《芝池古稀》,第415页以下,将被告成为国家或者公告团体作为前提,关于诉讼类型,提示了民事诉讼>公法上的当事人诉讼>抗告诉讼所构成的包含关系。

② 《行政事件诉讼法》第12条第1款。

③ 与土地相关的处分及关于下级行政机关的管辖等有例外——第12条第2款、第3款。承担了第3款所说的事案之处理的下级行政机关中,有的判例认为,作为实质上干预了事案之处理的特殊法人,日本年金机构的下部组织之事务中心也是该当。最高法院决定,平成26年9月25日,载《民集》第68卷第7号,第781页。法院将其作为特殊法人等,故而,指定法人也会根据业务的实质而被判断为该当,并被认为是符合法的旨趣的。参见仲野武志著:《条解行诉》,第365页以下。

④ 《行政事件诉讼法》第12条第4款。

在这种情况下,首先探讨撤销诉讼的诉讼要件,而对于其他抗告诉讼,则是按照不同类型分别论及。①

此外,在撤销诉讼的诉讼要件中,前面已就被告资格、法院的管辖等进行了阐述。②

二、起诉期间

(一) 概念

起诉期间,是指允许提起撤销诉讼的期间。在旧法上,是指知晓已作出处分或者裁决之日起3个月,而在《修改法》上,从进一步确保国民接受权利利益救济之机会的见地出发,规定为6个月。并且,与旧法相同,有正当理由时不在此限。从处分或者裁决之日起经过1年时,没有正当理由便不能提起,这跟旧法同样。③ 在民事诉讼中,一般没有这样的期间规定。这和在行政行为论中所展开的行政行为的不可争力是相对应的。更确切地说,因为《行政事件诉讼法》上规定了起诉期间,所以行政行为具有不可争力。④ 对撤销诉讼一律承认起诉期间,一旦超过了该起诉期间,行政处分便在形式上得以确定,即不能再攻击该处分的效果,所以,在这里可以发现行政处分(行政行为)对法律行为的巨大特殊性、权力性。该制度的宗旨在于为早期确定行政法关系服务,而应如何规定该期间的问题,则被委任给立法者的政策性判断。但是,因其和私人接受裁判的权利有关,所以,如果起诉期间极其短暂的话,便会产生违反宪法的问题。⑤

即使超过了起诉期间,该法律关系也并没有在实体上得以确定,所以,依职权撤销是可能的。在违法性之承继被承认时⑥,先行行为的起诉期间超过不成为问题。

---

① 关于《行政事件诉讼法》修改后的诉讼要件的全部情况,值得注目的是仲野武志著:《行政事件中诉讼要件的意义》,载《行政法研究》第9号,2015年,第81页以下,从垂直的统制之强化和水平的统制之强化这两个观点出发,论述了修改《行政事件诉讼法》的意义。
② 盐野著:《行政法Ⅱ(第六版)行政救济法》,第75页以下。
③ 《行政事件诉讼法》第14条。
④ 盐野著:《行政法Ⅰ(第六版)行政法总论》,第130页以下。
⑤ 盐野著:《行政法Ⅰ(第六版)行政法总论》,第131页。
⑥ 盐野著:《行政法Ⅰ(第六版)行政法总论》,第124页以下。

(二)需要注意的问题

1. 关于起诉期间的存在方式,基于其与国民的权利利益的实效性救济具有密切关系的考虑,在《修改法》中进行了期间的延长(第14条第1款的修改。在旧法上是3个月)、不变期间制度的废止(旧法第14条第2款的废止)和起算日规定的统一化(旧法第14条第4款的修正——新法第14条第3款)等。今后,无论在哪种情况下进行"有正当理由时"之适用,都是令人注目的。①

2. "知晓已作出处分之日",是指当事人事实上知晓之日,而不是抽象的应该能够知道之日。当然,当记载有处分的材料被送达当事人的住所等,从社会通常理念上来看,将已作出处分的事实置于当事人应该能够知晓的状态时,只要没有反证,就可以推定已经知晓。②

当法律上规定行政处分以公告形式作出时,公告得以合法作出时被作为知晓已作出处分之时,而计算起诉期间。③

3. 处分之日,和行政行为的效果发生之日是同义。④ 根据这一意思,不问相对人事实上是否知晓,只要经过1年,起诉期限则告届满。这是重视确保行政法关系的早期安定性的规定。

4. 《行政事件诉讼法》第14条第4款(修改前)所规定的审查请求,并不限于《行政不服审查法》上的异议申诉、审查请求和再审查请求,而是凡具备行政上的不服申诉之实体即可。⑤

---

① 最高法院判决,平成24年11月20日,载《民集》第66卷第11号,第3521页;《行政判例百选Ⅱ》第182案件。鉴于该法修改的旨趣,关于对土地收用委员会的裁决提出审查请求的场合之审查请求裁决,认为不是应当依据《土地收用法》第133条规定的特则,而是应当依据一般原则。

② 最高法院判决,昭和27年11月20日,载《民集》第6卷第10号,第1038页;《行政判例百选Ⅱ》(第六版)第188案件。

③ 关于《建筑基准法》第46条第3款关于壁面线的指定之公告,参见最高法院判决,昭和61年6月19日,载《判例时报》第1206号,第21页;更加一般的,关于《都市计划法》第62条第1款关于都市计划事业的告示,参见最高法院判决,平成14年10月24日,载《民集》第56卷第8号,第1903页;《行政判例百选Ⅱ》第131案件。此外,这些案件都是关于旧《行政不服审查法》第14条第1款的审查请求期间的案件。

④ 参见盐野著:《行政法Ⅰ(第六版)行政法总论》,第141页。

⑤ 最高法院判决,昭和56年2月24日,载《民集》第35卷第1号,第98页;《行政判例百选Ⅱ》(第四版)第208案件。认为基于《地方公务员法》第8条第7款(当时)的规定的市人事委员会规则所规定的再审之请求,属于行政上的不服申诉。这种道理,在《修改法》之下依然是妥当的。

三、不服申诉前置

在明治宪法时期,在提起诉讼之前必须首先提起诉愿。① 这称为诉愿前置主义。《行政事件诉讼特例法》也立足于该原则,但其处理在《行政事件诉讼法》制定之际成为人们争论的问题,人们主张诉愿前置主义实质上成为救济的障碍,其废止成为修改理由之一。其结果是,《行政事件诉讼法》采取了自由选择主义,即进行《行政不服审查法》等规定的行政上的不服申诉或者不进行不服申诉而直接起诉,或者两方面同时进行,委任给当事人的选择。当然,《行政事件诉讼法》也预定了其例外情况(第8条第1款,这一点,是对从前的沿袭),并且,在特别的法律中,现在依然采取行政上的不服申诉前置的事例并不少,故而在《行政不服审查法》修改的过程中,这一点成为问题,行政不服审查制度检讨团队提议予以大幅度削减。进而,在《行政不服审查制度的重新审视方针》中也规定,比照大量性、第三者机关的干预、专门技术性来对前置主义的要件进行重新审视,结果是以《关于伴随行政不服审查法施行的相关法律之整备等的法律》,实现了不服申诉前置的大幅度削减。现在,作为采取了前置主义的情形,有对大量进行的处分有必要谋求行政的统一的②,属于具有专门技术性质的处分③,对审查请求的裁决应该由第三者机关进行④,等等。

所谓履行了不服申诉前置程序,是指经过了合法的不服审查。所以,审查请求因不合法而被不予受理时,不能算作已履行了审查请求前置的程序。与此相对,虽然进行了合法的审查请求,审查厅却违法地不予受理,行政厅被赋予再次考虑的机会却没有适当地行使该权限时,可以作为经过了审查请求来处理是合理的。⑤

当不服申诉前置的强制不恰当时,其要件若能得以缓和,则是较为理想的。《行政事件诉讼法》将其规定为:"作出审查请求之日起经过三个月还没有裁决时","为了避免因处分、处分的执行或者程序的继续而产

---

① 《行政裁判法》第17条。
② 《国税通则法》第115条。
③ 《肺尘病法》第20条。
④ 《劳动灾害保险法》第40条。
⑤ 最高法院判决,昭和36年7月21日,载《民集》第15卷第7号,第1966页;《行政判例百选Ⅱ》第184案件。

生的严重损害,紧急而必要时","关于不经过其他裁决,有正当理由时"。① 例如,即使对建筑确认处分提出审查请求,预测到在该裁决期间内将完成该建筑工事,且行政当局有关人员坚持认为该建筑是合法的。② 此外,已经经过了对更正处分所规定的不服申诉程序,在该起诉期间,以及在其起诉前作出再更正处分时,对再更正处分,即使不经过不服申诉程序也可以。③ 由于在提起诉讼之时尚未经过3个月,所以起诉不合法,但是,在经过了3个月之后,瑕疵被认为得以治愈的事例也是存在的。④

四、处分性

(一)概念

这里所说的处分性,是指某种行政的行为属于《行政事件诉讼法》第3条所规定的行政厅的处分及其他公权力的行使。不属于这种情形时,起诉将不被受理。这又称为撤销诉讼的对象。撤销诉讼,本来是为了消灭行政处分的法效果而创设的制度,所以,不属于这种情形的行为,当然不能适用撤销诉讼。

此时,有必要注意如下几点:《行政事件诉讼法》没有设置关于公权力的特别规定,却以其存在为前提。这一点,在《修改法》之下也没有不同。另外必须注意的是,只要将公定力包括在行政行为的权力性之中来考虑⑤,那么,就会陷入如下两个命题的循环之中:对于权力性行为应当适用撤销诉讼这个命题;适用撤销诉讼的行为是权力性的行为这个命题。⑥ 由于《修改法》并未对请求撤销有关处分性的处分和裁决的诉讼之

---

① 《行政事件诉讼法》第8条第2款第1项至第3项。
② 属于《行政事件诉讼法》第8条第2款第2项、第3项。横滨地方法院判决,昭和40年8月16日,载《行裁例集》第16卷第8号,第1451页。
③ 属于《行政事件诉讼法》第8条第2款第3项。佐贺地方法院判决,昭和50年4月25日,载《行裁例集》第26卷第4号,第625页。
④ 大阪地方法院判决,平成13年10月12日,载《判例时报》第1776号,第3页。
⑤ 田中著:《行政法》(上卷),第305页。
⑥ 参见盐野著:《行政法Ⅰ(第六版)行政法总论》,第117页;盐野宏著:《行政中的权力性》(1983年),载盐野著:《公法与私法》,第251页以下、第279页;阿部著:《行政诉讼改革论》,第29页以下。

定义规定加以变更①,所以,这类问题在现行法下依然存在。

　　为了避免这种循环,《行政事件诉讼法》上的公权力,被解释为和作为撤销诉讼制度适用之结果的权力性(公定力、不可争力)不同的效果。关于这一点,有必要重新关注从前一直被作为主要代表性案例的最高法院昭和39年10月29日判决。② 这虽然是《行政事件诉讼特例法》时代的判决,但在《行政事件诉讼法》之下依然适用。法院将处分予以如下定型化:"《行政事件诉讼特例法》第1条所说的行政厅的处分……并不意味着指行政厅的基于法令的所有行为,而是指在作为公权力主体的国家或公共团体所进行的行为中,因其行为而直接形成国民的权利义务或者确定其范围,在法律上得以承认的行为。……并且,该行政厅的行为,为了维持、增进公共福利,以实现法的内容为目的,由具有正当权限的行政厅依据法而作出的行为,是和社会公共福利关系极深的事项……行政厅的前述行为即使是违法的,在其被具有正当权限的机关撤销之前,也推定其暂且具有合法性,作为有效的行为来对待,关于因此而导致权利、利益受到侵害者的救济,不是通过通常的民事诉讼的方法,而是应该依据特别的规定。"

　　在这里,法院论述了两个不同层面的问题。其一是针对《行政事件诉讼特例法》第1条(即现行《行政事件诉讼法》第3条第2款)所说的行政厅的处分是什么的解答(前半部分);其二是针对要否定该行政处分的法效果,法不是设置了民事诉讼,而是设置了特别的规定(撤销诉讼)这种说明文。从其与行政行为的效力论的关系来看,前者是应对行政行为的规范力的,而后者是应对行政行为的公定力的。③ 所以,最高法院所判示的是,法所说的行政厅的处分,是指具有规范力的行政之行为,而不是意味着更多的内容。"而不是意味着更多的内容"的意思之一,是指将该判决作为将撤销诉讼规定为公定力排除诉讼的判决来解读是存在困难的。进而,其第二层意思,具体而言与下列疑问相关联,也就是说,以什么为基准来判断具有作为处分资格的规范力的行为呢? 换言之,即使在行政主体的法行为之中,也存在着本身便具有规范力的民法上的行为,如自来水

---

① 《行政事件诉讼法》第3条第2款、第3款。
② 载《民集》第18卷第8号,第1809页;《行政判例百选Ⅱ》第148案件。
③ 参见盐野著:《行政法Ⅰ(第六版)行政法总论》,第116页以下、第120页以下;盐野宏著:《行政事件诉讼法修改讨论管窥》(1996年),载盐野著:《法治主义的诸形态》,第321页。

供给契约的解除、对于国有财产的无权限占据者的排除之请求等,必须与这些民法上的行为区别开来。关于这一点,最高法院判决只不过是提供了"作为公权力之主体的国家或者公共团体"而已,再没有提供更多的线索。假设姑且认为其符合定式,是否就当然地具有处分性,相反,即使形式上并不符合定式,但是,从救济的角度出发,是否可以活用撤销诉讼,这些都是存在的问题。于是,在解释论上,依然有必要进行以确定具有规范力的行政行为的范围为中心的处分性的具体化工作。① 此外,《修改法》并未直接涉及处分性。不过,作为《修改法》的旨趣的"国民的权利利益的更加实效性的救济"之理念,义务赋课诉讼、中止诉讼的法定,确认诉讼的明确规定等,对于处分性的解释是否有影响,尤其是判例的动向引人注目。

下面将主要以最高法院判例所呈现出的观点为中心,按照不同的类型,对处分性的认定基准予以考察。② 并且,即便学说对有关处分性的判例之扩大倾向予以赞成,对其判定基准等也展示了多样的不同观点。③

(二)定型的处分

在行政的决定中,作为当然符合最高法院的固定模式的决定,被承认有处分性。

此类行政的决定是与规制行政有关的命令和强制。这种命令和强制,是一般私人之间所见不到的,作为行政活动被认为当然具有其特殊性。此时的特色表现为行为的单方性规范和担保力(即对违反行为的罚则、实力的行使)。

当然,现代日本和明治宪法时期不同,因为没有概括性的行政上的强制执行制度④,关于该命令(特别是不作为的情况),不能说因为无法进行行政上的强制执行而当然地否定命令的处分性。有时必须综合分析该根

---

① 关于处分性的观念,作为以"规范"为核心尝试整理的文献,参见宫田著:《行政诉讼法》,第70页以下。
② 作为对《修改法》前后一定时期的判例动向进行了分析的研究成果,值得参考的有山本隆司:《从判例探究行政法》,2012年版,第312页以下。
③ 交告尚史著:《行政的处分与行政过程》,载《现代行政法讲座Ⅱ》,第1页以下,有详细的分析。
④ 盐野著:《行政法Ⅰ(第六版)行政法总论》,第184页。

据法令的体系等,分别来判断是否由于该命令而对相对人产生了义务。①

此外,一般作为承认其处分性的,有规制行政中的许可、执照(包括撤销、撤回)等行为。在这种情况下,可以看到申请——许可这种双方向性,而在许可制或者执照制中,法律采取了禁止进行成为其对象的行为(对违反者课处罚则),只要行政厅认定某申请满足法定的要件,就应当作出予以许可等决定。由于设置了这种特别机制,所以,这些行为无疑是行政厅的处分。② 认可也是一样,采取了欠缺认可的行为不发生法效果的特别的法机制,故也被作为行政厅的处分来对待,这也不存在异议。所以,在这些情况下,与其说是着眼于行为本身,倒不如说是着眼于制度实效性的担保方法来论述其属性的。

《行政事件诉讼法》(第3条)所规定的处分中包含了作为事实行为的公权力行使,作为定型的行为,可以列举出行政代执行、直接强制、即时执行(即时强制)。③ 除上述的事例以外,包括有必要进行检讨的事实行为,关于围绕事实行为的诸论点,将在后述(十)"事实行为(物理性行为)"部分论述。

(三)定型的非处分

与在任何人看来都可以承认其具有处分性的所谓直观性的行政处分相对,有的领域被称为定型的非处分领域。如土地的任意收买、物品的购买行为等,采取了民法上的行为形式的行政活动,即是这种类型。④ 此外,从具体性这一点来看,法规命令也可以说是定型的非处分。⑤

---

① 参见盐野著:《行政法Ⅰ(第六版)行政法总论》,第185页注①。
② 参见盐野著:《行政法Ⅰ(第六版)行政法总论》,第93页。
③ 《行政事件诉讼法》(昭和37年法)制定关系者的说明。山本著:《解说》,第12页以下。关于上述概念,参见盐野著:《行政法Ⅰ(第六版)行政法总论》,第192页、第195页、209页。
④ 关于国有财产的出卖,参见最高法院判决,昭和35年7月12日,载《民集》第14卷第9号,第1744页;《行政判例百选Ⅱ》第146案件。
⑤ 此外,关于条例,参见盐野著:《行政法Ⅱ(第六版)行政救济法》,第87页"(七)一般的行为"。关于规范统制诉讼,虽然在立案阶段进行了探讨,但是没有实现立法化(雄川一郎著:《行政诉讼的型态》(1973年),载雄川著:《行政争讼的理论》,第244页)。在《修改法》中也是一样,并未导入规范统制诉讼(参见《行政诉讼检讨会最终归纳》,载《法学者行诉研究》,第244页以下)。不过,关于法规命令的违宪或者违法,在处分的撤销诉讼、权利或者地位的确认诉讼中,可以接受司法判断。包括容忍判决的效果在内,前田雅子著:《行政救济中司法的作用》,载《现代行政法讲座Ⅱ》,第339页以下,对判例、学说进行了详细的分析。此外,包括通过国家赔偿进行救济在内,参见盐野著:《行政法Ⅱ(第六版)行政救济法》,第215页、第262页、第300页。

应该如何考虑不属于这些定型的处分和定型的非处分的行政的行为之处分性,成为解释论的重要课题。

(四)内部行为

从最高法院的固定模式来看,只要不产生与国民之间的直接的权利变动,该行为就不是处分。所以,在建筑许可时所进行的消防长的同意(或拒绝),因为是行政机关相互间的行为,所以被认为不是处分。① 此外,通知也不具有处分性。②

(五)部分性秩序的行为

即使是部分性秩序的行为,当其和市民法的秩序具有直接的关系时(例如,学生的退学处分),便成为司法审查的对象;而不是这种情况时,起诉将被拒绝受理。③ 此时,只要依据特别权力关系论,就没有必要对承认该行为的处分性进行特别的说明。关于国立学校和公立学校(是独立行政法人的情形除外)对学生的行为、国家行政机关对公务员的行为,可以参照行政不服申诉的规定。④

(六)法律行为的代替性行为

在这里,所谓法律行为的代替性行为,是指可能依据民法上的法律行为来实施的行政活动,使用了行政处分方式的行为。

在给付行政的领域中,契约方式的推定适用于形成法律关系的行为形式。⑤ 但是,有时也以法律的构造为依据,而承认其处分性。

最高法院有时会着眼于法律开拓了行政上的不服申诉之途径这件事情。即通过该法律的规定,实际上意味着法律选择了将该行为作为行政

---

① 最高法院判决,昭和34年1月29日,载《民集》第13卷第1号,第32页;《行政判例百选Ⅰ》第20案件;同样,作为依据内部行为论的案例,有最高法院判决,昭和53年12月8日,载《民集》第32卷第9号,第1617页;《行政判例百选Ⅰ》第2案件。

② 最高法院判决,昭和43年12月24日,载《民集》第22卷第13号,第3147页;《行政判例百选Ⅰ》第55案件。

③ 关于国立大学的授予学分行为,参见最高法院判决,昭和52年3月15日,载《民集》第31卷第2号,第234页;《行政判例百选Ⅱ》第145案件。关于部分性秩序,参见盐野著:《行政法Ⅰ(第六版)行政法总论》,第30页以下。

④ 《行政不服审查法》第7条第1款第8项,《国家公务员法》第90条、第92条之二。

⑤ 盐野著:《行政法Ⅰ(第六版)行政法总论》,第158页。

厅的处分来对待。①

在给付行政中,作为可以承认处分性的要素,在行政争讼的途径得以法定的情形中,有社会保险关系。②

在给付行政的领域中代替契约而使用了行政行为形式,对这件事予以认定时,判例并不是仅依靠法定行政上的不服申诉制度。关于国家的补助金,从《关于有关补助金等预算的执行公正化的法律》的宗旨及其总体的构成来导出交付决定的处分性。③ 关于地方公共团体的补助金,则综合具体的条例、条例的施行规则、行政实务,而认定处分性。④ 进而,对于劳动基准监督署长根据《劳动者灾害补偿保险法》⑤第23条所进行的关于劳灾就学援护费的支付的决定,平成15年9月4日最高法院判决⑥在对劳动省令⑦和劳动省劳动基准局长通知⑧的规定进行检讨的基础上,认为受灾劳动者等"具备了所规定的支付要件时,便被赋予了可以接受所定数额的劳灾就学援护费的支付这种抽象的地位,而为了具体地接受支付,必须向劳动基准监督署长申请,接受其对具备了所规定的支付要件这件事情的确认,只能说,只有通过劳动基准监督署长的支付决定,才能够取得具体的劳灾就学援护费的支付请求权"。这样,该判决沿袭了昭和39年的前述最高法院判决⑨的固定模式而承认了支付(不支付)决定的处分性。最高法院是从作为检讨素材的下位阶的一系列的规定中进行逆向推算,来认定、判断法的构造的,关于这一点虽然留下了尚待研究的问题,但是,在其着眼于规范

---

① 最高法院大法庭判决,昭和45年7月15日,载《民集》第24卷第7号,第771页;《行政判例百选Ⅱ》第147案件,以就供托官的不予受理行为而设置了特别的不服审查程序作为一个根据,承认了前述不予受理行为的处分性。与此相对,关于基于《农地法》第80条的政府保有农地的出卖行为,最高法院大法庭判决,昭和46年1月20日,载《民集》第25卷第1号,第1页,关于《农地法》第80条的土地出卖,将不服申诉方法没有被承认作为否定处分性的一个事由而加以列举。

② 《国家公务员共济组合法》第41条、第103条,《健康保险法》第189条。

③ 参见东京高等法院判决,昭和55年7月28日,载《行裁例集》第31卷第7号,第1558页。

④ 参见札幌高等法院判决,昭和44年4月17日,载《行裁例集》第20卷第4号,第459页。此外,参见盐野宏著:《关于补助金交付决定的若干问题》(1990年),载盐野著:《法治主义的诸形态》,第187页以下。

⑤ 平成11年法律第160号修改前。

⑥ 载《判例时报》第1841号,第89页;《行政判例百选Ⅱ》第157案件。

⑦ 参见《劳动者灾害补偿保险法施行规则》。

⑧ 参见《关于劳灾就学援护费的支付》,昭和45年。

⑨ 盐野著:《行政法Ⅱ(第六版)行政救济法》,第82页。

力这一点上,可以将其视为立足于处分性认定的基本构造之上的判决。

这些行为本身并不具有命令和强制这种意义上的权力性。或者更确切地说,其权力性完全是作为承认了处分性之结果的公定力和不可争力。在这种意义上,可以说并不是因为这些决定是权力性的才承认其处分性,而是因为法律使其服从撤销诉讼的排他性管辖,才赋予了其权力性。作为适合于使其服从撤销诉讼的排他性管辖的情形,并不限定于命令和强制。如果说赋予命令、强制这种意义上的权力是立法者权限的话,那么,也应该承认立法者具有对那些具有规范力的行政的特定的行为赋予公定力、不可争力这种意义上的公权力性的权限。

(七)一般的行为

法律、法规命令、条例及地方公共团体首长的规则等的制定,在制定规范这种意义上,都是具有规范力的行为。但是,通常情况下,法律、条例等是对一般、抽象的权利义务予以规定的规范,因此并不产生行政主体和私人之间的个别、具体的权利变动,所以,法律和条例,否认了其处分性。

关于对别墅的业主课以不同于居民的自来水费的修改自来水条例,最高法院以该条例(别表)"不是仅针对有限特定人而适用的"为由,否定了处分性。① 另外,法院以该条例违反了《地方自治法》第244条第3款为理由,就作为民事诉讼支付完毕的费用相当数额的返还诉讼予以容认,实质上承认了原告的救济,所以,作为事案的处理是适切的。不过,与撤销诉讼不同,判决的第三者效力、拘束力未被承认,故而,即便是自主地进行条例的修改这种实务的应对可以预测到②,这样的处理也存在理论的界限。③ 与此相对,最高法院平成21年11月26日判决④,在公立保育园废止条例的撤销诉讼中,认为条例的制定一般来说不是成为抗告诉讼对象的行政处分,同时又指出:该条例"是仅以保育所的废止为内容的,不必等待另外有行政厅的处分,便能够以其施行而使得各保育所废止的效果发

---

① 最高法院判决,平成18年7月14日,载《民集》第60卷第6号,第2369页;《行政判例百选Ⅱ》第155案件;《自治判例百选》第16案件。
② 就本件采取了措施。野吕充著:《旧高根町简易水道事业供水条例案件最高院判决的意义》,载《泷井追悼》,脚注15。
③ 作为支持本判决的方向性的见解,有野吕充著:《旧高根町简易水道事业供水条例案件最高院判决的意义》,载《泷井追悼》,第308页以下。关于大量的关联文献,也参见该论文。
④ 载《民集》第63卷第9号,第2124页;《行政判例百选Ⅱ》第204案件。

生,对于该保育所现在入所中的儿童以及其保护者等有限的特定者,能够直接发生剥夺其所期待的在该保育所接受保育的上述法律地位的结果,故而其制定行为实质上可以同视为行政厅的处分",承认了废止条例的处分性。这两个最高法院的判决,就处分性的判断是不同的,而在根据事案进行实效性的权利利益的救济方面,则存在共通的认识。

关于告示也是一样。①

因为行政决定没有指定形式上的名义人,并不能当然地否定其处分性。例如,道路区域决定、道路供用开始行为(废止行为),保安林指定行为(指定解除行为)、道路通行禁止行为等,所有这些着眼于具体的物的规范,在形式意义上都没有名义人,但是,有必要个别地探讨由于这些行为产生了何种法效果的问题。②

(八)阶段性行为

在行政决定分阶段地积累而成时,即使分别看各个阶段的行政决定似乎具有处分性,尚存在应在哪个阶段承认起诉的问题。

1. 即使是对中间性决定,当存在行政上的不服申诉制度时,也应该承认其处分性。基于《土地收用法》第 130 条以下的事业认定,基于旧《自耕农创设特别措施法》第 7 条的农地收买计划,对其中任何一种都承认提起诉讼,这是通说和判例的观点。

对基于《土地改良法》的事业计划及与之相对应的事业施行的认可,以承认了行政上的不服申诉为其根据之一,承认了处分性。③ 此外,基于《都市再开发法》的第二种市街地再开发事业的事业计划之决定,鉴于其和《土地收用法》上的事业认定具有同样的法律效果,且宅基

---

① 关于医疗费的职权告示,东京地方法院决定,昭和 40 年 4 月 22 日,载《行裁例集》第 16 卷第 4 号,第 708 页。关于道路指定的告示,后述最高法院判决,平成 14 年判决。

② 在所谓长沼奈基地诉讼(最高法院判决,昭和 57 年 9 月 9 日,载《民集》第 36 卷第 9 号,第 1679 页;《行政判例百选Ⅱ》第 177 案件)中,是以保安林的指定和解除是处分来作为当然的前提的。当然,最高法院判决,昭和 40 年 11 月 19 日,载《判例时报》第 430 号,第 24 页,认为禁猎区的设定行为不是处分。作为承认了道路区域决定的处分性,却否定了道路区域废止处分的处分性的判例,参见东京高等法院判决,昭和 42 年 7 月 26 日,载《行裁例集》第 18 卷第 7 号,第 1064 页。对于《建筑基准法》第 42 条第 2 款规定的"准道路"的一揽子指定,也承认了处分性,参见最高法院判决,平成 14 年 1 月 17 日,载《民集》第 56 卷第 1 号,第 1 页;《行政判例百选Ⅱ》第 154 案件。

③ 最高法院判决,昭和 61 年 2 月 13 日,载《民集》第 40 卷第 1 号,第 1 页。

地的所有人等必须作出如下选择:接受宅基地补偿的支付,或者提出希望出让建筑设施之一部分的请求①,因而,最高法院承认其处分性。②

2. 当不存在前述特别依据时,关于阶段性行政决定的中间阶段,最高法院一直采取不承认其处分性,或者否定其诉的成熟性的态度,其指导性案例有基于《土地区划整理法》的土地区划整理事业计划的判断。③ 最高法院认为,事业计划本身尚是蓝图,虽然该计划具有建筑规制等效果,但并不直接产生建筑限制,只要在作出拒绝申请及其他具体处分时再争议就足够了。④ 但是,在修改法制定之后,最高法院(大法庭)进行判决变更,承认了土地区划整理事业计划的处分性,即最高法院在对土地区划整理事业计划制定后的行政过程详细地进行斟酌的基础上,指出:"施行地区内的宅地所有者等,因为事业计划决定的作出,可以说是根据伴随着前述那样的规制的土地区划整理事业的程序,而被立于应当接受换地处分之地位者,在这种意义上,应当说是其法的地位应当受到直接的影响者,不能说伴随着事业计划决定的法的效果只不过是一般的、抽象的效果",并且判决指出,"为了谋求实效性的权利救济",在事业计划的阶段承认撤销诉讼的提起,具有合理性。⑤

3. 关于土地利用规制,最高法院也一直就中间阶段的决定否定了其处分性,或者说否定了其诉的成熟性。对作为基于《都市计划法》的都市计划的工业地域(用途地域)的指定,最高法院承认了基于此而产生建筑规制等法效果,但认为该指定尚是对不特定多数人作出的一般性、抽象性决定,通过请求具体建筑申请之拒绝等的处分之撤销,并不欠缺权利救济,因而否定了其处分性。⑥ 与土地区划整理事业相关的最高法院平成

---

① 《都市再开发法》第118条之二第1款第1项。
② 最高法院判决,平成4年11月26日,载《民集》第46卷第8号,第2658页;《行政判例百选Ⅱ》(第五版)第160案件。
③ 最高法院大法庭判决,昭和41年2月23日,载《民集》第20卷第2号,第271页;《行政判例百选Ⅱ》(第五版)第159案件。
④ 关于土地区划整理事业计划,其后最高法院又作出了维持昭和41年判决的判决。最高法院判决,平成4年10月6日,载《判例时报》第1439号,第116页。
⑤ 最高法院大法庭判决,平成20年9月10日,载《民集》第62卷第8号,第2029页;《行政判例百选Ⅱ》第152案件。
⑥ 最高法院判决,昭和57年4月22日,载《民集》第36卷第4号,第705页;《行政判例百选Ⅱ》第153案件。

20年判决的射程,是否涉及上述的土地利用计划?这是一个问题。关于这一点,有的学说主张,确立完结型、静态计划(用途地域等)和非完结型、动态计划(土地区划整理事业、市街地再开发计划等)的区分,来判断判决的射程之范围。① 这两个范畴,作为计划的分类学是成立的,并且,关于各个类型的先行最高院判决的理由附记也不同。但是,将分类学与事件的具体情况无关地一律适用,其结果便会导致杜绝符合事案的救济之路。并且,需要注意的是,对所谓非完结型计划开放起诉之途,会带来对完结型计划关闭起诉之途这种概念的排除效果。作为一般制度之确立的立法解决之必要性和个别案件的处理,属于不同的次元。倒不如说,作为论述计划这种行政的行为形式之处分性的共通的基准,诉的成熟性这种观点的研究是重要的,即便是所说的完结型计划,也可以想象得到,存在着根据事案的成熟性不同而应当承认处分性的事案。②

(九)事实行为(精神性表示行为)

虽然是对外部的行动,但不具有直接法效果的表现行为,在这里,广泛地作为精神性表示行为,作为最高法院的固定模式之形式性适用,其处分性被当然地否定。但是,在实际的适用事例中却并不一定是这样的。

1. 海难审判中阐明原因的裁决,因该裁决的关系人既不被科处任何义务,其权利的行使也不受阻碍,又没有确定过失的效力,所以不能解释为行政处分。③ 房租底帐的制作、登载行为,是赋予公共证据力的公证行为,因为不具有因此而重新形成国民的权利、义务,或者确认其范围的性质,所以不属于处分。④ 关于缓和二氧化氮的环境基准的环境厅长官告示,因为不是直接影响国民的权利、义务乃至法地位的行为,所以其处分性也被否定。⑤

---

① 参见山本隆司著:《从判例探究行政法》,2012年版,第400页以下;平成20年最高法院判决藤田补充意见等。

② 参见越智敏裕著:《美国行政诉讼的对象》,2008年版,第478页;阿部著:《行政法解释学Ⅱ》,第115页以下。

③ 最高法院大法庭判决,昭和36年3月15日,载《民集》第15卷第3号,第467页;《行政判例百选Ⅱ》第158案件。

④ 最高法院判决,昭和39年1月24日,载《民集》第18卷第1号,第113页;《行政判例百选Ⅰ》(第四版)第68案件。

⑤ 东京高等法院判决,昭和62年12月24日,载《行裁例集》第38卷第12号,第1807页。其原审东京地方法院判决,昭和56年9月17日,载《行裁例集》第32卷第9号,第1581页。

2. 但是,法院有时对被认为不能严格地适用定型性处分概念的表示行为(通知),也通过检讨法的结构①而承认其处分性。虽然最高法院还没有这方面的判决,但是,将《行政代执行法》中的告诫及其通知视为处分,可以说是下级审判决的倾向。② 告诫不是对相对人已经发生的履行义务特别附加新义务的行为。在这种意义上,不是新形成权利和义务或者确定其范围的行为。不过,肯定其处分性的判例,在以此事实为前提的基础上认为,告诫"作为代执行的前提条件,成为行政代执行程序的一环,同时,也是基本确实地提示代执行将进行的表示。并且,鉴于其一旦进入代执行的阶段,许多情况下是执行立即终结,不能取得救济之实效,告诫和后续代执行是一体化的行为,作为属于公权力的行使的行为,应该允许对其进行抗告诉讼"。③

纳税的告知,对实体法上的课税处分也并不带来任何效果,但是,最高法院认为,因为告知,"关于所确定的税额是多少的税务署长的意见被初次公布于众,所以,当缴纳人与此意见不同时,为了防止依据该税额而征收所得税,应该解释为,除异议申诉或者审查请求(……)外,也能够进行抗告诉讼"。④

关于在进口时发布的禁止进口制品的通知⑤,一方面,最高法院判断为,这是关税长认为承认与该进口申报有关的货物属于禁止进口制品,具有相当的理由之宗旨的判断结果,并且,将其通知进口申报人,期待进口申报人本身就该货物作出自主的善后处理,即所谓观念的通知。另一方面,最高法院认为,进口申报人合法地进口该货物的途径因该通知而被堵塞,该制约是因通知而产生的法律上的效果,因而承认其处分性。⑥ 但

---

① 结构解释,盐野著:《行政法Ⅰ(第六版)行政法总论》,第 50 页。
② 大阪高等法院决定,昭和 40 年 10 月 5 日,载《行裁例集》第 16 卷第 10 号,第 1756 页。东京地方法院判决,昭和 41 年 10 月 5 日,载《行裁例集》第 17 卷第 10 号,第 1155 页。东京地方法院判决,昭和 48 年 9 月 10 日,载《行裁例集》第 24 卷第 8·9 号,第 916 页。也有否定的事例,如东京地方法院决定,昭和 44 年 6 月 14 日,载《行裁例集》第 20 卷第 5·6 号,第 740 页。
③ 大阪高等法院决定,昭和 40 年 10 月 5 日,载《行裁例集》第 16 卷第 10 号,第 1756 页。
④ 最高法院判决,昭和 45 年 12 月 24 日,载《民集》第 24 卷第 13 号,第 2243 页;《行政判例百选Ⅰ》第 61 案件。
⑤ 《关税定率法》第 21 条第 3 款、第 5 款。不过,是昭和 55 年法律第 7 号修改以前的条文。
⑥ 最高法院判决,昭和 54 年 12 月 25 日,载《民集》第 33 卷第 7 号,第 753 页;《行政判例百选Ⅱ》(第五版)第 165 案件。

是,以分析的眼光看问题的话,该过程可以说是请求妥善处理禁止进口制品的行政指导和不能进口的事实状态的存在,而最高法院将其事实状态作为通知的法效果来把握,因而承认其处分性,我认为,这是以不存在其他合适的救济手段为其实质性背景的。①

作为对通知承认了处分性的最高法院的判决,进而有平成16年4月26日最高法院判决。② 该判决承认了提出《食品卫生法》第16条③所规定的申报时检疫所长所作出的通知(以指出该食品是违法的为旨趣)处分性。法院认为,《食品卫生法》第16条规定,对于向厚生劳动大臣提交了进口申报者,应当告知其认定判断的结果,对其予以应答。在进行这种结构解释的基础上,法院认为,由于通知,使得接受《关税法》第70条第2款规定的确认成为不可能,具有这种法效果。对此可以作出如下评价,即这是着眼于基于行政行为的分类中的确定行为和与此相联结的法效果的通知。此外,关于《登记执照税法》上的还付通知请求拒绝通知④,最高法院也承认了其处分性。⑤ 这是针对《登记执照税法》上规定的还付请求通知制度,立足于将简易迅速地接受还付的地位,特别地对请求者予以保障的这种体系解释之上的观点,拒绝通知可以构成该特别制度的利用拒绝处分。在这种意义上,并未脱离最高法院的与处分相关的定式。并且,这样作为迅速还付制度而使其独立,才使得其与还付请求权本身能够切割开来。最高法院平成24年2月3日判决⑥,也承认了基于《土壤污染对策法》第3条第2款的有害物质使用特定设施使用废止通知的处分性,但并非对处分性的认定导入了新的要素。⑦

---

① 此外,关于外国邮政物品的海关检查事业,最高法院判决(昭和59年12月12日,载《民集》第38卷第12号,第1308页;《行政判例百选Ⅱ》第159案件)没有采取"观念的通知"这种法的构成,而是极端地强调通知"作为实质性的拒绝处分(不许可处分)而发挥功能"这一点,而承认了处分性。
② 载《民集》第58卷第4号,第989页。
③ 平成15年法律第55号修改前。现行法第27条。
④ 参见《登记执照税法》第31条第2款。
⑤ 最高法院判决,平成17年4月14日,载《民集》第59卷第3号,第491页;《行政判例百选Ⅱ》第161案件。
⑥ 载《民集》第66卷第2号,第148页。
⑦ 载《法学者平成24年度重要判例解说》,第44页,桑原勇进解说。

3. 行政指导及指针性行政计划,不能成为撤销诉讼的对象。[①] 不过,当对行政指导的不服从在法律上作为其后侵害性处分的要件来架构时,作为一种阶段性行为,我认为即使在最高法院的固定模式之下也可以承认处分性[②]。进而,即便是对于在法律上并不一定被作为处分要件来编入的行政指导,也有承认处分性的最高法院判决,在该判决中,针对基于《医疗法》第30条之七的病院开设中止劝告的撤销请求,最高法院指出,该劝告在《医疗法》上"虽然是作为对接受该劝告者期待任意地服从之而进行的行政指导来规定的,对于接受了该劝告者来说,如果不予服从的话,以相当程度的确实性,可以说将带来即便开设了病院,也不能接受保险医疗机构的指定这种结果",而在日本的医疗体制之下,如果不接受保险医疗机构的指定,便不得不放弃病院的开设本身,故而从相关中止劝告给保险医疗机构的指定带来的效果及医疗机构的指定之意义的角度出发,承认了中止劝告的处分性。[③] 有必要注意的是,该判决明确谈及劝告是行政指导,并且,是以中止劝告和保险医疗机构不指定并非立于法的关系这件事情为前提的,进而,对于不服从中止劝告者,认为"即便可以通过抗告诉讼对保健医疗机构指定拒绝处分的效力进行争讼,那并不是左右前述结论的事情",在这两个方面,与处分性的定式相隔甚远。[④]

(十)事实行为(物理性行为)

1.《行政事件诉讼法》并没有像《行政不服审查法》那样,明确将属于行使公权力的事实行为也包括在处分之中,一并进行制度化。但是,一般认为,"处分及其他属于行使公权力的行为"之中,后者也包括事实行为。作为其典型事例,有通过直接强制进行的诸行为,通过即时执行进

[①] 关于基于指导纲要进行的创设超级商店的承认,大阪地方法院判决,昭和58年9月29日,载《行裁例集》第34卷第9号,第1681页。作为否定指针性行政计划的处分性的判例,有大分地方法院判决,昭和54年3月5日,载《行裁例集》第30卷第3号,第397页。此外,参见盐野著:《行政法Ⅰ(第六版)行政法总论》,第174页、第180页。

[②] 像《生活保护法》第27条和第62条那样的关系。参见太田匡彦著:《关于〈生活保护法〉第27条的一点考察》,载《盐野古稀》(下),第595页以下。

[③] 最高法院判决,平成17年7月15日,载《民集》第59卷第6号,第1661页;《行政判例百选Ⅱ》第160案件。包括从前的最高法院判决的动向及相关文献,参见关于该判决的角松生史解说。

[④] 此外,关于行政计划,参见盐野著:《行政法Ⅰ(第六版)行政法总论》,第180页以下。

行的行为等。① 这可以称为典型的实力行使。这些事实行为,被理解为不存在意思表示的要素(有时候,该意思表示即成为行政厅的处分之撤销诉讼),并且,违法的事实行为持续着的情况下,起诉期间的观念不发挥作用。此外,由于《行政不服审查法》上规定的行为的撤废或者变更的制度②,在《行政事件诉讼法》上并未规定,所以,在原告胜诉的情况下,作出全部或者部分的撤销判决。

除了即时执行等典型的实力行使之外,也存在虽然不是实力的行使本身,但在行政作用的过程中,物理性效果波及国民的情形。这种情形又有以下各种形态,以下进行分别阐述。③

2. 在事实行为的撤销诉讼中,还存在着是否包含了公共工事的问题。这里所说的公共工事,是指行政主体的公共用物,如河川、道路等。获得行政厅的许可,私人所实施的公共性工事(如私铁的建设工事)则另当别论。这种意义上的公共工事,有时也作为精神作用的行政处分先行,如,都市计划街道的开设工事和都市计划决定,一般道路建设和道路区域决定。在这种情况下,可以提起作为先行行为的行政处分的撤销诉讼,一旦作出容忍判决,则工事会被停止。在工事违反了先行行政处分的情况下,则民事诉讼发挥作用。所以,没有考虑作为撤销诉讼之对象的事实行为的余地。行政处分没有先行,也就是说,在公共工事的过程中处分没有介入的情况下,根据最高法院的固定模式,则欠缺撤销诉讼的对象性。前述最高法院判决④正是这种事例。⑤

在这种意义上,公共工事本身的撤销诉讼是难以架构的。问题不在于公共工事本身的撤销诉讼对象性,而是成为通过民事诉讼进行的公共

---

① 盐野著:《行政法Ⅱ(第六版)行政救济法》,第84页。
② 盐野著:《行政法Ⅱ(第六版)行政救济法》,第31页。
③ 将典型的实力行使作为目的的事实行为、将非典型的事实行为作为结果的事实行为,就后者跟处分的关系,回溯及明治宪法时期,对立法、学说、判例进行概括性分析的成果,具有参考价值的有仲野武志著:《该当公权力行使的事实上的行为论》(一)—(三),载《自治研究》第94卷第10—12号,2018年。
④ 昭和39年10月29日。盐野著:《行政法Ⅱ(第六版)行政救济法》,第82页。
⑤ 在所谓国立过街天桥案件中,判决对步道桥建设工程承认了处分性(东京地方法院决定,昭和45年10月14日,载《行裁例集》第21卷第10号,第1187页),而以该案件控诉审判决(东京高等法院判决,昭和49年4月30日,载《高民集》第27卷第3号,第136页)为代表,其后再没有出现追随这种观点的判决。此外,后述大阪国际空港判决与前述地方法院决定的旨趣是相异的。

工事中止诉讼的范围。①

3. 在公共工事已经完成后,对于该公共设施(空港、道路等)的运转阶段,大阪国际空港案件最高法院大法庭判决对以噪音危害等为理由的民事上的空港供用停止请求不予受理,其理由是:大阪国际空港供起飞和降落之用,是"运输大臣(当时)所享有的空港管理权和航空行政权这二种权限的、基于综合性判断的、不可分割的一体性行使的结果",如果是行政诉讼则应另当别论,而主张附近居民具有通常的民事诉讼请求权的说法,是不能成立的。② 对公权力进行如此整体性的把握,与有关处分性的最高法院的指导性判例昭和39年判决相比,其研究方法是不同的。此外,最高法院对于以行政诉讼来代替民事诉讼可以考虑哪些问题这个问题,并没有明确予以触及。③

其后,在厚木基地第一次诉讼中,第一审判决采取了与大阪国际空港判决相近的所谓防卫行政权的观点。与此相对,最高法院在参照《自卫队法》诸规定的基础上,以防卫厅长官具有统辖自卫队飞机航运的权限,该权限的行使中也包括对由于噪音等给周边居民带来影响的考虑,防卫厅长官行使有关自卫队飞机航运的权限,关于该航运必然伴随的噪音等,对周边居民赋课忍受义务为理由,认为防卫厅长官的权限行使,在和居民的关系上,属于公权力的行使,判决指出,"作为行政诉讼,在什么要件之下,能够进行怎样的请求,这个问题应另当别论,而前述停止请求(民事上的——著者注)是不合法的"。④ 不过,关于公权力的所在,是在于自卫队飞机航运本身,还是在于令发生噪音的自卫队飞机航运的先行行为的问题,也不明确。本案中的桥元和味村补充意见,好像是从有关自卫队航空

---

① 此外,在仲野武志著:《该当公权力行使的事实上的行为论》(三),载《自治研究》第94卷第12号,2018年,第106页以下,将《噪音规制法》第15条第3款(对于具有公共性的设施等的建设工事的市町村长的考虑义务),作为该当行使公权力的事实上的行为之根据规定。此时,国家或者地方公共团体所设置的道路等设施与私立的学校、病院的设施,公共性的程度是不同的这种认识成为前提。

② 最高法院大法庭判决,昭和56年12月16日,载《民集》第35卷第10号,第1369页;《行政判例百选Ⅱ》第149案件。

③ 作为其内在性分析,参见山田洋著:《道路公害停止诉讼与公权力的行使》,载《川上古稀》,第547页以下。

④ 最高法院判决,平成5年2月25日,载《民集》第47卷第2号,第643页;《行政判例百选Ⅱ》(第六版)第158案件。

机的起飞、降落的防卫厅长官的命令中发现其公权力性。如果这样的话，那么，本案则不是事实行为的问题，而是内部性命令对外部特别具有忍受效果的内部行为的特别问题。

进而，最高法院同样是在厚木基地的自卫队及美军机起飞和降落的停止请求诉讼中，承认了作为抗告诉讼的停止诉讼的诉讼要件。① 在该判决中也是一样，与由自卫队进行的航空机起飞降落的公权力性相关的理论根据并未被明确，但是，在判例实务上，可以看出，自卫队的航空机的起飞降落被定式化为作为行使公权力的事实行为来把握。但是，理论上则留下了应当解明的问题。②

关于道路的噪音，在国道43号线公害诉讼中，最高法院判决并未涉及撤销诉讼的可能性，而是作为一般论而承认了通过民事诉讼请求停止之诉的合法性。③

4. 如上所述，作为对公共工事本身或者公共设施的运作阶段的权利救济手段，有些情况下很难说撤销诉讼发挥了作用。

---

① 最高法院判决，平成28年12月8日，载《民集》第70卷第8号，第1833页；《行政判例百选Ⅱ》第150案件。

② 前述平成28年判决，关于自卫队的航空机起飞降落之法的机制，列举了自卫队的任务（《自卫队法》第3条）、自卫队的行动（同法第六章），对于该自卫队的任务推行，论及包括自卫队机的航运括在内的防卫大臣的队务统括权限（同法第8条），作为将具体的航运权限赋予航空机使用者的规定，列举了《关于航空机的使用及搭乘的训令》（防卫厅训令第2号）。判决进而也揭示了《航空法》规定的适用除外条款（该法第107条第1款及第4款）。

如上所揭示，判决明示了成为防卫大臣及防卫厅所属职员之行动根据的规定。但是，这些规定，属于《国家行政组织法》（参见第5条）、《防卫省设置法》（参见第5条）、《自卫队法》的系列，在行政法的规范分类中，属于组织规范。在这种限度内，判决所揭示的规范的名义人，是构成行政组织的职员，而不是以组织外的人为对象。换言之，行政机关的行为之外部效果，是通过该行为的根据规范（根据场合不同，或是规制规范）所赋予的，而组织规范单独并不具有外部效果。在这种意义上说，自卫队的航空机之航运，及其所伴随的噪音，对于外部的人来说，的确仅止于事实上的声音，为了防止该声音，被解释为应当通过通常的救济亦即民事上的停止请求来进行。

不过，《自卫队法》（第六章）所规定的自卫队的行动，当然地预测到了对外部波及事实上的影响，至于在多大限度上及以怎样的方法来抑制该影响，正如判决也指出的那样，被承认了"需要高度的政策性、专门技术性的判断"。着眼于这一点的话，就自卫队机之航运作出规定的《自卫队法》（第六章）的规定，与通常的组织规范不同，将其视为包括行政作用对外部也带来事实上的影响在内的行政作用法规范，即视为根据规范、规制规范，将其救济委任给作为行政事件诉讼之一的停止诉讼，这样的观点也能够成立（关于规定了自卫队的权限的《自卫队法》第七章，这一点更加明确）。《自卫队法》的法的意义，有必要进行更深入的检讨。

③ 最高法院判决，平成7年7月7日，载《民集》第49卷第7号，第2599页；《行政判例百选Ⅱ》（第四版）第165案件；《环境法判例百选》（第三版，大塚直、北村喜宣编，2018年版）第25案件。

（十一）小结

1. 必须注意的是，虽说是行政处分或者公权力的行使，但归根结底还是个法技术性概念。换言之，正是由于在法律上得以承认，才享有特别对待，即只有通过撤销诉讼程序才能否定其效力。不过，在这种情况下，关于承认处分性有两种观点。一种观点认为，是在某种意义上的定型化了的处分；另一种观点则认为，要被认定为处分，需要有行政上的不服申诉制度的法定及其他特别法的机制等某种依据，而这一点是不得不承认的。① 进而，如果采取将适合于赋予其公定力及不可争力的行为视为处分这种方法的话，实际上就会在这一阶段看到处分概念和公定力概念的循环。②

2. 行政处分之所在的认定和在法律保留理论之意义上的法律根据，是不同的问题。既不能因为有法律根据而说该行为当然是公权力的行使③，相反，也不能因为没有法律保留论上的法律根据而说该行为不具有处分性（如通过预算补助进行的国家的补助金交付决定）。

3. 《行政事件诉讼法》第3条除以行政厅的处分为前提外，还以属于公权力的行使这样的行为存在为前提。但是，在撤销诉讼的情况下，无论从实务上还是理论上，都没有发现其适当的发挥作用的地方。

4. 以关于处分性的最高法院判决为中心的裁判例，从昭和39年最高法院判决的定式所形成的判断基准④来看，呈现出处分性扩大的方向。⑤ 不过，那并不是改变了从前的固定模式本身，而是在基本上以之为前提的

---

① 《行政事件诉讼法》本身，被认为是以并不是将行政行为的公定力作为撤销诉讼的排他性管辖的结果来把握，而认为其是行政行为本身所具有的效力的学说[田中著：《行政法》（上），第133页，似乎采取了撤销诉讼的排他性管辖的见解，但田中著：《行政法总论》，第322页却没有加以有关说明]为基础的。并且，相关学说也并没有将行政行为限定为命令和强制（所谓形成性行为。参见田中著：《行政法总论》，第307页）。在这种情况下，应该将具有包括公定力在内的效力的法行为，作为属于公权力的行使的行为来把握（此时，依然存在着什么属于该行为的争论，但基本上应该依据历史形成的行政行为的范畴（田中著：《行政法总论》，第301页以下）。

② 参见盐野著：《行政法Ⅱ（第六版）行政救济法》，第82页。

③ 基于《农地法》第80条的农地出卖——最高法院大法庭判决，昭和46年1月20日，载《民集》第25卷第1号，第1页。

④ 盐野著：《行政法Ⅱ（第六版）行政救济法》，第82页。

⑤ 在学说上，也可以窥见其方向。即在与处分性的关系上，有时使用形式性行政行为（行政处分）这一用语。但是，关于这一点也有各种各样的用词方法，并没有取得定论。（转下页）

基础上,从具体性的法的结构之解释出发,作为对于从那里产生的偏差进行正当化的尝试来进行概括。在这一点上,对从前的大法庭判决予以变更的平成20年的土地区划整理事业计划大法庭判决也是同样的。该判决虽然没有对事业计划决定的建筑规制效果承认处分性,却认为

(接上页)

〔1〕和在本文中所示的法律行为的代替性行为的范畴相对应,在法律关系的形成应该采取契约方式的情况下,当法律规定该关系的形成、消灭应通过行政行为时,有时被做如下说明:"本来应该是非权力性的行为,在法律上,有时形式上作为行政行为来架构"〔雄川一郎著:《现代行政与法》(1966年),载雄川著:《行政的法理》,第211页〕。有的判例也在这种观念之下使用形式性行政处分的用语(札幌高等法院判决,昭和44年4月17日,载《行裁例集》第20卷第4号,第459页)。

〔2〕当在没有通过撤销诉讼以外的方法给予适当救济的情况下而承认处分性时,有时将承认了处分性的行为称为形式性行政行为(原田著:《行政法要论》,第387页)。如前所述,在判例中,也存在从救济的观念出发,在解释论上即法律的指定并不明确的情况下,对非定型的行为承认处分性的事例。不过,在判决中尚没有这样的用语事例。

〔3〕即使在制定法上选择了行政行为的情况下,因为形式性行政行为不具有公权力的实体,因而不具有公定力和不可争力,所以,撤销诉讼或者民事诉讼的任何一方成为可能的情况下,有时使用形式性行政行为的观念(兼子著:《行政法总论》,第227页)。

对形式性行政行为,也存在和上述使用方法不同的用法。就〔1〕而言,这仅限于认识上的整理,并不直接具有解释论上的意义。但是,行政行为本来不是限定于命令和强制而架构起来的概念,所以,我以为,形式性行政行为这种把握,作为认识论是有疑问的。就〔3〕而言,既然法律特地采用了行政行为这一手段,若要对行政行为否定其公定力和不可争力,等于完全抹杀立法者的意思,所以,作为解释论,是不能成立的。与此相对,正如本文所述,〔2〕作为研究的方法是可能的。此时,在解释论上,直截了当地将行政行为(处分)而视为撤销诉讼的对象即可,似乎没有必要使用形式性行政行为观念。不过,有人认为,由于公定力和不可争力不涉及这种意义上的行政行为,所以,不应该妨碍在撤销诉讼以外的诉讼中主张形式性处分的违法、无效,请求权利保护(原田著:《行政法要论》,第387页)。可是,被认为是行政的行为所产生的不利,通过民事诉讼的方法也得不到救济时,〔2〕的意义上的形式性行政处分的观念便发挥作用,所以我认为,不存在论述民事诉讼中形式性行政处分之存在的余地(如果将撤销诉讼的活用扩大为可以利用民事诉讼的程度,则另当别论)。

由此而对关于形式性行政行为,另外参见池田敏雄著:《形式性行政行为》,载成田赖明编:《行政法的争点》(新版),1990年版,第62页;室井著:《关于形式性行政处分》,载《田中古稀》(下Ⅰ),第1727页;盐野宏著:《关于补助金交付决定的若干问题》(1990年),载盐野著:《法治主义的诸形态》,第176页以下。阿部著:《行政法解释学Ⅱ》,第136页以下指出,在是否应当通过撤销诉讼不明确的场合,应当承认民事诉讼的并用(并用说)。在这种场合,由于主张抗告诉讼的排他性不发挥作用,故而存在与形式性行政行为论之中的〔3〕相照应的情形,但是,因为其观念上是处分性不明确的情况下原告的不利回避,所以基本的观点及对象事例是不同的。换一下观点的话,这也可以作为与周边部分的处理相关的问题来整理,故而参见正文所述内容。

由此而对原告的法的地位带来直接影响,故而将事业计划决定的直接具体的法效果视为问题。当然,关于病院开设中止劝告事件的平成17年的判决,以上述的理由是不能完全予以说明的。也就是说,法院就该劝告的法的性质,明确指出是行政指导。这样的话,明确地脱离了从前的固定模式,将其作为边缘部分来处理,在道理上是困难的。进而,关于劝告的效果,以"相当程度的确实性",判定在之后的行政过程中蒙受不利(不能接受保险医疗机构指定),与土地区划整理事业计划案件不同,并未论及原告的法的地位,换言之,并未论及劝告的法的效果。

同样是立足于救济的理念,关于理论性构造的两个判决,却存在如此差异,该如何理解这种情形?这与今后的判例动向或者两个判决的射程范围相关,而关于这一点,可以进行如下思考。

从判决的先后关系及法庭的大小这一点来看,可以说土地区划整理事业判决具有重要性。此外,平成20年土地区划整理事业计划大法庭判决所阐述的,明显地并不限于单纯地为了推翻前面的大法庭判决而进行的礼让性言说,如果认为其是立足于救济的理念而模仿平成17年病院开设中止劝告案件判决的话,论旨的展开就变得更加单纯了。从这种意义上说,可以认为最高法院判决是在从前关于处分性的固定模式的框架之内的。所以,病院开设中止劝告案件判决,被认为具有应对该案件处理的特殊性的事例性的意义。①

5.《行政事件诉讼法》修改的旨趣之一,是通过准备多样的诉讼类型,以谋求适于纷争类型的解决。换言之,认为预定了应对诉讼之特性的运用,作为制度理解来说,这种观点是妥当的。所以,认为完全拆除了诉

---

① 作为对该案件的实际情况进行详细而细密的分析成果,具有参考价值的有滨秀和著:《关于基于医疗法的知事的劝告》(2011年),载滨著:《行政诉讼的实践课题》,2012年版,第299页以下、第324页以下。与此相对,山本隆司著:《从判例探究行政法》,2012年版,第354页以下,认为从与判例不同的角度出发,可以对中止劝告承认处分性。其理由在于,中止劝告在该行政程序(保险医疗机构指定行政过程)中,是在劝告的阶段对最终处分的要件的一部分作出最终决定的。这样的结构解释之可能性是存在的,但是,作为关于处分性的最高法院判决之动向的整理,被认为却并不一定是适切的。此外,在该论文中,承认了劝告之违法性在后续处分中的承继,另外,在起诉期间过后对拒绝处分前的劝告承认违法确认诉讼(公法上的当事人诉讼),因此,如果是那样的话,即便不特意对劝告承认处分性,被认为也可以从起初开始进行撤销诉讼以外的适切的诉讼(参见前述《行政判例百选Ⅱ》第160案件,角松生史解说)。

讼类型间的篱笆,这种观点是不适切的。① 不过,对于错误进行了诉讼类型之选择者,课以不当的不利益,违反权利利益的实效性救济确保之理念,故而类型间的篱笆降低,是为了该目的而进行的铺垫。重要的是,应当将其理解为,将撤销诉讼的拒绝与救济的拒绝相联结这种固定观念,通过修改法而将被剔除。②

6. 进而应当注意的是,某种制度边缘(周边)部分的处理,有时候会超越该事案,对机制本身的根本带来影响。就关于处分性讨论来说,撤销诉讼除处分的违法性之确认、违法行为的撤销判决这种判决程序之外,还构成了由公定力、不可争力的赋予等要素(这可以称之为部分制度)所构成的制度。进而,《行政程序法》《行政不服审查法》也是一样,至少在术语上跟《行政事件诉讼法》同样使用了"处分",基本上可以说,关于处分,可以看到这些法律预定了的规定之适用。也可以说这些是处分的标准装备。

那么,在采取将周边部分编入撤销诉讼制度这种处理时,会派生出什么样的问题?即便是周边部分,也是多样的,就像最高法院判决中也讨论过的各种通知那样,当构成了达至定型的处分的纯粹程序之一环的场合,原则上承认这些处分的标准装备,包含违法性的承继这种操作在内,将在事物的性质来说不适合于启动的要素予以剔除,这种操作是可能的。与此相对,当周边部分像病院开设中止劝告案件那样被作为行政指导来确定性质的时候,要促使标准装备发挥作用,无论对于相对方来说,还是对于行政厅来说,都会是很大的负担。于是,为了避免这种状况

---

① 桥本博之著:《处分性论的去向》(2006年),载桥本著:《行政判例与机制解释》,2009年版,第61页以下,从机制解释的观点出发,对与处分性的扩大相关的最高法院判决的动向进行分析,具有参考价值;但是,关于其属于《行政事件诉讼法》所提示的诉讼类型之中哪一类的问题,认为应当作为完全从针对个别具体的事案而认可进行适切救济这种观点出发,作为判例政策的问题来把握,而对判例政策添加一种道理则是学说的课题,正文所揭示的暂且的分类基准便是一例。此外,亘理格著:《处分性判例的柔软化与多样化》(2018年),载亘理著:《行政行为与司法的统制》,2018年版,第176页以下,认真分析了《修改法》之下与处分性相关的最高法院判例,在析出那里所能看出的柔软化和多样化的基础上,也指出了救济路径的多样化。不过,在该论文中,认为应当承认撤销诉讼的可能性与通过其他诉讼进行救济可能性的并存(虽然其具体的形态并不明确),在这一点上(第212页)与本书的立论不同。

② 关于撤销诉讼相关定位,在《行政事件诉讼法》修改前,高木光著:《行政诉讼论》,2005年版,第55页以下、第101页以下、第132页以下,已经进行了披露。本文的论述,是以其所指出的接盘通过《修改法》而得以整备为前提的。

发生,该周边部分是限于作为撤销诉讼对象来讨论的处分,而标准装备不与之联动。可是,这样的处理,与作为制度的撤销诉讼的运用是完全不同的制度,并不能说是从正面预定了撤销诉讼制度,并且,如果轻易地予以承认,便会动摇包括行政诉讼制度在内的行政制度的根本。假设对此予以承认,那也只能解释为,是为了实效性的救济,在没有其他方法时的权宜之举。①

7. 将以上几点,作为追求救济的多样化,并在为此而准备了承受平台的《修改法》之下的解释论来总结的话,如下所述。

《行政事件诉讼法》第3条所规定的"行政厅的处分及其他公权力的行使",是指以定型的行政处分及定型的实力行使为核心,周边部分,当存在中止诉讼、确认诉讼等利用可能的救济方法时从其方法,没有该类救济方法时,即便以与该事案的关系来开启撤销诉讼之途,也不能发挥与处分联动的制度性效果。②

五、原告适格

(一)序说

原告适格,是指在撤销诉讼中处分性得以承认后,可以请求撤销该处分而起诉的资格。在民事诉讼中,和原告适格相对应,有当事人适格的概念。此概念是指对成为诉讼物的权利或者法律关系,可以作为当事人提起诉讼,请求本案判决的资格。在民事诉讼中,其范围一般情况下不会成为解释论上的问题。即在给付诉讼中,原告只要主张自己的给付请求权即可,其实际上是否具有请求权的问题,则成为本案要解决的问题。而形成诉讼中可以在诉讼上主张形成权的,由制定法个别地予以规定。③ 进而在确认诉讼中,当事人适格的问题被确认的利益所吸收。④

---

① 盐野著:《行政法概念的诸形态》,第18页。

② 以上是日本法的解释论。与此相对,在美国,在具体的判断中,对象性被更加柔软地来把握,在与之的关联中,司法审查的时期被指出是柔软的(作为其详细的研究,有越智敏裕著:《美国行政诉讼的对象》)。不过,这种相异,在由解释论所赖以存在的基础上,是基于采用了一般性的撤销诉讼制度的日本法制与不知道概括性的撤销诉讼制度的美国法制的差异。越智敏裕著:《美国行政诉讼的对象》,第463页以下,在以这种制度性差异为前提的基础上,试图进行着眼于美国法上所看到的争点的实际论,这一点是有趣的。

③ 例如,《民法》第744条、第775条、第787条。

④ 参见新堂幸司著:《新民事诉讼法》,第290页以下、第299页。

与此相对,在撤销诉讼中,无论是作为一般论,还是在具体的诉讼中,原告适格都给解释论上提出了困难的问题。其中问题之一是源于撤销诉讼制度本身,即撤销诉讼是将某种行政决定作为行政处分,规定为撤销其效果必须通过撤销诉讼这一途径的制度。此时,如果和民事法一样,采取在实体法上事先承认特定的人对该违法行为的撤销请求权,并通过形成诉讼予以实现的方法,则原告适格也就自然确定了。可是,在行政法关系中,无论是从观念上还是从立法实务上,都存在着这样一种历史背景:一直在没有相关实体法的构成先行的情况下,试图创立和完善撤销诉讼制度。因此,对何人承认撤销诉讼的原告适格的问题,成为立法政策上的问题。关于这一点,在明治宪法下和《日本国宪法》下,基本上是没什么不同的。不过,必须注意的是:与在明治宪法下完全是立法政策问题相对,在《日本国宪法》下,接受裁判的权利对行政处分也同样适用,在该限度内,立法上存在着界限。

在明治宪法下,明治23年法律第106号将撤销诉讼的原告适格作为"由于行政厅的违法处分,其权利受到毁损者"来规定,将"权利受到毁损"规定为其要件。《行政事件诉讼特例法》没有就原告适格设置特别的规定,但是,学说和判例认为,不需要严格意义上的权利侵害,只要具有值得法律上保护的正当利益便足够了。① 在制定《行政事件诉讼法》时,以《行政事件诉讼特例法》下的学说和判例为基础,将原告适格作为"具有法律上的利益者"(第9条第1款)而写入法律条文。② 这样,除《行政事件诉讼特例法》以外,诉讼法上一直设有关于原告适格的规定。但是,此时,虽然可以看出其着眼于主观性要素,但是,所谓权利受到毁损情况下的权利是什么?法律上的利益是什么?关于这一点,其具体的内容不应该单义性地作出决定,而是需要进行解释的。《行政事件诉讼法》的立案关系者也指出,具体何种情况属于这里所说"法律上的利益"的问题,被委任给学说和判例的发展。③ 并且,现在是在《行政事件诉讼法》之下,判例得以积蓄,但是,从权利利益的实效性救济这种观点出发的话,其并不一定可以说是充分的。在《行政事件诉讼

---

① 雄川著:《行政争讼法》,第170页。
② 关于这一点,在制定过程中并没有进行特别的争论。参见雄川一郎著:《行政事件诉讼法立法的回顾和反省》,载雄川著:《行政争讼的理论》,第201页以下。
③ 参见杉本著:《行政事件诉讼法的解说》,第37页。

法》修改之际,这一点成为检讨的对象,其结果是"具有法律上的利益者"这个概念被原封不动地予以维持,而与该人的认定相关的解释基准重新作为第2款加以规定。

(二)判断基准

原告适格提出了解释论上的困难问题,这与现代国家的问题状况也有关系。即在市民法治国的原理下,抑制权力的行使和确保对国家的自由权是人们关心的基本问题。在这里,作为具有原告适格者,只要把握了侵害处分的名义人及申请拒绝处分的名义人,基本上就足够了。所以,关于授益性处分,可以说基本上没有考虑撤销诉讼的余地。作为就授益性处分提起撤销诉讼具有利益者,可以考虑的是建筑确认中的邻人等,是具有如果该处分合法地实施则必定受到保护的利益者。这些人的利益,被融合于公益之中,作为反射性利益,没有成为裁判上的保护对象。①

与此相对,在现代社会中,在私人、企业的活动范围不断扩大的同时,为了事前预防社会中的纠纷,行政主体也广泛地介入各种活动。此时,如果介入违反法的规定,进行得不够充分,那么,通过合法的行政介入当然应该得到利益乃至安全确保的人们,就会作为潜在的受害者而出现。在这种情况下,就出现了是否可以像以前那样,将行政介入法制解释为仅是对这些人提供反射性利益的法制的问题。在作为与原子能发电所的设置有关的行政介入手段的原子炉设置的许可制中,附近居民的地位等就是其例。关于是否应该对这些人承认撤销诉讼的利用适格的问题,必须重新进行探讨。

在现行法下的原告适格论,即《行政事件诉讼法》第9条第1款规定的"具有法律上的利益者"的解释论。此时,和存在定型的处分一样,可以想象也存在定型的原告适格。这就是行政处分的名义人。就剥夺私人的权利,限制其自由等侵害处分而言,只要该处分合法地实施,法律上就要求私人忍受该侵害。当侵害处分违法时,从依法律行政原理的角度来看,应该对其设立请求排除违法侵害的途径,这是法治国原理的当然要求。所以,税务处分的相对人(纳税义务人)、建筑物拆除命令的相对人,就各自的处分,当然具有原告适格。此外,就申请拒绝处分而言,当其与许可法制有关时,申请—许可意味着自由的恢复,因而违法的拒绝处分

---

① 参见盐野著:《行政法Ⅰ(第六版)行政法总论》,第304页。

和违法的侵害处分是同义(各种营业执照拒绝处分中的申请人)。另外,当其与许可法制无关,申请拒绝处分具有裁量性时,只要法律赋予了某人申请权,就可以说该人具有接受通过合理的裁量作出是否予以许可之判断的法的利益(补助金交付拒绝处分中的申请人)。在这种意义上,虽然原告适格是就一般行政处分来论述的,但是,在实务上成为问题的,只有此类处分的名义人以外的第三人或者形式上没有特定的名义人的处分中的附近居民等。有必要记住这一点。

关于原告适格的确定,大致有两种相互对立的学说,即法律上所保护的(也称为"被保护了的")利益说和法律上值得保护的利益说。① 这种对立具有如下特色:

1. 法律上所保护的利益说,就原告适格的范围,试图通过对处分的根据法规是否保护被侵害利益来判断。与此相对,法律上值得保护的利益说则不将原告的利益限定于由法律保护的利益,认为有事实上的利益就足够了。

2. 无论哪种学说,在以原告方面因该处分而导致利益侵害的发生(或者发生的盖然性)为要件这一点上,是没有不同的。《行政事件诉讼法》在某种意义上是以利益侵害为要件的,这从该法条文上就可以明确地看出。并且,既然是利用裁判制度,只要没有特别规定,当然要求原告具有裁判性保护的必要性。但是,从其内容来看,前者是将重点置于国民的权利和利益保护的见解,在这种意义上,可以说是维持市民法治国原理的范围的见解。与此相对,后者,即法律上值得保护的利益说,对利益的范围进行了比前者广泛的把握,是更加扩大原告适格之范围的学说,在此限度内,是试图更加重视撤销诉讼所具有的合法性维持功能的学说。当然,撤销诉讼的合法性维持功能——撤销诉讼的客观性把握,并不能从逻辑上当然地扩大原告适格。②

---

① 作为原告适格的一般性判定基准,原田尚彦著:《诉的利益》(1965年),载原田著:《诉的利益》,第4页以下,除本文所示两个基准以外,还列举了利益享受恢复说、处分的合法性保障说。不过,这些都不具有作为现行法的解释论的基准的意义,判例上也没有依据这些基准的事例。此外,关于权利享受回复说(权利毁损说)和法律上所保护的利益说之间的关系,参见神桥一彦著:《行政诉讼与权利论》,2003年版,第22页以下。

② 参见安念润司著:《撤销诉讼中原告适格的构造(一)》,载《国家学会杂志》第97卷第11·12号,1984年,第723页。

3. 在法律上所保护的利益说中,需要作为该处分的根据法的实体法是否保护该利益的解释论,有时要得出一义性解答却比较困难。与此相对,在法律上值得保护的利益说中,虽然没有此类实体法上的解释问题,但是,该学说并不是主张只要具有事实上的利益,不管是什么样的利益,都承认原告适格,而是加以裁判上值得保护的利益(实质性利益)的限定,即在利益中划定分界线,这也使困难的解释论工作成为必要,这是不能否定的。①

4. 在法修改前,判例立足于法律上所保护的利益说,实质上存在展示接近于法律上值得保护的利益说之倾向的状况。《修改法》以这种状况为前提,插入了解释基准,所以,作为《修改法》的解释论,有必要浏览修改前的判例之动向。

(三) 判例的动向——法修改前

1. 一般论

关于原告适格,在抽象的层次上形成了判例法。判例基本上立于法律上所保护的利益说。将这种观点予以定型化的代表性的最高法院判决,是有关所谓新潟空港诉讼的判决。该判决指出:《行政事件诉讼法》第9条规定的"具有法律上的利益者","是指由于该行政处分自己的权利或者法律上所保护的利益受到侵害或者具有必然被侵害的危险者。当规定该处分的行政法规范不限于将不特定多数人的具体利益完全由一般性公益所吸收而消解,而且还被解释为包括应该保护的该利益所归属的

---

① 作为学说,法律上值得保护的利益说也是有说服力的(原田著:《行政法要论》,第392页以下;室井编:《新现代行政法入门》,第344页),但是,作为解释论,立足于在法律保护的范围内求得原告适格这种范围,在此基础上,加以理论性分析,进而追求更加柔软且更加明确的判断基准的指定这种方向也是显著的[参见芝池义一著:《撤销诉讼的原告适格判断的理论性框架》,载《京都大学法学部创立一百周年纪念论文集》第二卷,1999年,第87页以下、第97页以下;小早川光郎著:《抗告诉讼与法律上的利益——备忘录》,载《成田古稀》第43页以下、第49页以下;藤田宙靖著:《许可处分与第三者的"法律上得以保护了的利益"》,载《盐野古稀》(下),第255页以下、第267页以下;藤田著:《行政法Ⅰ》,第407页以下;阿部泰隆著:《原告适格判例理论的再检讨与被缓和了的"法律上得以保护了的利益说"的提倡》(2001年),载阿部著:《行政诉讼要件论》,2003年版,第37页以下、第108页以下;神桥一彦著:《行政诉讼与权利论》,2003年,第109页以下、第162页以下]。关于原告适格的比较法研究文献数量众多,作为最近的文献,有《外国行政诉讼研究报告》,载《法学者》第1236号(2002年)—第1247号(2003年)及《关于行政诉讼的外国法制调查——调查结果一览表》,载《法学者》第1250号,第14页以下的与原告适格相关的部分。仅从这些最新的资料就可以明显地看出日本的原告适格之狭隘性。

各个人的个别利益之宗旨时,相关利益也属于前述法律上所保护的利益。可以说,由于相应处分导致此种利益受到侵害或者具有必然被侵害危险的人,具有对该处分提起撤销诉讼的原告适格"①。

这个新潟空港案件判决,并不是最高法院第一次采用法律上所保护的利益说的判决。正如该判决本身所引用的,在此判决前已有几个最高法院判决先行了。② 不过,在判决宗旨中所引用的这两个判决中,关于在何种情况下是保护每个人的个别利益的,其解释基准并不明确。而在此判决中,承继前述引用的判决宗旨,指出:"关于该行政法规范是否包括对不特定多数人的具体利益,作为其所归属的各个人的个别利益,也应予以保护的宗旨的问题,应该在由该行政法规范及与之具有共同目的的相关法规范的有关规定所形成的法体系中,依照该处分的根据规定是否可以通过该处分,将前述各个人的个别利益也作为应予保护的利益来定位而作出决定"。尽管根据这种解释对具体情况下的保护规范之所在尚不能达到单义性明确,但至少提示了一定的解释基准。同时,这也是最高法院针对主张法律上所保护的利益应该只从根据法条中导出这种狭窄解释原告适格的观点所作出的回答,可以说在这一点上是有意义的。③

---

① 最高法院判决,平成元年2月17日,载《民集》第43卷第2号,第56页;《行政判例百选Ⅱ》第192案件。

② 新潟空港案件判决所引用的判例有如下两个:其一是主妇联合会饮料诉讼的最高法院判决,昭和53年3月14日,载《民集》第32卷第2号,第211页;《行政判例百选Ⅱ》第131案件。其二是长沼奈基基地诉讼的最高法院判决,昭和57年9月9日,载《民集》第36卷第9号,第1679页;《行政判例百选Ⅱ》第177案件。

③ 不过,在新潟空港案件判决之前,关于所谓伊达火力诉讼的最高法院判决,昭和60年12月17日,载《判例时报》第1179号,第56页;《行政判例百选Ⅱ》(第五版)第169案件也指出:"受处分的法律上影响的权利利益,并不限于处分作为其本来的效果加以限制的权利利益,而且,通过行政法规范以保护个人的权利利益为目的而对行政权的行使赋课的制约所保障的权利利益,也属于此"。"前述通过行政法规范对行使行政权的制约,并不限于明文规定的制约,即使没有直接的明文规定,也包括根据法律的合理解释所当然导出的制约"。

原告适格是以处分性的存在为其前提的。但是,如果具有原告适格的人不能作为范畴而存在,那么,概念上的处分性也将丧失,所以,在裁判判决中,有的并不作任何区别而否定诉的利益(关于町名和区域序号的变更,最高法院判决,昭和48年1月19日,载《民集》第27卷第1号,第1页)。

如果将最高法院的处分性之固定模式[参见盐野著:《行政法Ⅱ(第六版)行政救济法》,第83页]进行狭义的解释,处分成为主观性的概念,故此,对于不具有原告适格的人来说,该行政厅的行为根本就不是处分。不过,无论是对何人,对作为处分的行为,客观地作为处分来把握,谁能够通过撤销诉讼来攻击该处分,是原告适格的问题。这是一般的处理方法,并且,这样更容易理解。

2. 营业竞争者

当存在有关营业的规制法时,既存许可营业者对新参与者营业许可是否具有请求撤销的原告适格,成为争议问题的情况较多。关于针对典当铺营业的许可,既存业者请求其无效确认的案件,最高法院昭和 34 年 8 月 18 日判决①否定了其原告适格,而最高法院昭和 37 年 1 月 19 日的判决②则承认了既存公众浴场营业者的原告适格。这是着眼于《公众浴场法》采用了距离限制制度,承认既存营业者的保护利益性的判决。所以,当不存在法律上的距离限制制度或者地域性垄断制度时,就较难承认既存营业者的原告适格。③ 与此相对,从法律上值得保护的利益说的角度看,对营业竞争者一般应该承认其原告适格。④ 并且,即使立于此学说,也应该不能对一般顾客承认原告适格。

3. 规制法中的附近居民

当存在对公害发生源等企业的规制法时,通过该规制法的解释,立于法律上所保护的利益说,个别具体地判断从行政处分来看属于第三人的附近居民等的原告适格,这是判例的基本态度。在判例上,作为承认原告适格的事例,有与原子炉规制法相关的原子炉设置许可的附近居民。承认其原告适格的下级审判决已积累了许多,最高法院在所谓文殊诉讼中也作出了承认居民的原告适格的判决。⑤ 进而,在伊方原子能发电诉讼中,最高法院虽然没有特地涉及原告适格,但可以看出,其维持了承认原告适格的原审判断。⑥ 此外,关于《都市计划法》第 29 条所规定的开发许可处分,最高法院通过对规定了该处分的许可之基准的该法第 33 条第 1 款第 7 项的解释,对悬崖塌陷等的损害具有直接影响的近邻区域的居民

---

① 载《民集》第 13 卷第 10 号,第 1286 页。
② 载《民集》第 16 卷第 1 号,第 57 页;《行政判例百选Ⅱ》第 170 案件。
③ 在申请竞合的场合,可以就对自己的拒绝处分进行争议,也可以请求对申请竞合者的执照的吊销。最高法院判决,昭和 43 年 12 月 24 日,载《民集》第 22 卷第 13 号,第 3254 页;《行政判例百选Ⅱ》第 173 案件。
④ 关于营业竞争者诉讼,另外参见古城诚著:《营业竞争者诉讼的原告适格》,载《献呈雄川一郎先生论集·行政法的诸问题》(下),第 209 页以下;古城诚著:《美国的竞业者之原告适格》,载《盐野古稀》(下),第 87 页以下。
⑤ 最高法院判决,平成 4 年 9 月 22 日,载《民集》第 46 卷第 6 号,第 571 页;《行政判例百选Ⅱ》第 162 案件。
⑥ 最高法院判决,平成 4 年 10 月 29 日,载《民集》第 46 卷第 7 号,第 1174 页。

承认了原告适格。① 进而,在对基于《建筑基准法》第59条之二的综合设计许可确认的撤销请求案件中,最高法院对于那些被预测若所许可建筑物的倒塌、着火等便会受到直接性的损害的居住者或者所有者,也承认了原告适格。② 当然,最高法院并不是对遭受不利的所有居民全部承认了原告适格,对于风俗营业的许可、墓地经营的许可,就没有承认附近居民的原告适格。③

前述新潟空港案件判决,对基于《航空法》的定期航空运输事业的线路许可,也承认了空港周边居民的原告适格,可以作为属于该领域的指导性判例来定位。进而,此时的判决,在论证《航空法》的许可之审查基准(即处分要件)中包括航空噪音时,不仅援用了《航空法》第1条的目的规定,而且还援用了与《航空法》不同的《关于公共用飞机场周围防止因航空机噪音所致障碍等的法律》(第3条)所规定的运输大臣(现国土交通大臣)的权限。在这一点上,可以说,在判定保护利益时,导入了不仅依据直接的根据条款,而且要在收集大量信息的基础上作出判断的方法。

4. 一般消费者

关于这一点,最高法院呈现出不承认原告适格的倾向。④ 与在公害规制和附近居民的关系上所表露出来的最高法院的态度不同的是:被侵害的利益是经济性利益和健康生活利益,关系人是一般公众,是地域限制性的。而就铁道利用者来说,例如,定期券利用者与一般利用者是不同的,这种整理方法也是可能的。

5. 关于物的利害关系人

关于物的一般处分,有时也存在有利害关系的人。对此,最高法院在长沼奈基基地诉讼中,对于保安林指定解除处分,承认了与保安林的指定

---

① 最高法院判决,平成9年1月28日,载《民集》第51卷第1号,第250页;《行政判例百选Ⅱ》(第四版)第303案件。宗旨相同的判例,关于《森林法》的林地开发许可,最高法院判决,平成13年3月13日,载《民集》第55卷第2号,第283页;《行政判例百选Ⅱ》第163案件。

② 最高法院判决,平成14年1月22日,载《民集》第56卷第1号,第46页;《行政判例百选Ⅱ》第164案件。

③ 最高法院判决,平成10年12月17日,载《民集》第52卷第9号,第1821页;《行政判例百选Ⅱ》第166案件;最高法院判决,平成12年3月17日,载《判例时报》第1708号,第62页。

④ 主妇联合会饮料诉讼的最高法院判决,昭和53年3月14日。近铁特急案件,最高法院判决,平成元年4月13日,载《判例时报》第1313号,第121页;《行政判例百选Ⅱ》第168案件。

有直接利害关系者的原告适格。① 此时,法律上赋予了这些人以程序性参加权,这成为一个决定的因素。与此相对,地域、物本身虽具有地域局限性,但在享受该利益者扩散为全体国民的情况下,从法律上所保护的利益说的角度来看,难以发现具有原告适格者。②

6. 居民团体等

由于行政处分而造成侵害的利益不是特定个人的利益,而是可以广泛地作为地域居民、消费者等一般共通的集团利益来把握时,对法律上或者事实上代表此类多数人的共通利益的居民团体、消费者团体、事业者团体等,是否承认它们可以提起撤销诉讼? 对此问题,有必要分两种情况来考虑:

其一是在各个人均具有原告适格的情况下是否承认其团体诉讼的问题。作为肯定该诉讼的利益,可以列举如下几点:将诉讼合并为一,可以节省诉讼费用,有助于诉讼经济;与多数人有关的纷争予以一举解决,具有合理性;即使对个人来说是比较稀薄的利益,但是,通过集团来集约各种利益的形式提起诉讼,可以防止因惹不起行政机关而忍气吞声的现象发生。但对此尚没有最高法院的判例,下级审判决则以团体本身不能成为该利益的享受主体等为理由,而采取消极的态度。③

其二是即使对于个人较难承认原告适格,是否可以对代表其共通利益的集团承认原告适格,使其进行诉讼的问题。例如,有关环境保护的环境保护团体,或者有关消费者保护的消费者团体(主妇联合会)等。根据情况需要,也可以考虑文化财产保护团体。对此类团体诉讼,尚没有最高法院的判决,下级审判决则以现行法上不存在承认此类诉讼的规定为理由,而采取消极的态度。④

---

① 最高法院判决,昭和 57 年 9 月 9 日,载《民集》第 36 卷第 9 号,第 1679 页;《行政判例百选Ⅱ》第 177 案件。

② 关于文化财产指定解除处分,参见东京高等法院判决,昭和 58 年 5 月 30 日,载《行裁例集》第 34 卷第 5 号,第 946 页。该案件的上告审,最高法院判决,平成元年 6 月 20 日,载《判例时报》第 1334 号,第 201 页;《行政判例百选Ⅱ》第 169 案件(伊场遗迹案件)。

③ 仙台高等法院判决,昭和 46 年 3 月 24 日,载《行裁例集》第 22 卷第 3 号,第 297 页;东京地方法院判决,昭和 48 年 11 月 6 日,载《行裁例集》第 24 卷第 11·12 号,第 1191 页。

④ 东京高等法院判决,昭和 58 年 5 月 30 日,载《行裁例集》第 34 卷第 5 号,第 946 页;《行政法判例》第 162 案件。另外参见小早川光郎著:《集团性诉讼》(1978 年),载小早川著:《行政诉讼的构造分析》,1983 年版,第 243 页以下。关于团体诉讼,参见盐野著:《行政法Ⅱ(第六版)行政救济法》,第 225 页。(转下页)

7. 小结

判例采取了法律上所保护的利益说。此时,具有原告适格者,仅限于处分的根据法规将每个人的个别性利益也视为应当保护的利益的情形,关于这一点,是始终如一的。此外,在具体的适用中,也许是针对事实案件而展开的缘故,很难说其在明确的基准之下作出了判断。虽然主张这太过严格的评价也是可能的,但是,基本上说,可以将其作为以新潟空港判决为基础,对缓和的方向进行了积极摸索的判例来认识。

(四)《修改法》——概述

以前面所考察的学说、判例的动向为前提,《修改法》原封不动地维持了从前的法第 9 条的文字(第 9 条第 1 款),并设了新的款(该条第 2 款),规定了在判断是否存在第三者的法律上的利益之际的考虑事项。所谓考虑事项,是指"不仅根据(处分的根据法令)所规定的文字,而且对该法令的旨趣和目的及在该处分中应当被考虑的利益的内容和性质进行考虑",此时,在考虑法令的旨趣目的之际,"当存在与该法令具有共通的目的之相关法令时,也要参酌其旨趣和目的";在考虑应当被考虑的利益之内容及性质之际,"还要勘察(该处分等)违反法令而作出时被侵害了的利益之内容、性质及该利益被侵害的态样和程度"。总之,《修改法》制定的宗旨在于以下三点:其一是有时候第三人也具有法律上的利益(反射性利益论的机械性适用之否定);其二是不仅限于直接的根据条文,而且将其视野广泛扩展至相关法令的旨趣目的(根据条文的形式性文字解释之否定);其三是将被侵害利益的状况置入视野之中。关于这个问题,可以从如下几个方面来理解。

1. 这些考虑事项,如前述(三)中所考察,已经个别地出现在最高法院判例之中,而不是《修改法》提供了全新的视点。所以,如果从着眼于对原告所主张的主观性利益的考虑是否构成了该处分的要件这层意义上说,《修改法》也是采取了处分要件说。但是,有必要注意的是,在这一点上,修改法并不意味着对从前的判例进行单纯的固定。即由于是将在从

(接上页)

虽然和是否容许团体诉讼的问题不同,但在历史古迹指定解除处分的撤销诉讼中,文化财产学术研究者的代表性起诉资格成为争论的问题。最高法院以没有承认此种诉讼的规定为理由,作出了消极的判断(最高法院判决,平成元年 6 月 20 日,载《判例时报》第 1334 号,第 201 页;《行政判例百选Ⅱ》第 169 案件)。

前的个别的最高法院判决中出现过了的内容予以一般化了,所以,作为下级审法院,要求不被过去的最高法院判决事例所束缚,对有关事项进行考虑,在这里,可以期待裁判例的全面性改变。此外,前述这一点对最高法院层面的"法律上的利益"之解释也是适用的,即意味着从前在个别的事例中曾经考虑过的事项,今后要在所有的案件中予以考虑。进而,列举了"利益之内容、性质及该利益被侵害的态样和程度",则进一步要求处分应当立足于作为《修改法》的基本性旨趣的、国民的权利利益之实效性救济的观点,来展开解释运用。①

2. 在这其中,关于法令的旨趣目的,具有共通目的的相关法规范的具体性范围,在解释论上将成为问题。都市计划事业的认可及公有水面填平造地执照中的《环境影响评价法》等,横断性的法令可以作为典型事例来考虑,还有个别事业法中的环境整备相关法(《航空法》和《航空机噪音障碍防止法》)也可以列为典型事例。②

3. 在这里,要求在进行应当被考虑的利益之判断时,对被侵害利益的状况进行勘察和评价,在这一点上,可以说是导入了针对给环境(广义上的)带来影响的行为进行综合性利益调整的观点。③

4. 关于作为考虑事项而列举的内容与该行政厅在作出处分之际应当考虑的要件之间的关系,法并未特别地设置相关规定。但是,由于该法令的旨趣和目的、该处分中应当考虑的利益之观念,哪一种都是不问法适用之主体的客观性基准,所以,可以说,第9条第2款是就行政厅的处分要件而指示了其解释基准的规定。在这一点上,可以看出行政法中的实体法与程序法之联结。④ 但是,处分要件和原告适格要件并不一定相互一致。这是因为,关于最高法院在历次判例中作为前提的每个人的个别性利益的要素,《修改法》并未特别地予以涉及。换言之,为原告适格提供根据的利益,是需要从一般性公益中切割分离出来的利益,关于这种利益最高法院从前的立场,《修改法》并未直接地予以涉及。也就是说,迄今为止,最高法院

---

① 作为处分要件说在《修改法》之下的理解方法,桥本博之著:《解说修改行政事件诉讼法》(2004年)第51页具有启示性。
② 小林著:《行政事件诉讼法》,第219页以下。
③ 副井、村田、越智著:《新行政事件诉讼法——逐条解说和问答》,第280页,指出了与民事不法行为法上的忍受限度论的亲近性。
④ 盐野宏著:《行政法概念的诸形态》,第62页。

在该法律的保护利益中,将一般的公益与个人的利益区分开来,仅限于在原告主张由该法律所保护的个人的利益之侵害的情况下,才承认了原告适格。此时,法院首先判定该行政法规范的保护法益,意味着进行了将个人的利益(个别保护要件①)切分出来的作业。进而,该切分工作有时候也存在在某个阶段不完结的情形。例如,在原子能发电设施的设置许可处分中,附近居民的个人利益之保护是处分要件,这件事情即便在解释上被导出,也依然留下了对多大范围的居民承认原告适格的判定工作。关于这种工作本身,被认为《修改法》预定了在第9条第2款之中进行处理,并没有超出该范围的地方。不过,从《修改法》的旨意出发的话,那么,在各个人的利益之切分之际,则应当充分地活用实效性权利利益之救济的理念。

5. 第9条第2款所规定的考虑要素,是法院在判断原告适格之际,在法律上必须予以考虑之事项,换言之,是必要的考虑事项。所以,虽然存在着在司法权的范围内这一边界,但是,在个别案件中,对必要的考虑事项以外的事项予以考虑,从而承认原告适格,被认为也是可能的。

(五)判例的动向——法修改后

作为《修改法》之下的重要判决,有对都市计划事业认可的撤销诉讼中附近居民的原告适格作出判断的最高法院判决。② 从前,事业地范围内拥有不动产权利者的原告适格被承认,而除此以外的居民却未被承认原告适格。③ 与此相对,平成17年判决,不仅对与都市计划事业认可相关的直接的根据规定,而且对《都市计划法》的目的规定等的关联条款,进而对应当成为都市计划之基准的公害防止计划之根据的《公害对策基本法》(当时)的关联规定及《东京都环境影响评价条例》的诸规定之旨趣目的也予以参酌,进而对《都市计划法》第66条规定的对于附近居民的事业者之协力获得义务一并进行考虑后指出:"关于都市计划事业的认可的该法的规定,被理解为以防止与事业相伴随的噪音、振动等,导致对事业地的周边地域居住的居民带来健康或者生活环境的侵害发生,以确保健康且文明的都市生活,保全良好的生活环境,皆作为其旨趣及目的的规

---

① 基于小早川著:《行政法》(下Ⅲ),第257页的整理。
② 最高法院大法庭判决,平成17年12月7日,载《民集》第59卷第10号,第2645页;《行政判例百选Ⅱ》第165案件。
③ 最高法院判决,平成11年11月25日,载《判例时报》第1698号,第66页。

定"(a)。这种观点将居民的健康、环境损害防止也包含在保护法益之中,不过,这种观点并没有进一步阐述一般的公益与另外的个人的利益。但是,法院在其后接续指出,直接地受到这样的损害,是周边一定范围的居民,由于在该地域持续居住而反复、持续地受到损害,"很可能导致与这些居民的健康或者生活环境相关的严重损害",认为"参照损害的内容、性质、程度等,该具体的利益难以被吸收消解于一般的公益之中"(b)。不过,这样的话,就更加使得对与多大范围的居民相关的具体的利益得以承认这个问题不确定了。于是,判例进一步推进,在原告的住所与事业地的距离关系的基础上,着眼于铁道事业的实施作为给环境带来严重影响的地域,在东京都条例之下得以规定这件事情,作出了原告"被认为属于当具有直接地受到与健康或者生活环境相关的严重损害之虞者"的判断(c)。

该最高法院大法庭判决,在进入关联法规范的解释之前,在对关于《行政事件诉讼法》第 9 条第 1 款的从前的解释①予以维持的同时,明示地引用第 9 条第 2 款,阐述了关于处分的名义人以外者的解释原理,在鲜明地指出该法理应当具有一般的妥当性这一点上,与《修改法》的旨趣具有适合性。② 进而,受到注目的是,如前所述,法院在认为附近居民的健康等包含在法的一般保护要件之中的基础上,将该保护利益无法消解于一般的公益(b)以及更加具体地确定居民的范围(c)这二阶段的切分工作,视为《修改法》之下的解释运用,更加明确地予以推进。③

当然,此时需要注意的是,在切分工作中得以一贯地使用的,是"与健康或者生活环境相关的严重损害"之观念。换言之,在解释论上推导出相关法令上良好的生活环境之保全这种一般的公益之后,当不存在特别的规定时,为了进而概括出个别保护要件,已经不是法令的条款本身,而是被侵害利益本身得以援用,所以,可以说实质上是进行了与"值得保护的利益说"相近的工作。如果说该判决具有如上这样的逻辑构造,那么,其

---

① 关于新潟空港诉讼判决,盐野著:《行政法Ⅱ(第六版)行政救济法》,第 105 页。
② 参见盐野著:《行政法Ⅱ(第六版)行政救济法》,第 110 页。
③ 在这一点上,最高法院维持了处分要件、(抽象的)个别保护要件、(具体的)个别保护要件的固定模式,被解释为是因为其认为《修改法》未对这一点作出变更。个别保护要件,也有见解认为在《修改法》中被部分放弃了[参见小早川著:《行政法》(下Ⅲ),第 261 页;村上裕章著:《关于修改行诉法的解释论上的诸问题》(2005 年),载村上著:《行政诉讼的基础理论》,第 302 页;判例实务,包括小田急诉讼大法庭判决在内,并未采取那样的立场]。

射程并不一定明确。其一,该判决是与设施的规制和日常的生活环境相关的判决,当该法令的保护对象是与之不同的利益时,怎样的实质的利益被允许援用是不明确的。进而,保护要件说,由于首先重视具体的法令之处分要件,所以,法令上有某种另外的规定(例如,特定范围的人之程序参加制度、不服申诉制度)的话,依据该制度也是可能的。①

这样,依然为今后留下了问题,但是,在下级审判决中,无论是承认了或者是进而否定了具体情况下的原告适格,大多都遵循了在修改法所揭示的解释的程序,在这种限度内,可以说,修改法的旨趣正在裁判事务上得以固定下来。②

---

① 关于平成 17 年大法庭判决的射程,关于自行车竞技场外车券发售设施设置许可,承认了一定范围的附近居民的原告适格的大阪高等法院判决(原审)(平成 20 年 3 月 6 日,载《判例时报》第 2019 号,第 17 页),与对此予以否定的最高法院判决(上告审)(平成 21 年 10 月 15 日,载《民集》第 63 卷第 8 号,第 1711 页;《行政判例百选Ⅱ》第 167 案件)的对立,提供了饶有趣味的素材。两判决虽然都引用了平成 17 年大法庭判决,却得出了不同的结论,这是因为原审判决对"与居民的疲惫等健康损害及生活环境相关的变化、不安感等也很可能达至严重的损害"予以认定,推导出了相关法规范(《自行车竞技法》《自行车竞技法施行规则》)的旨趣目的(周边地域的良好的生活环境之保全)是意图对不受这些损害这种具体的利益予以保护(第一段切分),进而通过施行规则(对 1000 米以内所在的文教设施、病院等的考虑规定)内的居住之认定,进行了第二段的切分。与此相对,上告审判决则是作为大前提,认为从场外设施所产生的损害,"是广义上的生活环境的恶化,难以预想到通过其设置、运营而直接使周边居民等的生命、身体的安全及健康受到威胁,对其财产产生严重的损害这种事情",就原审在引出个别保护要件之际所概括性地使用过的施行规则,分为"位置基准"和"周边环境基准"进行考察,认为前者仅适用于医疗设施等的开设者等,而后者"则是立足于防止用途不同的建筑物混在一起,谋求都市环境之有秩序的整备,保护这种一般的公益之见地的基准",所以,限于关于居住者,不能作为法令的解释而切分出个别利益,故而否定了附近居民的原告适格(对于医疗设施等的开设者,以位置基准为根据,在对事业产生严重障碍的场合,承认了原告适格)。

关于被侵害利益的判断、法规范(本案的场合是施行规则)的解释方法,上告审判决采取了比原审判决更严格的态度,被认为是带来结论不同的原因。从平成 17 年最高法院大法庭判决的旨趣来看,不能认为上告审判决那样的严格解释会成为今后应当推进的判例政策。这是因为,更加柔软地适用开放空间,更加有助于国民的权利利益的实效性确保,担心由此而导致法令的解释、适用变得粗糙,那不过是杞人忧天罢了。

② 参见高桥编:《施行状况》,第 346 页以下、第 446 页以下。虽然是将对象限定在周边居民,但是,小泽道一著:《撤销诉讼中周边居民的原告适格》(一)—(四),载《判例时报》第 2040 号、第 2041 号、第 2043 号、第 2044 号,2009 年,绵密地追踪修改法后的判例动向,明确了这个期间的状况。在下级审判决之中,有前述大阪高等法院判决(平成 20 年 3 月 6 日,载《判例时报》第 2019 号,第 17 页),曾经被最高法院判决所否定的、承认了争议《风俗营业等取缔法》的许可处分的附近居民的原告适格的裁判例(参见大阪地方法院判决,平成 18 年 10 月 26 日,载《判例时代》第 1226 号,第 82 页),也有前述最高法院判决(平成 21 年 10 月 15 日,载《民集》第 63 卷第 8 号,第 1711 页;《行政判例百选Ⅱ》第 167 案件)作出,判例的今后动向尚不确定。此外,关于个别保护要件的二阶段之切分工作,小泽道一著:《撤销诉讼中周边居民的原告适格》(一),载《判例时报》第 2040 号,第 6 页也有指出。

(六)展望

从这一点出发,对关于第三人的原告适格的判例动向按照成为问题的领域分别进行再斟酌的话,可以指出以下几点。

1. 关于营业竞争者,只要在制定法上无法承认特别的线索,那么,原告适格便难以被承认。本来,当实定法上没有采取参与规制的机制时,营业竞争者的利益不进入处分要件,这是原则。① 与此相对,最高法院平成26年1月28日判决②并非依据明示的参与规制条款(距离限制、地域独占制度),而是在对前述平成17年最高法院大法庭判决进行引用的基础上,从《废弃物处理法》的一系列机制、事业的公益性等出发,就一般废弃物处理事业许可处分,对既存许可事业者承认了原告适格,这件事情受到注目。这样的研究方法,不仅有助于原告适格的扩大,也有助于环境利益的保护等。但是,在另一方面,也有必要留意的是,其具有带来违反该法律旨趣的竞争限制效果之虞。③

2. 关于规制法上的附近居民的地位,只要处分的具体效果具有地域关联性,就可以广泛地把握到作为范畴的切分。此时,当将此作为个人的利益进行抽出之际,在关于生命、身体健康的情况下,通过某种方法来承认,不仅是可能的,而且现实中也是采取了那样的手法。④

与此相对,例如像《风俗营业取缔法》的规制那样,并不一定是范围难以确定的场合,就像最高法院判决那样,其不可能性容易被认定。但是,即便在这种场合,也无法认定善良的地域环境之保持对于生命、身体的劣后价值,所以,跟生命、身体同样使用辅助的手段,予以切分是可能的,在这种限度内,将这种原告适格的范围予以扩大便是可能的。同样,对于铁道的利用者来说,将该周边领域的一部分予以切分,来承认原告适格,被认为是可能的。

---

① 关于就病院开设许可附近医疗关系设施关系者所请求的撤销诉讼,最高法院判决,平成19年10月19日,载《判例时代》第1259号,第197页,也立足于相同旨趣。
② 载《民集》第68卷第1号,第49页;《行政判例百选Ⅱ》第171案件。
③ 关于本判决的意义,参见《行政判例百选》,林晃大解说。
④ 对于产业废弃物处理业许可处分,最高法院判决,平成26年7月29日,载《民集》第68卷第6号,第620页(许可处分无效确认请求案件),依据前述平成17年最高法院大法庭判决,承认了附近居民的原告适格。

在所谓近铁特急案件中,最高法院虽然否定了铁道利用者的原告适格①,但是,在《修改法》之下,东京地方法院平成25年3月26日判决②,对于针对北总铁道的旅客运费变更认可处分,对通勤、通学等日常的铁道利用者承认了原告适格。关于该案件的上级审法院并未触及原告适格的问题。③

关于景观利益,在要求与撤销诉讼同样的原告适格的诉讼要件的停止诉讼④中,广岛地方法院对《公有水面填平造地法》及其他相关法规范的规定、鞆之景观的价值及恢复困难性等进行综合判断,承认了在鞆町居住者的原告适格。⑤ 景观本身是客观的价值,换言之,是一般的公益,要将町民的利益从那里切分出来,并不一定是容易的事情,并且,在第二段的具体性的原告范围的切分中,使用了"町"这个行政区划,被认为似有独自性。⑥

3. 作为一般消费者的话,从消费者之中将特定的人之利益切分出来,是困难的事情,这揭示了这种手法的界限。关于有关物的利害关系者,因为存在性质上的不同,所以不能一概而论。但是,例如,在神社佛阁的文化财产指定解除等之中,本来文化财产的价值是客观的存在,不适于

---

① 盐野著:《行政法Ⅱ(第六版)行政救济法》,第108页。
② 载《判例时报》第2209号,第79页。
③ 此外,关于铁道利用,作为提倡从"交通权"这种角度出发的研究方法的见解,参见冈崎胜彦著:《权利论与原告适格——关于铁道利用者的原告适格(再论)》,载《室井追悼》,第229页以下、第246页以下。
④ 《行政事件诉讼法》第37条之四第3款、第4款。
⑤ 广岛地方法院判决,平成21年10月1日,载《判例时报》第2060号,第3页。鞆之浦公有水面填平造地执照停止诉讼,载《环境法判例百选》(第三版,大塚直、北村喜宣编,2018年版)第64案件。作为以该诉讼为素材,涉及一般原告适格论[二阶段的切分工作,盐野著:《行政法Ⅱ(第六版)行政救济法》,第113页]的成果,有高木光著:《行政处分中的考虑事项》(2010年),载高木光著:《法治行政论》,2018年版,第203页以下、第208页以下,具有参考意义。
⑥ 在鞆之浦公有水面填平造地执照停止诉讼中,法院将认为景观利益在民事不法行为法上是法律上值得保护的利益的最高法院判决(最高法院判决,平成18年3月30日,载《民集》第60卷第3号,第948页)适用于该案件,认为日常享受着鞆之景观恩泽者的景观利益,"在私法上的法律关系中值得法律上保护",在此基础上,认为《公有水面填平造地法》等相关法规范,"解释为包含着将值得法的保护的、享受着鞆之景观的利益,也作为个别的利益来保护的旨趣,是相当的",并不是无媒介地将客观的利益作为居民的个别保护利益。不过,将民事不法行为法上的考虑要素带入原告适格的考虑要素,这件事情并非当然地能够做到,所以,在此基础之上,如同法院所认定的那样,关联法规范上居民的程序参加制度,被认为是支撑判决之结论的重要的要素。

将原告适格抽出来,所以,在修改法的框架内进行处理是困难的。

这样,《修改法》虽然是以从前的最高法院判决为基础而完成修改的,但是,可以说正在发挥着有助于国民的权利利益的实效性确保的工作。不过,即便在《修改法》之下,也必须承认的是,法院只要是将在行政法规范的保护利益(处分要件)之基础上的切分工作作为前提,其解释运用就存在界限。①

六、狭义的诉的利益

在民事诉讼中,原告要求就其请求作出本案判决的必要性、实效性,作为诉的利益的问题来论述。② 在行政诉讼中,这种道理依然适用。也就是说,行政厅的行为具有处分性,即使具有原告适格,但只要现实上没有撤销该处分的必要时,起诉将不被受理。这就是除处分性、原告适格以外的狭义上的诉的利益,或者称之为单纯的诉的利益。狭义的诉的利益有各种各样的类型:

(一)一旦处分的效果完结,诉的利益便消灭。《建筑基准法》上的建筑确认,是使建筑这种私人的行为得以合法进行的行为,所以,一旦建筑工事完成,处分的效果也就终结,诉的利益被认为也就消灭了。③《都市计划法》第29条的根据开发许可的开发工事完结后(即使尚未进行建筑

---

① 《行政事件诉讼法》第9条第2款的规定,被解释为必要的考虑事项[盐野著:《行政法Ⅱ(第六版)行政救济法》,第112页],所以,在进行第9条第1款所规定的法律上的利益之判断时,依然通过解释论的操作来扩大其范围,被认为属于法院的权限之范围。不过,当前,无法预测到法院选择该方法,故而不得不在第9条第2款的范围内考虑实效性权利利益之确保的方略。此时,由学说所着眼的是"利益",虽然不单是各个人的利益,但是,得以主张的是作为也无法被一般的公益所吸收的利益,诸如共同利益乃至集合利益(参见亘理格著:《行政诉讼的理念和目的》,载《法学者》第1234号,2002年,第12页、第15页)(虽然是行政诉讼修改讨论中的成果,但在修改后也通用)、凝集利益(参见仲野武志著:《公权力行使概念的研究》,2007年版,第284页以下)、扩散的、集合的利益(地位分配型)(参见大贯裕之著:《关于撤销诉讼原告资格的备忘录》,载《藤田退职纪念》,第394页以下、第403页以下)等(作为这些学说的概观,参见稻叶馨著:《行政诉讼的当事者、参加人》,载《行政法的新构想Ⅲ》,第78页以下)。哪一种都是值得注目的观点,但目前尚未达至由裁判例从正面予以采用。此外,也有必要留意的是,树立新的范畴,便具有将二段构造的个别保护要件认定的柔软的运用予以排除的效果。

② 新堂幸司著:《新民事诉讼法》,第257页。

③ 最高法院判决,昭和59年10月26日,载《民集》第38卷第10号,第1169页;《行政判例百选Ⅱ》第174案件。

确认),许可撤销诉讼的诉的利益也就不存在了。① 此外,代执行的告诫的撤销请求也是一样,一旦拆除了建筑物,撤销的利益也就消灭了。② 代执行结束后也一样,作为在原状恢复是可能的情况下承认了诉的利益的裁判例,有名古屋高等法院判决。③ 在这些情况下,如果被承认了处分的执行停止的话,则可以获得本案判决;进而,如果胜诉了的话,则可以不进行建筑物的建设或者拆毁就完事了。在这种意义上,如果将诉的利益予以否定而放置不管的话,即使在理论性的说明上可以讲得通,从救济的角度来看还是留下了问题。此时,像平成27年最高法院判决那样,立足于与法的构造相符合的所谓制度内在的见地,来探究撤销的利益,也是重要的④,撤销诉讼以外的方法⑤也应该同时得到追求。

(二)常有因时间的经过,本体处分的效果完成的情形。即使在这种情况下,也有依然存在附带性效果的情形,为了排除这种附带性效果,是否存在撤销该行政处分的利益,则是需要研究的问题。例如,地方议会的议员受到开除处分,在提起该处分的撤销请求期间,任期届满。此时,作为议员的身份,因为任期届满而不存在恢复的余地。在这种意义上,免职处分的效果已经完成。另外,如果该处分是违法的,因而被撤销了的话,则该人对在议员地位期间有岁费请求权,在该限度内,存在着是否依然有撤销利益的问题。这是《行政事件诉讼特例法》时代的纠纷,最高法院大法庭判断其为没有诉的利益⑥,但是,其赞成和反对的比例是八比

---

① 最高法院判决,平成5年9月10日,载《民集》第47卷第7号,第4955页;最高法院判决,平成11年10月26日,载《判例时报》第1695号,第63页。与此相对,最高法院判决,平成27年12月24日,载《民集》第69卷第8号,第2404页,进行了着眼于都市计划区域中的市街化区域和市街化调整区域的区别之机制解释,就后者而言,即便在工事完了之后,也承认了开发许可撤销诉讼之诉的利益[作为包含建筑确认法制与开发许可法制之异同在内、对一系列的最高法院判决之批判的分析,参见和泉田保一著:《关于开发许可处分之法的效果的意义之考察》,载《法学》(东北大学)第81卷第6号,2018年,第27页以下;《行政判例百选Ⅱ》第174案件,寺洋平解说]。

② 最高法院判决,昭和48年3月6日,载《裁判集民事》第108号,第387页。

③ 平成8年7月18日,载《判例时报》第1595号,第58页。

④ 参见金子正史著:《开发许可撤销诉讼中诉的利益》(2001年),载金子著:《城镇建设行政诉讼》,2008年版,第1页以下。

⑤ 例如,关于德国的结果除去请求权,包括关联文献在内,参见山本隆司著:《行政上的主观法与法关系》,2000年版,第394页以下;太田照美著:《德国公法上的结果除去请求权的研究》,2008年版。

⑥ 最高法院大法庭判决,昭和35年3月9日,载《民集》第14卷第3号,第355页。

七。因此，在制定《行政事件诉讼法》时，立法者对这种问题选择了承认诉的利益的方向来解决。具体地说，《行政事件诉讼法》第9条第1款括号内规定："包括处分或者裁决的效果因期间经过及其他理由而消灭后，依然具有通过处分或者裁决的撤销来恢复的法律上的利益者"。其结果是，在《行政事件诉讼法》下，对免职处分撤销诉讼中成为公职选举候选人的人，[1]也承认诉的利益，是没有争议的。[2]

与此相对，判例认为，作为侵害性处分的附带性效果的名誉权侵害，不能成为承认作为处分本体的效果消灭后诉的利益之根据。[3] 从形式上看，在相应情况下的所谓附带性效果也是事实上的效果，和以撤销法效果，恢复原状这一撤销诉讼制度的制度目的是不一致的。当然，对于违法的行政行为所造成的侵害，即使是事实上的，也决不可以不管不问。我认为，只要侵害达到了应予以救济的程度，判例的态度是作为国家赔偿制度的问题来处理便足够了。但是，国家赔偿请求权的成立，除公务员的主观性要件成为必要之外，处分的违法性本身不能成为审理的对象，这种情形也是可以想象的[4]，所以，将救济限定于此，是不适当的。所以，有必要注意的是，通过法院来确认自己没有实施违法行为，这是基本的要求，并且，由于该处分的违法被放置，对于防止将来发生的不利来说，即使在法的效果完结之后，有时候还是存在违法行为之确认的利益。

如果从形式上适用期间经过后诉的利益即消灭的原则，当反复作出同种处分时，其会导致丧失请求处分撤销的机会。当然，在后行处分的定量之际，采取了先行处分的存在成为考虑要素那样的机制的，则另当别论。关于这一点，最高法院平成27年3月3日判决[5]指出，"在根据《行政程序法》第12条第1款所规定、公开了的处分基准中，以接受了先行的处分为理由，有对后行的处分相关的定量予以加重的宗旨之不利的处理的规定时"，存在关于先行处分的诉的利益。该判决，从裁量基准的外部

---

[1] 该人被视为自选举登记之日起辞职。《公职选举法》第90条。
[2] 最高法院大法庭判决，昭和40年4月28日，载《民集》第19卷第3号，第721页。
[3] 关于驾驶执照停止期间经过后的撤销诉讼的诉的利益，参见最高法院判决，昭和55年11月25日，载《民集》第34卷第6号，第781页；《行政判例百选Ⅱ》第179案件。
[4] 盐野著：《行政法Ⅱ（第六版）行政救济法》，第271页以下。
[5] 载《民集》第69卷第2号，第134页；《行政判例百选Ⅱ》第175案件。

效果之观点来看,也是重要的判决。① 此外,当撤销的对象是侵害处分时,应该说中止诉讼可以发挥作用。② 对于申请的许认可处分和申请的宗旨不对应(申请的部分拒绝处分)的情况③,只要该处分是附期限的,那么,即使撤销一部分,也存在着对行政厅来说没有再度考虑申请之余地的问题。在这种情况下,如果能够将该案件的行政过程作为整体来把握,将反复的处分看作形式性期间更新的话,我认为不应该将案件作为期间经过后诉的利益的问题,而应当能够从诉的对象同一性这种观点出发,承认诉的利益。虽然问题的提出方法不同,但是,关于广播电台的执照许可拒绝处分的撤销诉讼,依据执照许可期间的更新这一观点而承认了诉的利益的最高法院判决,是值得参考的。④

(三)当行政处分因为撤回等情况而失去效力时,该处分撤销诉讼之诉的利益便消灭了。作为属于此种问题的事例有:在对税务署长的更正处分提起撤销诉讼过程中,其作出了增额再更正处分,在这种情况下,便存在着请求原更正处分的撤销是否仍具有诉的利益的问题。最高法院认为,采取了增额再更正处分是在撤销更正处分的基础上所作出的新处分机制,基于这种理解,作出了诉的利益已消灭的判断。⑤

(四)在通过撤销判决依然不可能恢复原状的情况下,有时也被认为没有诉的利益。判例认为,虽然曾经就公有水面的填平造地许可进行争议,但既然填平造地已经进行,便不可能恢复,因而不存在诉的利益。⑥ 但是,在相关情况下,存在着是否应该依据《行政事件诉讼法》第31条规定的事情判决(特别情况下的驳回判决)来解决的问题。在事情判决(特别情况下的驳回判决)中,判决正文作出处分的违法宣告,同时还可以考虑损害赔偿或者防止损害的程度及方法等。⑦ 最高法院也承认了

---

① 盐野著:《行政法Ⅰ(第六版)行政法总论》,第88页以下。
② 盐野著:《行政法Ⅱ(第六版)行政救济法》,第204页。
③ 承认期间经过后之诉的利益的福冈高等法院判决,平成3年8月22日,载《判例时代》第787号,第148页,就是这种类型。
④ 最高法院判决,昭和43年12月24日,载《民集》第22卷第13号,第3254页;《行政判例百选Ⅱ》第173案件。
⑤ 最高法院判决,昭和55年11月20日,载《判例时报》第1001号,第31页。此外,参见《行政判例百选Ⅱ》第172案件,占部解说。
⑥ 名古屋地方法院判决,昭和53年10月23日,载《行裁例集》第29卷第10号,第1871页。
⑦ 盐野著:《行政法Ⅱ(第六版)行政救济法》,第161页。

土地改良工事完成后对事业施行认可的诉的利益。①

相反,有的判例认为,由于物理性状况已改变,原告的不利状况已经消灭,则诉的利益也就消灭。②

(五)有时因为原告死亡而诉讼的继承不被承认,因而认为诉的利益已消灭。关于生活保护请求权,朝日诉讼的最高法院判决③否定了诉的利益。但是,即便在社会保障法的领域,也不是一律着眼于一身专属性,而是认为有必要根据个别的法的机制进行判断的判例,有关于《尘肺法》和《劳动者灾害补偿保险法》的最高法院判决。④ 在争议公务员的免职处分期间原告死亡的情况下,对其遗属等承认诉讼的继承。这是因为通过免职处分的撤销,可以承认其生存期间的工资请求权,该权利成为继承的对象。⑤

(六)在许可制度中,在许可处分的内容以外要求所谓附随的效果之纠正时,该许可处分的撤销诉讼之诉的利益会被讨论。也就是说,在汽车驾驶执照的更新之际,被交付了没有优良驾驶员之记载的驾驶证的人,请求该更新处分之撤销的诉讼中,最高法院平成21年2月27日判决⑥认为,"因为在更新处分中所交付的驾驶证是否有记载是优良驾驶员之宗旨的驾驶证,该驾驶证的有效期间等并不受其左右。并且,交付有上述记载的驾驶证而作出更新处分,不是构成驾驶证的更新申请之内容的事项",但是,"客观上是满足了优良驾驶员之要件者,接受交付有优良驾驶员之宗旨的记载的驾驶证,进行更新处分的法律上的地位,既然这件事情得以肯定",原告便"具有请求该更新处分之撤销的诉的利益",采取了与根据部分撤销请求的法理而承认了诉的利益的原审判决⑦不同的理论构

---

① 最高法院判决,平成4年1月24日,载《民集》第46卷第1号,第54页;《行政判例百选Ⅱ》第178案件。
② 长沼奈基地诉讼的最高法院判决,昭和57年9月9日,载《民集》第36卷第9号,第1679页;《行政判例百选Ⅱ》第177案件。
③ 最高法院大法庭判决,昭和42年5月24日,载《民集》第21卷第5号,第1043页;《行政判例百选Ⅰ》第16案件。
④ 平成29年4月6日,载《民集》第71卷第4号,第637页。参见《法学者平成29年度重要判例解说》,第42页以下,大贯裕之解说。
⑤ 最高法院判决,昭和49年12月10日,载《民集》第28卷第10号,第1868页。
⑥ 载《民集》第63卷第2号,第299页。
⑦ 东京高等法院判决,平成18年6月28日,载《民集》第63卷第2号,第351页。

成。这被解释为,是更新处分的本来的内容与由法律对其附加了的法的效果(这种场合是优待措施)严加区别所导致的结果。从这种意义上说,这是对行政行为论中行政行为的主要意思表示与从属意思表示的区别①的忠实表现,作为《道路交通法》的机制解释也是致密的。但是,鉴于行政行为是在依法律行政的原理之下所进行的行政法规范的执行过程之行为形式,固执于行政行为的效果意思,对主从进行严格区别,是不适切的。即便是在《道路交通法》的驾照更新中,将更新的效果作为全体来把握,在驾照更新过程中只要欠缺了其中一部分,就直截了当地作为有瑕疵的行政行为,承认撤销请求,无论是作为制度的理解还是从行政行为论的见地来看,都是妥当的。在这一点上,原审判决作为制度理解是适切的。②

七、教示

只要没有满足诉讼要件,原告的请求就不能得到涉及内容的实质性判断而被不予受理。所以,对于原告来说,要件是否得以满足,这是其关心的重大事情。可是,诉讼要件的存在与否,对于原告来说,却不一定是能够容易地知悉的。同样的问题,关于《行政不服审查法》上的不服申诉要件也是存在的,而在该法中规定了教示制度。③《修改法》在其第46条中,从充分地确保国民获得权利利益的救济机会这种角度出发,规定了在撤销诉讼中也导入教示制度。④ 这种教示制度在内容上与《行政不服审查法》上的教示制度相类似,但可以指出如下几点特色:

(一)教示,针对处分或者裁决的相对人而进行。所以,不会对原告适格成为问题的第三人实施教示。在这一点上,与《行政不服审查法》是不同的。不过,应对第三人的请求,该行政厅进行信息提供,应当是不受妨碍的。这称为任意的教示。关于对第三人的教示未被规定为义务性事项的原因,有人列举了将原告适格的判断委任给行政厅的困难性。⑤

---

① 田中著:《行政法》(上卷),第127页。
② 结论同旨,高木著:《行政法》,第302页。
③ 盐野著:《行政法Ⅱ(第六版)行政救济法》,第20页。
④ 参见小林著:《行政事件诉讼法》,第42页。除撤销诉讼以外,教示制度也被适用于形式上的当事人诉讼之中。
⑤ 参见《法学者·行政诉讼研究》,第53页(村田齐志发言)。

（二）应当进行教示的事项，包括被告、起诉期限、审查请求前置、裁决主义。其中后两种事项，仅限于存在该制度的适用的情形。

（三）关于不曾有教示的情况，以及进行了错误的教示（起诉期限的错误等）的情况，法只是规定了与审查请求相关联的问题（第 14 条第 3 款），关于其他事项，虽然并未设置特别的规定，但是，却能成为免除诉讼要件不遵守之不利的"正当的理由"之考虑事项。[①]

（四）无论是义务性教示，还是任意的教示，都可能将本来不是处分的事项说成是处分，或者本来没有原告适格却告知其具有原告适格，这种错误的教示是可能存在的。由于通过教示并不能改变实体法上规定的行政厅的行为之法的性质，所以，即使在这种错误的教示存在的情况下，法院也应当作为职权调查事项，亲自对处分性、原告适格进行审理判断。

第六节 撤销诉讼的审理

《行政事件诉讼法》不是自足完结的法典，特别是关于审理，有许多规定没有设置。所以，只要不违反行政事件诉讼的本质，就适用民事诉讼。[②] 这种基本的构造在《修改法》之下依然得以维持。下面我们就民事诉讼的基本事项及行政案件的特殊事项加以说明。

一、诉讼主体的作用

作为撤销诉讼的主体，和民事诉讼一样，有法院、原告、被告[③]三方。关于在民事诉讼中如何进行三者的作用分担，很早以前就有争论，大致可以区分为广义的职权主义和当事人主义两种。与职权主义重视法院的作用相对，当事人主义重视当事人的作用。在民事诉讼中，纠纷的内容本身是私法性质的，并且，从社会的自立性原则来看，纠纷本身也是应该在当事人相互之间解决的，故重视当事人主义。因此，便产生了在撤销诉讼中民事诉讼的原则以什么形式出现的问题。下面我们就撤销诉讼和民事诉

---

① 参见小林著：《行政事件诉讼法》，第 317 页。作为对以被错误教示的被告为对方而提起的诉讼，承认了被告变更的许可申诉的事例，有福冈高等法院决定，平成 17 年 5 月 27 日，载《判例时代》第 1223 号，第 155 页。
② 《行政事件诉讼法》第 7 条。
③ 即行政厅。《行政事件诉讼法》第 11 条。

讼法上的处分权主义、辩论主义及职权进行主义的关系进行探讨。

（一）诉讼的开始和终结——处分权主义

在民事诉讼中，处分权主义是指一般地将何时开始诉讼，诉讼中审理判断的范围应如何决定，诉讼应持续到什么程度等问题委任给当事人，即诉讼的开始本来是依当事人的行为进行，诉讼物的特定也依据原告的请求。在没有作出判决之前，也承认了依当事人之间的和解、请求放弃及其承认①、撤诉②等终结诉讼。

在撤销诉讼中，可以考虑各种各样的形态。而在日本，有如下形态：

1. 诉讼的开始被委任给当事人。撤销诉讼广泛地关系到公益，故此，作为立法政策，可以考虑由公益的代理人成为形式上的原告来推行程序，但这种制度不是日本现行法所采取的。诉讼物的具体确定也委任于原告之手，所以，对原告来说，请求撤销必须具体确定行政处分。在这种意义上，在诉讼的开始期间，处分权主义起着广泛的支配作用。

2. 关于诉讼的终结有若干争议。即关于和解、请求放弃及其承认，在民事诉讼上当事人具有实体法上的权利处分权本身，作为其体现之一而承认和解、请求放弃及其承认；而在撤销诉讼中，行政厅是否对自己的权限具有和私人的实体法上的处分权相同意义上的处分权，成为需要研究的问题。就税金而言，则产生如下疑问：一旦行政厅认定已满足了课税要件，作为行政厅，是否就必须根据法律进行赋课、征收，因而不能和相对人商量来终结诉讼呢？③

（二）诉讼资料的收集——辩论主义

这里所说的辩论主义，是指将收集成为裁判基础的资料视为当事人的权能，并且作为责任来看待。所谓资料，是指判断法律关系是否存在所必要的事实，例如，消费借贷中偿还的事实及支持该事实的证据。反过来说，在该主义之下，法院不处理或者说不得处理当事人没有主张的事实，并且不能自己收集证据。以上诸点也是民事诉讼性质的体现。即民事诉讼是有关私人利益之纠纷的处理，主张该利益的人作为当事

---

① 《民事诉讼法》第267条。
② 《民事诉讼法》第261条。
③ 关于这一点，将在撤销诉讼的终结部分再次涉及。盐野著：《行政法Ⅱ（第六版）行政救济法》，第147页"诉讼的终结"。

人出现在法院。因此,收集资料的诱因在于当事人。换言之,即使委任给当事人,也同样可以期待收集判断所需要的充分的材料。假定在没有充分的资料的情况下,也可以依据立证责任的分配原则,判其中之一方胜诉。①

与此相对,在撤销诉讼中,不能否认不适合于辩论主义的要素之存在。这里的问题在于:为实现公益而行使的行政行为是否合法地得以实施这一判断,这正是与公益相关的问题。在这种意义上,似乎可以说,将诉讼的趋势委任给当事人的辩论主义与撤销诉讼是不相适应的。至少在为实现依法律行政原理的方向上,为探明客观的真实,当事人甚至法院应该齐心协力。这种观点是完全能够成立的。换言之,法院认为必要时,可以就当事人没有主张的事实展开取证调查,并且可以自己收集支持该事实证据的制度得以成立的理论基础也在于此。此种主义,即法院可以处理当事人没有主张的事实和自己收集证据的原则,称为职权探知主义。不过,是否采用该主义,是立法政策的问题,并不是说因为是撤销诉讼而当然适用职权探知主义。② 因此,立法者具体是以什么态度来对待这个问题的,便成为需要研究的问题。

1.《行政事件诉讼法》第 24 条规定了职权证据调查,即关于某种事实发生了争议,当事人不进行适当的举证活动的话,法院可以自己收集证据。这和通常的民事诉讼相对比,可以说构成了撤销诉讼的重大特色。但是,关于法院是否可以进一步就当事人未主张的事实进行调查,《行政事件诉讼法》没有设置特别的规定。在明治宪法下的《行政裁判法》时代,虽然也没有明文规定,但被解释为采用了职权探知主义。③ 在这种意义上,制定法上的处理方法和现行法基本相同。《行政裁判法》第 38 条第 1 款规定:"可以收集认为必要的证据,传唤证人及鉴定人,令其按照审问作出证明及鉴定。"在非行政法院的普通法院进行审理时,要承认适用特别的审理原则,被解释为仅因为是撤销诉讼程序是不够的,还需要有特别的法律根据。虽然没有这方面的判例,但这是通说。④ 职权探知主

---

① 参见盐野著:《行政法Ⅱ(第六版)行政救济法》,第 134 页。
② 作为在立法政策上明确规定采用该主义的事例,有德国《行政法院法》第 86 条。
③ 美浓部达吉著:《行政裁判法》,1929 年版,第 241 页以下。不过,代替"职权探知主义",使用了"职权审理主义"(Untersuchungsmaxime)这个术语。
④ 参见田中著:《行政法》(上),第 344 页;原田著:《行政法要论》,第 417 页。

义,是在明治宪法下的行政裁判制度之下,参考德国法的规定而创设的,而在德国法上,这一主义现在依然维持。①

2.《行政事件诉讼法》规定的职权证据调查,是法院的权限,而不是其义务。② 并且,实际中虽然不曾听说有利用该规定而进行职权调查的事例,但却有通过以该规定为前提的诉讼指挥,督促当事人举证的情形。③

3. 作为和辩论主义具有密切联系的制度,有自白的制度。在民事诉讼中,对相对人所主张的承认于己不利的事实的陈述即自白,法院不能作出与之相反的认定。④ 这也可以看作是当事人自治的体现,对此,理论上认为,在撤销诉讼中也可以适用相反的原理。但是,既然存在依据辩论主义这一原则,所以自白也被承认,实务上也作为适用《民事诉讼法》规定的该原理而予以运用。

4. 上述撤销诉讼的审理之制度及运用,也可以表现为在极其有限的范围内得以修正的辩论主义。但是,从国民的权利利益之实效性救济的角度来看,谋求进一步审理的充实促进更为重要。于是,在《修改法》中新设了《民事诉讼法》上的释明处分的特则,规定法院为了明确诉讼关系,可以向行政厅⑤要求提交与能够明确处分或者裁决之理由的资料及审查请求相关的事件的记录等(第23条之二)。这样,作为能够期待尽早明确争点的制度而导入了这种规定。⑥

如前所述,释明处分的特则是从诉讼审理的合理化这种观点出发而被导入的制度。但是,这一制度也可以从作为行政法的基本原则的说明责任的角度来为其提供基础,即在行政过程中,行政(厅)对于相对

---

① 参见高山一雄著:《西德的职权探知原则》,载《雄川献呈》(下),第247页以下;须田守著:《撤销诉讼中的"完全审查"(四)》,载《法学论丛》第178卷第5号,2016年,第28页以下。须田论文是以完全审查为目标的德国行政诉讼之审查过程全部相关的仔细分析,对于作为其特质之一环的职权探知主义进行了分析。
② 最高法院判决,昭和28年12月24日,载《民集》第7卷第13号,第1604页;《行政判例百选Ⅱ》第194案件。
③ 参见研究会著:《现代型行政诉讼的检讨课题》,载《法学者》第925号,1989年,第89页以下。
④ 《民事诉讼法》第179条、第159条。
⑤ 并不限于该诉讼的被告所属的行政厅。
⑥ 参见小林著:《行政事件诉讼法》,第260页以下;菅野博之著:《条解行诉》,第479页以下。

方负有就具有不利效果的处分进行理由提示的义务,同时,在听证程序中,必须回应作为相对人的私人的文件阅览请求。① 进而,虽然与处分程序没有直接的关系,但是,就一般行政活动而言,政府负有说明责任。② 这种行政过程中的基本原则,并不是一旦进入诉讼的阶段就可以在当事人对等的原则下被无视,我认为,倒不如说,在裁判过程中也应当得以贯彻。而新导入的释明处分的特则,可以作为其实现的路径之一来定位。③

此外,在实务上,被认为不是行使释明处分权,而是以该制度为背景,采取了督促被告提出相关资料的运用。④

(三)诉讼的进行——职权进行主义

关于诉讼的进行,存在着如下两个主义:委任给当事人的观点和赋予法院以主导权的观点。在日本的《民事诉讼法》上,关于这一点,采取了后者即职权进行主义。⑤ 这可以说是对程序进行中的诉讼指挥权的重视。这种道理被认为对于撤销诉讼也是当然适用的。

二、审理过程的诸问题

(一)诉的合并、变更等

在民事诉讼中,有时提起相互关联的复数的诉讼请求。此时,从减轻当事人或者法院负担的角度出发,以及基于避免审理的重复、裁判的抵触这一理由,《民事诉讼法》上设置了诉讼程序的合并等制度。⑥ 在撤销诉讼中也存在相关的情况,另外,还存在着必须试图促进撤销诉讼本身的审理这种情况。因此,《行政事件诉讼法》上设置了关联请求这一概念(第13条),一方面承认这些请求相互间诉的合并⑦,另一方面

---

① 《行政程序法》第8条、第14条、第18条。
② 盐野著:《行政法Ⅰ(第六版)行政法总论》,第70页。
③ 北村和生著:《行政诉讼中行政的说明责任》,载《行政法的新构想Ⅲ》,第85页以下,论述了作为行政法上的基本原理之一的说明责任的原则在行政诉讼中的适用,作为其场面之一,列举了释明处分(第90页)。该论文认为,对于举证责任的分配(尤其是裁量处分的司法审查中的)、文件提出命令,该法理也涉及。
④ 参见高桥编:《施行状况》,第463页。
⑤ 《民事诉讼法》第93条第1款——期日的指定、第98条第2款——送达等。
⑥ 《民事诉讼法》第38条——诉的主观性合并、第136条——诉的客观性合并。
⑦ 《行政事件诉讼法》第16条——请求的客观性合并、第17条——共同诉讼。

对其他诉讼相互间的合并则不予承认。这样,有关民事诉讼的合并规定便不能援用。

1. 关联请求,是以撤销诉讼为中心的概念,请求的移送也完全是向撤销诉讼的管辖法院移送有关关联请求的诉讼,而不是承认向关联请求的诉讼移送撤销诉讼。《行政事件诉讼法》第13条分6项列举规定了关联诉讼,作为第6项中的"其他与该处分或者裁决的撤销请求相关联的请求",可以考虑的有:处分的撤销请求和以该处分为原因的不当获利返还请求;在申请竞合关系的情况下,对某甲的许可处分撤销请求和对某乙的许可拒绝处分的撤销请求等。与此相对,关于课税处分的撤销请求,即使争论的焦点是同一的法律问题,来自复数人的诉讼也被认为不能成为关联请求。① 这是立案者的见解。与此相对,也有人主张要求更加柔软的运用。在这种状况之下,在对于同一用地内的复数的建筑物作出的复数的固定资产评价委员会的决定被争议的案件中,最高法院平成17年3月29日决定②中,在将委员会的决定视为复数的基础上,认为这些都相互属于关联请求,在其理由中指出:"这样解释,可以避开审理的重复及裁判的矛盾抵触,在减轻当事人的诉讼提起和诉讼推进上的负担的同时,也有助于诉讼的迅速的解决。"③

2. 诉的合并,既在起诉时予以承认(原始的合并),也承认追加的合并。④

3. 当以撤销诉讼不合法为理由而应不予受理时,应如何处理关联请求(是否应将关联请求以不合法为理由不予受理),成为需要研究的问题。从诉讼经济的观点来看,只要关联请求合法,作为独立的诉讼来处理即足够了,这才是适当的。⑤

4. 在审理撤销诉讼和关联请求时,存在着关于撤销诉讼之审理的特别规定是否也适用于关联请求这样的问题。例如,撤销诉讼的职权证据调查的规定是否也适用于作为关联请求的国家赔偿请求?审理共通的部

---

① 参见杉本著:《行政事件诉讼法的解说》,第53页。
② 载《民集》第59卷第2号,第477页;《行政判例百选Ⅱ》第186案件。
③ 此外,参见《法学者平成17年度重要判例解说》,第37页以下,岛村健解说。
④ 《行政事件诉讼法》第18条——依第三人的请求的追加合并、第19条——依原告的请求的追加合并。
⑤ 参见藤山雅行著:《条解行政事件诉讼法》,第376页。

分另当别论,若不是对共通的部分,而是对关联请求所固有的部分(例如,损害额的计算),解释为不适用撤销诉讼的规定,我认为这符合制度的宗旨。

(二)参加

诉讼参加,是指第三人为维护其权利和利益而参加正在进行中的诉讼。在《民事诉讼法》上,第三人参加诉讼形态,有辅助参加(第42条)、独立当事人参加(第47条)、共同诉讼参加(第52条)等。此外,虽然《民事诉讼法》上没有规定,但人们认为该法从制度上承认了共同诉讼的辅助参加。在撤销诉讼中也是一样,根据《行政事件诉讼法》第7条,《民事诉讼法》第42条的辅助参加得以承认。①

与此相对,《行政事件诉讼法》规定了如下两种撤销诉讼中的参加制度:由于诉讼的结果,其权利将受到侵害的第三人参加进行中的诉讼程序的第三人的诉讼参加(第22条);撤销诉讼的被告以外的行政厅参加诉讼程序的行政厅的诉讼参加(第23条)。

1. 第三人的诉讼参加

第三人的诉讼参加,是指当存在因诉讼的结果导致其权利受到侵害的第三人时,让该人参加诉讼的制度。② 如果对相关人员不赋予任何程序性权利而让其心甘情愿地接受诉讼的结果,显然是不适当的,因而设置了此种制度。例如,旧土地所有人以该收用委员会得以设置的都道府县为被告,提起收用裁决的撤销诉讼而胜诉的情况下,起业者也要接受该效果,如原告胜诉,其便不能对原告主张土地所有权(第32条)。③ 因此,对起业者来说,为了不让被告败诉,就有必要参加诉讼,以维护自己的利益。并且,通过对起业者赋予这样的机会,可以承认判决的效果也涉及起业者的正当性。④

---

① 最高法院决定,平成15年1月24日,载《裁判集民事》第209号,第59页;《行政判例百选Ⅱ》第187案件。在该案件中,关于产业废弃物处理设施不许可处分撤销诉讼,地域居民请求处分厅(知事)方面的辅助参加。作为对相关情况下的地域居民的地位加以考察的成果,参见三边夏雄著:《地域社会的诉讼参加》,载《原田古稀》,第275页以下。

② 《行政事件诉讼法》第22条。

③ 参见盐野著:《行政法Ⅱ(第六版)行政救济法》,第156页。

④ 也包含撤销判决的拘束力——东京高等法院决定,平成8年3月25日,载《判例时报》第1566号,第132页。上告审·最高法院决定,平成8年11月1日,载《判例时报》第1590号,第144页,也承认了这种道理。

（1）这里所说的第三人，不限于直接接受判决的形成力的第三人，而且还包括由于判决的结果使其权利将受到侵害的第三人。例如，竞合申请的某甲和某乙当中，某甲获得许可而某乙被拒绝的情况下，该拒绝处分的撤销诉讼的结果是某乙胜诉时，某甲的许可之效果有可能被否定①，所以，某甲也是这种情况下的第三人。而在只有工会申请救济的救济命令的撤销诉讼中，没有申请救济的劳动者，不属于第三人。②

（2）参加，既有依职权进行的情形，也可以对当事人或者第三人赋予参加请求权。③ 在日本，虽然参加的重要性被人们所认识，但是，却没有采用德国那样的必要性参加制度，也没有成为此次的修改工作之检讨事项的对象。这是今后的课题。④

一旦作出参加决定，第三人便获得参加人的地位。这可援用《民事诉讼法》第40条的规定⑤，因而具有准同于必要性共同诉讼中的共同诉讼人的地位，但由于其并不对当事人具有独立的请求，故此，其性质被认为类似于共同诉讼的辅助参加。对于承认第三人的诉讼参加的决定，当事人不能即时进行抗告。⑥

（3）第三人的诉讼参加和《行政事件诉讼法》第34条规定的第三人的再审之诉处于相互对应关系。尽管接受判决的效力，但是，由于不能归责于自己的理由而没能参加诉讼的人，可提起再审之诉。⑦

2. 行政厅的诉讼参加

在《修改法》之下，在撤销诉讼中，作出成为撤销诉讼请求对象的处分或者裁决的行政厅所属的国家或者公共团体为被告⑧，而该行政厅也

---

① 盐野著：《行政法Ⅱ（第六版）行政救济法》，第155页。
② 最高法院决定，平成14年9月26日，载《判例时报》第1807号，第152页；《行政判例百选Ⅱ》（第六版）第194案件。
③ 《行政事件诉讼法》第22条第1款。
④ 作为对德国的职权参加的法理详细地进行分析检讨，同时对在日本姑且给法院赋课告知义务进行提案的研究成果，参见新山一雄著：《职权诉讼参加的法理》，2006年版，第567页以下。
⑤ 《行政事件诉讼法》第22条第4款。
⑥ 最高法院决定，平成14年2月12日，载《判例时报》第1782号，第159页。
⑦ 不曾知晓农地收买处分撤销诉讼的提起，农地的转卖取得者请求再审之诉的事例——大阪高等法院判决，昭和44年1月30日，载《行裁例集》第20卷第1号，第115页。
⑧ 盐野著：《行政法Ⅱ（第六版）行政救济法》，第75页。

被赋予了作出裁判上的一切行为的权限。① 另外,例如,存在对处分厅具有监督权的上级行政厅等与该处分等具有一定关系的行政厅。因此,将这些有关的行政厅置于诉讼之中,以期待丰富诉讼资料,实现公正的审理裁判,而设置了行政厅的诉讼参加这种规定(第 23 条)。从其宗旨来看,是和民事诉讼上所见到的其他参加性质不同的制度。

行政厅的参加依职权或者依参加行政厅的申请进行。对参加行政厅援用《民事诉讼法》第 45 条的规定,因此,依照辅助参加人的地位来推行诉讼(第 23 条第 3 款)。所以,其不仅可以利用攻击或者防御的方法之提出,而且可以进行异议的申诉、提起上诉等诉讼行为。

三、审理的方法

在撤销诉讼中,当事人对作为诉讼物的该行政处分的违法性进行主张、立证,法院以此为基础,进行事实认定及法的适用。在此限度内,和通常的民事诉讼别无二致。② 但是,在撤销诉讼中,由于行政厅被赋予进行首次性事实认定和法的适用的权限,故必须注意如下几点:

(一)虽说行政厅首次性地进行法的解释、适用,但是,法的解释属于法院的专有权限,法院可以不受行政厅解释的拘束,行使独自的解释权。

(二)在事实认定中也是一样,法院以原告和被告(行政厅)的主张和立证为前提,行使其自身的认定权,即以全面审查为原则。

(三)关于这一点,由于《行政程序法》的制定,对成为该法适用对象的处分,法院的审理方法是否和全面审查方式不同,成为需要研究的问题。但是,如果认为在和该法所规定程序的关联上具有与法院的审理权发生关系的可能性的话,只能考虑到听证程序;若着眼于该听证程序,则必须注意的是,那依然并没有健全和完善到对法院的审理权加以限定的程度。至少可以说,不能因为是经过了《行政程序法》上听证的处分,而当然地认为可以承认实质性证据法则。③

(四)此原则并不一定适合于裁量行为的审查。《行政事件诉讼法》

---

① 《行政事件诉讼法》第 11 条第 6 款。
② 关于主张和立证,也存在撤销诉讼所固有的问题。该问题将在后述第四部分阐述。
③ 另外,关于主张限制的问题,参见盐野著:《行政法Ⅱ(第六版)行政救济法》,第 141 页以下。

第30条也规定:"关于行政厅的裁量处分,限于超出裁量权的范围或者存在其滥用的情况下,法院可以撤销该处分。"该条款在《修改法》之下也得以存续。当然,裁量也有各种不同的类型,因而法院的审查方法也是不同的。关于一般裁量问题,已经作为"行政行为的裁量",对学说和判例进行了探讨①,因此,在这里仅就法院的审查方法指出其要点。

1. 作为对效果裁量的裁量统制手段,有违反目的、违反比例原则、违反平等原则。法院对其实行审查,只限于对其在一般社会观念上显失公正的情形进行审查。②

2. 关于要件裁量也是一样,在裁量主要涉及客观性事实评价的情况下(政治性、政策性裁量),法院的审查仅限于对其在一般社会观念上显失公正的程度的情形进行审查。③

3. 要件裁量是科学性、专业技术性的问题,当该裁量涉及事实认定本身时,法院的审查没有必要涉及。这种观点也是可能的。但是,与此同时,如果该裁量是像原子能发电设施那样给居民的生命、健康带来重大危害的内容时,便产生了是否可以将其全部委任给行政厅判断的问题。

对此,最高法院在伊方原子炉设置许可处分撤销诉讼中,关于安全性的判断,在对行政厅的专业技术性判断上的裁量的基础上,指出:"法院的审理、判断,应当从以原子能委员会或者原子炉安全专门审查会的专业技术性调查审议及判断为基础而作出的被告行政厅的判断,是否具有不合理的地方这种观点出发而进行",最高法院同时对此作了进一步阐述,认为法院应该对具体审查基准的不合理性、原子能委员会或者原子炉安全专门委员会的调查审议及判断的过程所难以忽略的过错和欠缺进行审查。④ 这种情况下的"不合理性"、"难以忽略的过错和欠缺"的概念是指何种程度,则是并不明确的。进而,这种法院可以判断的情况和一般社会观念不同,另外还存在着法院如何对此作出判断的

---

① 参见盐野著:《行政法Ⅰ(第六版)行政法总论》,第102页以下。
② 关于对公务员的惩戒处分的审查,最高法院判决,昭和52年12月20日,载《民集》第31卷第7号,第1101页;《行政判例百选Ⅰ》第80案件。
③ 关于外国人的逗留期间的更新之审查,参见最高法院大法庭判决,昭和53年10月4日,载《民集》第32卷第7号,第1223页;《行政判例百选Ⅰ》第76案件[马库林(マクリーン,McClin)案件]。关于该案件,另外参见盐野著:《行政法Ⅰ(第六版)行政法总论》,第106页。
④ 最高法院判决,平成4年10月29日,载《民集》第46卷第7号,第1174页;《行政判例百选Ⅰ》第77案件。

问题。如果承认专业技术性裁量,那么,要对其内容进行统制,则只能说是存在困难的。可以说,最高法院也是在裁量权的认定阶段,采取了决定组织的统制这一形式来进行裁量统制的。① 在这种意义上,虽然在该案件中没有被最高法院所采用,也应该重视其决定程序的要素。②

4. 对于成为对这样的行政机关之裁量判断予以广泛承认之结果的最高法院判例的存在方式,曾经是学说上存在批判的,而作为有助于法院审查密度提升的呼声受到注目的,是近来由最高法院判决所采用的判断过程统制。这本来发端于日光太郎杉事件东京高等法院判决,后来屡次被最高法院所导入。最高法院将这种判断过程统制的方式与从前的内容不确定的社会通常理念逸脱的方式相结合,这件事情依然留下了值得讨论的问题,而其今后的展开令人注目。③

四、立证责任

(一)概念

法院就当事人所主张的事实是否存在,依证据予以认定。因此,当事人所主张的事实没有通过证据得以确定时,由哪一方当事人承担不利(即将该事实视为存在还是不存在),便成为应该研究的问题。承担不利,在《民事诉讼法》上称为立证责任,也称为举证责任或者证明责任。对于法院来说,即使无法判断事实是否真正存在,即不能形成心证时,也必须作出判断。因此,结果必然对其中之一方当事人赋课不利。在撤销诉讼中,虽然存在职权证据调查的制度④,但是,有时即使依据职权进行证据调查,也依然会出现不能形成心证的情形,所以,立证责任的问题在撤销

---

① 参见盐野著:《行政法Ⅰ(第六版)行政法总论》,第107页。
② 关于原子炉设置许可那样的有关科学技术的、政策的将来预测的裁量问题,另外参见三浦大介著:《行政判断与司法审查》,载《行政法的新构想Ⅲ》,第124页以下。
③ 关于上述内容,参见盐野著:《行政法Ⅰ(第六版)行政法总论》,第113页以下。关于这个问题的文献较多,包括文献介绍的意思,关于与行政裁量一般论的关联,有亘理格著:《行政裁量的法的统制》(2014年),载亘理格著:《行政行为与司法的统制》,第336页以下。作为将焦点聚集在判断过程审查的成果,有山本隆司著:《行政裁量的判断过程审查》,载《行政法研究》第14号,2016年,第1页以下;榊原秀训著:《行政裁量的审查密度》,载《行政法研究》第23号,2018年,第2页以下。关于裁量与行政程序的成果,参见常冈孝好著:《与裁量权行使相关的行政程序的意义》,载《行政法的新构想Ⅲ》,第235页以下。
④ 《行政事件诉讼法》第24条。

诉讼中也同样存在。①

(二)立证责任分配的原则

关于如何在当事人之间分配立证责任的问题,当事人之间的公平、经验上的盖然性(经验法则)、该权利的目的等都成为指导理念。民事诉讼的通说性见解则采取了法律要件分类说。根据该学说,各当事人就对自己有利的法规的要件事实负有立证责任,权利的主张者对权利根据事实,而对方就基于权利根据规定的法律效果发生的权利妨碍事实、之后再度否定一度发生了的法律效果的权利消灭事实等,分别负有立证责任。具体地说,就消费借贷而言,债权人对出借的事实,债务人对借了但已经返还了的事实,分别负有立证责任。根据这种观点,立证责任的分配结果由各法条的解释及法条相互关系的探讨而导出。②

与此相对,在撤销诉讼中,尚不能说已经形成了通说。作为至今为止

---

① 作为应该和立证责任相区别的概念,有主张责任的概念。在辩论主义之下,只要主要事实没有出现于辩论之中,法院便不能就该事实进行审理判断。因此,即使是对本人有利的事实,只要当事人没有予以主张,则法院只能将该事实视为不存在来处理(在辩论中只要没有主张返还的事实,法院就不能认定已经返还)。这种不利称为主张责任。此种主张责任中也存在主张责任的分配问题,并且一般性说明认为,主张责任的分配和立证责任的分配原则上是相互影响的(新堂著:《新民事诉讼法》,第473页)。但是,我认为,只要对自己有利的事实没有出现在审理之中就要承担不利,和真伪不明时承担不利,从逻辑上看不可能总是依据同一的分配基准(即使在民事诉讼法学界,也同样存在着对主张责任和立证责任的相互影响理论的异议。参见萩原金美著:《行政诉讼中的主张、证明责任论》,载《成田退官纪念》,第218页)。

因此,从撤销诉讼独自的观点看,和立证责任的分配不同的主张责任的分配也成为需要探讨的问题。特别是在撤销诉讼中,违法事由和合法事由成为恰好相反的关系,故此,一般成为问题的是:是应该由原告特别指定违法事由并主张,还是应该由被告主张处分满足了实体法上和程序法上的要件(与此相对,在民事诉讼中,例如,只要没有主张返还的事实,法院就不能认定返还事实的存在。故此,主张责任的分配没有多大的必要性,相关情况在民事诉讼中较多)。关于这一点,必须注意的是作为《程序法》的原则之一的理由附记的法理。行政厅在作出行政处分时,要求在行政过程中向相对人说明该处分符合法律,即存在着使处分合法的要件事实[盐野著:《行政法Ⅰ(第六版)行政法总论》,第224页]。这一道理同样适用于撤销诉讼。在原告特定了行政处分,并在裁判上请求其撤销的情况下,被解释为首先行政厅应该主张该处分具备了合法要件(园部编:《注解行政事件诉讼法》,第498页(加藤幸嗣),在和行政诉讼的一般审理方式的关系上,提出了"行政过程说明责任")。此外,即使对行政厅要求主张责任,在实务上也不产生障碍。关于这一点,参见时冈泰著:《审理程序》,载《行政法大系5》,第152页)。

② 当然,在民事诉讼法学中也是一样,关于立证责任的问题,与通说相对,产生了各种各样的不同观点(参见宇野聪著:《证明责任的分配》,载伊藤真、山本和彦编:《民事诉讼法的争点》,2009年版,第184页以下)。

出现的见解,有如下几种:

1. 有的观点认为,行政行为具有公定力,接受合法性的推定,所以,这也涉及立证责任的分配原则,在撤销诉讼中,应由原告承担全部立证责任。①

2. 将基于公定力论的立证责任论置于一个极端,那么,在另一个极端上,从法治行政的原则出发,关于立证责任,认为作为被告的行政厅就行政处分的合法事由负有全部的立证责任的观点,也是可以成立的。②

3. 有的观点试图将民事法上的法律要件分类说导入撤销诉讼之中。③ 根据这种观点,关于行政厅的权限行使规定(具备了……条件时,作出……的处分),主张权限行使者负有对要件事实的立证责任,即行政厅对积极的处分,原告对消极的处分(申请拒绝处分),分别负有立证责任。关于行政厅的权限不行使规定(具备了……条件时,不得作出……的处分),主张权限不行使者负有对要件事实的立证责任,即原告对积极的处分,行政厅(包括处分厅或者裁决厅④)对消极的处分,分别负有立证责任。

4. 有的观点立足于国民的自由权性质的基本权,认为在限制国民的自由,对国民赋课义务的行政行为的撤销诉讼中,总是应该由行政厅承担立证责任(所以,即使在对警察许可申请的拒绝处分的撤销诉讼中,立证责任也由被告承担);关于国民方面对国家要求扩大自己的权利领域和利益领域的请求,原告承担立证责任(在对于社会性给付的申请拒绝处分撤销诉讼中,原告负担立证责任)。这种观点是存在的。⑤

5. 有的观点认为,应该根据当事人的公平、案件的性质、有关事物立证的难易程度,个别、具体地作出判断。⑥

---

① 田中著:《行政法总论》,第 276 页。不过,其后改变了观点。参见田中著:《行政法》(上),第 345 页。
② 阿部著:《行政法解释学Ⅱ》,第 222 页以下。
③ 参见滨川清著:《立证责任》,载远藤博也、阿部泰隆编:《讲义行政法Ⅱ》,1982 年版,第 238 页以下。
④ 《行政事件诉讼法》第 11 条第 6 款。以下皆同。
⑤ 参见高林克己著:《行政诉讼中的立证责任》,载田中二郎、原龙之助、柳濑良干编:《行政法讲座》第 3 卷,1965 年版,第 300 页。
⑥ 雄川著:《行政争讼法》,第 214 页;萩原金美著:《行政诉讼中的主张、证明责任论》,载《成田退官纪念》,第 218 页,将此称为"个别探讨说",主张应该向该方向发展。

6. 有的观点认为,在实施行政处分时,作为行政厅应该诚实地执行法令的任务的一环,以对该关系人负有调查义务为前提,被告行政厅方面应该对作为主要事实的、使处分合法的事实,在其调查义务的范围内承担立证责任。① 在这种情况下,行政厅的调查义务被解释为涉及主要事实的所有方面。所以,在撤销诉讼中,姑且由被告方面对主要事实承担立证责任,因此而导致被告方面负担过重,可以通过证明程度的操作予以缓和。②

但是,这些有关立证责任的观点,分别具有难点。首先,就第一种观点而言,公定力并不包括在支配撤销诉讼中的立证责任的分配原则意义上的合法性推定,这是得到一般承认的。③ 此外,法治主义的原则作为行政实体法的基本原理是适当的,但是,并不能直接将其和立证责任分配相联结。所以,第二种观点也存在问题。就第三种观点即法律要件分类说而言,在制定行政法规时,并不像民事实体法那样考虑立证责任的分配而制定了法条文④,在这一点上也存在问题。在这种意义上,不能单纯依据权限行使规定和权限不行使规定而分类。第四种观点,在以市民法治国家体制中的撤销诉讼为前提的限度内,被解释为适合于立证责任分配的理念,但如果以现代给付国家状况为前提,则存在仅以自由权性质的基本权为中心是否充分的问题。对以生活保护申请拒绝处分为代表的社会保障申请拒绝处分,一律让原告承担立证责任是不适当的。第六种观点在将行政过程中的行政厅的调查义务投影于诉讼法的立证责任这一点上,从行政过程论的角度看,是具有魅力的。不过,在该学说中,对行政过程中私人的行为,在立证责任的层次上没有予以考虑,同样从行政过程论的角度看,存在着疑问的余地。⑤ 并且,此学说将宪法的价值、与证据的距离等通常在立证责任层次上把握的问题,置于证明程度的层次来处理,以减

---

① 小早川光郎著:《调查、处分、证明》,载《雄川献呈》(中),第 273 页。
② 小早川光郎著:《调查、处分、证明》,载《雄川献呈》(中),第 274 页。
③ 田中著:《行政法》(上),第 345 页,也没有从公定力引导出立证责任。
④ 当然,对此,在民事诉讼法学上近来也提出了疑问。参见松本博之著:《证明责任的分配》,1987 年版,第 40 页以下。
⑤ 此外,认为即便是在行政厅履行了调查义务的基础之上,存否不明的主要事实的证明责任依然是个问题的研究成果,有山本隆司著:《行政程序与行政诉讼程序中事实的调查、判断、说明》,载《小早川古稀》,第 296 页以下。

轻行政厅方面的负担,要考虑事项被认为结果和第五种观点相同。①

　　立于此种见解,我认为姑且应该支持第五种观点。但是,该观点虽然指出了立证责任的指导理念,却存在着并不能说仅此就提出了分配的一般规则的遗憾。因此,应该一方面立足于第五种观点,另一方面有必要使其成为稍微考虑撤销诉讼中利益状况的一般化规律,此时,第四种观点也应该予以考虑。

　　综上所述,就侵害处分而言,原则上由行政厅承担立证责任(关于二重效果处分也一样);就申请拒绝处分,不应该千篇一律地考虑分配,而应该在考虑该申请制度中原告地位的基础上作出判断:该申请制度在于自由的恢复、社会保障请求权的充实时,由被告行政厅承担;是资金交付请求时,由原告承担等。②

　　关于裁量处分也是一样,由于裁量权的超越和滥用,产生该处分的违法,关于该违法事由的存在与否的立证责任,成为应该探讨的问题。作为效果裁量的统制技术,有比例原则、平等原则、目乃至动机。由于其统制本身是非常具有灵活性的③,因此,可以考虑由被告对在该幅度内行使裁量权承担立证责任。关于公正程序的遵守,其相对人的程序性权利的保障对于裁量统制具有极其重要的意义,因此,被告应该承担立证责任。关于作出效果裁量处分时的事实认定和评价④,不能因为是裁量处分而采取特别的处理。

　　关于要件裁量也是一样,就成为裁量权行使基础的事实本身(A部分)而言,可以和效果裁量中的情形同样考虑。不过,在要件裁量对此也涉及的情况下,法院的事实认定也与之对应是不同的。对此,最高法院在伊方原子炉设置许可处分撤销诉讼中,以关于对专业技术性裁量的司法审查方法的判断为基础⑤,指出:"被告行政厅所作出的前述判断存在不合理之处的主张和立证责任,本来被解释为应由原告承担。但是,考虑到有关该原子炉设施的安全审查的资料全部由被告行政厅方面所持有等情

---

① 参见雄川著:《行政争讼法》,第214页。
② 关于上述学说的分类、评价,藤山雅行著:《行政诉讼的审理方式与立证责任》,载藤山、春田编:《裁判实务》,第398页以下,进行了详细的分析、评价,具有参考价值。
③ 参见盐野著:《行政法Ⅰ(第六版)行政法总论》,第110页以下。
④ 参见盐野著:《行政法Ⅰ(第六版)行政法总论》,第104页A及B部分。
⑤ 参见盐野著:《行政法Ⅱ(第六版)行政救济法》,第132页。

况,在被告行政厅方面,首先有必要基于相当的根据和资料,主张和立证其所依据的前述具体的审查基准及调查审议和判断的过程等,被告行政厅的判断没有不合理之处,被告行政厅不能进行前述主张和立证时,则事实上推定被告行政厅所作出的前述判断具有不合理之处。"① 一般认为,该判决在判定原告负有对有关裁量权行使是不合理性的判断进行主张和立证责任的基础上,试图减轻原告的主张和立证责任。② 进而,这个道理,还可以作为民事诉讼法上的事案解明义务、行政法上的行政之说明责任的显现来把握。③

五、文书提出义务

对于充实对行政处分防御权的行使,对行政厅方面所持有文书的阅览等具有较好的效果。这一点在行政过程中也被作为文书阅览的问题提了出来。④ 此外,信息公开制度也可以为行使防御权而利用。⑤ 在撤销诉讼的阶段,为了充实原告的主张和立证,进而充分保障对处分的合法性审查,对于行政厅方面为自己的主张和立证而不积极提出的资料,也有必要令其提交法庭。通过《行政程序法》的制定,导入了文书阅览的制度⑥,但由于该制度限定于不利处分中的听证程序,所以,关于其他处分的撤销诉讼,在诉讼阶段的文书等的阅览制度依然是重要的。不过,关于这一点,《行政事件诉讼法》并没有设置特别的规定,因此,《民事诉讼法》第220条以下所规定的文书提出义务的运用,便成为需要探讨的问题。即

---

① 最高法院判决,平成4年10月29日,载《民集》第46卷第7号,第1174页。
② 参见高桥利文著:《判例解说》,载《法学者》第1017号,1993年,第57页以下。以上是关于本案胜诉要件的问题,但其对于原告适格的存在与否,便产生了为了肯定而承担责任的问题。关于由原告方负担的问题,是不存在争议的,也就是说,是只要原告方面进行了主张即可,还是需要进行证明,乃至仅进行疏明(疏理、说明)即可,成为需要研究的问题。关于这一点,参见福士明著:《原告适格的立证责任》,载《札幌法学》第5卷第2号,1994年,第57页以下;阿部著:《行政法解释学Ⅱ》,第230页。
③ 参见北村和生著:《行政诉讼中行政的说明责任》,载《行政法的新构想Ⅲ》,第94页以下;桑原勇进著:《环境行政诉讼中的证明责任》,载《小早川古稀》,第508页以下、第611页以下。
④ 关于事前行政程序,参见盐野著:《行政法Ⅰ(第六版)行政法总论》,第248页。关于事后的行政程序(不服审查程序),参见盐野著:《行政法Ⅱ(第六版)行政救济法》,第29页。
⑤ 参见盐野著:《行政法Ⅰ(第六版)行政法总论》,第269页。
⑥ 《行政程序法》第18条。

使在《修改法》之下,这一点也没有变更。

(一)《民事诉讼法》所规定的文书提出义务的制度要适用于行政诉讼,即使在旧法当时,从原理上说也是没有异议的,新《民事诉讼法》的诸规定(第220条以下)也被进行了同样的解释。此外,作为扩大了提出义务的范围之规定而追加的规定(第220条第4项),将公务员等所持的文书排除在外了,而2001年的法修改,在添加所需要的规定整备的基础上,删除了除外规定,其结果是,即便是在撤销诉讼中,也全面地适用新《民事诉讼法》上的文书提出义务的规定了。当然,并非没有例外。例如,在信息公开请求拒绝处分的撤销诉讼中,就看不到对于该行政文书的《民事诉讼法》上的文书提出命令(第223条)或者检证物提示命令(第232条)制度的适用。①

所以,即使在撤销诉讼中,旧《民事诉讼法》之下的运用得以基本上承继的同时,是怎样被扩大了的,则是在追加规定之下需要检证的问题。

(二)《民事诉讼法》第220条第2项(旧法第312条第2项)规定,当举证者对文书的持有者可以请求其交付或者阅览时,该文书持有者便具有文书提出义务。关于此义务是否限定于明文承认该文书的交付、阅览请求权的情况,在民事诉讼法上,近年来在试图扩张文书范围的方向上展开了讨论。②

关于这一点,针对居民根据《地方自治法》第242条之二第1款第4项③,代替市政府进行以市长等为被告的请求损害赔偿的案件(居民诉讼),判例以旁论的形式指出:"因为(《地方组织法》)承认了居民诉讼这一新的诉讼形态,就应该期待其实效。在本案这样的居民诉讼中,在被限定了的条件下,根据居民诉讼的特殊性质,有时应该承认被代位者地方公共团体负有文书交付或者提供阅览的义务。"④虽然最高法院的该判决是考虑了居民诉讼的特殊性质的观点,但是,从诉讼的实效性的确保直接导

---

① 关于检证物提示命令,参见最高法院判决,平成21年1月15日,载《判例时报》第2034号,第24页。与这件事情相关联,该判决认为,即便放弃了对检证的列席,也该当事实上的特定范围内公开审理,故而这也不能承认。

② 参见兼子一、松浦馨、新堂幸司、竹下守夫著:《逐条解释民事诉讼法》,1986年版,第1050页以下(松浦馨)。

③ 平成14年法律第4号修改前。

④ 高松高等法院决定,昭和54年7月2日,载《行裁例集》第30卷第7号,第1225页。

出实体法上的请求权,我认为还是有点勉强的。① 同样,基于撤销诉讼的特殊性质,作为解释论而主张文书的交付、阅览请求权,也是困难的。②

(三)《民事诉讼法》第 220 条第 3 项后半部分(旧法第 312 条第 3 项后半部分),就关于举证人和文书的持有人之间的法律关系而制作的文书,规定了文书提出义务。

在和撤销诉讼的关系上成为问题的,其一是即使说这里的法律关系当然包括处分的相对人和行政厅之间的关系,但是,除此之外,处分的第三人和行政厅之间的关系是否也属于该法律关系的问题。对此,在原子炉设置许可处分撤销诉讼中,判例认为,属于《民事诉讼法》第 220 条第 3 项的文书,承认了行政厅所持有的原子能委员会、安全专门审查会等的议事录、电力公司提出的调查资料的提出义务。③

其二是对行政厅持有的文书是否有某种限定的问题。关于这一点,作为一般论,有的法院决定认为:"关于行政诉讼中的文书提出命令,鉴于予以广泛承认的外国立法事例和行政信息公开的要求,根据《行诉法》第 7 条依照《民诉法》第 312 条(旧法——著者注)的规定处理的情况下,可以解释为也包括缓和其要件,在法律关系的生成过程中所制作的文书。"④也有的法院决定具体地就决定时的咨询机关的议事录等承认了文书提出义务。⑤ 另外,认为行政厅自己使用的内部文书不属于此的决定事例比较多。

关于这一点,最高法院针对记载了教科用图书检定调查审议会所审议的结果的文书,以及记载了将该审议结果向文部大臣(当时)答复的内容的文书,在阐述了第 3 项后半部分的"文书"中不包含文书的持有人完全是为了自己使用而制作的内部文书这种一般论之后,判定认为,该案件中的文书是"作为咨询机关的检定审议会作为所掌管事务的一环,以完全

---

① 兼子一、松浦馨、新堂幸司、竹下守夫著:《逐条解释民事诉讼法》,作为伴随实体性法律关系的附带义务,也认为应该承认交付乃至阅览请求权(松浦馨)。

② 此外,在信息公开法制中,使有权限机关的判断(这是行政处分)介入了文书公开请求,所以被解释为不适用《民事诉讼法》的制度。不过,信息公开制度,用于诉讼目的也是可能的。

③ 参见高松高等法院决定,昭和 50 年 7 月 17 日,载《行裁例集》第 26 卷第 7·8 号,第 893 页。

④ 大阪高等法院决定,昭和 53 年 9 月 22 日,载《判例时报》第 912 号,第 43 页。

⑤ 高松高等法院决定,昭和 50 年 7 月 17 日,载《行裁例集》第 26 卷第 7·8 号,第 893 页;东京高等法院决定,昭和 44 年 10 月 15 日,载《行裁例集》第 20 卷第 10 号,第 1245 页等。

在文部省内部使用为目的而制作的内部文书"。① 对于这种理解,有人批判其在与撤销诉讼的关系上理解得过于狭隘,而对于最高法院来说,也许是作为在新《民事诉讼法》之下的第 3 项的运用,特意地没有采取扩张解释。当然,该案件是不适用第 220 条第 4 项的时代的产物,所以,从针对案件的处理这种角度来看,尚存在着疑问。

（四）根据 2001 年的《民事诉讼法》修改,关于公务员等所持有的文书也是一样,《民事诉讼法》第 220 条第 4 项所规定的扩大规定（关于只有在法条文中列举了的该文书才能够拒绝提出的规定）得以适用的同时,还设定了与撤销诉讼具有密切关系的规定,即将关于公务员的职务上的秘密的文书视为第 4 项该当文书的规定（第 4 项 2）及将公务员在组织上使用的文书从该当文书中除外的规定（第 4 项 4）。进而,还设置了法院在发布文书提出命令之际,与前述第 4 项 2 的该当文书相关的特别的程序规定（监督官厅的意见听取之规定）（第 223 条第 3—5 款）。

今后,这种文书扩大规定是否会被适宜地运用于撤销诉讼,则是值得研究的问题。前述教科用图书检定审议会文书,就应当根据第 4 项规定重新进行检讨。② 进而,在扩大规定中,信息公开法上的观念得以使用的情况也是存在的（第 4 项 4 括号书,第 223 条第 4 款）,由此可以推测,将根据《民事诉讼法》的文书提出命令与根据信息公开法制的文书提出命令这两者进行相互比较,探讨其广狭、深浅,无论在实务上,还是在理论上,都是必要的。

六、主张限制

撤销诉讼也和民事诉讼一样,至口头辩论终结时为止,当事人可以就作为诉讼物的该行政处分的一般违法性采取所有攻击和防御的方法。反过来说,对该处分以外的处分的违法性,则不能主张。与提出这种攻击和防御方法的外在界限不同,在诉讼物的范围内,有时也进行当事人的主张

---

① 最高法院决定,平成 12 年 3 月 10 日,载《判例时报》第 1711 号,第 55 页。
② 作为相关联的判例,有针对关于劳动灾害事故的灾害调查复命书的提出,认为不具有产生公务推行的严重障碍之虞的最高法院决定,平成 17 年 10 月 14 日,载《民集》第 59 卷第 8 号,第 2265 页;鉴于文书中记载了个人的信息,一旦将其提出,便会对作为基于统计调查的统计业务之推行带来严重的障碍,认为具有具体性的忧虑最高法院决定,平成 25 年 4 月 19 日,载《判例时报》第 2194 号,第 13 页。包括与前述平成 17 年最高法院决定的关联在内,载《法学者平成 25 年度重要判例解说》,第 132 页以下,伊东俊明解说。

限制。最典型的是关于没有赶上时机的攻击和防御方法的不予受理。① 不必说,这也适用于撤销诉讼。

与此相对,在撤销诉讼中,有时一方面使前述外在性主张限制的问题混于其中,另一方面却从另外的角度来论述主张限制的制度。

(一)与行政审判有关的诉讼的主张限制

虽说不是对学术上的行政审判之全部,而只是在其撤销诉讼中,有时候存在法律上规定,或者从解释论上推导出新证据的提出之限制的情形②,在此种情况下,当然不能主张新的事实。

(二)对与自己法律上的利益无关的违法的主张限制——《行政事件诉讼法》第10条第1款

《行政事件诉讼法》第10条第1款规定,在撤销诉讼中,不得以与自己法律上的利益无关的违法为理由而请求撤销。该规定有时也用于为原告适格的主观性质提供根据,但这不是就原告适格本身所作出的规定,而是针对具有原告适格的情况,规定在其撤销诉讼中主张也是没有意义的,即存在主张限制。作为具体事例,《国税征收法》第96条第1款,对符合第1项或者第2项规定条件者予以关于公开拍卖的通知,该规定的目的完全在于保护这些人的利益,因此,纳税义务人不能以不存在该通知为违法事由来主张撤销请求。从这一例示可知,这一条文规定了撤销诉讼是由来于原告的权利利益之救济的制度之当然的归宿。③ 在这种意义上,即使没有这条,也存在着解释上的问题,不能说是因为有了这条规定,才使得主张限制的范围得以扩大。

在这种认识下,《修改法》依然维持了该条款。在该范围的认定之际,在与处分的名义人的关系上,只要是处分要件的范围,就可以主张甚至与自己的利益没有直接关系的公益违反。作为处分的相对人的私人,在处分本身是合法的限度内,要接受处分的规范力,这是依法律行政的原理之当然的归结。与此相对,成为实务上问题的是,不属于处分的名义人的第三人成为原告的情形。

关于这一点,具有参照意义的是,在《修改法》第9条第2款中,原告

---

① 《民事诉讼法》第157条。
② 参见盐野著:《行政法Ⅱ(第六版)行政救济法》,第41页。
③ 参见杉本著:《行政事件诉讼法的解说》,第40页。

适格判定之际的考虑要素得以明确规定,即第 10 条第 1 款发挥作用的是,针对第 9 条第 2 款的要件得以充足的第三者的主张的情形,而该第三人即是具有在处分之际应当予以考虑的利益的人。反过来说,只要该处分是作为法律上所保护的原告被侵害利益的考量结果作出的,满足了相关要件,该原告就被置于应当甘心承受利益侵害的地位。所以,对于原告来说,针对甘心承受对自己不利的情形,基本上可以主张所有违法事由,这与在针对不利处分的情况下相同(第三人的利益保护规定被提出的情形也相同)。此外,当被侵害利益作为生命、身体那样的绝对性保护利益,作为仅将其切分出来的处分要件而予以规定时①,在该主张被承认的限度内,诉的目的也就达成了,再主张其他的公益性规定违反,认为不能予以承认的见解,也是成立的。② 不过,鉴于在裁判过程中,要求对生命、身体的绝对的安全性之判断是不可能的,所以,在对相关设施等的设置予以承认之际,并不限于被侵害利益,而且连足以承认该设施之设置的公益的要件充足性之问题也被承认由原告来主张,这被解释为和不利处分相同。③

与此相对,裁判例,在《行政事件诉讼法》修改前揭示了原告适格扩大之方向性的新潟空港案件判决④,在主张的范围方面是限定性的。《修改法》之下的最高法院判决例尚没有,例如,东京高等法院平成 13 年 7 月 4 日判决⑤,在对于原子炉设置许可处分的周边居民的撤销诉讼中,指出:"即便是从不特定多数人的一般的公益保护这种观点出发所设置的处分要件,对于其同时与请求该处分之撤销者的权利、利益的保护这种观点具有关联侧面的,将该处分要件的违背作为该处分的撤销理由来主张,不存在任何障碍。"此外,千叶地方法院平成 19 年 8 月 21 日判决⑥,在对于基于《废弃

---

① 例如《原子炉规制法》第 24 条第 1 款第 3 项、第 4 项。
② 小早川著:《行政法》(下Ⅱ),第 182 页;室井、芝池、浜川编:《行诉法》,第 157 页(野吕充)。
③ 作为在该根据条文以外也承认不接受主张限制的违法事由主张的见解之分析,参见室井、芝池、浜川编:《行诉法》,第 157 页(野吕充)。作为主张限制缓和论的,此外参见福井秀夫著:《根据行政事件诉讼法第 10 条第 1 款进行与自己的"法律上的利益"无关的违法的主张限制》(上)(下),载《自治研究》第 89 卷第 9 号、第 10 号,2008 年;阿部著:《行政法解释学Ⅱ》,第 240 页以下。
④ 盐野著:《行政法Ⅱ(第六版)行政救济法》,第 105 页。
⑤ 载《判例时报》第 1754 号,第 35 页。
⑥ 载《判例时报》第 2004 号,第 62 页。

物处理法》的最终处分场的设置许可的周边居民的撤销诉讼中,关于经营的基础之要件,认为主张限制条款不适用(不过,关于业者的主观的特性,认为不能主张)。另外,也有判例认为,不能主张为第三人的原告适格提供根据的规定以外的规定之违法事由。① 被作为其旨趣的是,《行政事件诉讼法》第 10 条第 1 款规定,"撤销诉讼不是以判决来排除违法的行政作用,有助于公益为目的的诉讼,而是以因为行政厅的处分、原告所受到的权利利益的侵害之救济为目的的诉讼,允许与原告的权利利益无关的违法理由主张,违反上述撤销诉讼的目的,故而被解释为对与原告的法律上的权利利益无关的违法理由的主张进行了限制"(前述大阪地方法院判决、东京地方法院判决也是同旨趣)。从这样的状况出发,有人进行整理认为,下级审判决并没有统一起来。② 此外,学说也分为诸多观点。③

关于这个问题,相关条款在《修改法》上也没有变更,如前所述,都是对所谓当然的事理,本书所采取的主张限制缓和论,也不是脱离了为第三人的原告适格提供根据的个别规定而主张缓和的观点,即便是采取限定解释的场合,被认为也不能否定,对于根据规定的解释本身,有必要考虑公益要件规定的情形。

(三)理由的替换

《行政事件诉讼法》第 10 条第 1 款是对原告方面的主张限制,而主要作为被告方面的主张限制问题来论述的,则有是否容许被告进行处分理由的替换或者追加、完善的问题。这里所谓理由,是指支持处分的合法性的事实及对该事实的法的适用。是否对行政厅方面也容许和私人同样,至口头辩论终结时为止可以替换或者追加、完善理由,这成为需要研究的问题。

作为一般论,最高法院似乎没有承认此种行政厅的主张限制。④ 不

---

① 参见大阪地方法院判决,平成 19 年 12 月 6 日,载《判例地方自治》第 309 号,第 82 页;东京地方法院判决,平成 20 年 5 月 29 日,载《判例时报》第 2015 号,第 24 页。
② 参见长屋文裕著:《条解行诉》,第 328 页。
③ 本多滝夫著:《撤销诉讼中原告的主张限制与法律上的利益》,载《芝池古稀》,第 513 页以下。从这里精致的分析可以看出。
④ 最高法院判决,昭和 53 年 9 月 19 日,载《判例时报》第 911 号,第 99 页指出:"一般地说,在撤销诉讼中,只要不存在应当另作解释的特别理由,就应该解释为:行政厅主张为维持该处分的效力的一切法律上及事实上的根据,是被容许的"。

过,包括此种情况下的"该处分"的意思在内,有必要予以稍加详细的探讨。①

1. 在将最高法院的固定模式适用于具体的场合之际,有必要进行适合于该处分制度的结构的考察,即就不利处分而言,有时候要通过对相对方的处分理由予以明确(被附记于处分的理由或者在诉讼开始之际的被告的主张事实),来划定争论焦点(争点)。对公务员的惩戒处分便是其例之一。惩戒处分针对的是公务员的个别具体的不正当行为。所以,对违反交通规则的惩戒处分案件和对泄露秘密的惩戒处分案件是完全不同的,不能说因为前者不能维持,便提出后者的理由。这是因为"该处分"是不同的。根据《国家公务员法》,对公务员进行惩戒处分,要求交付具体地记载了处分理由的处分说明书(第89条),法院的审查也被限定于对该说明书范围内的不正当行为的审查。② 不过,即使在这种情况下,是否因为事实稍微弄错便会导致处分不同的问题,依然存在争论的余地。例如,由于参加了争议行为而受到惩戒处分时,处分者以出席某集会为理由作出了处分,而被处分者实际上出席了另外的集会。这种情形下,法院在和处分理由具有同一性的范围内承认了处分理由的追加。③

2. 处分的根据要件有时并非对相对人的个别行为,而是对相对人方面所存在情况的整体评价。例如,对公务员进行的身份处分,是《国家公务员法》上规定的,对欠缺该官职所必要的适格性时所作出的处分(第78条),对表面上体现出来的该公务员的个别行为的评价则不成为问题。这种情况在诉讼阶段,不仅说明书上记载的事由,而且支持处分的所有事由(4项案件除外)都应该成为法院的审理对象。④ 此外,基于《国税通则法》的更正和决定处分,以在认定该年度客观存在的所得额(这由复数的所得源构成)的基础

---

① 作为对日本的诸学说及外国法的状况的详细的研究,有交告尚史著:《处分理由与撤销诉讼》,2000年版。作为从处分的同一性之观点出发而进行的近年的分析,有大贯裕之著:《行政诉讼的审判对象与判决的效力》,载《行政法的新构想Ⅲ》,第152页以下;大田直史著:《理由附记、提示与理由的追加、替换》,载《芝池古稀》,第140页以下;木内道祥著:《因为理由提示的瑕疵而进行撤销判决与处分理由的替换》,载《石川古稀》,第125页以下。关于申请拒绝处分固有的问题,参见石崎诚也著:《关于申请拒绝处分中处分理由的追加和变更》,载《法政理论》(新潟大学)第37卷第1号,2004年,第1页以下。

② 参见铃木康之著:《处分理由和诉讼上的主张的关系》,载《新实务民事诉讼讲座》第9卷,第277页。

③ 参见东京高等法院判决,昭和59年1月31日,载《行裁例集》第35卷第1号,第82页。

④ 作为采取该见解的判例,参见东京高等法院判决,昭和34年1月30日,载《行裁例集》第10卷第1号,第171页。

上确定税额为目标。因此,对该更正处分不服,则该不服便是围绕客观的税额的争议①,可以认为,被告税务署长可以主张为维持处分的所有理由。②

3. 有必要针对为处分提供根据的法律的结构而作出处理,这与申请拒绝处分的情形相同。不过,对申请拒绝处分不服时,在《修改法》之下,将申请拒绝处分撤销诉讼和义务赋课诉讼合并提起,成为通常的做法。在这种情况下,撤销诉讼中的理由的替换之问题,将与义务赋课诉讼的诉讼物之范围的问题相互联动,所以,这个问题留作后面重新考察的内容。③

4. 处分理由附记和理由替换的禁止没有直接的关系,并不是根据附记理由的不同而处分不同。理由附记的功能之核心,在于确保行政厅的慎重考虑和相对人的不服申诉的便宜。以理由附记的不完备之瑕疵作为独立的撤销事由,对治愈亦进行严格处理的话,至少可以保证行政厅的慎重考虑。④ 对行政厅来说,即使经过慎重考虑而附上理由并作出处分,也不能因此说全部履行了行政厅方面的调查义务和真实发现义务。以前的理由有错误的话,就应该在诉讼阶段附加合法的理由。⑤ 对

---

① 参见最高法院判决,平成4年2月18日,载《民集》第46卷第2号,第77页。这从另外的角度看,则是租税债务不存在确认诉讼。

② 作为采取了该见解的判例,参见大阪高等法院判决,昭和52年1月27日,载《行裁例集》第28卷第1·2号,第22页;最高法院判决,平成4年2月18日,载《民集》第46卷第2号,第77页。

③ 盐野著:《行政法Ⅱ(第六版)行政救济法》,第199页。

④ 参见铃木康之著:《处分理由和诉讼上的主张的关系》,载《新实务民事诉讼讲座》第9卷,第271页。

⑤ 关于和信息公开请求拒绝处分的关系,作为能够读取以上旨趣的案例,有最高法院判决,平成11年11月19日,载《民集》第53卷第8号,第1862页;《行政判例百选Ⅱ》第189案件。德国《联邦行政程序法》一般地规定了行政行为的理由附记义务,但似乎并没有因此而解释为禁止理由的替换[参见海老泽俊郎著:《处分理由的替换和理由附记》(1990年),载海老泽著:《行政程序法的研究》,1992年版,第460页以下;交告尚史著:《处分理由与撤销诉讼》,2000年版,第152页以下]。作为在学说和判例上经常成为问题的事例,有税的更正处分撤销诉讼的理由替换问题。对此,以法对申报更正处分规定了理由附记为基础,认为不能承认理由替换的观点,成为有说服力的学说[当然,即使在采取此观点的情况下,只要没有失去基本的课税要件的同一性,就承认理由的替换。参见金子宏著:《租税法》(第二十三版),2019年版,第1076页以下]。但是,如前所述,仅以理由附记得以法定为理由,我认为不能导出理由替换的限制。鉴于现行法上规定理由附记的事例较少,关于租税申报处分,我认为可以成为对行政程序承认特别意义的一个根据,但是,仅以此为理由,并不一定具有说服力。在此基础上,进而可以作下解释:在税务处分中,鉴于法定了再更正这种所谓诉讼外的税额的变更处分(《国税通则法》第26条),并且限定了其期间,将重点置于此处的话,(《国税通则法》第70条),可以解释为法对附记理由赋予了特别的意义,对基于当初的理由以外的理由的处分权限,规定了在诉讼外行使(关于以上诸点,最高法院尚未表示明确的态度。参见最高法院判决,昭和56年7月14日,载《民集》第35卷第5号,第901页;《行政判例百选Ⅱ》第188案件,藤谷武史解说)。

于以上的见解①,小早川认为,在处分理由的提示在法令上予以规定了的场合,在诉讼的阶段无法替换根据事实。② 但是,由于在撤销诉讼的阶段尚余下了行政厅的调查义务,当处分厅发现了调查疏漏之时,在该诉讼之中予以处理的话,与将原处分撤销令其重新作出新的处分相比,被认为原告、被告的负担都更少。

5. 同样在该处分不同的场合也是一样,和《行政程序法》上的不利处分程序,尤其是和听证程序的关系成为需要研究的问题,即在听证程序中,其审理的范围被限定于在听证的通知书上所记载的范围,处分事由也是一样。如果要根据与此不同的事实作出处分的话,行政厅必须重新开始听证程序。③ 当一方面存在这样的《行政程序法》保障时,若承认理由的替换,则将导致私人方面要求行政过程中的公正程序的机会之丧失,所以,欠缺制度的整合性。当然,连作为行政审判效果的提出新证据的限制都予以一般地承认,我认为似乎是有困难的。④

第七节 诉讼的终结

一、依当事人的意思终结

在处分权主义之下,当事人可以终结诉讼,作为其形式,有诉的撤回(撤诉)、裁判上的和解、请求的放弃及认诺等。关于和解,需要当事人的合意,而在和解以外的其他情况下,则依一方当事人的意思终结,并且裁判上的和解、请求的放弃及认诺,具有和确定判决相同的效果。因此,在撤销诉讼中,这些民事诉讼的原则是否可以原封不动地适用,便成为需要研究的问题。

(一)在撤销诉讼中也承认撤诉。既然提起了诉讼,就应该争议到最后,这也是一种观点。但是,从起诉被委任给私人的任意来看,即使承认

---

① 小早川著:《行政法》(下Ⅱ),第 210 页以下。
② 结论同旨,大田直史著:《理由附记、提示与理由的追加、替换》,载《芝池古稀》,第 154 页。
③ 关于上述内容,参见盐野著:《行政法Ⅰ(第六版)行政法总论》,第 247 页。
④ 参见盐野著:《行政法Ⅰ(第六版)行政法总论》,第 247 页;盐野著:《行政法Ⅱ(第六版)行政救济法》,第 40 页。

撤诉也并不违反撤销诉讼的本质。①

（二）关于请求的认诺、和解，因为与行政厅的意思有关，所以成为需要研究的问题，即和解是在诉讼继续中，当事人双方为了终结纠纷而对诉讼上的请求和主张作出互相让步，达成合意的结果在诉讼上取得一致而陈述的行为。从依法律行政原理来看，只要行政厅认为自己的处分是合法的，争议至最后才是符合道理的。② 也有观点作为针对（事实的评价或者预测）不确实性的对策来评价和解。③ 虽然也有判例认为，只要是在裁量权的范围内，和解也是可能的④，但是，如果认为裁量权不是相互谦让的精神，而是应该根据行政厅的公益判断来行使的话，则是不能承认和解的。⑤

---

① 关于居民诉讼则另当别论。参见盐野著：《行政法Ⅱ（第六版）行政救济法》，第222页脚注①。
② 这是通说。包括肯定说在内，参见村上裕章著：《逐条解释行政事件诉讼法》，第209页。
③ 参见交告尚史著：《行政诉讼中的和解》，载《行政法的争点》，第127页。
④ 长崎地方法院判决，昭和36年2月3日，载《行裁例集》第12卷第12号，第2505页。
⑤ 栗本雅和著：《行政诉讼中的和解》，载《南山法学》，第23卷第1・2号，1999年，第81页，在整理学说的基础上，立足于和解肯定说，论述了应当谋求讨论的安定化及其法定化。问题在于，如何规定要件。

虽然听说过在实务上实际实施的和解，但是，其具体内容不是制作正式的和解调查书，而是由法院进入其间，行政厅方面依职权撤销处分，原告撤诉，通过这种方式，以终结诉讼（参见《研讨会：现代型行政诉讼的探讨课题》，载《法学者》925号，1989年，第86页以下；司法研修所编：《改订・关于行政诉讼一般性问题的实务性研究》，2000年版，第235页；阿部泰隆著：《关于行政诉讼特别是税务诉讼中和解的管见》，载《自治研究》第89卷第11号，2013年，第3页以下，虽然立足于和解积极论，但是，鉴于这样的实情，就不确实性的场合、法的解释的场合双方，披露了立法见解）。所谓东京都的银行外形诉讼的和解条款，是由修改条例的公布、施行及返还金的支付之确认相关的事项，以及原告的撤诉、被告的同意、诉讼费用的各自负担所构成。所以，该和解本身并不是与和解的容许性的问题具有直接关系的问题。

在所谓边野古诉讼中，国家和冲绳县之间成立了以如下条款为核心的、多达10项和解条款为内容的和解：国家（国土交通大臣）撤回基于《地方自治法》第245条之八第3款规定的填海造地承认处分、撤销处分之撤销命令请求诉讼；冲绳县知事撤回基于《地方自治法》第251条之五的违法的国家干预之撤销请求诉讼；国家重新对县基于《地方自治法》第245条之七作出纠正的指示；与此相对，县通过规定的程序，提起《地方自治法》第251条之五第1款的纠正的指示撤销诉讼；该撤销诉讼的判决确定后，国家、县、防卫厅服从判决。关于该和解，存在是否可以作为诉讼上的和解来把握的问题，同时，由于跟撤销诉讼中的和解的论点不同，故而与通常的撤销诉讼作为前提的和解不同。本多滝夫著：《和解与国家地方争处理委员会决定的意义》，载纸野健二、本多滝夫编：《边野古诉讼与法治主义》，2016年版，第19页以下，进行了详细的分析。和解条款，在该书第245页登载。

关于认诺也是一样,对行政厅也承认和确定判决相同效果的诉讼行为,从依法律行政原理来看是有疑问的。

二、依判决终结

撤销诉讼依终局判决而终结。此时,《行政事件诉讼法》只是设置了若干撤销诉讼独特的规定,其余的则规定依据民事诉讼的规定来处理。这一点,在《修改法》之下依然没有什么不同。

(一)民事诉讼中的判决有不予受理、驳回和支持(容忍)三种类型,撤销诉讼的判决也与此相对应。

(二)不予受理,是在本案前进行的所谓拒之门外的判决。不予受理,在起诉欠缺原告适格等不具备诉讼要件时作出。驳回是不存在撤销处分所必要的违法事由时,在判决的正文中呈现出驳回原告请求的形式。支持(容忍)是承认原告的请求,认为处分具有应予撤销的瑕疵,在正文中宣布"撤销……的处分。"也存在作为部分支持(容忍)的对处分的部分撤销。[①]

(三)关于撤销诉讼中的判决的特别规定,可以从事情判决(第31条)、撤销判决的第三人效力(第32条)和撤销判决的拘束力(第33条)等规定中发现,关于这些特别规定,我们将分别在后面阐述。

三、撤销判决的效力

在民事诉讼上,与请求的种类相对应,判决的效力有既判力、执行力和形成力。在撤销诉讼中,执行力是根本不会成为问题的,因此,只有其中的形成力、既判力和《行政事件诉讼法》所特别规定的撤销判决的第三人效力、拘束力,才成为在此探讨的对象。

(一)形成力

撤销判决,即支持(容忍)判决在正文中宣布:"撤销……的处分"。关于这一点,如果采取撤销诉讼=确认诉讼的观点,则没有处分权限这件

[①] 部分撤销(部分容忍),见于其内容是与分割可能的数量有关的侵害处分。作为典型事例,有租税的更正或者决定的部分撤销判决(《国税通则法》第29条第3款中,存在着如下旨趣的确认性规定,即对于根据该部分撤销判决而减额了的以外的部分之税的纳税义务,不产生影响。即便是针对关于固定资产评价委员会所作出的固定资产课税台帐的登记价格的决定,部分撤销判决也得以承认。参见最高法院判决,平成17年7月11日,载《民集》第59卷第6号,第1197页;《行政判例百选Ⅱ》第203案件。

事情得以确认;若对撤销诉讼的性质依据形成诉讼说来看判决正文,则撤销诉讼具有形成力。无论如何,通过该判决,在和原告的关系上,等于处分从来没有作出过。这是撤销诉讼的原状恢复功能,在此限度内,是没有异议的。

(二)第三人效力

关于撤销判决对第三人具有什么效果的问题,《行政事件诉讼特例法》时代就已存在争议①,而《行政事件诉讼法》第 32 条规定,"撤销处分或者裁决的判决,对第三人也具有效力",从立法上解决了这一疑义。② 不过,《行政事件诉讼法》并没有明确规定撤销判决的效果所涉及的第三人的范围,因此,围绕其范围,留下了解释上的争议问题。③

1. 作为接受判决效果的第三人而没有异议的,有与原告处于对立关系的第三人。作为其典型,有土地收用裁决撤销判决的起业者、农地收买处分撤销判决中的农地出卖处分的相对人。假定撤销判决的效果对这些人不涉及,那么,即使原告对起业者等要求土地的交付、所有权确认,也会受到这样的抗辩:收用裁决等的效力对他们自己等依然存在。这样,就不能合理地解决纠纷。此外,《建筑基准法》上建筑确认的撤销判决中的建筑主,也属于这种类型的第三人。

另外,如果接受判决效果的第三人仅应该接受其结果,那么在程序上是有问题的。所以,《行政事件诉讼法》第 22 条、第 34 条分别设置了第三人的诉讼参加和第三人再审的制度。④

2. 虽然不是所谓第三人效力的问题,但是,诉讼外的第三人有时也当然地接受撤销判决的恩惠。这是与撤销诉讼的停止功能相关联的,由于原子炉设置许可的撤销诉讼的支持(容忍)判决、建筑确认撤销诉讼的撤销判决,该设施的设置行为、建筑行为等便不能进行,所以说,诉讼外的

---

① 参见雄川著:《行政争讼法》,第 222 页;木村弘之亮著:《判决——以第三人效力为中心》,载《行政法大系 5》,第 256 页。

② 关于立法的经过、有关第三人效力的行政法学说,巽智彦著:《第三者效的研究》,第 10 页以下,有溯及明治宪法时期的详细分析。

③ 兴津征雄著:《行政诉讼判决的效力与实现》,载《现代行政法讲座Ⅱ》,第 215 页以下,有通过与原告处于对立关系的第三人跟与原告具有共通利益的第三人的二区分所进行的详细的分析。巽智彦著:《第三者效的研究》也分为反对利害关系人间(第 276 页以下)、同种利害关系人间(第 298 页以下),并进行考察。

④ 另外参见盐野著:《行政法Ⅱ(第六版)行政救济法》,第 130 页。

附近居民也当然地接受其事实上的效果。当然,对于赞成该设置行为的人来说,则是不利效果当然地涉及。

3. 对此,存在着是否包括具有共通利益的第三人的问题。例如,关于公共收费的提价认可,某人提起撤销诉讼(这里还有处分性或者原告适格的问题)而胜诉时,便存在着原告以外的人是否也接受该恩惠,视为不曾有提价的问题。关于这一点,《行政事件诉讼法》立法时的讨论并没有涉及①,而有的判例认为判决的效果不涉及这些人(相对性效力说)②,这是将撤销诉讼的目的仅视为提起诉讼的原告的个人性权利、利益的恢复的结果。此外,在撤销诉讼的效果普遍涉及的情况下,对于既存秩序的影响比个别处分的情况要大得多,所以,在没有特别设定救济程序的现行法制下,判决的效果所涉及的范围不得扩大的见解,也是可以成立的。③ 进而,即使不是《行政事件诉讼法》第33条的拘束力本身,作为行政厅实际上也应该采取适当的善后处理措施,所以,有时等待行政厅的这种处理,比通过判决这种僵硬的解决更为理想。④ 但是,鉴于这种诉讼必然地具有代表诉讼的性质,并且整齐划一的处理成为可能才有意义,因此人们认为,将《行政事件诉讼法》第32条的第三人解释为包括具有共通利益的第三人,如果产生与此相伴随的善后处理问题的话,则在该阶段再等待立法者的对策(绝对性效力说)⑤,才是适当的。⑥

(三)既判力

1. 概念

既判力,《民事诉讼法》第114条予以规定,关于其本质,存在着各种

---

① 参见雄川著:《行政事件诉讼法立法的回顾和反省》,载雄川著:《行政争讼的理论》,第200页以下。
② 东京高等法院决定,昭和40年4月22日,载《行裁例集》第16卷第4号,第708页。
③ 雄川著:《行政争讼的理论》,第201页认为,如果立法时就具体想到了该情况的话,也许会探究更加不同的解决方法。
④ 参见园部编:《注解行政事件诉讼法》,第401页以下(村上敬一)。
⑤ 作为学说,例如,兼子著:《行政法学》,第189页。
⑥ 最高法院判决,平成21年11月26日,载《民集》第63卷第9号,第2124页;《行政判例百选Ⅱ》第204案件,作为承认保育所废止条例的处分性的合理性根据,列举撤销判决的第三人效力,被解释为是以对原告以外的人也适用判决的效力为前提的。关于判决的定位,参见前述行政判例百选的兴津征雄解说。伊藤洋一著:《法国行政诉讼的研究》,1993年版,是关于法国行政诉讼中撤销判决的对世效力的专题著作,对日本的有关解释论和立法论,也极富参考性。

争议。不过,作为其内容,可以理解为:确定了终局判决后,对于法院在该判决中所判断的事项,不得再次在法院进行判断。例如,在所有权确认之诉中败诉之后,在情况没有变化的前提下,同一人如再次向法院请求对该物的所有权确认,法院即不会受理该请求。既判力的范围,在时间上是至口头辩论终结时为止,主观上限于诉讼当事人(继承人),客观性范围是诉讼物。

2.撤销判决和既判力

《行政事件诉讼法》没有就前述意义上的既判力设置特别的规定,但是,这并不意味着该法积极地否定了既判力对撤销诉讼的适用性。然而,在撤销诉讼中既判力是以什么形式体现出来的,则成为需要探讨的问题。

(1)对撤销判决也是其形式之一的形成判决形式是否能够存在既判力的观念,学术界是有争议的。对此予以承认的是民事诉讼法学界的通说[1],我认为,形成效(力)也是以法院的一定事项的判断为基础的,所以存在承认既判力的余地。

(2)既判力的客观性范围一般被解释为涉及诉讼物。如果将这种观点适用于撤销诉讼的话,那么,撤销判决便确定了该行政行为是违法的。此外,关于这一点,有的观点认为,这里所说的"违法",不是指所有行政行为的违法,而是指判决理由所提示的判断规定了既判力的范围[2]。这与民事诉讼的原则具有极大的不同,是否原封不动地予以承认,存在着作为问题来探讨的余地。

(3)既判力的主观性范围,服从民事诉讼的原则[3],也涉及作为当事人的国家或者公共团体,以及其他作为行政厅的法人。当然,在《修改法》之下,根据特别法,行政厅成为被告的情况下[4],与在曾经将处分厅作为被告的旧法上一样,既判力是否涉及行政厅(在事务上或者组织上)所属的行政主体,是个需要研究的问题。关于这一点,虽然从前对于既判力的涉及是没有异议的,但也存在不同的阐述,有的观点未加特别的说明便

---

[1] 参见竹下守夫著:《逐条解释民事诉讼法》(第二版),第515页。
[2] 参见雄川著:《行政争讼法》,第221页;田中二郎著:《行政诉讼的法理》(1951年),载田中著:《行政诉讼的法理》,第126页。
[3] 《行政事件诉讼法》第7条、《民事诉讼法》第115条。
[4] 盐野著:《行政法Ⅱ(第六版)行政救济法》,第75页。

对此予以承认①,有的则是根据《民事诉讼法》第 115 条第 1 款第 2 项中的为了他人的被告之制度来进行说明。② 由于在旧法之下的被告适格的理论性根据并未充分地展开论述,所以,是否可以单纯地依据民事诉讼的例子来说明,这是存在疑问的余地的③,而在《修改法》之下,将行政厅作为被告,的确是作为针对原则的例外性措施来定位的,可以说,依据民事诉讼之例这种说明,从逻辑上也就变得更加容易了。

(4)作为既判力的效果,有的学说认为是对基于同一理由的同一处分的排除④,而此种效果一般作为拘束力的体现来理解。因此,这个问题作为反复禁止效力,将另外进行探讨。⑤

(5)在撤销判决中的违法之判断,涉及以该处分违法为理由的国家赔偿,被告公共团体不能再主张该行政行为是合法的,主张这种观点的学说具有普遍性。⑥ 不过,关于行政行为的违法和《国家赔偿法》上的违法,依然存在需要探讨的问题。⑦

(四)拘束力

1. 拘束力的概念

这里所说的拘束力,与在公定力的关系上所涉及的行政行为的拘束力是不同的,从制度上看,等于《行政不服审查法》上的作为裁决效力的拘束力(第 52 条)。撤销判决,根本不会产生执行力的概念。撤销判决是在所展开的行政过程的格局中的某个局面中进行的,所以,现实上仅撤销该行政处分的效果,有时候对纠纷的解决是不起作用的。因此,试图在相关情况下保证撤销诉讼的实效性的,可以说正是《行政事件诉讼法》第 33 条撤销判决的拘束力的制度。

2. 拘束力的形态

(1)在《行政事件诉讼法》第 33 条中,第 1 款规定了有关拘束力的

---

① 田中著:《行政法》(上),第 353 页;杉本著:《行政事件诉讼法的解说》,第 108 页。
② 参见近藤昭三著:《判决的效力》,载田中、原、柳濑编:《行政法讲座》第 3 卷,第 334 页;园部编:《注解行政事件诉讼法》,第 408 页以下(村上敬一)。
③ 美浓部达吉著:《行政裁判法》,1929 年,第 287 页,并未将主观性范围作为问题来把握。
④ 参见雄川著:《行政争讼法》,第 221 页。
⑤ 盐野著:《行政法Ⅱ(第六版)行政救济法》,第 156 页。
⑥ 参见原田著:《行政法要论》,第 430 页;阿部泰隆著:《抗告诉讼判决对国家赔偿诉讼的既判力》,载《判例时代》第 525 号,1984 年,第 16 页。
⑦ 盐野著:《行政法Ⅱ(第六版)行政救济法》,第 259 页以下。

一般原则,第2款、第3款规定了其具体适用的情形,所以,基于便宜的考虑,从其具体的情形来看,例如,在提出营业许可申请而接受了拒绝处分的人,提起拒绝处分的撤销诉讼并获得了撤销判决的情况下,行政厅应该根据判决的宗旨,再一次就申请重新审查并作出处分决定。此时,如果实体要件,例如,认为申请人具有法定的欠格事由而拒绝,而不存在该欠格事由是撤销判决的理由的话,那么,作为行政厅,已经不能就该欠格事由是否存在进行判断,只要不存在另外的欠格事由,就必须予以许可。这虽然是实体法上的问题,但是,对于程序来说,其道理也是一样的。例如,认为理由附记不完备而作出了撤销判决的话,根据判决的宗旨,即在慎重考虑的基础上,如果再次作出拒绝处分,则必须附加恰如其分的理由。无论在哪种情况下,私人方面都没有必要再一次进行申请。具体说来,这就是所谓撤销诉讼的再度考虑功能。①

(2)与此相对,与承认了申请的处分或者审查请求的撤销判决有关的是第3款的规定。根据该规定,例如,土地收用裁决被以程序违法为理由撤销的情况下,应该重新审理、纠正程序。在第3款中,没有像第2款那样就以实体性理由撤销的情况作出规定。这是"因为撤销判决是以支持处分或者支持裁决的内容的瑕疵为理由而撤销时,在其拘束力的关系上,即使再次重新处理,也不存在作出支持处分或者支持裁决的可能性,所以,一般认为这没有必要特地以法律予以强制"②。但是,这里的问题是,根据通过再度考虑是否存在产生不同结果的判断余地,所以,包括有关处分厅的构成之瑕疵,其他机关的同意、承诺等的欠缺,行为的方式、有关表示的瑕疵等③,虽然是关于裁量处分的程序性控制,但是,根据实体关系的审查而撤销的情况④,也被解释为包括在这里所说的程序上存在违法之中。

(3)以上述具体事例为前提,《行政事件诉讼法》第33条第1款作出了关于拘束力的一般规定,即"撤销处分或者裁决的判决,关于该案件,拘束作出了处分或者裁决的行政厅及其他有关行政厅"。由此,可以将拘束力的功能看作规定行政厅根据判决的宗旨行动的实体法上的义务。与既

---

① 盐野著:《行政法Ⅱ(第六版)行政救济法》,第70页。
② 杉本著:《行政事件诉讼法的解说》,第113页。
③ 杉本著:《行政事件诉讼法的解说》,第113页。
④ 参见盐野著:《行政法Ⅰ(第六版)行政法总论》,第114页。

判力是拘束后来受理诉讼的法院的效力相对,拘束力的名义人是行政厅。因此,认为拘束力不同于既判力,是赋予撤销诉讼中的撤销判决以特殊效力的观点,是适当的。这也是通说的观点。与此相对,也存在将拘束力看作既判力之体现的观点。①

(4)作为拘束力的具体内容,关于(1)和(2)中所列的内容以外的内容,基于从确保撤销判决实效性的观点出发而对行政厅赋课积极的行为义务,在后续处分以先行处分的有效性为要件的情况(包括所谓违法性的继承得以承认的情况)下,一旦先行处分被撤销,对行政厅来说,撤销后续处分的义务便根据拘束力而产生。② 这是因为仅撤销先行行为是不能确保撤销判决实效性的。后续处分是以先行行为的有效存在为前提的(并且,是否视为达到了具有应予撤销的瑕疵的程度并不明确),由于先行处分被撤销,后续处分便因欠缺其前提要件而被解释为无效,所以,没有必要依据拘束力来展开。与这种情况在顺序上不同的是,后续行为被以先行行为的违法为理由而撤销的情况下,由于事后的行政过程没有展开,所以,诉讼的目的也就实现了。在这种意义上,不存在将拘束力作为问题的余地。③

虽然不是立足于先行处分和后行处分这种关系上的问题,而是在两个不两立的处分之间,一方处分的撤销判决对另一方处分会带来怎样的影响的问题,也是存在的。作为具体事例而列举的是,外国人以日本人配偶的身份获得享有逗留资格提出逗留期间更新许可申请,收到了不许可处分情况下,该外国人,通过另外的途径获得了短期逗留许可,针对这种情况,先行的更新不许可处分被撤销时逗留许可处分的效力问题。关于这个问题,有人以基于判决的拘束力的逗留许可处分的不整合处分撤销义务这种形式展开了论述。④ 就这一点而言也是一样,问题的所在,与其

---

① 关于学说的对立状况,参见兴津征雄著:《逐条解释行政事件诉讼法》,第 661 页以下。
② 关于赠与税的赋课处分和扣押处分,参见大阪地方法院判决,昭和 38 年 10 月 31 日,载《行裁例集》第 14 卷第 10 号,第 1793 页。作为学说,参见园部编:《注解行政事件诉讼法》,第 427 页以下(村上敬一)。原田尚彦著:《撤销判决的拘束力》,载《法学者》第 925 号,1989 年,第 213 页,称此为不整合处分的撤销义务。
③ 关于围绕先行处分与后行处分的不整合处分的学说、判例的详细情况,参见兴津著:《逐条解释行政事件诉讼法》,第 676 页以下。
④ 参见阿部泰隆著:《关于基于撤销判决的拘束力的不整合处分的撤销义务的一事例》,载《原田古稀》,第 139 页以下。具体而言,则是更新不许可处分的诉的利益成为问题的事例。

说在于判决的拘束力,倒不如说在于是否承认更新不许可处分因为短期逗留许可而将其作为处分的效果发挥完毕,即更新不许可处分的效果是否看作已经终结。通过这种法律的结构之解释,假设认为效果尚未终结的话,不许可处分的撤销判决,基于其拘束力的再度之考虑的结果,许可处分得以作出,那么,短期逗留许可便失去了前提条件而归于无。所以,我认为,在这里好像也不必提出拘束力的观念。

另外,在行政行为导致其后的法律关系、事实关系发生变动的情况下,由于行政行为被撤销,现状成为违法状态,恢复其原状便成为需要探讨的问题。例如,代执行的告诫被撤销后的恢复原状义务,农地收买处分被撤销后的国家所有权登记注销义务。但是,就前者而言,建筑物等通过代执行被拆除后,代执行的告诫的撤销诉讼之诉的利益也被解释为随之消灭①,所以不产生拘束力的问题。并且,就后者而言,由于收买处分的撤销,在国家方面便产生实体法上的恢复原状义务,所以,在这里让拘束力介入的意义也是匮乏的。②

(5)在事实行为的撤销诉讼中,由于仅靠撤销判决的形成力尚余下事实状态,故而在原告的现实救济中,要等待由处分厅进行的事实行为的即时撤废或者变更。即便在这样的场合,对于被告来说,令事实行为存续的法的根据不存在了,也产生将该事实行为予以撤废或者变更的实体法上的义务,故而被认为没有必要特地引用撤销判决的拘束力。③ 此外,《行政不服审查法》第47条,作为审查厅的权限,采取了事实上的行为之撤废、变更的制度。④ 从行政不服审查与行政诉讼的整合性理解的角度来看,拘束力说被认为是适切的。

(6)这样一来,作为撤销判决的拘束力内容的行政厅的积极行为义务,除第2款和第3款的情况以外,其适用的领域被认为似乎并不宽广。与此相对,一般作为拘束力的内容而列举的,实质上是禁止依据同一理由作出同一处分的反复禁止效力,这也是通说和判例的观点。⑤ 但是,关于该效果,也有作为既判力来说明的见解,所以,下面我们对作为撤销判决

---

① 盐野著:《行政法Ⅱ(第六版)行政救济法》,第117页。
② 同样旨趣的,兴津征雄著:《逐条解释行政事件诉讼法》,第676页以下。
③ 作为采取拘束力说的,有小早川著:《行政法》(下Ⅱ),第227页以下。
④ 盐野著:《行政法Ⅱ(第六版)行政救济法》,第31页。
⑤ 田中著:《行政法》(上),第354页;芝池著:《行政救济法讲义》,第89页。

的反复禁止效力展开探讨。

(五)反复禁止效力

作出撤销判决后,行政厅便不能在同一情况下基于同一理由作出同一内容的处分,这就是这里所说的反复禁止效力的含义。反过来说,这意味着即使是同一情况,只要不是同一理由,就可以进行同一内容的处分。在该限度内,原告的地位是不稳定的。另外,若行政厅不能在同一情况下以其他理由作出同一的判断,那么,从其公益性来看,则会产生问题。这一点,只要考虑一下程序瑕疵的问题,就很清楚了,即行政厅因为弄错了程序,尽管存在公益的必要,也不能作出第二次处分,这是不合情理的。进而,从实体法上来看,由于某种理由行政处分被解释为违法,若以其他理由则可以作出处分的话,那么,对该处分予以承认,似乎可以说是与依法律行政的原理、行政的公益适合性的原则一致的。但是,这里还存在如下必须考虑的问题:

1. 这样被限定的反复禁止效力,显然并不涉及该诉讼的诉讼物全部。撤销诉讼的诉讼物,根据通说,是该处分的所有违法性,而反复禁止效力,仅限于以判决确定的具体的违法事由。这一点,即使采取由于附记于该行政处分的事由不同而处分也不同的见解,也是一样的。这是因为,即使因程序而败诉,纠正该程序后便可以作出处分。

2. 因此,以既判力来说明,还是以拘束力来说明,这种效果是不同的。针对既判力说,存在如下诸多反对的呼声:反复行为在形式上是另外的处分;既判力不能涉及判决理由中的判断;既判力是诉讼法上的效力,反复禁止这一实体法上的义务不包括其中;等等。与此相对,以拘束力说来说明的情况下,则存在如下根据:由于行政厅接受以行政厅的相关理由不能使处分合法化这一法院判断的拘束,因此,行政厅不能依据同样的理由采取行动。

3. 但是,反复禁止效力成为问题的状况,是该处分的违法事由是否存在成为反复作出的行政处分的撤销诉讼中争议的对象。所以,不应该像通说那样从违反拘束力的观点来把握该处分违法的事由,而是应该作为先行的行政行为的撤销诉讼中法院的违法判断的结果来处理,即在先行的撤销诉讼中所确定的,形式上是该行政行为的违法,这意味着在该法律关系中实施行政行为的要件不曾存在这一事实得以确定。这样一来,在确定判决后,行政厅不得基于同一理由实施处分,不得主张处分的合法性,即不得主张该法律关系中处分要件的存在。这和作为既判力的效果来把握是相适应的。之前和之后,处分在形式上是不同的,这不仅缺乏否定既判力的实质性根据,而且从法律关系的观点来看,的确是同一案件。①

4. 以上是关于说明方法的事项,我认为这些都有助于发现新的问题,即不是将反复禁止效力作为拘束力的效果,而是作为既判力的问题来考虑的话,没有必要限定于同一情况、同一理由,甚至存在着在考虑同一情况下禁止同种处分之反复的余地。从拘束力方面来看,其效果的涉及不能超过判决的宗旨即判决理由。前面列举了行政过程中反复的合理性,但是,行政厅即使在诉讼的过程中也具有调查权,可以随时将调查结果带进诉讼。② 因此,即便在该判决确定后,依然存在着必须以不同的理由来行使行政权限程度的公益,这种情形,通常情况下是无法想象的。并且,如果在确定判决以后依然使其保留调查权和处分权限,那么,将导致相对人的地位极不稳定,也将妨碍被告方面的真挚的诉讼推行。进而,有必要考虑因请求驳回判决的既判力而妨碍原告方面再度提起撤销诉讼的正反两方面的影响。

5. 鉴于以上几点,我认为,对既判力涉及诉讼物的范围整体这一民事诉讼的基本原则,在撤销诉讼的情况下只限定于例外地由判决确定的具体违法事由(判决理由中的判断),使其正当化的根据是不存在的。所以,反复禁止效力不应该仅限于在判决中所提出的违法事由,而应该理解为:在同一情况下作出同一内容的处分的反复禁止效力,是因既判力而产生的。

6. 但是,即使这样考虑,也有必要承认例外。其一是关于申请拒绝处分的撤销判决,行政厅应该根据判决的宗旨而行动③,此时,被解释为

---

① 包括德国法的检讨在内,作为关于这个问题的广泛而精致的分析,参见兴津征雄著:《违法纠正与判决效力》,2010年版,第14页以下;还有兴津征雄著:《逐条解释行政事件诉讼法》,第664页以下。将问题通过"作为规范的行政行为"和"作为措施的行政行为"的观点,与"行政过程"和"裁判过程"的对比进行分析,参见大贯裕之著:《行政诉讼的审判对象与判决的效力》,载《行政法的新构想Ⅲ》,第136页以下。

② 不过,也有限定。盐野著:《行政法Ⅱ(第六版)行政救济法》,第145页以下。

③ 盐野著:《行政法Ⅱ(第六版)行政救济法》,第154页。

法律本身以明文规定承认了行政厅方面的再度考虑。① 其二是因程序的瑕疵而被撤销的情形。程序性要件是通常的民事诉讼没有预定的,所以,关于既判力的一般理论并不当然地涉及,并且,如果同一内容的处分的反复禁止效力连这种情况都涉及的话,我认为则是从正面和依法律行政的原理发生冲突。在这种意义上,由于撤销诉讼的入口和出口是不同的,因此可以承认撤销诉讼的特殊性之一。

7. 以既判力来说明反复禁止效力的话,所谓撤销判决中的拘束力,仅在撤销判决正文中,行政厅的实体性行为义务不明确的情况(尤其是申请拒绝处分的撤销判决)下才发挥作用。进而,在作出申请拒绝处分的撤销判决的情况下,并非当然地连申请行为也归于无,所以,只要没有规定重新作出申请的特别的规定,那么,对于申请的行政厅的审查义务便存续下来(《行政程序法》第 7 条)。所以,如果将《行政事件诉讼法》第 33 条第 2 款的规定作为这种特别的规定来考察的话,将其理解为关于申请拒绝处分的撤销判决的善后处理的政策性规定(或者根据不同的观点而称其为确认性规定)便足够了,这种说明是否可以的问题,也是需要进

---

① 关于通过既判力来理解反复禁止效力的事情,即便从实务的见地出发,在与申请拒绝处分的关联上,以原子力发电所设置许可申请拒绝处分撤销判决为例,有人指出,"在被撤销之后,即便是该原子炉的新的缺陷判明了的场合,只要其不是无法被认定为处分后的新的事情那样的东西,便不得进行再度的申请拒绝处分"的事情,是不妥当的。鹤冈稔彦著:《撤销诉讼的诉讼物与撤销判决的效力》,载藤山、春田编:《裁判实务》,第 275 页以下。关于以原子炉等规制法为代表的危险物的安全规制,从科学的见地出发,该物的缺陷重新得以明确的事情,无论是申请的前后,都是可以预测的,所以,设置了与之应对的规定。《关于医药品、医疗机器等的品质、有效性及安全性的确保等的法律》(药机法)第 74 条之二、《原子炉等规制法》第 49 条等。当处分撤销判决确定后新的缺陷被发现时,即便依据本书的见解,也要在作出许可处分的基础之上,作出基于新的知见的监督处分。那样做,被认为更能够进行应对缺陷之形态的对策。当然,并非对将裁判过程纳入视野的安全法制的特别的机制予以考虑的重要性加以否定的对策。此外,鹤冈稔彦著:《撤销诉讼的诉讼物与撤销判决的效力》,载藤山、春田编:《裁判实务》,第 276 页脚注 13,在信息公开请求事案中,接受了信息不开示决定(行政上的事务障碍)之后,以个人信息、法人信息(第三人信息)为理由,不允许再度的不开示决定,认为是有疑问的。即便在本书的立场上,对于申请拒绝处分的撤销判决,反复禁止效力也不发挥作用[盐野著:《行政法Ⅱ(第六版)行政救济法》,本页正文],故而该疑问不成立。不过,无论是哪种情形,作出开示处分,应当对第三人采取意见书提出机会的赋予等措施(《信息公开法》第 13 条),其结果是,即便行政机关的首长作出不开示的决定也被承认,所以,在该限度内,禁止反复效力完全不发挥作用。此外,在信息公开法制上关于不开示处分撤销诉讼的上述那样的问题,在开示义务赋课诉讼中不发生,关于这一点,参见盐野著:《行政法Ⅱ(第六版)行政救济法》,第 202 页。

行研究的。① 同样的事情,对该条第 1 款也是适用的。

这样看来,在本书中,虽然仍然维持着这样一种前提,即承认在判决的既判力之外确立与之不同的对于行政厅的拘束力这种观念的意义,但是,关于其有效性,我认为好像还有检讨的余地。进而,特意将"拘束力"这种观念在《行政事件诉讼法》中加以规定的旨趣在哪里? 例如,行政厅概念是作为贯穿于行政组织法、行政作用法和行政诉讼法的基本概念而存在的,是否与这种教条主义的前提有关,则重新成为值得探讨的问题。这种理论上的问题虽然是从前早就存在了的,但是可以说,由于《行政事件诉讼法》上的被告成为行政主体,对拘束力的规定也被准用于义务赋课诉讼和中止诉讼产生了疑问②,而使得该问题显在化了。③

四、驳回请求判决的效力

在撤销诉讼的驳回请求判决中,只有既判力才会成为需要探讨的问题,该问题因该处分不违法这一法院的判断而发生。

(一)一旦确定了驳回请求判决,便不允许原告再一次请求该行政行为的撤销而提起诉讼,这也是通说。④ 在这一点上,诉讼物和既判力的客观性范围是一致的,因而适用民事诉讼的基本原则。并且,像事业认定和收用裁决那样,即便在违法性的继承得以承认的情况下,一旦在先行行为的撤销诉讼中确定了驳回判决,就不能在后续行为的撤销诉讼中主张先行行为的违法。⑤

(二)既判力的主观性范围是当事人。所以,在环境诉讼等情况下,虽然也可以考虑其他居民的起诉,但是超过起诉期间的情形会较多。

(三)关于在之后的国家赔偿案件中私人是否可以主张处分的违法的问题,有必要对撤销诉讼中所判断的违法和国家赔偿诉讼中所判断的违法之关系进行考察。⑥

---

① 关于这方面的问题,兴津著《违法纠正与判决效力》和《逐条解释行政诉讼法》具有启发性。
② 关于这一点,参见盐野著:《行政法Ⅱ(第六版)行政救济法》,第 200 页、第 205 页。
③ 关于以上内容,参见盐野宏著:《行政事件诉讼法修改与行政法学——从行政法一般理论来看》,载盐野著:《行政法概念的诸形态》,第 71 页。
④ 田中著:《行政法》(上),第 354 页;原田著:《行政法要论》,第 431 页。
⑤ 熊本地方法院判决,昭和 43 年 11 月 14 日,载《行裁例集》第 19 卷第 11 号,第 1727 页;最高法院判决,平成 9 年 10 月 28 日,载《讼务月报》第 44 卷第 9 号,第 1578 页。
⑥ 盐野著:《行政法Ⅱ(第六版)行政救济法》,第 271 页。

五、事情判决(特别情况下的驳回判决)

(一)概念

在撤销诉讼中,如果本案审理的结果认定该处分是违法的,那么,法院原则上应撤销该处分。但是,根据具体的案件不同,有时以违法为理由而直接撤销处分并不一定合理。例如,瑕疵轻微,或者即使予以撤销,其结果将是行政厅重复作出同一处分,均属这种情况。针对这种情况,采取了行政实体法上的对应措施。如瑕疵的治愈、违法行为的转换制度,就属于这种对应措施。①

与此相对,以行政行为作为基础而变更现状,因而形成新的事实性及法律性秩序时,通过撤销判决使ογι既成事实覆没,可能产生不适合于公共福利的情况。在这种情况下,也可以考虑发挥实体法上权利滥用的法理之作用。然而,行政法理论上,一般没有私人具有的实体法上的行政行为撤销请求权的法律构成。因此,在诉讼法的层次上,为了尊重既成事实,在与应通过撤销来保护的私人利益相比,更应该谋求公共福利之优先的情况下,规定了事情判决(特别情况下的驳回判决)的制度。② 该制度的解释和运用,如后所述,依然存在问题,却并未得以修改。

(二)制度概要

法院在一定要件之下,综合考虑损害的赔偿、损害防止的程度等一切情况,即使处分或者裁决是违法的,也可以驳回请求。不过,在判决正文中,必须作出处分或者裁决违法的宣告。③ 此外,法院认为适当时,在终局判决之前,可以以判决形式作出处分违法的宣告,即中间违法宣告判决。④

这样的制度,在《行政事件诉讼特例法》时代早已存在(第 11 条)。在制定《行政事件诉讼法》时,在对该规定充实、完善的基础上,予以沿袭。不过,该制度的最初构思可以追溯至 1932 年的《行政诉讼法案》第 174 条。⑤

---

① 参见盐野著:《行政法Ⅰ(第六版)行政法总论》,第 139 页以下。
② 《行政事件诉讼法》第 31 条。
③ 《行政事件诉讼法》第 31 条第 1 款。
④ 《行政事件诉讼法》第 31 条第 2 款。
⑤ 关于日本事情判决(特别情况下的驳回判决)制度的沿革及现行制度的详细情况,参见石井升著:《逐条解释行政事件诉讼法》,第 625 页以下。

1. 特别情况下的驳回判决,有时以通过关系人之间的协商进行了损害赔偿为前提,进而,以在这一点上形成了合意为前提而进行。在这种情况下,案件便得以解决。之所以规定中间违法宣告判决的制度,可以说是法期待相关的运用之证据。

但是,关于损害赔偿问题,即使在没有达到明确了结的情况下,也并不妨碍法院以某种程度的预测作出特别情况下的驳回判决。并且,其后,就赔偿发生了纠纷时,原告必须重新提起诉讼。此时,特别情况下的驳回判决正文的违法宣告产生既判力,所以,当在损害赔偿案件中处分的违法成为问题时,其效果便涉及。关于是否和通常的国家赔偿请求那样以故意、过失为要件的问题,《行政事件诉讼法》并没有作出特别的规定。这是因为立法当时存在如下情况①:在《行政事件诉讼特例法》中,曾有关于损害赔偿的规定(第11条第3款),可以进行损害赔偿请求是当然的事情,并且,关于该规定,围绕其性质反而产生了解释上的疑义,所以,《行政事件诉讼法》没有就这一点作出规定。此外,在条文上,关于要件也使用了"赔偿"这一用语。由此可以看出,立法者是以故意、过失为要件的,这样解释才是适当的。②

但是,这样解释的话,当法院在考虑损害赔偿的程度和方法的基础上作出特别情况下的驳回判决后,在与赔偿请求有关的诉讼中,另外的法院也可能对违法、故意、过失的要件作出不同的考虑,从而否定请求。这样一来,特别情况下的驳回判决制度将变为单纯的公益优先制度,从救济的角度看,便会产生基本的疑问。这便是以因公益而限制了恢复原状的权利为理由而主张损失补偿请求权因特别情况下的驳回判决而当然发生③的见解产生的原因所在。④ 现行法制和《行政事件诉讼特例法》不同,并没有规定原告的损害赔偿请求,这也使得直接承认损失补偿请求权更加容易。⑤

---

① 参见杉本著:《行政事件诉讼法的解说》,第103页。
② 作为《行政事件诉讼特例法》的解释,参见雄川著:《行政争讼法》,第218页;作为现行法的问题,参见大阪地方法院判决,昭和57年2月19日,载《行裁例集》第33卷第1·2号,第118页。
③ 依据《日本国宪法》第29条第3款。
④ 阿部泰隆著:《事情判决》(1982年),载阿部著:《行政救济的实效性》,第309页;原田著:《行政法要论》,第429页。
⑤ 关于学说的状况,参见石井升著:《逐条解释行政事件诉讼法》,第641页以下。

2. 作为现行的特别情况下的驳回判决制度所特有的情形,有中间违法宣告判决的制度。① 这是在终局判决之前,法院作出以争讼中的处分或者裁决是违法的为宗旨的判断,以期待被告方面为使损害的除去、填补等成为可能而采取相应的对策,考虑到其结果,试图对案件作出适合于公共福利的解决的制度。② 为了能够一次性解决纠纷,比较理想的做法是进一步灵活运用该制度。当然,即使作出了中间判决,也并不当然地发生损害赔偿义务等,并且,即使当事人的协商未达成合意而告终结,法院也可以在考虑一切情况的基础上,作出特别情况下的驳回判决。

(三)适用事例

1. 作为适用本制度的事例,立案关系人曾经所列举的是"获得河川使用的许可并建设了水力发电用的水库时,由于该许可以违法为理由而被撤销,水库设施便必须撤除"③的情况。在《行政事件诉讼特例法》时代,特别情况下的驳回判决由法院较容易地予以运用④,而在《行政事件诉讼法》之下,其适用受到相当严格的限定,即适用事例的大部分是关系人涉及广泛范围的、有关《土地区划整理法》《土地改良法》上的换地处分的事例。⑤ 除此以外,只有屈指可数的地方铁道的收费认可的撤销诉讼之事例⑥而已。关于都市计划事业认可,也有的判例以因撤销判决的效果并不产生原状恢复义务为理由,认为事情判决制度不发挥作用。⑦

2. 根据立法者所设定的事例,本来可以期待作出特别情况下的驳回判决,却出现了以社会通常理念上恢复原状已不可能为理由,而对起诉不

---

① 《行政事件诉讼法》第 31 条第 2 款。
② 杉本著:《行政事件诉讼法的解说》,第 105 页。
③ 杉本著:《行政事件诉讼法的解说》,第 102 页。
④ 适用于公务员的免职的事例——仙台地方法院判决,昭和 35 年 2 月 29 日,载《行裁例集》第 11 卷第 3 号,第 703 页。适用于地方税的赋课决定的事例——仙台高等法院判决,昭和 24 年 7 月 8 日,载《行政裁判月报》第 18 号,第 65 页。
⑤ 长崎地方法院判决,昭和 43 年 4 月 30 日,载《行政例集》第 19 卷第 4 号,第 823 页;高松地方法院判决,平成 2 年 4 月 9 日,载《判例时代》第 736 号,第 115 页。关于其他判例,参见秋山义昭著:《事情判决》,载《法学者》第 925 号,1989 年,第 197 页以下。即使在《行政事件诉讼特例法》之下,关于土地改良区的设立认可的撤销请求,也有承认了特别情况下的驳回判决之适用的最高法院判决。最高法院判决,昭和 33 年 7 月 25 日,载《民集》第 12 卷第 12 号,第 1847 页;《行政判例百选Ⅱ》第 202 案件。
⑥ 大阪地方法院判决,昭和 57 年 2 月 19 日,载《行裁例集》第 33 卷第 1·2 号,第 118 页。
⑦ 东京地方法院判决,平成 13 年 10 月 3 日,载《判例时报》第 1764 号,第 3 页。

予受理的裁判例。① 特别情况下的驳回判决的制度,如果重视其以基于处分违法的撤销判决的可能性为前提这一点(提示该可能性,以期待行政方面的让步),那么,在不存在其可能性的情况下,该制度是不起作用的,就应该根据诉讼法理,对起诉不予受理。但是,从行政过程来看,并不存在应将不可能恢复原状的情况和恢复原状有困难的情况严格地予以区别的理由。重要的是,现状的变更将给公共福利带来重大障碍。因此,如果认为该制度的本质在于对既成事实的尊重和相对人利益的实质性确保的调整,那么,我认为应该理解为相对人的撤销请求中包含着要求特别情况下的驳回判决的请求,以谋求特别情况下的驳回判决制度的运用。于是,最高法院指出:土地改良工事在事业完成以后,即使社会一般观念上认为恢复原状是不可能的,诉的利益也并不因此而消灭。② 虽然在该判决中没有明确论及这个问题,但是,我认为最高法院认为在不能恢复原状的情况下应该根据特别情况下的驳回判决来处理,这种观点是适当的。

3. 最高法院数次作出判决,在从该制度中发现一般的法的基本原则,作出议员定员分配规定是违法的宣告,同时驳回选举无效的请求。③ 但是,必须注意的是,在选举关系上适用特别情况下的驳回判决,这也许不仅是立法者不曾预定的,而且,在这种情况下,也完全欠缺作为特别情况下的驳回判决制度重要内容的原告利益的实质性保障的侧面。在这种意义上,最高法院关于《行政事件诉讼法》第31条中所包含的法的一般原则的逻辑,很难说是将特别情况下的驳回判决的制度作为整体来把握的。④

(四)事情判决(特别情况下的驳回判决)制度的界限

事情判决(特别情况下的驳回判决),其制度构成本身是日本独特的创

---

① 关于公有水面填平造地许可处分,参见名古屋地方法院判决,昭和53年10月23日,载《行裁例集》第29卷第10号,第1871页;关于土地改良事业认可处分,大阪高等法院判决,平成2年6月28日,载《判例时代》第734号,第114页。

② 最高法院判决,平成4年1月24日,载《民集》第46卷第1号,第54页;《行政判例百选Ⅱ》第178案件。

③ 最初的判决是最高法院大法庭判决,昭和51年4月14日,载《民集》第30卷第3号,第223页;《行政判例百选Ⅱ》第212案件。

④ 参见雄川一郎:《国会议员定员分配规定违宪诉讼中事情判决的法理》(1984年),载雄川著:《行政争讼的理论》,第583页以下。

造,关于防止因撤销判决的效果造成混乱的措施,并不是各国都不存在。① 在这种意义上,我认为,虽然处分或者裁决是违法的,却驳回撤销该处分的请求,并不能因此而直接对该制度进行消极的评价。但是,有必要予以确认的是,这是对于撤销之原则的例外。从该见解来看,必须谨防制度的草率运用。在和这一点的关系上,必须注意的是,特别情况下的驳回判决在换地处分关系中呈现出定型化倾向,在该领域中存在着法治主义的原则空洞化的危险。在这种意义上,我认为,为了从立法政策上防止此类情况的发生,有必要就土地区划整理事业等公共事业,针对关系人的程序参加、处分性、停止执行等制度展开探讨。

六、违法判断的基准时

(一) 概念

撤销诉讼的诉讼物是该处分的违法性。该违法应在什么时候判断,是需要探讨的问题,即在作出处分时和对该处分的撤销诉讼作出判决时,总是存在着时间的经过,在该期间内有时进行事实关系的变更、法令的改废,便产生了在这种情况下应以何时为基准来判断违法性的问题。这称为违法判断的基准时的问题。就与法令修改的关系而言,即在作出惩戒处分之后,规定其为非法行为的条文被修改;或者以没有满足许可基准为理由接受了拒绝处分以后,判决时,许可基准得以缓和,原有条件适合于该基准的情况。就与事实关系变动的关系而言,即处分时没有满足许可基准,但之后由于申请人积极地采取对策的结果而满足了该基准的情况。

(二) 判例、学说的动向

最高法院原则上采取了处分时说。② 从撤销诉讼是对行政处分的事后审查这一基本的立场出发,支持处分时说是学说的大趋势。③ 与此相

---

① 参见阿部泰隆著:《行政救济的实效性》,第 293 页;伊藤洋一著:《法国行政诉讼的研究》,第 300 页以下。

② 最高法院判决,昭和 27 年 1 月 25 日,载《民集》第 6 卷第 1 号,第 22 页;《行政判例百选 Ⅱ》第 193 案件。最高法院判决,昭和 28 年 10 月 30 日,载《行裁例集》第 4 卷第 10 号,第 2316 页。后者指出:"法院撤销行政处分,是确认行政处分是违法的并使其效力消灭,在辩论终结时,法院不能立于行政厅的立场来判断怎样的处分才是正确的"。

③ 参见原田著:《行政法要论》,第 414 页。参与过《行政事件诉讼法》立案的人也被认为采取了此种立场。参见杉本著:《行政事件诉讼法的解说》,第 105 页以下。

对,也有的学说采取判决时说。这是主张撤销诉讼的本质是排除以行政厅的首次性判断为媒介而产生的违法状态的观点①,该观点认为,在抗告诉讼中,是否存在行政行为对法规的适合性的问题成为判断的对象,因此,在这种情况下的法规原则上是判决时的法规。②

但是,两种学说都分别承认了例外。在判决时说中,认为诉讼的目的是一定时期中处分的违法性之判断的情况(关于选举或者当选的效力的诉讼),直接与第三人的权利、利益有关的情况(存在申请竞合的许可处分之撤销诉讼),以及处分的效果在处分时即告完结的情况等,应依据处分时说来处理。而在处分时说中,因为承认瑕疵的治愈之法理,所以,在该限度内,可以说处分时说并没有严格地得以贯彻。③

因此,这一问题虽然已经体现于判决时说作为例外所提示的内容,但是,不应该依据以前的撤销诉讼本质论,而应该按照具体的行政过程中的法律机制的不同分别展开考察。④

此外,虽然事实本身并没有变动,但是,以处分时的科学知识曾被认为是安全的设施,依据之后的科学知识,达到了被判断为欠缺安全性的程度的情况,即处分时和判决时科学知识发生变动的情况下,应该依据何时的知识作出判断的问题。关于这一点,特别是在原子能发电设施的设置许可撤销诉讼中成为争论的对象,最高法院认为,应该依据"现在的科学水准"作出判断。⑤ 这一问题和以前论述的违法判断的基

---

① 田中著:《行政法》(上),第 348 页。
② 雄川著:《行政争讼法》,第 219 页以下。
③ 关于学说的对立状况及其问题,长屋文裕著:《违法判断的基准时》,载藤山、村田编:《裁判实务》,第 328 页以下,所介绍的具有参考价值。
④ 作为提示了这一点的研究,参见铃木庸夫著:《违法判断的基准时》,载成田赖明编:《行政法的争点》(新版),1990 年,第 218 页以下。
例如,在建筑物拆除命令的撤销诉讼中,虽然在处分时命令曾是合法的,但由于其后法令的修改而欠缺处分要件的情况下,该怎样处理才是合理的呢? 我认为,不是依据撤销诉讼的本质,而是应该从对应违法建筑物的要件变动,具体的法是如何处理的之观点作出判断。此外,虽然存在像纳税处分作出之后的金钱债权之呆账所看到的那样所谓行政行为的后发性瑕疵的类型,但是,对于其纠正来说,除撤销诉讼上的治疗(起诉期间的起算日之移动)之外,也可以考虑民事诉讼(不当得利)等,遵循了该法令之机制的救济方法。参见人见刚著:《关于行政行为的"后发性瑕疵"的一点考察》,载《阿部古稀》,第 717 页以下、第 724 页以下;最高法院判决,昭和 49 年 3 月 8 日,载《民集》第 28 卷第 2 号,第 186 页;《行政判例百选 I》第 33 案件。
⑤ 最高法院判决,平成 4 年 10 月 29 日,载《民集》第 46 卷第 7 号,第 1174 页;《行政判例百选 I》第 77 案件。

准时的前提是不同的①,有必要作为司法审查过程中的客观条件的变动事例予以注意。②

第八节 撤销诉讼中的临时救济——执行停止制度

一、临时救济的必要性

裁判不仅消耗经济上的成本,而且消耗时间上的成本。因此,至确定终局判决,如果置之不理,不采取任何措施,则权利关系无法确定,这样一来,对支配现状者总是有利的。在民事诉讼中,由于不承认自力救济,欲使现状向着更有利于自己的方向发展的人,通常要提出变更现状的请求而成为原告,在这种情况下,如果裁判长期进行的话,对于被告方面是有利的。在民事关系中,保全诉讼的功能之一就是为了改善这样的状况。

因为行政行为具有公定力,因此,之后的法律关系以因行政行为而变动的状态为基准得以形成。所以,如果原封不动地置之不理的话,该现状便得以固定化。进而,由于行政行为的情况下有时还承认自力救济,所以,有时会出现对于私人方面的不利状况得以推进的情形,即在撤销诉讼中,如果置之不理的话,总会出现对原告方面不利的状态。所以,在关于行政行为的撤销诉讼的法院终局判决之前采取某种措施,从私人救济的角度来看,是极为重要的。

另一方面,由于行政行为和公益的实现密切相关,当然不能仅考虑相对人私人的利益。不过,在处分违法的情况下,其效果应尽早地予以否定。问题在于,如不能在短时间内直接作出该处分是违法还是合法的判定,即该判定的作出需要很长时间的情况下,应该采取何种措施?

此时,有的观点认为,临时救济上的措施,在理论上不是司法权所固

---

① 参见高桥利文著:《判例解说》,载《法学者》第1017号,1993年,第57页。《法学者》第1017号"座谈会"中小早川光郎发言,第19页。

② 此外,作为与文殊本案控诉审判决(名古屋高等法院金泽支局判决,平成15年1月27日,载《判例时报》第1818号,第3页)相关联,论述了这个问题的研究,参见高木光著:《裁判过程的统制——文殊本案控诉审》(2003年),载高木光著:《行政诉讼论》,第389页以下。

有的权限,是否将其委任于法院,是立法政策上的问题。① 这似乎被作为三权分立的当然归结来论述,但是,分类学上的司法作用和行政作用的区别,并不必然地涉及具体的国家中行政权和司法权的关系。② 现实中,关于对公权力的行使的临时救济,基于其属于行政作用而引导出一定的结论的这一方法,并不是普遍的。③

鉴于临时救济占据私人的权利、利益的裁判救济中重要一环的地位,在采取法治国家体制,试图充实私人的权利、利益的实效性救济的《日本国宪法》之下,设置对行政行为的临时救济制度是宪法上的要求,并且,该制度基本上也可以作为司法权的一部分来考虑。④ 在这种意义上,如果宪法上接受裁判的权利得以保障的话,就不能将是否承认撤销诉讼中的临时救济视为属于立法者裁量判断的事项。⑤ 从这样的见地出发,在修改《行政事件诉讼法》之际,临时的救济程序之整备也成为检讨课题⑥,并进行了所要的修改。⑦

---

① 参见雄川一郎著:《行政事件诉讼特例法》(1948年),载雄川著:《行政争讼的理论》,第99页;雄川著:《行政争讼法》,第200页;田中二郎著:《关于行政事件的司法法院的权限》(1949年),载田中著:《行政争讼的法理》,第140页以下。

② 盐野著:《行政法Ⅰ(第六版)行政法总论》,第5页。

③ 在美利坚合众国,临时救济被作为法院固有的权限来认识;在德国,临时保护的必要性被视为基本法上的要求(植村荣治著:《行政诉讼中的临时的救济》,载《法学协会杂志》第94卷第2号,1977年,第226页以下)。作为以德国法为中心的概括性研究,有东条武治著:《行政保全诉讼的研究——依据德国行政裁判法》,2005年版。此外,参见《关于行政诉讼的外国法制调查——调查结果一览表》,载《法学者》第1250号,2003年,第180页以下。

④ 《日本国宪法》第32条、第76条。同样的宗旨,参见植村荣治著:《行政诉讼中的临时的救济》,载《法学协会杂志》第94卷第2号,1977年,第246页以下;山下义昭著:《实效性权利保护与临时救济》,载《福冈大学法学论丛》第40卷第3·4号,1996年,第401页以下。

⑤ 关于这一点,另外参见关于内阁总理大臣的异议之制度的说明。盐野著:《行政法Ⅱ(第六版)行政救济法》,第174页以下。

⑥ 盐野著:《行政法Ⅱ(第六版)行政救济法》,第60页以下。

⑦ 关于个别修改事项,后述。关于修改经过的详细情况,参见野吕充著:《临时的救济》,载园部、芝池编:《理论与实务》,第232页以下。作为将修改法下临时救济制度全部的论点提出来并进行分析的成果,有山本隆司著:《行政诉讼中临时的救济之理论》(上)(下),载《自治研究》第85卷第12号、第86卷第1号,2009—2010年。作为在执行停止制度之外,对《行政事件诉讼法》上的临时的救济制度全部,进行以利益考量、内容多样化等为中心的基础性考察的成果,有长谷川佳彦著:《临时的救济》,载《芝池古稀》,第483页;作为跨越解释论、立法论,对学说、判例(修改法以降)进行整理,并明确了问题之所在的成果,参见山田健吾著:《行政诉讼中临时的救济》,载《现代行政法讲座Ⅱ》,第261页以下。

二、执行停止制度

(一)概述

作出行政行为后,对此提起诉讼的情况下,该行政行为的效果应如何处理的问题,并不是从逻辑上自然决定的事项。也就是说,因为行政行为有公定力,并不能在逻辑上就必然要求一定的制度。就结论而言,在《行政事件诉讼法》上并不是在提起撤销诉讼的同时停止行政行为的效果,而是诉讼的提起对行政行为的效果不产生影响,即采取了这种内容的执行不停止的原则,在诉讼提起后由原告方面提出申请,在该申请具备一定要件的情况下,根据法院的决定,才暂时停止行政行为的效果,即承认执行的停止。① 与此相对应,对公权力的行使,规定不得实行《民事保全法》所规定的临时处分(第44条)。不过,由于在运用的过程中也出现了僵硬的解释和适用的事例,所以,作为《行政事件诉讼法》修改的一环,此次进行了以缓和执行停止的要件为目标的法修改。具体而言,修改的内容是对执行停止的积极要件进行了缓和。将"恢复困难的损害"改为"重大的损害"(第25条第2款);揭示了进行"重大的损害"的判断之际的解释基准(第25条第3款)。下面就《修改法》之下的制度之概要加以说明。

(二)要件

(1)实行执行停止,必须是本案诉讼合法地处于争讼之中。② 在这种意义上,与保全诉讼独立进行的民事诉讼是不同的。

(2)执行停止的积极要件是,"为了避免因处分、处分的执行或者程序的继续履行而产生的重大的损害,而具有紧急的必要时"。③并且,判断是否发生"重大的损害"之际,根据《修改法》,应当"考虑损害之恢复的困

---

① 在德国,对起诉采取了停止执行原则[正确地说,是赋予起诉以延期效(aufschiebende Wirkung)],对一定的行为(当然地或者根据行政厅的命令)承认其延期效的消灭(《行政法院法》第80条)。虽然说很多国家采用了执行不停止原则,但是,仅以此为根据,并不能测量出临时的救济之充实度。参见《关于行政诉讼的外国法制调查——调查结果一览表》,载《法学者》第1250号,2003年,第180页以下。

② 参见杉本著:《行政事件诉讼法的解说》,第87页。

③ 《行政事件诉讼法》第25条第2款。

难程度,并考量损害的性质、程度以及处分的内容和性质。"①这一规定,是对从前所设定的"恢复困难的损害"这种不可逆转性的概念上的硬性条件加以柔软化,试图确保适合于各个案件的情况的适切的判断,而考虑进行修改的结果。所以,既不能说金钱上的损害原本就不适合于要件,进而,公益性判断也成为在此层次上的比较衡量的要素。②法修改后的最高法院平成19年12月18日决定③,关于对律师的惩戒处分(业务停止3个月)的撤销诉讼中执行停止申诉,认为社会信用的低下、业务上的信赖关系的毁损等损害属于重大的损害,这与《修改法》的旨趣相一致。④

(3)作为执行停止的消极要件,《行政事件诉讼法》第25条第4款所列举的是"具有给公共福利带来重大影响的危险时"和"关于本案可以看出没有理由时"两种情形。前者需要个别的判断,实际上被认为属于此类者有:关于集团示威行进的情况⑤、关于土地收用关系的情况⑥等。

就后者而言,执行停止是以本案胜诉为前提而承认申请人的暂定性权利的,所以,当本案不成立时,没有理由承认执行停止。对本案看起来是没有理由的主张和说明的责任在被告方面。集团示威行进或者学生的停学处分等,因执行停止而决出了实质上的胜负,所以,对判断本案的理由是否存在,要求一定的慎重考虑。

(4)执行停止的判断,最终在于诉讼中途如何调整防止原告方面的现状恶化的利益和处分厅方面的尽早实现公益的要求。所以,个别地认定积极的要件和消极的要件,并不一定能得到合理的结果。一般地说,可以视为本案无理由的程度较小的情况下,即使损害的程度稍轻微也可

---

① 《行政事件诉讼法》第25条第3款。
② 同样旨趣,副井、村田、越智著:《新行政事件诉讼法——逐条解说和问答》,第357页;野吕充著:《临时的救济》,载园部、芝池编:《理论与实务》,第252页。
③ 载《判例时报》第1994号,第21页;《行政判例百选Ⅱ》第199案件。
④ 作为对财产性损害也积极地进行解释的裁判例,有福冈地方法院决定,平成17年5月12日,载《判例时代》第1186号,第115页;该案控诉审福冈高等法院决定,平成17年5月31日,载《判例时代》第1186号,第110页。
⑤ 京都地方法院决定,昭和44年1月28日,载《行裁例集》第20卷第1号,第91页——集团示威行进;熊本地方法院决定,平成3年6月13日,载《判例时代》第777号,第112页——集会。
⑥ 横滨地方法院决定,昭和53年8月4日,载《行裁例集》第29卷第8号,第1409页。

以,并且,损害程度较大的情况下,消极要件的认定稍微严格地解释也可以。①

三、执行停止的内容和效果

《行政事件诉讼法》第 25 条第 2 款就执行停止设置了处分效力的停止、执行的停止和程序的继续履行的停止三种类型。所以,说到执行的停止,不仅包括代执行行为的停止等情形,而且还包括暂时停止惩戒处分的效果等情形。② 处分效力的停止是最为广泛的概念,其余二者都可以作为处分效力的停止的一部分来考虑。因此,《行政事件诉讼法》从避免过分停止的宗旨出发③,规定在能够通过处分的执行或者程序的继续履行的停止来实现相关目的的情况下,不得进行处分效力的停止。在这种情况下,关于惩戒处分,由于根本不存在处分的执行和程序的继续履行的概念,所以,效力的停止之制度便从正面发挥作用。与此相对,例如,基于《土地收用法》所作出的腾出裁决,要付诸实行,预定了代执行的程序④,所以不允许进行效力的停止。⑤

---

① 关于要件的比较衡量,参见冈村周一著:《临时的救济》,载《法学者》第 925 号,1989 年,第 182 页。东京地方法院决定,平成 15 年 6 月 11 日,载《判例时报》第 1831 号,第 96 页,针对退去强制令书执行停止申请案件,判定指出:"考虑到申请人要追行本案事件的诉讼将变得非常困难,最终甚至立案纠正违法的处分之机会也会被剥夺的可能性很高的话,关于这一部分,对《行政事件诉讼法》第 25 条第 3 款(修改前)所说的'关于本案可以看出没有理由时'这种消极要件该当性,相当严格地进行判断是适当的,除非申请人的主张其本身是失当的这种例外的情况,否则,将其视为不具备这种消极要件的情形,是适当的"。

② 在对于律师的惩戒(告诫)处分的撤销诉讼的执行停止案件中,申请人以公告(根据《日本律师联合会会则》)得以进行的话便会遭受难以恢复的损害为理由,请求处分的效力之停止(预备性地停止程序之继续履行)。最高法院决定,平成 15 年 3 月 11 日,载《判例时报》第 1822 号,第 55 页基于如下认识,没有受理该请求。法院决定指出,告诫处分在告知之时便发生效力,且已完结,因此,公告既不是作为处分的效力而进行的,也不是作为处分的继续履行程序而进行的,所以,通过执行停止是不能阻止公告的。但是,如果告诫的撤销诉讼作为本案而成立的话,一旦其效力被停止,那么,对于律师会来说,便失去了予以公告的理由。可见,法院的上述决定,是从告诫和公告的严格区别而演绎性地推导出的结论,从实效性救济的见地出发,其难免过于拘泥于表面性结构的"结构解释"[盐野著:《行政法Ⅰ(第六版)行政法总论》,第 50 页]之讥[关于对律师惩戒的诉讼中的临时救济,参见神长勋著:《律师惩戒制度中的效力、停止》(一)(二),载《青山法学论集》第 44 卷第 3·4 号,第 45 卷第 1 号,2003 年]。

③ 参见杉本著:《行政事件诉讼法的解说》,第 90 页。

④ 《土地收用法》第 102 条之二第 2 款。

⑤ 参见大阪地方法院决定,平成 2 年 8 月 10 日,载《判例时报》第 1391 号,第 142 页。

（一）执行停止的效果仅面向未来发生。① 所以，不能说因为对免职处分的效果实施效力的停止，处分就从最初失去效力，不能一并请求至执行停止为止的工资。在这一点上，和一般的劳动关系中在临时处分程序之中承认所谓回溯支付是不同的。②

（二）执行停止的决定具有第三人效果③，并且具有一定的拘束力。所谓"一定的"，意思是指对执行停止决定只能援用《行政事件诉讼法》第33条第1款，而不能援用该条第2款、第3款。④ 关于其意义，将在后面论述。⑤

（三）实行执行停止后，当情况发生变更时，法院可以根据相对人的申请予以撤销。⑥ 作出执行停止决定之后，在原告一审败诉的情况下，有的判例撤销了前面的执行停止决定。⑦

四、执行停止制度的界限

关于撤销诉讼的日本的临时救济制度，是明治宪法时期的《行政裁判法》所规定的制度（第23条），《行政事件诉讼法》只是限于在该范围内予以充实和完善。在该限度内，依然存在如下有关问题：

（一）关于现行制度，存在着是否应该维持执行不停止原则这样一个根本问题。并且，假定将执行不停止作为原则而继续维持，也应该考虑适应个别行政过程特殊性的灵活的制度。例如，对外国人进行的退去强制处分，一旦被执行，实际上具有产生重大的损害之危险的情况较多，起诉和执行停止决定之间有一段时间，所以，有可能不必等待停止决定便予以执行。在此种情况下，和集团示威行进不同，因为不存在执行停止决定本案化的危险，所以，我认为，作为范畴，可以对提起诉讼留有例外的余地，并且使其和执行停止效果相结合。

---

① 杉本著：《行政事件诉讼法的解说》，第91页。
② 最高法院判决，昭和29年6月22日，载《民集》第8卷第6号，第1162页；《行政判例百选Ⅱ》第202案件。这是《行政事件诉讼特例法》时代的判决，是以效力的停止不具有使既往的法律效果覆没之意义为前提的判决。
③ 《行政事件诉讼法》第32条第2款。
④ 《行政事件诉讼法》第33条第4款。
⑤ 关于其意义，参见盐野著：《行政法Ⅱ（第六版）行政救济法》，第173页（三）。
⑥ 《行政事件诉讼法》第26条。
⑦ 参见大阪地方法院决定，昭和56年1月20日，载《行裁例集》第32卷第1号，第52页。

(二)关于执行停止的效果只面向未来发生,和通常的劳动关系不同,完全否定其回溯支付的可能性是否存在合理性的问题。根据事项的性质,可以考虑对法院留有承认其赋予效力停止决定以溯及效力之权限余地的方略。

(三)执行停止决定虽然只面向未来发生效力,但是,它和撤销判决一样具有原状恢复功能。所以,针对营业许可撤销处分及免职处分,存在应该恢复的原状,故执行停止有其相应的意义。与此相对,在许可申请拒绝处分的情况下,即使进行执行停止,也不存在应该恢复的原状。勉强地说,是恢复存在申请的状态,对执行停止决定,不能援用就程序的重新履行作出规定的《行政事件诉讼法》第33条第2款、第3款(第33条第4款)。因此,如下内容的判例得以确立:关于申请拒绝处分,即使作出了执行停止决定,也并不导致行政厅有关该申请的审查义务的发生,所以,认为执行停止决定的利益是不存在的。①

关于执行停止制度的有关界限,存在着认为应该努力创造出原状的判例。例如,关于集团示威行进的申请拒绝处分,虽然一般地承认了执行停止请求制度的适用,但是,因为集团示威行进的许可制度作为实质登记制度在宪法上得以承认,所以对申请(实质登记)的拒绝处分作出了执行停止决定的话,便意味着和登记得以合法进行相同的状态,即示威游行可以合法地进行的状态得以恢复。② 关于外国人的滞留许可也是一样,对更新申请的拒绝处分,即使进行执行停止也是没有意义的。这种见解似乎是可能成立的。但是,法院关于这一点也创造出了原状。即"进行了滞留期间更新许可之申请的人,……至作出许可或者拒绝许可的处分为止,即使在护照上所记载的滞留期间超过以后,也不能作为不法滞留者来追究责任。在这种意义上,是可以继续在本国滞留的","滞留期间更新不许可处分的效力的停止,正是对申请人恢复前述法的状态而言的,所

---

① 关于一般废弃物(屎尿)处理业许可申请的部分不许可处分的执行停止,有大阪高等法院决定,昭和56年12月26日,载《行裁例集》第32卷第12号,第2348页。关于公立学校的入学不许可处分的执行停止,有大阪高等法院决定,平成3年11月15日,载《行裁例集》第42卷第11·12号,第1788页。此外,在儿童的通学校指定处分的撤销诉讼中,即使作出停止执行决定,也同样不存在应予以恢复的原状,即不过是恢复儿童没有应该通学的学校之状态,所以,停止执行决定被认为不能成为避免难以恢复之损害的有效手段。名古屋地方法院决定,昭和43年5月25日,载《行裁例集》第19卷第5号,第935页。

② 东京地方法院决定,昭和42年11月27日,载《行裁例集》第18卷第11号,第1485页。

以,存在着予以承认的利益"。①

从前,由于这种方法也不能适用于营业许可申请的拒绝处分,所以,《修改法》规定了关于义务赋课诉讼的临时的义务赋课,开拓了临时救济的可能性。②

五、内阁总理大臣的异议

内阁总理大臣的异议之制度,是以在《行政事件诉讼特例法》的制定过程中发生的平野案件为契机,基于联合国总司令部的指示所设置的制度。③ 在制定《行政事件诉讼法》时,为防止该制度的滥用,在对有关规定予以完善和充实的基础上,将其维持下来。④

(一)当提出了执行停止的申请时,或者说,作出了执行停止的决定时,若内阁总理大臣陈述了异议,便不能进行执行停止,并且,对于已经作出的执行停止决定,法院必须将其撤销。⑤ 换言之,是否进行临时的救济,其最后决定权被委任给内阁总理大臣之手。

(二)内阁总理大臣的异议是阻止或者推翻法院判断的权力,因此,其行使必须慎重从事。所以,异议必须附记理由,此时,必须指出非采取维持处分的效力等措施,则具有给公共福利带来重大影响之危险的情况(第27条第2款、第3款)。进而,此种异议只限于在不得已的情况下才可以提出;陈述异议后,必须在下一次常会上向国会报告(第27条第6款)。

(三)内阁总理大臣的异议,在《行政事件诉讼法》之下,几乎全部是在对集团示威行进不许可处分作出执行停止决定时进行的⑥,而近年来不存在其适用事例。此外,在《行政事件诉讼法》中,为了防止该制度的滥用而下了功夫。但必须注意的是,关于该制度,依然存在着基本的问题。

也就是说,内阁总理大臣在陈述异议之际,被赋课了"不得已的情况

---

① 东京地方法院决定,昭和45年9月14日,载《行裁例集》第21卷第9号,第1113页。
② 盐野著:《行政法Ⅱ(第六版)行政救济法》,第207页。
③ 参见高柳信一著:《行政诉讼法制的改革》,载东京大学社会科学研究所编:《战后改革4·司法改革》,1975年版,第345页以下。
④ 关于在《行政事件诉讼法》制定过程中被作为最成问题的一点,参见雄川一郎著:《行政事件诉讼法立法的回顾和反省》,载雄川著:《行政争讼的理论》,第192页。
⑤ 《行政事件诉讼法》第27条第4款。
⑥ 作为其中一例,有东京地方法院决定,昭和42年6月9日,载《行裁例集》第18卷第5·6号,第737页。

下"这一要件,并且,必须指出对公共福利具有带来重大影响之危险的情况,而法院对此不具有审查权。① 所以,撤销诉讼中临时救济的最终判断,一般被保留给行政权。相关制度的合宪性的论据,在于执行停止是本来的行政作用,即使将其委任给内阁总理大臣,也并不构成对司法权的侵害。② 但是,一个国家的司法权的内容如何,和理论上的司法权的范围并不一定当然地一致。在《日本国宪法》下,出发点应该置于国民权利救济的充实,作为其重要的要素,设置了通过法院采取的临时救济程序。从该观点出发,即使关于维持行政处分的效力,也被认为将其判断委任给法院更有助于确保司法和行政的均衡。③

(四)由于内阁总理大臣的异议制度具有如此这般的问题,所以,在此次《行政事件诉讼法》修改之际,该制度的改废成为讨论的对象。不过,在执行停止制度中进行公共利益和私益的调整,通常情况下,通过执行制度的运用进行处理是可能的。与此相对,在关于给国民的重大利益带来影响的紧急事态等的应对方法的个别法尚不存在的现阶段,也存在着无法直接进入废止该制度的情况,于是,这个问题被委任给今后的探讨。④

第九节 无效确认诉讼(争点诉讼和当事人诉讼)
——无效的行政行为及其救济方法

一、概述

有的观点将无效的行政行为和应予撤销的行政行为对比来把握。应予撤销的行政行为只有通过撤销诉讼的途径才能否定其效果(撤销

---

① 杉本《行政事件诉讼法的解说》,第97页。东京地方法院判决,昭和44年9月26日,载《行裁例集》第20卷第8·9号,第1141页。

② 田中二郎著:《行政处分的执行停止和内阁总理大臣的异议》(1953年),载田中著:《行政争讼的法理》,第200页;雄川著:《行政争讼法》,第200页、第205页。东京地方法院判决,昭和44年9月26日,载《行裁例集》第20卷第8·9号,第1141页。

③ 内阁总理大臣的异议制度的违宪论,很早以前就存在了。作为《修改法》下的违宪论,参见山本隆司著:《行政诉讼中临时的救济之理论》(上),载《自治研究》第85卷第12号,2009年,第32页;藤田著:《行政法总论》,第468页;小早川著:《行政法》(下Ⅲ),第288页以下。

④ 参见行政诉讼检讨会《为了修改行政诉讼制度的观点和问题之整理》(关于其他的检讨结果、关于执行停止的不服申诉),载《法学者刑诉研究》,第238页。

诉讼的排他性管辖）。与此相对，无效的行政行为，即使行政厅或者因该行为而受到利益者主张该行政行为的有效性，也不改变其无效性，因为该行为存在瑕疵是重大（且明显）的，要否定其效果，没有必要服从撤销诉讼的排他性管辖。① 因此，从行政救济法的观点来看，虽说存在这种无效行政行为的观念，但该无效应以什么诉讼形式来争讼，则是需要研究的问题。

从行政过程论的角度来看，以行政行为的无效为前提的诉讼，是在时机上滞后的撤销诉讼②，应该根据实际情况来考虑。换言之，从正面承认无效确认诉讼，进行准撤销诉讼的处理，可以认为是适当的。

与此相对，有人认为，撤销诉讼是为了排除限于应予撤销的瑕疵的行政行为的效果的特别诉讼，除此以外，应尽量利用民事诉讼的制度。如果立于此种观点的话，那么，和民法上的法律行为的无效一样，行政行为无效的问题，基本上仅作为关于现在的法律关系的诉讼的先决问题来处理即可。如为了确认农地收买处分无效，则不是进行其无效确认，而是提起所有权等实体法上的权利关系的确认诉讼，作为其前提问题而主张收买处分的无效即可。

相关问题在《行政事件诉讼特例法》时代早已存在，不过，特例法本身没有就这一点设置特别的规定，判例则比较广泛地承认了无效确认诉讼这一诉讼类型。与此相对，有的学说是从民事诉讼的原则（确认诉讼是对现在的权利或者法律关系的确认，需要有即时确定的利益）出发，对于行政行为的无效确认诉讼采取消极的态度。另外，有的学说认为，为了除去行政行为的表见性通用力，有必要承认无效确认诉讼，基于除此之外不存在其他适当的手段这一理由，而对此种诉讼类型积极地予以评价。此外，即使承认无效确认诉讼，关于与此相对的《行政事件诉讼特例法》的适用条文，以被告资格为中心，曾存在过各种见解相互对立的局面。③

因此，在制定《行政事件诉讼法》时，包括整理适用条文的问题在内，审理行政行为无效的诉讼形式成为争议的问题。其结果大致如下：

---

① 关于以上内容，参见盐野著：《行政法Ⅰ（第六版）行政法总论》，第134页以下。
② 盐野著：《行政法Ⅰ（第六版）行政法总论》，第136页。
③ 关于以上内容，参见雄川著：《行政争讼法》，第86页。

（一）从正面承认了在《行政事件诉讼特例法》中没有特别规定的行政行为的不存在确认诉讼和无效确认诉讼（第3条第4款）。

（二）将无效确认诉讼定位为抗告诉讼之一，规定援用有关撤销诉讼规定的重要部分（第3条第4款，第38条第1款至第3款）。另外，关于判决的第三人效力、事情判决（特别情况下的驳回判决）的制度，被排除出援用范围，故欠缺彻底性。

（三）无效确认诉讼成为法定抗告诉讼，而关于诉的利益方面，则进行了具有相当限定性的处理。① 其结果是，关于行政行为无效的主张，除无效确认诉讼以外，也作为公法上的当事人诉讼和私法上的当事人诉讼的先决问题来处理。而后者被称为争点诉讼。问题在于如何设定该无效确认诉讼和两种当事人诉讼的两种途径的区分基准。《行政事件诉讼法》虽然对此试图进行一定的"交通整理"，但反而引起了"交通混乱"。

下面探讨作为法定的抗告诉讼而得以规定的无效确认诉讼，同时也将论及以行政行为的无效为前提的争点诉讼和公法上的当事人诉讼。此外，无效确认诉讼制度，在《修改法》上也原封不动地得以维持。

二、无效确认诉讼

（一）诉的利益

《行政事件诉讼法》在将无效确认诉讼予以法定的同时，限定了其诉的利益，对在《行政事件诉讼特例法》之下超出本来的必要性而曾广泛承认的无效确认诉讼，采取了施加一定限定的态度。但是，由于其条文的难以理解性，出现了对其"交通整理"方法加以批评的观点，并且，关于诉的利益，也与立法者的意图相反，出现了意见的不一致。

1. 一种论点是关于规定无效确认诉讼之诉的利益的《行政事件诉讼法》第36条的前后文逻辑性方面的。即主要依据立案关系人的说明，作为能够提起无效等确认之诉的人，在法律上仅限于如下二种情况：其一是"由于紧接着该处分或者裁决的处分，具有遭受损害之危险者"，这是作为一种预防诉讼而承认无效等确认诉讼。这就是作为最初的"者"处有标点的领会方法。其二是"其他对请求该处分或者裁决的无效等的确认具有法律上的利益者，通过以该处分或者裁决是否存在或者其是否具有

---

① 第36条。具体内容后述。

效力为前提的、关于现在的法律关系的诉讼不能实现目的者",这被视为一种补充诉讼程序,称为二元说。

与此相对,如果按照《行政事件诉讼法》第 36 条的前后文逻辑性来理解的话,能够提起无效确认诉讼者,"是具有因该处分……而受到侵害的危险者及其他对于请求该处分……的无效等的确认具有法律上的利益者",并且,必须是"通过以该处分……是否存在或者其是否具有效力为前提的关于现在的法律关系的诉讼不能实现目的者"。这种规定称为一元说。

从前后文逻辑上看,采取二元说是有困难的,并且,强制一般人接受只有参与过立案过程的人才能够理解的领会方法,也是存在问题的。但是,另一方面,鉴于产生一元说、二元说这样的对立是在立案过程中所没有预测到的(所以,在立案过程中对独立地承认预防性无效确认诉讼,不曾存在异议)①,并且独立地作为预防诉讼来承认无效确认诉讼是有其合理的理由的,即使从一元说的立场出发,在解释论上存在导出预防诉讼的无效确认诉讼的余地,作为现行法用词上的单纯失误(完全取决于加",")的位置)的产物,我认为,现在存在着作为无效确认诉讼的独立类型直接承认预防诉讼的余地。②

个别的行政行为,有时是某行政过程的一个阶段③,在此限度内,撤销诉讼具有中止功能。④ 换个角度说,这是防止将来可能发生的不利的

---

① 雄川一郎著:《行政事件诉讼法立法的回顾与展望》,载雄川著:《行政争讼的理论》,第 200 页。

② 此外,最高法院对该论点没有深入展开,只是在具有接受滞纳处分之危险的情况下,承认了课税处分的无效确认诉讼的诉的利益。最高法院判决,昭和 51 年 4 月 27 日,载《民集》第 30 卷第 3 号,第 384 页;《行政判例百选Ⅱ》(第二版),第 181 案件。关于这一问题,我在立于一元说的基础上,采取了从解释上引导出预防性诉讼的诉的利益的方法[参见盐野宏著:《无效确认诉讼中诉的利益》(1970 年),载盐野著:《行政过程及其统制》,第 365 页]。但是,现在,我认为通过某种方法承认预防性无效确认诉讼,是判例和学说的大趋势,所以,对于并不具有建设性的一元说·二元说的论争,以本文中所示形式予以解决,可以认为是适当的。关于《行政事件诉讼法》第 36 条的逗号所应该添加的地方,在此次行政事件诉讼的修改工作中,并没有成为讨论的对象。这是因为,第 36 条的解释运用已经获得了一定的安定性,人们担心,如果进行添加逗号的改变,具有导致新的"交通混乱"的可能性。既成事实具有意义的法技术,提供了不适合于单纯的罢免制的一个事例。

同样,不进入一元说、二元说,而对换地处分无效确认诉讼作出判断的,有最高法院判决,昭和 60 年 12 月 17 日,载《民集》第 39 卷第 8 号,第 1821 页。

③ 前述最高法院昭和 51 年 4 月 27 日判决中的情况,即是租税行政过程中关于课税处分这一阶段的案件。

④ 盐野著:《行政法Ⅱ(第六版)行政救济法》,第 70 页。

预防诉讼。如果立于无效确认诉讼是超过了起诉期间的撤销诉讼这种观点的话,与具有预防性功能的撤销诉讼相对应的无效确认诉讼,同样是预防性诉讼,无效确认诉讼的诉的利益,正是对这种情况予以承认的。

2. "通过以该处分或者裁决是否存在或者其是否具有效力为前提的、关于现在的法律关系的诉讼不能实现目的者"①的意思,也并不明确。

根据立案关系人的说明,例如,对基于《土地收用法》的收用裁决的无效,进行土地所有权确认诉讼是可能的;对基于公务员法的免职处分的无效,身份确认诉讼这种关于现在的法律关系的诉讼是可能的。与此相对,关于申请不受理处分、营业许可的撤销处分的无效,不能提起关于现在的法律关系的诉讼,而允许无效确认诉讼。②

这姑且算作从能否作为现在的法律关系来把握的观点进行的整理。但是,无论是申请拒绝处分无效的情况,还是营业许可撤销处分,是否完全不能作为现在的法律关系来把握,是需要研究的问题。就前者而言,可以考虑营业许可的给付请求诉讼——义务赋课诉讼。并且,能否将公务员的免职处分和营业许可撤销处分这两种处分严格地区别开来,也是存在疑问的。伴随着对个别法领域的分析,可以构成现在的法律关系的事例将有所扩大。在这种意义上,不得不说,是否可以还原为法律关系,是极为相对化的事情。③

与此相对,有的见解不是将"现在的法律关系"从形式性意义上予以理解,而是主张应该从实质性意义上来理解。④ 根据这种观点,因对公权力的行使本身不服,以直接否定其效果为目的的诉讼,不仅限于其形式是撤销诉讼及无效确认诉讼的情况,即使形式上采取了争议现在的法律关系的诉讼之形式的情况,也具有抗告诉讼的实质。此种诉讼,形式上是关于现在

---

① 《行政事件诉讼法》第36条后半部分。
② 参见杉本著:《行政事件诉讼法的解说》,第120页以下。
③ 关于这一点,森田宽二著:《行政事件诉讼法的"法律关系"以及该法第36条的旨趣》(上、下),载《自治研究》,第78卷第9号、第11号,2002年,在对"法律关系"(第36条)、"抗告诉讼"(第3条)的概念进行精致的分析的基础上,对正文所提示的理解进行了批评。但是,以论者将其作为前提的权利和自由的巨大差别,并不能全部说明行政法上的诸关系,并且,《行政事件诉讼法》本身也不应当作那样的理解。这是本书[盐野著:《行政法Ⅱ(第六版)行政救济法》]的基本立场。
④ 雄川一郎著:《关于行政行为的无效确认的若干问题》(1967年),载雄川著:《行政争讼的理论》,第222页以下。

的法律关系的诉讼,所以,即使是当事人之间的诉讼,也不可能成为排除无效确认诉讼意义上的"关于现在的法律关系的诉讼"。和无效确认诉讼处于二者择一的关系上的关于现在的法律关系的诉讼,是指实质性意义上的当事人诉讼或者民事诉讼,不包括和撤销诉讼或者无效确认诉讼实质相等的所谓"形式性"的"关于现在的法律关系的诉讼"。根据这种观点,对于公务员的免职处分、学生的退学处分,无效确认诉讼和地位确认诉讼两方面都可以利用,而关于土地收用裁决,只允许所有权确认等关于现在的法律关系的诉讼。这种观点将纠纷场面从实质上予以类型化,并构思与之相对应的诉讼类型,我认为在这一点上提示了一种思考方法。但是,该观点所主张的"形式"和"实质"的关系,是并不明确的,因此,关于何为实质性抗告诉讼的问题,这里又产生了"交通整理"困难的问题。

3. 因此,问题的重点应该置于通过关于现在的法律关系的诉讼是否能够实现目的的判断上。

关于这一点,有必要注意的是,无效确认诉讼是错过时机的撤销诉讼。即在撤销诉讼的功能①中,原状恢复功能,通过关于现在的法律关系的诉讼得以满足,是可能的,而中止功能、再度考虑功能、合一确定功能,则是通过关于现在的法律关系的诉讼难以实现的。并且,在原告所请求的是与判决相关的功能的情况下,可以承认无效确认诉讼的诉的利益。例如,申请拒绝处分的无效确认诉讼,和义务赋课诉讼的容许性的问题不同,作为要求行政厅再度考虑的诉讼,可以承认其诉的利益。此外,以违反基于《土地改良法》的换地处分的照应原则为理由,而承认了无效确认诉讼的诉的利益的最高法院判决②,被认为也是着眼于无效确认诉讼的相关功能的。进而,处分的名义人以外的第三人所提起的无效确认诉讼,具有向现在的法律关系还原的困难性,同时也包括确认判决的第三人效力③,也可以承认诉的利益。④

---

① 盐野著:《行政法Ⅱ(第六版)行政救济法》,第68页。
② 最高法院判决,昭和62年4月17日,载《民集》第41卷第3号,第286页;《行政判例百选Ⅱ》第180案件。
③ 当然关于这一点尚存在问题。参见盐野著:《行政法Ⅱ(第六版)行政救济法》,第183页。
④ 此外,中止功能被解释为可以作为对《行政事件诉讼法》第36条前半部分的诉讼特别予以承认的功能。关于这个问题,参见盐野著:《行政法Ⅱ(第六版)行政救济法》,第178页。

将这一点从行政过程的观点再一次整理的话,无效确认诉讼是在行政过程尚未完结的阶段将纠纷带入法院时才具有功能的诉讼,并且作为这样的诉讼来确认其诉的利益的范围,是适当的。

在文殊原子能发电诉讼(原子炉设置许可处分无效确认)中,最高法院一方面引用与《土地改良法》上的换地处分有关的前述最高法院昭和62年判决,一方面就该问题(不能实现目的)指出:"作为解决起因于该处分的纠纷的争讼形态,在与以该处分的无效为前提的当事人诉讼或者民事诉讼的比较中,也意味着请求该处分的无效确认的诉讼应该视为更直接的、更适当的争讼形态的情况"①,予以定型化。这可以看作最高法院就无效确认诉讼的诉的利益,立于其功能性理解作出的解释。原子能发电无效确认诉讼,由此而得以固定下来。

4. 在《行政事件诉讼法》上被否定无效确认诉讼的利益的关于现在的法律关系的诉讼,是以处分或者裁决的存在与否或者其是否具有效力为前提的。所以,即使纠纷的实体是同一的,也可能并不适合于该限定。例如,设置对原子能发电设施的民事上的中止诉讼,是不以原子炉设置许可的无效为前提的,所以,并不是因为提起了民事的中止诉讼,原子炉设置许可的无效确认诉讼便被排斥。相反,关于原子炉的设置许可,并不是说因为作为抗告诉讼的无效确认诉讼是可能的,民事的中止诉讼、临时处分申诉便被排斥。② 换言之,电力公司和附近居民之间的中止诉讼,并不是以许可的无效为先决条件的争点诉讼(前述文殊原子能发电诉讼最高法院判决)。③

---

① 最高法院判决,平成4年9月22日,载《民集》第46卷第6号,第1090页;《行政判例百选Ⅱ》第181案件。

② 作为具体事例,参见福冈高等法院宫崎支局决定,平成28年4月6日,载《判例时报》第2290号,第90页。

③ 关于原子炉的设置,即使与撤销诉讼、无效确认诉讼并列承认民事的中止诉讼,也并不违反原子炉设置许可的公定力[盐野著:《行政法Ⅰ(第六版)行政法总论》,第128页]。设置许可,只不过是对获得许可者作出的在与国家的关系上允许进行设置原子炉这一行为而已,所以,该行为即使在私人之间的关系上不可能实行,也并不对许可处分本身的效力产生影响。此外,关于两诉讼的并存及审理的存在方式之异同,理论上是有争议的。包括相关文献介绍,参见桥本博之著:《请求原子能发电所的运行停止之假处分命令申诉事件中主张、说明的存在方式》,载《法学者平成28年重要判例解说》,第59页以下;樱井敬子著:《原子能发电诉讼管见》,载《行政法研究》第21号,2017年,第50页以下。平行承认两种诉讼,在立法政策上也许存在问题。因此,以关于原子炉的设置为例,也并不是不可以考虑将其统一于设置许可的撤销或者无效确认诉讼之中。但是,对此需要明确的法律上的规定。(转下页)

5.《行政事件诉讼法》上对无效确认诉讼的诉的利益进行限定性处理,是以当时(法律的制定是 1962 年)的民事诉讼法学说为基本前提的。但是,另一方面,必须注意的是,民事诉讼法的判例、学说上,关于确认诉讼的诉的利益(确认的利益),企图予以更加灵活的应对。① 从行政处分和无效确认诉讼的关系来看,例如,在解雇无效的争讼形态中,如果代替地位确认而承认解雇无效确认诉讼,那么,对公务员的免职处分的无效确认诉讼也被认为当然应该承认。

(二)撤销诉讼规定的援用

《行政事件诉讼法》将无效确认诉讼作为抗告诉讼来定位,援用了许多撤销诉讼的条文(第 38 条第 1 款至第 3 款)。但是,依然存在着不彻底的地方。

1. 作为援用撤销诉讼规定的主要情况,有被告资格、关联请求、第三人的诉讼参加、释明处分的特则、职权证据调查、判决的拘束力和停止执行等。

2. 起诉期间等当然不适合于援用,而事情判决(特别情况下的驳回判决)的制度也不能援用。特别情况下的驳回判决是以行政行为有效为前提的,所以对于无效的情况不能援用,这是立案关系人的观点。但是,从撤销诉讼的排他性管辖的方面来看,因为无效确认诉讼是错过时机的撤销诉讼,所以,存在着公益和私人利益调整的必要性,我认为,在无效的情况下也应存在特别情况下的驳回判决的余地。②

3. 关于撤销判决的第三人效力(第 32 条第 1 款)也不能援用。这一规定源于确认诉讼不具有第三人效力这一民事诉讼的原理。在第三人

(接上页)

有的见解认为,因为在关于现在的法律关系的诉讼中不能获得有效的临时救济,所以应该承认无效确认诉讼(甲府地方法院判决,昭和 38 年 11 月 28 日,载《行裁例集》第 14 卷第 11 号,第 2077 页)。此外,由于对争点诉讼没有规定拘束力,所以,有的判例以根据判决的拘束力可以防止将来根据同一理由作出处分为理由,而承认确认的利益(浦和地方法院判决,昭和 43 年 2 月 28 日,载《行裁例集》第 19 卷第 1·2 号,第 347 页)。但是,为了实现临时救济之目的而承认本案的确认的利益,这是存在疑问的。

① 坂田宏著:《确认的利益》,载伊藤真、山本和彦编:《民事诉讼法的争点》,2009 年版,第 100 页以下。

② 阿部泰隆著:《事情判决》(1982 年),载阿部著:《行政救济的实效性》,第 307 页,也承认了适用。关于其他文献,也参见该书。

也与本案有关的情况下,现行法之下应该以当事人诉讼或者争点诉讼来处理①,但处分的第三人提起的无效确认诉讼(邻居提起建筑确认的无效确认诉讼)等,判决的第三人效力便成为必要。在立法上特别规定不援用,而在解释上要予以承认也许存在困难,但是,鉴于这种无效确认诉讼与撤销诉讼在实质上的同一性,我认为承认无效确认判决的第三人效力也是可能的。②

4. 最高法院的判例认为,关于无效确认诉讼中的主张和立证责任,应由原告承担。③ 虽然该判决中并没有陈述特别的理由,但是,我认为其认识背景是:在和撤销诉讼的关系上,无效确认诉讼属于特别的救济程序,关于有关例外情况的存在,原告应承担主张和立证责任。不过,瑕疵的重大性是法解释的问题④,关于要件事实是否存在本身,没有必要和撤销诉讼进行另外的考虑。关于补充性地要求明白性的要件,在外观上一眼就看出的明白说中,主张的责任在于原告,但是,由于事项性质的缘故,不存在将立证责任作为问题来考虑的余地,而在客观的明白说(调查义务违法说)中,关于已经尽了调查义务的立证责任,应该由被告承担。

(三)和撤销诉讼的关系

无效确认诉讼可以说是没有赶上"乘坐定期公共汽车"的撤销诉讼,所以,作为在诉讼上的体现方法,二者以各种方式相互关联。

1. 即使在撤销诉讼中主张了属于无效原因的瑕疵,作为撤销诉讼来审理也足够了。从行政过程的角度来看,要排除表见性地普遍适用的行政行为的法效果,在这一点上是相通的,可以以撤销诉讼来处理,只要该主张得以立证,其请求便会被支持。

2. 在起诉期间内提起了无效确认诉讼的情况下,作为撤销诉讼来处理。诉讼物从特定原告这一点来看是缺乏理论性的,既然正式"乘上了公

---

① 在《行政事件诉讼特例法》下,解释上对无效确认判决承认了第三人效力的最高法院判决,昭和42年3月14日,载《民集》第21卷第2号,第312页;《行政判例百选Ⅱ》第205案件,在现行法上,则是通过争点诉讼来解决的。

② 参见前述《行政判例百选Ⅱ》第205案件的西川知一郎解说;巽智彦著:《第三者效的研究》,2017年版,第152页以下。关于不存在明示的援用规定的情况下的第三人效力,进而参见盐野著:《行政法Ⅱ(第六版)行政救济法》,第212页脚注①。

③ 最高法院判决,昭和42年4月7日,载《民集》第21卷第3号,第572页;《行政判例百选Ⅱ》第197案件。

④ 作为指出这一点的研究,有兼子著:《行政争讼法》,第249页。

共汽车",就应该综合考虑原告的整体意思,如果原告完全没有提起撤销诉讼的意思且这种意思非常明显故而另当别论,一般来说,欠缺特别否定以撤销诉讼处理的理由。

3. 在无效确认诉讼中主张了仅属于撤销原因的瑕疵时,该请求将被驳回。

三、争点诉讼

(一)概念

争点诉讼,并不是《行政事件诉讼法》本身所使用的语言,而是学术上的用语,是指在行政行为的有效、无效成为先决问题的案件中,所争讼的法律关系是私法上的法律关系的诉讼。具体地说,有农地收买处分及出卖处分,在旧地主和新地主之间,农地收买处分的无效成为争点的诉讼。此外,以土地收用裁决无效,地权者和起业者之间围绕着土地所有权的归属而争讼的诉讼,也属于此种类型。关于将这种诉讼作为《行政事件诉讼法》上的类型还是作为《民事诉讼法》上的类型的问题,在立案当时就曾经存在争议,但最终认定不属于行政事件诉讼的类型。所以,争点诉讼不是行政事件诉讼。此外,通过前述事例可以清楚的是,行政过程暂告完结,纠纷在表面上是私人间的纠纷。但是,虽说是作为先决问题而争议行政行为的效果,在这种意义上,行政过程尚未完全终结。从这种观点来看,《行政事件诉讼法》对属于民事案件的争点诉讼设置了特别规定(第45条),这可以理解为具有其合理性。在《修改法》上,关于争点诉讼的规定也得以存置。

(二)内容

在争点诉讼中,作出处分的行政厅可以参加该诉讼,以准同于补助参加人身份,提出攻击防御的方法,提起上诉。并且,为了有助于行政厅的参加之便利,在争点诉讼时,规定法院对处分厅等发布通知。[①] 这是为了援助接受处分的当事人,由处分厅尽量提出关于该争点的证据资料等。[②] 但是,从争点诉讼中有时也援用职权证据调查的规定(第45条第4款)、行政过程尚未完全终结等来看,我认为可以赋予行政厅的参加以比

[①] 《行政事件诉讼法》第45条第1款、第2款。
[②] 杉本著:《行政事件诉讼法的解说》,第141页。

使诉讼资料更加丰富的意义。关于这一点,将在下面谈到。

(三)问题要点

1. 关于争点诉讼的规定,和当事人诉讼的规定①一起,成为主张《行政事件诉讼法》是以公法和私法的区别为前提的观点之根据。但是,争点诉讼和公法上的当事人诉讼的区别,却是并不明确的,并且,两种诉讼程序实际上并不存在多大的差异,因此,这一点并不能作为公法和私法之区别的存在根据。

2. 关于行政厅参加后法院作出的关于争点的判断,在该诉讼中是判决理由中的判断,因此,根据民事诉讼的通说性理解,该判断并不具有特别的效果。但是,鉴于如下几点,我认为民事诉讼法学说上所提倡的、承认争点效力的实质性基础,在这里典型性地存在着②:在争点诉讼中,行政过程是尚未完全终结的;关于处分的有效、无效,在此被割裂开来,正好作为一个争点,从制度上期待两当事人和行政厅穷尽主张和立证,法院作出实质性判断;这里的参加行政厅,并不限于具有使诉讼资料得以丰富作用的有关行政厅,而是指对处分负有责任的处分厅;在与此事的关系上,对处分厅也承认上诉权等。③

3. 在争点诉讼中,处分的效力是否存在被审理判断,而《行政事件诉讼法》上,关于行政处分及其他属于公权力的行使的行为,设置了不能进行《民事保全法》上规定的临时处分为宗旨的临时处分的排除规定(第44条)。另外,关于《行政事件诉讼法》上规定的以执行停止制度,不存在明文的援用规定。因此,关于争点诉讼,似乎不能采取关于行政行为的效力的临时救济的措施。但是,鉴于临时救济的重要性,如果对相关状态置之不理,则可能产生违宪的问题。关于这一点,立案关系人也认为,临时处分的排除,并不是严格意义上的禁止,而是对临时处分权的限制。④

---

① 《行政事件诉讼法》第4条后半部分。

② 关于《民事诉讼法》上的争点效,参见新堂著:《新民事诉讼法》,第644页以下。当然,争点效尚未被最高法院所采纳。满田明彦著:《争点诉讼的诸问题》,载《新·实务民事诉讼讲座》第10卷,第176页以下指出,争点诉讼在理念上满足了争点效得以承认的要件的情况较多,但同时认为,从最高法院判例的动向、《行政事件诉讼法》上行政厅的参加宗旨等来看,承认争点效是有困难的。

③ 盐野宏著:《行政过程及其统制》,第372页以下。

④ 杉本著:《行政事件诉讼法的解说》,第138页。

4.《修改法》对这种临时处分排除规定的现状予以维持,但是,另一方面,必须注意的是,通过新法定的义务赋课诉讼、停止诉讼从正面承认了临时的救济程序,这其中也包含了具有实质上与民事的假处分程序相同效果的程序。换言之,包括执行停止制度的改革在内,在《修改法》之下,必须超越从前的做法,从国民的权利利益的实效性救济的立场出发,来谋求临时的救济之整备充实。这一点在解释论的层面也是一样的。如果从这种立场出发的话,作为争点诉讼中的临时的救济手段,最起码应当理解为:与作为无效确认诉讼中的临时救济的执行停止同种程度的临时处分并没有被排除。① 此外,在无效等确认诉讼与义务赋课诉讼被合并提起的情况下,由于义务赋课诉讼的临时救济发挥作用,所以,临时处分排除规定的适用范围本身将会变得狭窄。

四、当事人诉讼(关于无效的行政行为的公法上的诉讼)

(一)当事人诉讼的概念

当行政行为的有效、无效被作为前提问题进行争议时,现在的法律关系成为公法关系的,不是争点诉讼,而是公法上的当事人诉讼。当然,公法上的当事人诉讼并不限于这种情况,而且也存在着和行政行为的效力无关系的情况,这是从前的理解(例如,与公法上的契约有关的纠纷),在这里所论述的,仅是公法上的当事人诉讼的一部分。作为具体事例,有以免职处分的无效为前提的公务员的身份确认诉讼、以国立大学(法人化了的国立大学除外)中的学生退学处分的无效为前提的在校关系确认诉讼。②

(二)适用条文

在《行政事件诉讼法》上不存在关于这种诉讼的独自的规定,而接受和其他公法上的当事人诉讼相同的处理。具体地说,只不过是援用关于行政厅的诉讼参加、释明处分的特则、职权证据调查、拘束力等撤销诉讼的规定。③

---

① 学说和判例都尚未确定,有待今后的讨论。参见北岛著:《条解行诉》,第932页;高木光著:《临时处分的排除》,载《行政法的争点》,第140页以下。

② 当然,关于这些,处分的无效确认诉讼也是可能的。关于这一点,参见盐野著:《行政法Ⅱ(第六版)行政救济法》,第180页。

③ 另外,参见盐野著:《行政法Ⅱ(第六版)行政救济法》,第213页以下。

(三)问题要点

1. 在这里设定了公法上的当事人诉讼这一范畴,是暂且采取了承认公法和私法之区别的学说(这是立案关系人的立场),而将公法上的当事人诉讼的观念作为解释论来维持是否具有实用性,则是另外的问题。

2. 在行政行为的无效成为前提这一实体问题上,是没有区别的,但是,在公法上的当事人诉讼中,对判决承认了拘束力。这也许是在通常的争点诉讼中,行政厅在该诉讼中立于第三人的地位,案件从行政厅手中脱离出来便不能行动;与此相对,在公法上的当事人诉讼的情况下,从前述事例也可以看出,行政主体尚是诉讼的当事人,所以,作为案件的善后处理,认为存在对有关行政厅请求采取某种措施的余地。但是,如果是善后处理的话,这似乎是应当作为判决的执行问题来考虑的事项。

3. 关于临时救济,存在着和争点诉讼相同的问题。因此,不超出停止执行程度的临时救济,作为解释论也被认为是可以承认的。①

第十节 不作为的违法确认诉讼

一、概念

撤销诉讼和无效确认诉讼的任一种都是与行政行为的事后救济有关的。但是,从解决围绕行政处分在现实的行政过程中所产生的私人和行政厅的纠纷这一观点来看,仅此仍不是充分的。例如,在行政厅因唯恐和近邻居民的争议激化而拖延建筑确认的情况下,如果申请在实体法上合法的话,便产生建筑的自由被侵害的状态。但是,这时尚没有进行建筑确认,故不存在撤销诉讼发挥作用的余地。

在这种情况下,作为实体法的处理有如下方法:申请后经过一定的期间依然没有应答时,视为申请获得许可,或者相反,视为申请被拒绝。例如,《生活保护法》第24条第4款规定,申请后经过30日的情况下,申请

---

① 关于这个问题,高知地方法院决定,平成4年3月23日,载《判例时代》第805号,第66页,在以学生的退学许可处分的无效确认为前提的公法上的当事人诉讼中,比照无效确认诉讼,作为临时救济,容许了执行停止。实质上被解释为适当,但是,考虑到执行停止是抗告诉讼固有的制度,我认为应该如正文所述那样,也存在形式性临时处分、实质性执行停止这等方法。

人可以认为保护的实施机关不予受理申请。在这种情况下,申请人至少可以提起保护性的不予受理处分的撤销诉讼。

此外,有时规定多少天以内应该作出决定,将审查期间予以法定。① 不过,这种规定在法上的意思并不明确,如果认为是训令规定则无需赘述,但即使解释为强行规定,仅凭这一点也并不有利于救济。《行政程序法》第 6 条规定的标准处理期间②,也存在同样的问题。

因此,在这样的实体法救济之外,还必须考虑诉讼上的方法。然而,在明治宪法之下,即使对申请置之不理,也没有对此设置救济。那是在撤销诉讼中也采取列举主义的时代,因而人们对此无可奈何。与此相对,在现行宪法之下,不仅事后救济,而且关于行政厅的不作为的行政事件诉讼上的救济方法也得以自觉地探讨,认为对此需要采取立法措施,此曾成为通说性见解。③

在制定《行政事件诉讼法》时,这个问题并没有被从正面提出来,但是,关于请求直接对应申请命令作出特定行为判决的义务赋课诉讼的法定化,争议未能统一,结果像不作为的违法确认那样的诉讼,是"关于行政厅的不作为(不行为)本身是否违法而事后请求判断的诉讼","只有在行政厅作出处分之后,才允许对其进行撤销诉讼,关于前述那种行政厅违法的不作为,救济方法不仅不充分,而且也不明确,这样的话,不能不说,作为国民的权利救济制度的行政事件诉讼存在着不足之处"。④ 基于这一理由,不作为的违法确认诉讼被作为一种诉讼类型而得以法定。

此外,在旧《行政不服审查法》上,也同时承认了关于不作为的不服申诉(第 3 条第 2 款)。新《行政不服审查法》第 3 条也是如此。

二、制度概要

不作为的违法确认诉讼,被作为抗告诉讼之一来定位⑤,但是,在请求确认这种意义上是确认诉讼,在保护对每个人赋予的申请权这一点上是主观诉讼。具体地说具有如下内容:

---

① 参见《建筑基准法》第 6 条第 3 款。
② 盐野著:《行政法 I (第六版) 行政法总论》,第 242 页。
③ 雄川著:《行政争讼法》,第 97 页。
④ 杉本著:《行政事件诉讼法的解说》,第 17 页。
⑤ 《行政事件诉讼法》第 3 条第 5 款。

（一）该诉讼限于就处分或者裁决提出申请者才能够提起。① 该申请制度，并不一定需要明文规定，只要法令的解释上承认了申请权即可（通说、判例）。

当然，此时，在补助金的交付等以纲要进行的情况下，是否可以说是法令上的申请的问题，存在着争议。②

（二）即使对行政厅的不作为不服，当该不服只不过是对职权的行使进行一般性督促时，也不能成为正式诉讼的对象。例如，《垄断禁止法》第45条第1款所规定的措施要求，不能说是基于法令的申请权的行使。③

（三）只要存在申请制度，该申请行为在程序上是否合法便不成为问题。因为这不是诉讼要件的问题，并且，无论是作为正式案件的问题，还是对于不合法的申请，行政厅不受理申请的义务都包括在该申请制度之中，在该限度内，被解释为行政厅具有应答义务。④

（四）如果说不作为的违法确认诉讼制度是具有法令上的申请权者的救济诉讼的话，那么，是否具有基于法令的申请权，便被解释为诉讼要件。⑤

（五）该诉讼的胜诉要件之核心，是相当的期间经过。对此，一般被进行了如下定型化："是否存在相当的期间经过，以作出该处分通常所必要的期间为基准来判断，在经过了通常所需要的期间的情况下，原则上……构成违法，不过，存在使前述期间经过正当化的特殊情况时，解释为免除违法才是适当的"。⑥ 当设定了《程序法》上所规定的标准处理期间时，该期间的超过并不直接导致不作为的违法，但被解释为法院判断的重要要素之一。当个别法上存在关于期限的规定时，便成为该规定的解释问题。⑦

---

① 原告适格。《行政事件诉讼法》第37条。
② 参见盐野宏著：《关于补助金交付决定的若干问题要点》（1990年），载盐野著：《法治主义的诸形态》，第200页以下。
③ 最高法院判决，昭和47年11月16日，载《民集》第26卷第9号，第1573页；《行政判例百选Ⅱ》第122案件。
④ 杉本著：《行政事件诉讼法的解说》，第18页。
⑤ 参见前述最高法院昭和47年11月16日判决。
⑥ 东京地方法院判决，昭和39年11月4日，载《行裁例集》第15卷第11号，第2168页。
⑦ 就信息公开请求而言，作为关于开示决定等的期限及其特例（《信息公开法》第10条、第11条），认为应当比照《信息公开法》的目的、旨趣作出判断的，参见东京地方法院判决，平成19年12月26日，载《判例时报》第1990号，第10页。

（六）不作为的违法确认诉讼是以排除行政厅的置之不理为目的的制度，所以，违法判断的基准时应该采取判决时的观点。因此，在诉讼期间，只要行政厅对申请作出某种应答，诉的利益便告消灭，将不被受理。相关情况下的诉讼费用，如果严格按照原则由原告负担，则是不合理的，故应该根据《民事诉讼法》第62条，由被告方面负担。

（七）对不作为的违法确认诉讼的胜诉判决赋予了拘束力。[1] 据此，行政厅被赋课了对申请作出某种应答的义务（当然，一旦不作为的违法得以确定，作为承担申请的审查的行政厅，除在行政实体法上对申请作出某种处分以外，将会不存在选择。由此看来，没有必要特意提出拘束力这个观念）。此时，如果法院在判决理由中阐述了行政厅负有应该进行一定行为的义务，那么，便产生了是否对该理由中的判断也承认拘束力的问题。对此进行积极解释的话，便有可能将正式诉讼运用于义务赋课诉讼。但是，鉴于正式诉讼的意义和目的在于迅速解除不作为状态，该运用被认为与本来的宗旨是不相适合的。[2] 另外，应该作出某种应答，提示了关于裁量行为也可以利用不作为的违法确认诉讼这一优点。

三、局限性

不作为的违法确认诉讼是《行政事件诉讼法》首次从正面承认的新的抗告诉讼的类型。并且，我认为，这种诉讼的存在可以说具有一般预防效果。不过，关于此种诉讼，由于没有临时救济，如果行政厅进行上诉等，那么，就不一定能发挥其功能。在这种意义上，作为立法论，也可以探讨在一审支持判决中设立禁止行政厅方面上诉的制度。

此外，因为只要对容忍（支持）判决作出某种应答即可，所以，行政厅完全有可能作出拒绝处分，在这种情况下，必须进而就此展开争议，提起撤销诉讼。在这种意义上是程序空转的制度，这里存在着正式诉讼的局限性。

在此次行政诉讼制度改革之际，在某种程度上也是由于焦点被聚集在了作为更加直接的救济手段的义务赋课诉讼（申请满足型）的法定化上了的缘故，不作为的违法确认诉讼，除规定与义务赋课诉讼（申请满足

---

[1] 《行政事件诉讼法》第33条、第38条。
[2] 参见石川正著：《不作为违法确认诉讼》，载《新·实务民事诉讼讲座》第9卷，第109页。

型)的合并提起以外(第37条之三第3款第1项),保持了从前的状况。

第十一节 义务赋课诉讼

一、概念和种类

(一)概念

从前,对行政厅请求一定作为的诉讼,在《行政事件诉讼法》上,没有从正面予以规定,而是作为法定外抗告诉讼(无名抗告诉讼),被委任给了判例和学说。但是,在撤销诉讼中心主义这一框架之中,这种诉讼在现实中并未被活用,而是随着时光的变迁而推移。[1]

在《行政事件诉讼法》的修改中,作为扩大救济范围的一环,这种诉讼和中止诉讼一起得以法定化。

义务赋课诉讼,是指明确地请求行政厅进行一定行为的诉讼。与撤销判决和不作为的违法确认判决相比,义务赋课诉讼更加直截了当,即使在申请程序根本就没有被预定的情况下,也是可能的。在这一点上,有助于超越撤销诉讼的范围而进行救济。这其中,前者是位于通过撤销诉讼进行救济的延长线上的,也能够进入迄今为止的抗告诉讼的范畴。与此相对,后者则存在着以抑制公权力的发动为基本使命的法治国的框架无法全部把握的情形,的确是应对现代社会需求的诉讼。[2]

(二)种类

义务赋课诉讼,在理论上,可以考虑的有两种情形:其一是在行政过程中预定了私人的申请的情形(此时,又分为作出申请拒绝处分的情形和处于不

---

[1] 关于修改前的学说判例的动向及修改的过程,参见高桥滋著:《义务赋课诉讼》,载园部、芝池编:《理论与实务》,第150页以下。此外,在考虑义务赋课诉讼今后的展开之际,在该领域拥有丰富的判例积蓄的德国法的参照是有益的,关于这些,具有参考价值的有:山本隆司著:《义务赋课诉讼与为了临时的义务赋课、中止的活用——从德国法的观点出发》(上)(下),载《自治研究》第91卷第4·5号,2005年;横田明美著:《义务赋课诉讼的功能》,2017年版,第91页以下、第227页以下。

[2] 参见盐野著:《行政法Ⅰ(第六版)行政法总论》,第305页以下。作为对修改过程中的讨论详细地进行追踪的,有兴津著:《违法纠正与判决效力》,第263页以下。就修改后的义务赋课、中止诉讼的全部情况而言,作为对学说的动向及制度的今后存在方式进行探讨的,有凑二郎著:《义务赋课诉讼、中止诉讼的法定与发展可能性》,载《芝池古稀》,第539页以下。

作为状态的情形两种类型);其二是在行政过程中没有预定私人的申请的情形。在《修改法》中,也是基于这种观点,将义务赋课诉讼一分为二(第3条第6款),并就其要件等分别设置了规定(第37条之二、第37条之三)。

虽然《修改法》本身并没有对其添附特别的名称,但是,在下面的讨论中,可以将前者称为申请满足型,把后者称为直接型。①

二、性质

关于义务赋课诉讼属于《民事诉讼法》上所说的给付诉讼还是形成诉讼这个问题,《修改法》没有设置特别的规定。在这种诉讼中,原告请求法院命令行政厅应当作出一定的处分(第3条第6款正文),法院承认原告的请求时,作出命令行政厅应当作出处分的判决(第37条之二第5款、第37条之三第5款),故可以说义务赋课诉讼的确具有给付诉讼的性质。

当然,在《民事诉讼法》上的给付诉讼中,关于原告适格等的诉讼要件,并没有设置特别的规定,更没有就胜诉要件作出规定。② 与此相对,《修改法》则对诉讼要件和胜诉要件都设置了规定。③ 从这几点来看,也存在将义务赋课诉讼视为形成诉讼的余地。另外,作为形成诉讼具有特征性的判决的第三人效力没有被承认。不过,对世效力及原告适格的规定,在今天已经被认为不是形成诉讼的标志了。④

总之,仅根据《修改法》的形式,要判断义务赋课诉讼的性质,是困难的。不过,有必要留意如下几点:

本来,作为法定外抗告诉讼的义务赋课诉讼,在判例上,作为范畴并没有被否定。换言之,只要具备了要件,即使没有特别的法律根据,义务赋课诉讼也曾经得以承认⑤,所以,修改前,当然地作为给付诉讼来理解。以这种情况为前提,在行政过程论上也曾经论述私人对于行政主体的给

---

① 小林著:《行政事件诉讼法》,第8页,分别称之为申请型、非申请型。现在,这种称呼已经成为一般的用法。

② 关于《民事诉讼法》,参见山本弘著:《从民事诉讼法学的角度所看到的行政事件诉讼法修改》,载《民商法杂志》第130卷第6号,2004年,第1026页。

③ 关于这些要件等,参见盐野著:《行政法Ⅱ(第六版)行政救济法》,第194页以下"四"。

④ 参见高桥宏志著:《重点讲义民事诉讼法》(上册)(第二版补订),2013年版,第71页以下。

⑤ 参见市村阳典著:《诉讼类型》,载园部、芝池编:《理论与实务》,第36页以下;滨秀和著:《无名抗告(法定外抗告)诉讼》(1989年),载滨著:《行政诉讼之实践的课题》,第121页。

付请求权。① 于是，在《修改法》中，是否特地作为形成诉讼而从法律上予以重新构成，便成为需要研究的问题，而在立法过程中，这种情形并没有明确地体现出来。② 从上述内容可以看出，义务赋课诉讼，即使在《修改法》上，作为具有给付诉讼性质的诉讼来理解，也是适当的。③ 不过，与这

---

① 参见盐野著:《行政法Ⅰ(第六版)行政法总论》，第305页。
② 参见《法学者行政诉讼研究》，第118页(村田发言)。
③ 关于与义务赋课诉讼及中止诉讼的性质相关的学说状况，高木光著:《义务赋课诉讼、中止诉讼》，载《行政法的新构想Ⅲ》，第47页以下，具有参考价值。该论文在对义务赋课、中止诉讼采取给付诉讼说这一点上，与本书如出一辙，而在采取该论点之际，其作为个别的给付请求权之前提，设想了概括性行政行为介入请求权，进而认为那很可能成为德国"基本权保护义务"的全盘承认。但是，《修改法》上的义务赋课诉讼、中止诉讼的法定，在具体的个别行政法规范的解释上，是以对原告承认了请求行政主体的公权力之发动(或者不发动)的权利为前提的，所以，在对此予以承认之际，不存在将概括性行政行为介入请求权、基本权保护义务作为前提的逻辑上的必然性。早在明治宪法下，作为个人的公权之一种，就主张要求特定的行政行为的权利之存在(美浓著:《日本行政法》(上)，第126页)。此外，修改前的《行政事件诉讼法》之下的无名抗告诉讼消极论，也不是否定个人性公权的存在本身，而是因为根据论者所理解的三权分立论对行政的首次判断权的尊重之归结。从这种意义上说，义务赋课诉讼、中止诉讼之在诉讼法上的法定，是关于公权力之发动的私人的实体法上之权利的承认这种日本从前之学说的延长线上的东西，是无名抗告诉讼否定论者也根据实定法而承认的场合，不是形成诉讼，而是被作为给付诉讼来予以说明的[高木光著:《义务赋课诉讼、中止诉讼》，载《行政法的新构想Ⅲ》，第56页，也指出了从前至今日本学说的实体权构成。凑二郎著:《义务赋课诉讼、中止诉讼的法定与发展可能性》，载《芝池古稀》，第548页以下，也是立足于给付诉讼说，认为即便脱离德国的宪法理论进行立论也是可能的(第550页)]。
　　此外，从将义务赋课诉讼理解为形成诉讼的立场出发，有人进行了如下说明:义务赋课诉讼等，"是作为在本来没有义务的地方创设义务的形成诉讼来把握的"(山本和彦著:《关于行政事件诉讼法的修改——从民事诉讼法学者看到的感想》，载《法学者》第1277号，2004年，第37页;同旨趣，高安秀明著:《中止诉讼》，载园部、芝池编:《理论与实务》，第194页;竹下守夫著:《行政诉讼与"法律上的争讼"备忘录》，载《论究法学者》第13号，2015年，第122页)。这里所说的"本来没有义务"这种旨趣，如果本来应当是意味着国家不因公权力的行使而让国民承担义务这件事情的话，这就是无视如前所述明治宪法以来的日本的学说、判例之观点，对此不能赞同。并不是这样的。该义务(从国民的角度看是权利)的成立要件，从技术上说不得不等存个别法所规定的法规范之机制解释，进而，关于要件也有《行政事件诉讼法》所规定的部分，所以，这不能该当《民事诉讼法》所设定的给付诉讼等，如果姑且将其定位于形成诉讼之列，那将不具有分类整理以上的意义。
　　此外，兴津著:《违法纠正与判决效力》，第281页以下，论述了申请型义务赋课诉讼的性质，以撤销诉讼及义务赋课诉讼都是具有[违法判断+纠正措施(救济)]这种共通的二重构造为基础，认为该义务赋课诉讼也是形成诉讼。这里所说的二重构造虽然具有启迪作用，但是，这件事情与民事诉讼法上的诉讼分类，被认为不具有一致的必然性。正如论者也指出的那样，给付诉讼论对行政过程中的私人的地位直接地予以认识，并能够率直地使其反映至《修改法》为止的义务赋课诉讼讨论。

种理论性整理的问题不同,作为更为重要的问题,将义务赋课诉讼作为给付诉讼来把握的情况下,与《民事诉讼法》不同,则存在着《修改法》对该诉讼规定了要件这件事情该如何予以正当化的问题。关于这一点,将在后述第四部分"要件"中论述。①

三、诉讼物

如果将义务赋课诉讼作为给付诉讼来理解的话,那么,其诉讼物便是原告所具有的实体法上的给付请求权。此时,在申请满足型中,给付请求权的范围将成为问题,对此,有必要根据该申请程序所关联的机制来考虑。

四、要件

《修改法》按照不同的种类分别规定了义务赋课诉讼的要件。在这里,存在两个问题,即要件法定的意义这种一般论和个别的要件解释论。

(一)一般要件

在民事诉讼中,关于给付诉讼,并未设置特别的要件规定。谁都可以作为原告,无论以谁为被告,都可以提起给付诉讼,这些都取决于原告是否对被告具有给付请求权。与此相对,在修改前的《行政事件诉讼法》的解释运用之际,从撤销诉讼中心主义的观点出发,由判例揭示了明白性、紧急性、补充性即所谓三要件。

《修改法》将义务赋课诉讼予以法定化的前提性情况也是如此,所以,既然其确立了脱离撤销诉讼中心主义的这种志向,就存在着返回民事诉讼的基本,即仅限于确认性地规定义务赋课诉讼的类型这种选择项。②

但是,为了使从前被极其限定性地对待的义务赋课诉讼能够得以合

---

① 桥本博之著:《解说改正行政事件诉讼法》,第59页以下,从请求权构成和诉讼类型构成这种对比的角度来分析问题,认为修改法的存在方法"是依据于这样一种'政策性见地'的,即为了谋求通过裁判实务进行活用,明确记载诉讼要件、本案诉讼要件的话,会更加便于使用"。我认为,作为立法过程的分析,这是正当的揭示[参见盐野著:《行政法Ⅱ(第六版)行政救济法》,本页正文"(一)"],不过,立足于民事诉讼的分类进行整理,便会到达正文那样的理解,这是本书的立场。

② 参见盐野宏著:《行政诉讼改革的动向》,载盐野著:《行政法概念的诸形态》,第238页;山本弘著:《从民事诉讼法学的角度所看到的行政事件诉讼法修改》,载《民商法杂志》第130卷第6号,第1030页,认为其理论性纯化的余地被保留给了学说。

理地运用,事先将当然地被视为问题的诉讼要件和本案胜诉要件予以法定,这种立法政策也是能够存在的。此时,义务赋课诉讼,基于其是关于立法权者赋予行政厅的处分权限的纷争这一点,关于其存在方式,可以考虑的是,不要将其全部委任给法院的判断,而是由立法者就司法权的判断设定一定的范围,在不侵害原告的接受裁判的权利的限度内,这也是立法裁量的范围。这种观点,在从前的撤销诉讼中心主义之下也是适当的。① 不过,这种观点并不是以向撤销诉讼中心主义的回归为志向的。②

(二)要件(1)——直接型(非申请型)

关于直接型义务赋课诉讼,《修改法》作为诉讼要件列举了损害的重大性、补充性、原告适格,而作为实体诉讼胜诉要件列举了处分的羁束性(第37条之二)。有必要注意如下几点:

1. 损害的重大性,虽然作为诉讼要件来整理的,但是,从民事法的角度看,其只是请求权成立的要件之一。于是,问题在于,即使是诉讼要件这种形式,立法者事先规定损害的重大性这一要件是否能够得到承认? 这一点,在申请满足型中,与不考虑损害的重大性的关系也是成为问题的。不过,作为直接型义务赋课诉讼而得以预定的,是请求对于第三人的公权力的发动这种诉讼(虽然从概念上并不排除针对自己的情形)③,所以,即使从法治国家原理出发,关于救济的存在方式,规定与申请满足型不同的要件,也属于立法者的裁量范围,并且,此时,将损害的重要性的要素作为对于行政权的司法性制约的范围的一个要素来使用,也是被允许的,基于这样的理由而实现了立法化。

当然,从立法政策上看,对于《修改法》的立法论性批判也是可能的,进而,关于重大性要件,从国民的权利利益的实效性救济的观点出发,当然是应当灵活地来运用的。④ 重大性的判断之际的法定考虑要素

---

① 参见盐野宏著:《无名抗告诉讼的问题要点》,载盐野著:《行政过程及其制》,1983年版,第320页以下。
② 山本隆司著:《诉讼类型、行政行为、法关系》,载《民商法杂志》第130卷第4·5号,2004年,第663页,认为论者所理解的许可的法制度、请求权(救济法),在某种程度上可以通过诉讼法予以法定。
③ 参见盐野著:《行政法Ⅱ(第六版)行政救济法》,第197页以下。
④ 关于围绕立法的学说之状况,参见岛村健著:《关于非申请型义务赋课诉讼中"产生重大的损害之虞"的判断方法》,载《泷井追悼》,第252页以下。

(第37条之二第2款),就是将这种旨趣具体化了的。

2. 补充性的要件也是一样,虽然作为诉讼要件得以规定,但是,这其实是从救济的必要性这种观点出发来规定的。对此予以一律规定,在立法论上还存在是否适当的问题,而补充性要件的具体适用则成为运用上的课题,作为其中的一个例子,便有与民事诉讼的可能性之间的关系。

就这一点加以探讨的话,原本像请求对于第三人的处分那样的这种纷争的根源,应当是私人间的纷争,可是,为了将那种纷争防止于未然,法律对行政厅承认了一定的权限行使,以请求该权限行使的请求权是存在的为前提,这种诉讼得以构成。所以,被假设为私人间的诉讼与本诉讼,在法制度上并非处于主从的关系中。在这种情况下,通过哪一种方法来保护自己的利益,原则上被委任给私人的选择。① 从法政策的见地出发,我认为,在与民事诉讼之间进行"交通整理"也是可能的,不过,那将要求更加明确的立法者的指示。假设以对于第三人的民事上的诉讼为要件的话,那么,也许所有的直接型义务赋课诉讼将因这一点而被排斥。

所以,《行政事件诉讼法》第37条之二第1款中所说的"不存在其他适当的方法时"的典型事例,不是请求对于第三人的裁判那样的情况,而是在行政过程中规定了特别的救济途径的情形,例如,为了请求过高的纳税申报的纠正,被认为不应当通过减额更正的义务赋课诉讼,而是应当通过更正的请求这种制度(《国税通则法》第23条)的情形。这也是立案关系人的理解。②

3. 作为直接型义务赋课诉讼的诉讼要件,进而规定了原告适格。其内容与撤销诉讼的原告适格的规定③相同。关于这一点也是一样,在民事诉讼中,是作为实体诉讼的请求权的成立要件,而《修改法》特地将其

---

① 关于无效确认诉讼和民事诉讼也可能成为并行的诉讼的问题,盐野著:《行政法Ⅱ(第六版)行政救济法》,第181页。

② 参见小林著:《行政事件诉讼法》,第162页以下。作为同旨趣判决,有广岛地方法院判决,平成19年10月26日,载《讼务月报》第55卷第7号,第2661页;该案件控诉审广岛高等法院判决,平成20年6月20日,载《讼务月报》第55卷第7号,第2642页。此外,关于更正的期间限制之特例该当事例(《国税通则法》第71条),由于更正的请求制度不发挥作用,故而有必要进行其他途径的考虑。前述广岛高等法院判决在该案件中否定了《国税通则法》第71条的适用,并未触及这个问题。

③ 参见盐野著:《行政法Ⅱ(第六版)行政救济法》,第109页。

作为诉讼要件予以明确规定,其旨趣与关于其他的诉讼要件所论述过的相同。

4. 作为实体诉讼(胜诉)要件,规定了行政厅应当作出该处分这件事情是明确的,即判明了该处分是羁束处分,在裁量处分的情况下,不作出该处分属于裁量权行使的滥用的情形(第37条之二第5款)。所有要件都是关于实体法的,同时,也是解释上理所当然的,故而没有必要进行法定的事项。一定要加以说明的话,那么,就前者而言,在修改前的法定外抗告诉讼中,处分的一义性被作为要件,该一义性曾被理解为一见明白性,由此可见,是要求这样的异议事先得以消除;关于后者,我认为,其与撤销诉讼中的裁量条款(第30条)正好是互为补充的关系。在这种意义上,应当认为,关于裁量权的滥用之认定,在这里附加了特别的要素。

5. 作为直接型义务赋课诉讼的原型,有采取了作为法定外抗告诉讼之一种的权限不行使违法确认之形式的、有关公寓纠正命令的诉讼①,即便作为修改后的直接型义务赋课诉讼,也可以列举出请求《建筑基准法》《都市计划法》上的权限发动的诉讼。② 基于《废弃物处理法》的知事的措施命令之义务赋课诉讼③也被作为典型事例设定。④

6. 虽然制定法上没有申请权的规定,却直接要求对自己处分的义务赋课,存在着这种稍微超乎想像的直接型义务赋课诉讼。例如,出生登记不受理的场合,命令制作居民票的东京地方法院平成19年5月31日判决⑤,此外,针对生活保护受给者,因为不服老龄加算减额,而请求作出以该减额不存在为前提的保护决定的义务赋课之诉,承认了其适法性的京都地方法院平成21年12月14日判决。⑥ 在这些事案中,由于不存在通

---

① 盐野著:《行政法Ⅰ(第六版)行政法总论》,第306页脚注②,所揭示的东京地方法院判决,平成13年12月4日,载《判例时报》第1791号,第3页。
② 市村阳典著:《诉讼类型》,载园部·芝池编:《理论与实务》,第26页、第48页。
③ 福冈高等法院判决,平成23年2月7日,载《判例时报》第2122号,第45页。
④ 关于这一系列的典型事例,作为从环境权的观点出发,展开"重大的损害"之解释的论究,有池田直树著:《环境领域中义务赋课诉讼的"重大的损害"要件之克服》,载《水野古稀》,第95页以下。此外,关于义务赋课诉讼也被用于多样的领域,参见高桥编:《施行状况》,第365页以下。
⑤ 载《判例时报》第1981号,第9页。不过,在上诉审中,请求被驳回了。
⑥ 载《工资与社会保障》第1622号,第42页。在上诉审中,在以诉的适法性为前提的基础上,就本案请求驳回。关于该判决,参见常冈孝好著:《关于申请型、非申请型义务赋课诉讼的相互关系的一点考察》,载《宫崎古稀》,第170页以下。

过该判决而受到不利效果的第三人,所以不是作为典型例的直接型义务赋课诉讼,但是,作为这种义务赋课诉讼的应用则是有趣的。① 此外,这种义务赋课诉讼,与既述的典型事例(1—5)不同,作为义务赋课的对象处分的名义人不是第三人,而是原告本人,所以,被解释为"重大的损害"要件发挥作用的余地狭窄。②

(三)要件(2)——申请满足型(申请型)

关于申请满足型义务赋课诉讼也是一样,诉讼要件和本案(胜诉)要件等得以规定(第37条之三)。一部分事项与直接型是相通的,但是,该诉讼以请求对于申请的处分这种通常的行政过程为前提,由此可以看出其特色。

1. 作为诉讼要件,首先规定了行政厅的不作为状态、应当予以撤销的瑕疵、无效的瑕疵之存在这种客观性要件,以及由申请人进行申请这一主观性要件。可以认为,其中哪一种要件,都是所谓理所当然的事项和道理。

2. 设置了关于将不作为的违法确认诉讼与撤销诉讼或者无效等确认诉讼进行合并提起的必要性,以及被合并的情况下其审理的方法的规定。这里包含了两个要件:诉讼提起要件,即在提起义务赋课诉讼的情况下,必定应当提起撤销诉讼、无效确认诉讼或者不作为的违法确认诉讼;以及合并要件,即应当合并提起这些诉讼。这些诉讼的相同点是,私人对于行政厅在某个特定的行政过程中的行为义务违反不服而提起诉讼。所以,为了防止法院判断的矛盾,同时也为了谋求纷争的合理性解决,在这层意义上,可以将相关规定视为适切的立法性应对。

3. 《修改法》针对这种诉讼也设置了关于实体诉讼(胜诉)要件的规定,不过,除合并提起的诉讼被认为具有理由的情况这种要件以外,在这里也是适用在直接型义务赋课诉讼部分所论述的内容。

4. 作为具体事例而设定的,是信息公开请求、在留资格更新申请、建筑确认申请等③,而申请满足型,是指共通地适用于申请—处分制度之机

---

① 岛村健著:《关于非申请型义务赋课诉讼中"产生重大的损害之虞"的判断方法》,载《泷井追悼》,第257页以下,除上述事案之外,还就以出入国管理及难民认定事案为代表的诸类型的事例,进行了详细的分类和分析。

② 同旨,常冈著:《关于申请型、非申请型义务赋课诉讼的相互关系的一点考察》,载《宫崎古稀》,第175页。

③ 参见市村著:《义务赋课诉讼的功能》,2017年版,载园部、芝池编:《理论与实务》,第45页。

制的义务赋课诉讼,故而事业规制、社会保障等,实务上的事件之领域范围广泛。① 例如,除上述事项之外,作为对保育园的入园承诺进行义务赋课的,有前述东京地方法院平成18年10月25日判决,对被爆者健康手册进行义务赋课的长崎地方法院平成28年2月22日判决②等,虽然容认率并不一定高,但是制度本身正在扎根于日本的行政诉讼实务。③

五、审理、判决等

关于义务赋课诉讼的裁判管辖、审理、判决等,《修改法》通过援用撤销诉讼的条款这种方法加以规定(第38条),所以,下面将简略论述。不过,必须注意的是,这种现象并不是撤销诉讼中心主义的结果,而是修改法通过使用抗告诉讼的概念而实现法制技术性处理的产物。

(一)管辖、被告适格

义务赋课诉讼的关系及被告适格,与撤销诉讼相同。

(二)审理

关于审理过程,援用了请求的合并、诉的变更、诉讼参加、职权证据调查的规定。另外,除与撤销诉讼的合并以外,再没有关于义务赋课诉讼的审理的特则,所以,修正性辩论主义等,在撤销诉讼部分所论述的内容,对于义务赋课诉讼来说也是适用的。

值得注意的有如下几点:

1. 不存在释明处分的特则之援用,这取决于所作出的处分或者裁决。但是,由于义务赋课诉讼也是关于行政过程中行政厅被赋予的权限行使的诉讼,所以,作为行政厅,应当从说明责任的观点出发,诚实地应对诉讼资料的提供,这是毋庸赘言的。

2. 关于立证责任也没有特别的规定,但是,鉴于义务赋课诉讼是给付诉讼,应当认为,民事诉讼的一般原则适用于此处。

3. 关于理由的替换,则由于义务赋课诉讼的种类不同而存在不同的问题。

关于直接型,由于处分尚未作出,所以,理由的替换这个问题根本就

---

① 参见高桥编:《施行状况》,第370页以下;横田著:《义务赋课诉讼的功能》,第19页以下。
② 载《判例时报》第2333号,第10页。
③ 参见高桥编:《施行状况》,第365页以下。

不会发生。

　　与此相对,关于申请满足型,则与诉讼物论密切相关。对于申请满足型来说,作为个别法的结构,有的法是消极地规定要件,并规定,只要其中之一得以充足,就可以拒绝申请(《信息公开法》第 5 条、《酒税法》第 10 条)。在这种情况下,作为申请人,只要不存在这些消极要件,就具有该申请请求权(在《信息公开法》上,明示性地表述了这种旨趣)。在这种情况下,在该诉讼中,与该申请请求权相对应的给付请求权是否存在便成为诉讼物,作为行政厅,在诉讼的阶段,可以主张在处分的阶段并未处理过的消极要件的存在。① 这一点,可以理解为,不仅适用于撤销诉讼被合并审理的情况,而且也适用于义务赋课诉讼没有被合并审理的撤销诉讼。② 法要求积极要件全部得以充足的情况下,也是一样。

　　有些个别法列举了积极要件与申请人的属性相对应的情形,有些则列举了申请人应当选择复数的申请要件进行申请的情形,等等。在这些情况下,义务赋课诉讼,除要求作出了应对申请人当初的申请的处分以外,还可以考虑的是,原告在诉讼之中主张其他的要件该当性。不过,这在概念上不是理由的替换的问题。按照个别积极要件的种类不同,请求权分别在于私人方面,这样看来,我认为,原告的主张,将被作为在诉讼物的范围外而予以排斥。这种情况也是一样,个别地归属于该作用法的构成的解释问题。

　　(三) 判决

　　关于义务赋课诉讼的判决,《修改法》就判决的拘束力(第 33 条)及诉讼费用的裁判的效力(第 35 条)设置了援用规定。

　　必须注意以下几点:

　　1. 义务赋课判决,是命令行政厅应当作出被请求的处分的判决(第 3 条第 6 款)。

　　在作出义务赋课判决的情况下,虽然有人认为,行政厅根据《行政事件诉讼法》第 38 条、第 33 条所说的判决的拘束力的规定,受到应当作出

---

　　① 参见米田雅宏著:《信息公开争讼的诸问题》,载《现代行政法讲座Ⅳ》,第 211 页;越智敏裕著:《行政诉讼的审理与纷争的解决》,载《现代行政法讲座Ⅱ》,第 191 页以下。

　　② 关于信息公开条例中的公开拒绝处分撤销诉讼,参见最高法院判决,平成 11 年 11 月 19 日,载《民集》第 53 卷第 8 号,第 1862 页。

被命令的处分的拘束①,但是,既然关于被告的给付义务,在判决正文中予以明确属于特定行政厅,就应当理解为没有必要提出拘束力。②

由于义务赋课判决是命令行政厅作出处分的判决,所以,并不是法院自身来作出处分,因而也会出现被告不服从该判决的情形。不过,在日本,行政厅不服从法院判决的事例,迄今尚未发生过,所以,并未设置以确保判决的执行为目的的制度。在这种意义上,虽然并不具有给付判决通常所伴随的执行力,但是,因此而提出拘束力,并不能成为执行的担保。

2. 撤销诉讼的第三人效力的规定,没有被援用。在考虑了第三人的利害的基础上,并不是不可以考虑让判决的效力也涉及第三人,并且,作为法定外抗告诉讼,在立法者意思不明确的时候,作为解释论而对其予以承认的余地,被认为是存在的。③ 但是,在此次的修改工作中,所考虑的问题并没有涉及判决的一般效力论,所以,没有设置援用规定,相关问题被留作了立法政策上今后的课题。因此,为了合理地促使义务赋课诉讼发挥其纷争解决功能,重要的是活用《行政事件诉讼法》所规定的第三人的诉讼参加(第22条。由于义务赋课判决的效果,在制度上第三者直接地受到利益侵害)或者《民事诉讼法》上的诉讼告知(第53条),将第三人拉进该义务赋课诉讼之中。④

3. 义务赋课诉讼是确定原告的请求权是否存在的诉讼,在该诉讼物的范围内产生既判力。

4. 判断的基准时,根据民事诉讼的原则,为口头辩论终结时。关于该原则,也存在承认例外的诸种学说。⑤

---

① 福井、村田、越智著:《新行政事件诉讼法——逐条解说和问答》,第125页;同样宗旨,小林著:《行政事件诉讼法》,第179页以下。

② 此外,兴津著:《违法纠正与判决效力》,第292页,对于直接型(非申请型)义务赋课诉讼容认判决,可以作为义务赋课判决,对行政厅作出命其调查、检讨的重做的发回重审判决,指出在这种场合,存在拘束力对判决发挥作用的余地。

③ 参见盐野著:《行政法Ⅱ(第三版)行政救济法》,有斐阁,2004年版,第209页。

④ 参见小林著:《行政事件诉讼法》,第180页以下。作为认为上述的制度之运用存在困难或者界限的,作为主张应当承认义务赋课判决(也包括中止判决)的第三人效力,进行法修改的,参见新山一雄著:《义务赋课、中止诉讼中的第三人效力与参加的效力》,载《自治研究》第85卷第8号,2009年,第35页以下、第54页以下;巽智彦著:《第三者效的研究》,第354页以下。

⑤ 参见横田著:《义务赋课的诉讼的功能》,第219页以下、第240页以下。

5. 法院在认为进行撤销判决等更有助于迅速解决纷争时,可以仅限于作出这类判决,中止义务赋课诉讼的程序(《行政事件诉讼法》第37条之三第6款)。考虑到在程序性违法成为问题的情况下,更适合于促使作为撤销诉讼功能的再度考虑功能①发挥其作用,因而可以说,这样规定是适切的立法。②

(四)与撤销诉讼的关系

在申请满足型义务赋课诉讼中,包括不作为的场合在内,可以看到按照申请—行政处分—诉讼;诉讼—处分这种情形的行政过程与司法过程的连锁。在直接型义务赋课诉讼中也一样,能够预测到,在诉讼提起之前,原告与行政之间存在某种事实上的接触,在新设的(2014年)《行政程序法》的处分之请求的程序先行,在原告胜诉的场合,通过接续判决的处分,才能满足原告的请求。

对于义务赋课诉讼中这种行政过程与司法过程的连锁,《行政事件诉讼法》在申请满足型义务赋课诉讼中,尝试了撤销诉讼与义务赋课诉讼的合并提起之义务赋课(第37条之三第3款),限定于只有撤销诉讼的终局判决之容许性(该条第6款)这种司法过程的应对。另外,关于进行联动的行政过程,仅限于撤销判决之拘束力的准用(第38条)。

关于不仅是这种司法过程论(行政诉讼论),而且从行政过程论来看也是饶有趣味的检讨素材,关于义务赋课诉讼的性质是给付诉讼还是形成诉讼这种从前的教条主义的讨论,并不一定提供了有效的视点,只能期待今后的判例及学说的展开。③

---

① 参见盐野著:《行政法Ⅱ(第六版)行政救济法》,第68页。
② 作为具体事例,有关于出租车运费之认可的大阪地方法院判决,平成19年3月14日,载《判例时代》第1252号,第189页。该判决及相关诉讼,与撤销诉讼和义务赋课诉讼的存在方式等相关,提示了饶有趣味的论点。参见横田著:《义务赋课诉讼的功能》,第20页以下、第31页、第69页以下。
③ 例如,兴津著:《违法纠正与判决效力》,第284页,认为与撤销诉讼同样,"应当解释为,义务赋课诉讼的诉讼物,是以一定的事实关系为前提,以不作出一定的处分之违法性(的确认)为核心的基础上,包括在违法性被认定的场合,要求对行政厅作出应当采取适宜的纠正措施(救济)的旨趣之命令",这样,"包括发回重审的判决在内的柔软的救济成为可能"。横田著:《义务赋课诉讼的功能》,第239页以下,以这种先行业绩为前提,以违法判断的基准时为中心,展开解释论的同时,从更加广泛的见地出发来论述义务赋课诉讼的功能,认为"义务赋课诉讼所共通具有的功能,是对判决后的行政过程确定方向,即向导"(第295页),进而认为,其后不可或缺的是再度的行政过程中司法、行政、原告及关系人的协动。(转下页)

六、临时救济

在义务赋课诉讼还是法定外抗告诉讼的时代,关于临时救济,在解释论上存在怎样的方略,曾是个困难的课题。《修改法》从正面在立法上解决了这个问题(第37条之五)。下面指出应当注意的几点:

(一)临时的义务赋课,根据申请,以决定来进行,其内容是行政厅应当临时地作出处分决定。所以,不是法院本身作出临时的处分,这与判决是相同的。

(二)根据决定而作出的处分①,是以义务赋课诉讼程序来实施的,但是,这并未改变其是根据该根据法而作出的行政处分。所以,第三人可以通过撤销诉讼而请求该处分的撤销。另外,由于其是临时的程序内的处分,所以,与本案诉讼相联动,在本案中原告败诉的话,则临时处分也当然地失去其效力;在本案中原告胜诉了的情况下,则行政厅可能会重新作出相同内容的处分。②

(三)《修改法》,作为临时的义务赋课决定的要件,设置了准同于执行停止的规定(第37条之五)。不过,作为积极要件,替代"重大的损害"

(接上页)
包括立法者在内的相关视点,从行政过程论的角度来看也具有启迪性,但是,在不是行政法院,而是普通法院处理行政事件的日本(即便是在东京、大阪等一部分地方法院,存在设置了以行政事件为专门事务的部门这种情况),一律要求在看透行政过程的基础上的司法过程,从作为司法部门全体的效率性的角度来说,是存在疑问的。

① 这种情况下也不是决定的拘束力,而是决定本身的法效果。
② 参见盐野宏著:《行政事件诉讼法修改与行政法学——从行政法一般理论来看》,载盐野著:《行政法概念的诸形态》,第67页以下。
这种观点是着眼于基于临时的义务赋课之法定而作出的行政处分,成为与临时的救济程序相关的法的机制之构成部分这件事情(附带款处分说),而《行政事件诉讼法》第37条第5款则规定了在临时的决定被撤销时行政厅应对撤销该行政处分。于是,有的见解以该规定及该行政处分是基于根据规定而作出的这件事情为理由,认为其是通常的行政处分(本来的处分说)。但是,从认为是临时的救济程序中机制的一部分这种观点来看,与其将该决定解释为与通常的处分是同质的,倒不如将其解释为与临时的决定的依存性很强的处分更为率直。此外,关于《行政事件诉讼法》第37条第5款的旨趣,由于并不一定是在法律的制定过程中进行了充分讨论的问题,故而拘泥于此而看不到机制的本来意义,这是不适切的。作为现行法的解释论,只要理解为为了整备形式而作出的确认规定就可以了。关于诸说(除以上所列的之外,还有临时的处分说等),参见实务研究会:《实务》,第1053页以下,下井康史解说;野吕著:《临时救济》,载园部、芝池编:《理论与实务》,第269页以下;山本隆司著:《行政诉讼中临时的救济之理论(下)》,载《自治研究》第86卷第1号,第79页以下。

为"无法赔偿的损害";作为消极要件,替代"可以看出关于本案是没有理由时"为"可以看出关于本案是有理由时",进行了加重规定。这种修改,我认为,是将着力点进行转移,即从临时的救济这种见地转移为原状的维持之结果,而从救济的实效性的见地来看,人们期待着灵活柔性地运用,这一点与执行停止的情况下相同。

(四)作为对临时的义务赋课予以承认的具体案例,有关于对保育园的入园承诺的案例①,关于公共设施使用的案例②,关于出租车运费认可的案例③等。

第十二节 中 止 诉 讼

一、概念

在这里,中止诉讼,是指预先防止公权力的行使的诉讼。从前,以预防性不作为诉讼等名称,作为与义务赋课诉讼相并列的法定外抗告诉讼之一,以其容许性为中心而展开了讨论。当然,由于中止诉讼更加正面地呈现出对因公权力的行使而给私人的权利利益造成的侵害进行救济的要素,故而判例和学说都是在法修改前,以长野勤务评定事件中最高法院判决④为代表,承认了其容许性的余地。⑤

《修改法》在将这种诉讼作为中止之诉而从正面予以承认的同时(第3条第7款),也就其要件设置了若干的规定。

在防止因公权力的行使而导致侵害于未然这种意义上,中止诉讼本来就具有较为容易与法治国家原理相结合的侧面,同时,先行于处分,在制定法上,公布、回答等法的构造得以活用,在现代信息社会之下,规制性处分的波及效果很大,使得中止诉讼的必要性进一步增强。

---

① 东京地方法院决定,平成18年1月25日,载《判例时报》第1931号,第10页。
② 冈山地方法院决定,平成19年10月15日,载《判例时报》第1994号,第26页。
③ 名古屋地方法院决定,平成22年11月8日,载《判例时报》第1358号,第94页。
④ 最高法院判决,昭和47年11月30日,载《民集》第26卷第9号,第1746页;《行政判例百选Ⅰ》(第五版)第208案件。
⑤ 参见高安秀明著:《中止诉讼》,载园部、芝池编:《理论与实务》,第185页以下。

二、性质

关于中止诉讼的性质，与义务赋课诉讼一样，《修改法》并未设置特别的规定。不过，鉴于中止诉讼是给付诉讼的典型事例之一[①]，作为法定外抗告诉讼的一种类型，就一般论而言，其容许性是学说和判例达成一致的，等等，在义务赋课诉讼部分所阐述的这些内容[②]，对于中止诉讼更为适合，因此将中止诉讼不是作为形成诉讼，而是作为给付诉讼来把握，我认为是适切的。

三、诉讼物

中止诉讼的诉讼物，与民事诉讼相同，是原告在实体法上的中止请求权。其范围应当根据个别法上的构造来判断。

四、要件

关于针对作为给付诉讼的中止诉讼而设置要件规定的意义，与在义务赋课诉讼中的意义相同。[③] 具体而言，《修改法》所列举的内容包括：作为诉讼要件，有损害的重大性、补充性、原告适格；作为实体诉讼的胜诉要件，有处分的羁束性（第37条之四）。进而，在中止诉讼的定义上，处分得以作出的盖然性也成为要件。

除处分的盖然性以外，作为诉讼要件而揭示的，与直接型义务赋课诉讼是共通的。不过，其旨趣和适用场合自然存在与义务赋课诉讼不同的情形。以下加以相应的说明。

（一）损害的重大性，这一般也是在民事诉讼中的中止诉讼所要求的，而作为《修改法》的立法旨趣，因为是处分作出之前的事情，且突出体现了行政和司法的作用分担的观点，而将损害的重大性作为诉讼要件加以整理[④]。

（二）有必要注意的是，补充性的要件，与义务赋课诉讼不同，是作为但书来规定的。即只要发生了重大的损害，诉讼要件便得以充足，所

---

① 新堂著：《新民事诉讼法》，第204页。
② 盐野著：《行政法Ⅱ（第六版）行政救济法》，第193页脚注③。
③ 盐宏著：《行政法Ⅱ（第六版）行政救济法》，第194页。
④ 小林著：《行政事件诉讼法》，第189页。

以,要承认例外,则需要有相应的根据。对于阶段性行政处分,在先行处分已经作出时,可能首先要求提起撤销诉讼。不过,当该处分产生了不可争性时,虽然中止诉讼是可能的,但是,作为本案的违法事由,能否主张先行处分的违法性,则成为需要研究的问题。

(三)作为承认了中止的裁判例,有容认了公有水面填平执照之中止的广岛地方法院平成21年10月1日判决①,承认了由出租车业者提起的基于《道路运送法》的运送设施之使用停止等处分之中止的名古屋高等法院平成26年5月30日判决②等,而最高法院,关于对因为职务命令违反而作出的惩戒处分(免职处分以外的)之中止请求,认定了诉讼要件的充足性。③ 此外,在自卫队及美军的航空机离着陆之中止诉讼中,最高法院承认了诉讼要件的充足性。④

五、审理、判决等

关于中止诉讼也是一样,《修改法》没有就审理、判决而设置特别的规定。并且,撤销诉讼的援用也与义务赋课诉讼中的援用相等(第38条第1款)。以下仅列举关于中止诉讼应该注意的事项。

(一)在中止诉讼中也是一样,可以设定第三人,如信息开示决定的中止诉讼、建筑确认的中止诉讼等。

(二)中止诉讼的终局判决,在对行政厅命令不作为这一点上,与义务赋课诉讼存在相异,但是,在这里,与原告的关系中的拘束力不成为问题,这件事情更加明白了。

(三)中止判决也是由于没有被赋予第三人效力,所以,将该第三人拉入诉讼,是重要的。

(四)由于中止判决产生既判力,所以,当行政厅违反该判决而作出了处分时,在其后,只要没有新的事情发生,该处分便被认为是违法(无效)的。

---

① 载《判例时报》第2060号,第3页。
② 载《判例时报》第2241号,第24页以下。
③ 最高法院判决,平成24年2月9日,载《民集》第66卷第2号,第183页;《行政判例百选Ⅱ》第207案件。
④ 盐野著:《行政法Ⅱ(第六版)行政救济法》,第95页。不过,否定了本案要件。

六、临时的救济

与义务赋课诉讼相同,通过《修改法》,作为临时救济的临时中止制度得以创设(第 37 条之五第 2—4 款)。该法所规定的抽象性要件与临时的义务赋课相同,不过,中止诉讼适用于因公权力的行使而使得现状向着不利于原告的方向变更的情况,所以,有必要这一点对进行充分考虑之后再运用这一制度。

作为承认了临时的中止之裁判例,参见关于市立保育所废止处分之中止的神户地方法院平成 19 年 2 月 27 日决定①,关于居民票消除处分之中止的大阪高等法院平成 19 年 3 月 1 日决定②,等等。

第十三节 法定外抗告诉讼

一、概念

通过《修改法》,从前被作为法定外抗告诉讼来对待的义务赋课诉讼和中止诉讼(预防性不作为诉讼)这两种得以法定。不过,《修改法》虽然也维持了抗告诉讼的概念,但是,除"有关行政厅的公权力的行使不服的"以外,并不存在划定其外延的明示的规定。此外,鉴于从撤销诉讼中心主义脱离出来是法修改的基本方针,可以说,《修改法》之下的抗告诉讼是一个开放性概念。③ 所以,在新法定化了的两种抗告诉讼以外,可以想象存在所谓新法定外抗告诉讼。④

二、种类

在《修改法》之下,作为解释论上可以设想的法定外抗告诉讼,暂且可以列举如下抗告诉讼。

---

① 载《工资与社会保障》第 1442 号,第 57 页。
② 载《工资与社会保障》第 1448 号,第 58 页。
③ 参见盐野宏著:《行政事件诉讼法修改与行政法学——从诉讼类型论来看》,载盐野著:《行政法概念的诸形态》,第 267 页以下。
④ 同样旨趣,小林著:《行政事件诉讼法》,第 198 页。

(一)义务确认诉讼、义务(原告)不存在确认诉讼

在《行政事件诉讼法》修改前,关于《建筑基准法》(第9条)的纠正命令的发动,有的判例对请求"命令权限的不行使是违法之确认"的诉讼承认了诉讼要件,并且承认了该请求。① 而在《修改法》之下,也可以设想将这种诉讼作为法定外抗告诉讼的事例来考虑。此外,反过来,对于成为处分之相对方的一方提起的自己的义务不存在确认诉讼,最高法院平成24年2月9日判决②,将此理解为无名抗告诉讼,在此基础上,作出了未满足作为法定抗告诉讼的中止诉讼中补充性的要件之判断。在这种意义上说,这种整理使得无名抗告诉讼的范围变得狭窄了③。

(二)权力性妨害排除诉讼

在这里,所谓权力性妨害排除诉讼,是指与义务赋课诉讼、中止诉讼以个别的行政行为为对象相对应,针对概括性的权力性作用,以生命、健康等的概括性人格性利益为基础,请求其排除的诉讼。此时,直接进行参照的是大阪国际空港事件的最高法院大法庭判决。④ 该判决承认了损害赔偿,但是,就中止请求,判定不能通过民事诉讼来予以审理。于是,由此形成了这样的问题意识:作为服从了最高法院的逻辑的情况下可能存在的诉讼之一,可以作为法定外抗告诉讼的不利排除诉讼来考虑。

即这个问题应当如此理解:关于公共设施的建设及其管理行为,只要不存在制定法的特别规定,就不是通过抗告诉讼,而是通过通常的民事诉讼,可以要求工事的中止、运营的中止等。可是,在大阪国际空港案件中,最高法院就原告的民事中止诉讼指出,国营空港的供用,是基于运输大臣(当时)所具有的空港管理权(非权力作用)和航空行政权(权力作用)这两种权限的综合性判断的、不可分的一体性行使的结果,而中止请求是包含着要求航空行政权的行使之变更或者其发动的请求在内的,所

---

① 东京地方法院判决,平成13年12月4日,载《判例时报》第1791号,第3页。盐野著:《行政法Ⅰ(第六版)行政法总论》,第306页脚注②。
② 盐野著:《行政法Ⅱ(第六版)行政救济法》,第206页。
③ 小早川著:《行政法》(下Ⅲ),第302页,认为义务赋课诉讼、中止诉讼的法定化后,法定外抗告诉讼的问题之意义大幅度减少了。此外,作为有关现行法下法定外抗告诉讼的存在理由的消极意见,参见黑川著:《公法上的当事人诉讼的守备范围》,载《芝池古稀》,第436页。
④ 昭和56年12月16日,载《民集》第35卷第10号,第1369页;《行政判例百选Ⅱ》第149案件。

以,不能通过民事诉讼请求这些内容。①

关于这个判决的逻辑本身,存在着关于以构成作为权力作用的航空行政权的概括性概念为前提的实证性根据的根本性疑问。并且,关于公权力的行使,这也与一直使用分析手法的从前的判例法理有关系。不过,假设像该判例那样,以作为概括性的权力性作用的国营空港供用行为的把握为前提,那么,与此相对,则可以考虑的是,设想以民事上的救济中的妨害排除法制为模式的法定外抗告诉讼不也是适切的吗?即原告以生命、健康等人格权为基础,可以直接地请求作为概括性的公权力行使的国营空港的供用行为的停止。

前述权力性妨害排除诉讼,本来是以义务赋课诉讼、中止诉讼未被法定的修改法以前的法制为前提的。在这层意义上,与这些诉讼相比,以将大法庭判决反过来的形式出现的权力性妨害排除诉讼,在解释论上,存在着适合于准备救济的途径这种判断。但是,在法修改之际,并没有就行政处分而新使用概括性公权力概念,并且将义务赋课诉讼(直接型)和中止诉讼作为抗告诉讼的类型而予以明确地定位,由此可见,即使在大法庭判决之下,着眼于关于航空机的起飞和着陆的行政处分而提起义务赋课诉讼或者中止诉讼,也是能够被承认的。所以,在这里特地再提出这种诉讼,是因为考虑到在大法庭判决的理解中,如果概括性权力作用的概念现在依然具有活力的话,那么便存在着依然以开放性抗告诉讼观为基础来加以主张的余地。在《修改法》之下,首先应当考虑运用义务赋课诉讼和中止诉讼的法定抗告诉讼,这是毋庸赘言的。

第十四节　当事人诉讼

一、概念和种类

行政事件诉讼中存在着当事人诉讼这一概念,这早在《行政裁判法》时代就是众所周知的,当时被解释为有关公法上的法律关系的争讼,是判断对等当事人相互之间的权利的作用。② 但是,关于这种诉讼,在制定法

---

① 盐野著:《行政法Ⅱ(第六版)行政救济法》,第96页。
② 参见美浓部达吉著:《行政裁判法》,1929年版,第7页。

上,不管是一般法,还是特别法,都没有被正面承认①,并且,虽然1932年的《行政诉讼法案》曾经在"第三章当事人诉讼"中设置了若干规定,但是,那时也不过是采取了列举当事人诉讼的方法。②

在《行政事件诉讼特例法》中,"关于其他公法上的权利关系的诉讼"(第1条)被认为是公法上的当事人诉讼,对应宪法上的要求,关于公法上的当事人诉讼,也采取了概括主义③,但是,依然不是在法条文上明确规定了公法上的当事人诉讼。

与此相对,在《行政事件诉讼法》之下,公法上的当事人诉讼和抗告诉讼并列作为行政事件诉讼的一种类型,首次在日本法上得以明确地定位(第4条)。不过,该立法正好是在日本行政法学说上对公法、私法的实体法上的区别提出疑问的时期进行的,并且,如下所述,从其作为程序性内容也欠缺重要性等方面来看,必须注意的是,本诉讼类型,并不是实务上的争议对象,而是迄今为止一直被作为理论上争议的对象。

《行政事件诉讼法》将当事人诉讼进而分为两种(参见第4条):其一是"关于确认或者形成当事人之间的法律关系的处分或者裁决的诉讼,且根据法令的规定以其法律关系当事人的一方为被告的诉讼",这称为形式上的当事人诉讼。其二是"关于公法上的法律关系的诉讼",在与前者相比较的意义上,这被看作是公法上的实质性当事人诉讼,以下仅称之为公法上的当事人诉讼。

二、形式上的当事人诉讼

(一)内容

形式上的当事人诉讼,是由具体的法律所承认的。④ 最典型的事例有《土地收用法》上的损失的补偿之诉。在《土地收用法》上,收用委员会进行权利取得裁决,该裁决由关于土地的收用或者使用的事项和关于损失补偿的事项构成(第48条)。并且,该法关于这两种事项的争讼也分别另外予以承认。即关于收用委员会的裁决,规定了对国土交通大臣的

---

① 参见美浓部著:《行政裁判法》,1929年,第181页以下。
② 参见行政法院:《行政法院五十年史》,第450页以下。
③ 雄川著:《行政争讼法》,第108页。
④ 《行政事件诉讼法》第4条前半部分。

行政上的不服申诉(审查请求)(第 129 条),但在其程序中,不能进行关于损失的补偿事项的不服申诉(第 132 条)。因此,对损失补偿不服的情况下,只能直接提起诉讼。此外,此时仅承认以起业者和土地所有者双方为当事人的诉讼(第 133 条)。在这种诉讼中,围绕收用委员会的裁决,或者以此为契机而产生的纠纷,即实质上是争议收用委员会的裁决的诉讼,但是,形式上是前述当事人之间进行争议,所以,在学术上,一直称之为形式上的当事人诉讼。除《土地收用法》以外,在《著作权法》(第 72 条)、《农地法》(第 85 条之三)等法令中也可以见到其例。

(二)性质

关于该诉讼的性质,围绕《土地收用法》上的当事人诉讼,很早以前就存在着形成诉讼说和给付诉讼说的对立。

形成诉讼说认为,由于收用委员会的补偿裁决是行政处分,所以,作为原告,首先应该提起请求该裁决的变更(增额或者减额)的形成诉讼,获得该胜诉判决以后,再重新提出给付请求。有的判例也采取了这种学说。① 与此相对,给付诉讼说则认为,作为原告,直截了当地提起给付诉讼即可。采取这种学说的判例较多。② 不过,最高法院尚未作出明确的判断。

当事人在起诉期间内③不提起关于损失补偿的诉讼的情况下,收用委员会的补偿裁定所规定的,便被作为损失补偿额而确定。在这种意义上,裁决是具有形成效果的法行为。但是,在该诉讼中,损失补偿法律关系的权利、义务的主体作为当事人,围绕客观存在的补偿额而进行主张和立证(在具体的诉讼情形中,当原告是权利人时对以裁决所确定的不足金额,当原告是企业时对以裁决所确定的成为超过支付的金额),由法院对该数额作出判断。从这样的法构造来看,作为原告,并不存在必须首先请求裁决的撤销这一实际上的要求。如果说存在这种要求的话,也是不撤销裁决的效果便不能进行给付判决这一理论上的问题,而裁决的效果如何的问题,完全是由立法者按照需要来规定的,不是理论上能够解决的。固然,在立法时,不是

---

① 参见高松高等法院判决,昭和 59 年 12 月 24 日,载《行裁例集》第 35 卷第 12 号,第 2333 页。此外,立于此说的东京地方法院判决(平成 2 年 3 月 7 日,载《行裁例集》第 41 卷第 3 号,第 379 页)认为,为了排除裁决的公定力,有必要请求裁决的变更。

② 参见名古屋高等法院判决,昭和 52 年 8 月 18 日,载《判例时报》第 873 号,第 26 页;大阪地方法院判决,平成 4 年 6 月 24 日,载《判例时代》第 793 号,第 98 页。

③ 6 个月以内。《土地收用法》第 133 条第 2 款。

仅权宜性地创设制度,而是必须和相关法制度保持整合性。不过,这里的问题是:作为裁决的效果,只要当事人不进行争议就承认其形成效力,这在与相关制度的行政行为法制的关系上并不能认为是不被允许的。

从以上几点来看,关于《土地收用法》上的损失补偿,我认为给付诉讼说是适当的。以这种见解来看,将该诉讼作为形式上的当事人诉讼来认识,也是不适当的,而被视为有起诉期间的排他性当事人诉讼便足够了。①

---

① 既然裁决具有形成效果,那就是行政行为,只要不以某种形式予以撤销,其效果就应该持续。即使采取此种见解,原告必须首先请求撤销的形成判决也不是唯一的解决方法。作为原告,请求给付判决,还存在其他方法:在支持的给付判决的正文中,或者进行裁决的撤销,或者通过判决的拘束力,由行政厅(收用委员会)进行裁决的撤销。

无论是形成诉讼说,还是给付诉讼说,《土地收用法》上的损失补偿额是客观地规定的,在该限度内,裁决没有裁量的余地,在法院基于证据予以判断这一点上,是一致的。与此相对,如果采用对土地收用裁决承认在合理的范围内裁量的见解[福冈高等法院判决,平成元年8月31日,载《判例时报》第1349号,第38页],则问题自然不同。但是,在这种情况下,是否存在增额请求支持判决的余地便成为问题,从现行法的当事人诉讼的制度来看,此外,从损失补偿请求权具有宪法上的直接根据[盐野著:《行政法Ⅱ(第六版)行政救济法》,第298页]这一点来看,将损失补偿请求诉讼的审理作为裁量处分的撤销诉讼来理解,都是有疑问的。关于这个问题,最高法院其后明确地否定了收用委员会的裁量权(最高法院判决,平成9年1月28日,载《民集》第51卷第1号,第147页;《行政判例百选Ⅱ》第209案件)。此外,前述大阪地方法院判决(平成4年6月24日)在立于给付诉讼说的同时,认为该诉讼的实质是无名抗告诉讼(本书中所说的法定外抗告诉讼),这一点是基于实质上原告、被告的主张和立证是否具有抗告诉讼的性质来决定的。

关于特许法上的无效审判的撤销诉讼,本来就存在着这是形式上的当事人诉讼还是抗告诉讼的对立(参见大渊哲也著:《特许审决撤销诉讼基本构造论》,2003年版,第238页以下——该书采取抗告诉讼说)。这一点,有人认为,立案者将特许无效审判撤销诉讼也作为形式上的当事人诉讼来理解(杉本著:《行政事件诉讼法的解说》,第23页)。在日本的行政法学中,一直以来,将关于特许权的审判以及抗告审判,从性质上视为一种民事诉讼[美浓部著:《日本行政法》(下),第381页],立案者的这种理解,被认为是这种传统的延续。此外,形式上的当事人诉讼的观念完全成为从形式上加以规定的内容,其实质如何不予过问(关于有关损失补偿的诉讼,参见正文及本注释前面所述内容)。这样一来,特许无效审判的撤销诉讼,从沿革上看,从形式上看,也是《行政事件诉讼法》第4条的形式上的当事人诉讼。不过,在现行法的解释、运用中,应当适用于抗告诉讼的实质(这一点,关于判决的第三人效力,虽然并不存在援用规定,但是,鉴于法对审判撤销诉讼规定了排他性,因而被解释为解释论的容许范围)。

《土地收用法》第133条的诉讼[包括其他若干同种立法例在内,参见中川丈久著:《关于行诉法第四条前段的诉讼(所谓形式的当事人诉讼)》,载《小早川古稀》,第509页以下,其分析具有参考价值。此外,该论文第530页,关于本书的所谓"承认了在当事人不争议限度内的形成效力"的部分之意思,呈现出疑问,而无论是增额还是减额,关于以判决所确定的金额之残余的部分,则被用于裁决的形成得以维持这种意思。关于多有分歧的学说和判例,也参见该论文]。

三、公法上的当事人诉讼

(一) 概念

《行政事件诉讼法》的立法者,以实定法上存在公法和私法的区别为前提,将与前者相关的案件作为行政案件来把握,将其中对行使公权力的不服的诉讼作为抗告诉讼另外处理。所以,其他关于公法上的权利关系的诉讼,换言之,以公权为诉讼物的诉讼,称为公法上的实质性当事人诉讼。①

关于该诉讼,在《行政事件诉讼法》上关于撤销诉讼的规定之中,援用行政厅的参加(第23条)、职权证据调查(第24条)、判决的拘束力(第33条第1款)、诉讼费用(第35条)、相关请求的移送、请求的合并等(第13条、第16条至第19条)。但是,这些制度在实务上并不具有重要的意义。

1. 关于行政厅的诉讼参加,由于任何情况下总有一方当事人是行政主体,所以,即使没有这一规定,也并不能说将因诉讼资料欠缺而无法进行适当的诉讼。

2. 职权证据调查即使在撤销诉讼之中的实务上也没有发挥多大作用。②

3. 关于援用判决的拘束力的宗旨,立案关系人作如下说明:"在当事人诉讼中,存在和作为诉讼物的公法上的权利或者法律关系有关的行政厅的情况较多,为了对原告进行救济,对这些相关的行政厅的判决拘束力便成为必要"。③ 但是,作为其具体的内容,可以考虑哪些情形,则是不明确的。在以免职处分的无效作为先决问题的公务员地位确认诉讼中,只要免职处分的无效成为前提,其法律状态就和民事关系中的地位确认诉讼相同,不存在对公务员的身份确认诉讼进行特别处理的理由。并且,联想到大阪国际空港案件,因为被告不服从败诉判决情况下的执行方法和公权力的行使相冲突,有的观点将这种停止诉讼作为公法上的当事人诉讼来把握,以拘束力来保证执行。④ 如果设想被告方面不服从判决的事

---

① 《行政事件诉讼法》第4条后半部分。
② 盐野著:《行政法Ⅱ(第六版)行政救济法》,第125页。
③ 杉本著:《行政事件诉讼法的解说》,第131页。
④ 参见铃木庸夫著:《当事人诉讼》,载《行政法大系5》,第90页;园部编:《注解行政事件诉讼法》,第520页(加藤幸嗣)。

态,即使主张拘束力,只要将不服从拘束力的情况也考虑进来的话,则会出现前后不一致的规定,此时,若仅依据拘束力说的话,则不存在相应的措施。①

4. 关于诉讼费用的规定,虽然对行政厅的诉讼参加的情况来说具有一定的意义,但并不是那么重要的规定。

5. 综上所述,从内容上看,当事人诉讼的规定并不一定是重要的规定。换言之,将某种诉讼作为公法上的当事人诉讼,在实务上并没有特别的意义。进而,像东京地方法院那样,设置了审理行政事件诉讼的特别部的情况下,也许存在是否将某种诉讼分配给普通部的问题,而这也并不是严格区分的,即使分配错了,也并不构成判决的违法事由。

从这些方面来看,虽然不能说将某案件作为公法上的当事人诉讼来处理是实定法解释上的错误,但是,我认为,严格确定该概念的意义是不存在的,并且,在此基础上进而从《行政事件诉讼法》的规定演绎出实定法上存在公法和私法的区别,是不可能的。这种道理,在明确记载了"关于公法上的法律关系的确认之诉"的《修改法》②之下,依然是适当的。③ 但是,从国民的权利利益之实效性确保的观点出发的话,作为当事人诉讼的确认之诉的明确规定,可以预测仍将发挥巨大作用。④

(二)种类——概述

《行政事件诉讼法》并未限定列举公法上的当事人诉讼的类型,所以,既有《民事诉讼法》上所说的给付诉讼、确认诉讼,存在法律的特别规定的话,也可以考虑作为形成诉讼的公法上的当事人诉讼。

(三)给付诉讼

作为给付诉讼的典型事例而列举的,有议员及公务员的薪俸请求诉讼,以课税处分的无效为前提的过错失误纳税金的不当得利返还请求诉

---

① 参见阿部泰隆著:《空港供用行为和民事停止诉讼》,载阿部著:《行政救济的实效性》,第96页以下。山田洋著:《条解行诉》,第866页以下认为,逻辑上承认拘束力的必要性,但是,在现实的诉讼中,拘束力成为问题的纷争则少有发生。

② 参见盐野著:《行政法Ⅱ(第六版)行政救济法》,本页正文"种类——概述"。

③ 参见盐野著:《行政法Ⅰ(第六版)行政法总论》,第39页以下。

④ 关于公法上的当事人诉讼,作为溯及明治宪法下,对学说的历史进行分析,进而对2004年的《行政事件诉讼法》修改以降的确认诉讼的相关判例、事例、学说的动向分析与自己的学说展开论述的著作,有春日修著:《当事人诉讼的功能与展开》,2017年版。

讼。另外,日本的国家赔偿请求诉讼,不是公法上的给付诉讼。① 在具体情况下,有时候该请求权是公法上的权利还是私法上的权利并不明确,没有必要严密地加以区分。这是因为,不会因案件番号编排错了,便在诉讼程序上产生违法的问题。

(四)确认诉讼

在《修改法》中,关于当事人诉讼的定义规定得以修改,追加插入了"关于公法上的法律关系的确认之诉"这句话。该规定不是创设性的规定,而是确认性的规定,关于这一点,是不存在异议的。从前也较少实例,但是,曾经也出现过承认确认诉讼的判例。② 以这种情况为前提,指出如下几点:

1.《修改法》之所以特地设置了确认的规定,可以认为,这是为了展示确认诉讼的活用是有效的。而在从前,在谋求国民的权利利益的实效性救济方面,确认诉讼往往未被积极地利用。在确认诉讼的明定之际,关于确认诉讼的对象、确认的利益,并没有进行特别的规定。所以,一方面要以《民事诉讼法》上的确认的利益为基础,另一方面则必须展开反映了行政过程的特色的要件论。当然,必须注意的是,这一点并不被该法律关系是公法上的法律关系还是私法上的法律关系所左右。也就是说行政过程中所产生的纷争解决,尚存在确认诉讼的活用问题。

2. 鉴于《修改法》制定的经过,尤其是判例的应对受到注目,可以从中发现应对确认诉讼的明确规定之旨趣的方向性。③

成为其肇始的,是关于在外国民选举权的平成17年9月14日最高法院大法庭判决。④ 原告针对没有对在外国民承认基于《公职选举法》的选举权这件事情,作为主位的请求提出如下要求:(1)修改前的《公职选举法》的违宪、违法之确认,(2)修改后的《公职选举法》的违宪、违法之确认;作为预备的请求而提出原告等具有行使选举权之权利的确认请求。最高

---

① 盐野著:《行政法Ⅱ(第六版)行政救济法》,第296页。
② 关于药局的营业确认,最高法院大法庭判决,昭和41年7月20日,载《民集》第20卷第6号,第1217页;关于国籍确认,最高法院判决,平成9年10月17日,载《民集》第51卷第9号,第3925页。此外,参见小林著:《行政事件诉讼法》,第203页以下。
③ 关于修改后的判例之动向,春日著:《当事人诉讼的功能与开展》,第83页以下,有按照类型的不同进行的详细分析。
④ 载《民集》第59卷第7号,第2087页;《行政判例百选Ⅱ》第208案件。

法院对关于两个主位的请求之诉予以驳回,而对预备的请求,作出如下判断,承认了确认的利益:"与本案的预备的确认请求相关之诉,可以解释为是公法上的当事人诉讼之中、关于公法上的法律关系的确认之诉,从其内容来看,关于《公职选举法》附则第八款,如果不进行所要求的修改,作为在外国民的附件当事人目录一所记载的上告人们,在今后紧挨着将要施行的众议院议员总选举中的小选举区选出议员的选举,以及参议院议员的通常选举中的选举区选出议员的选举中,便不能进行投票,这将构成行使选举权的权利被侵害的情形,因此,为了防止发生那样的事态,该上告人等以该款是违宪无效的为理由,事先就该各选举请求具有行使选举权的权利的确认之诉。""选举权,不得不说,如果不能予以行使便是没有意义的东西,具有通过受到侵害后进行争议,不能够恢复权利行使之实质的性质,因此,鉴于该权利的重要性,在对具体性的选举,关于有无行使选举权的权利,存在争议的场合,请求具有该权利的确认之诉,只要其被认为是有效适切的手段,就是应当对确认的利益予以肯定的。进而,与本案中预备的确认请求相关之诉,作为有关公法上的法律关系的确认之诉,比照上述的内容,应当说是该当能够肯定确认之利益的。此外,该诉讼该当法律上的争讼,这是不必争论的。这样的话,关于本案中与预备的确认请求相关之诉,继续作为在外国民的上告人们,在下次众议院议员总选举中的小选举区选出议员的选举,以及参议院议员的通常选举中的选举区选出议员的选举中,作为基于被登记于在外选举人名簿这件事情,请求具有能够进行投票的地位之确认的旨趣,可以说是适法之诉。"

该判决,在以下几个方面,存在并不限于单纯的事例判决的特色。

(1)原告提起的预备的请求,关于其特定性,并不一定是明确的,但是,法院将其善解为与特定的公职选举相关的在外选举人名簿登记者能够进行投票的地位之确认请求,承认了诉之适法性,在这一点上,也是与修改《行政事件诉讼法》上的实效性权利利益之确保的理念相适合的。

(2)本判决在进入确认诉讼的问题之前,触及国民的选举权,认为宪法将其"作为国民固有的权利予以保障",以该权利之侵害的未然防止,承认了确认之利益。作为接续本案的公法上的确认诉讼的最高法院判决,也是关于国籍确认事件[①],被认为将权利利益的重要性视为确认之

---

① 参见最高法院大法庭判决,平成 20 年 6 月 4 日,载《民集》第 62 卷第 6 号,第 1367 页。

利益判定的一个要素,而在关于公法上的权利关系的确认诉讼这种一般的制度中,将权利的重要性作为必要的考虑要素是不适切的,被认为是作为该事件中确认之利益容认的一个要素,而并非一般化了的要素。

(3)法院将主位的请求(1)的过去的权利关系相关的请求进行了严格解释,而对于主位的请求(2),则认为,"在能够通过其他更加适切的诉来达成其目的时,应当说欠缺确认之利益是不适法的,在本案中,如后述3,可以说与预备的确认请求相关的诉是更为适切的诉,因此,不得不说上述的主位的请求相关的诉是不适法的",明确了并非作为范畴将其否定。因为这一点特别是跟撤销诉讼的关系上的问题,故而将在后面再次论及。①

(4)在承认本案的确认之利益之际,法院是着眼于确认诉讼在功能上具有作为预防诉讼之性质这件事情上。这一点与撤销诉讼、中止诉讼的功能具有类似之处,提示了与这些诉讼的关系应当怎样进行整理的问题。②

(5)最高法院平成24年2月9日判决③,对于基于职务命令的义务不存在的确认请求,认为是以行政处分以外的待遇上的不利之预防为目的的,作为公法上的法律关系的确认之诉来把握,进行了实体判断;最高法院平成25年1月11日判决④,也承认与因特网销售相关的事业者之地位确认诉讼,进行了本案的判断。这样,可以说在最高法院层面,确认诉讼被赋予了明确的定位。

3. 在下级审裁判例中也是一样,可以看出关于公法上的权利关系的确认诉讼活用的方向性。⑤ 例如,在所谓混合诊疗案件中,东京地方法院平成19年11月7日判决⑥,对于一旦接受了混合诊疗,对保险诊疗对象部分也具有变为全额自己负担之虞的事情进行认定,承认了具有接受基于《健康保险法》的疗养之给付的权利之确认的利益。此外,在上告审⑦中,以

---

① 参见盐野著:《行政法Ⅱ(第六版)行政救济法》,本页"(5)"。
② 参见盐野著:《行政法Ⅱ(第六版)行政救济法》,第218页"4."。
③ 盐野著:《行政法Ⅱ(第六版)行政救济法》,第206页脚注③。
④ 载《民集》第67卷第1号,第1页。
⑤ 参见高桥编:《施行状况》,第390页以下。
⑥ 载《判例时报》第1996号,第3页。
⑦ 最高法院判决,平成23年10月25日,载《民集》第65卷第7号,第2923页。

确认诉讼为前提,本案不予受理的控诉审判决得以维持。并且,东京地方法院平成 18 年 9 月 12 日判决①,就中小企业基础人才确保助成金不支付决定的撤销诉讼,一方面否定了该决定的处分性,另一方面,作为公法上的当事人诉讼,对于原告请求对具有能够接受与该支付申请相关的本案助成金的支付之地位的确认这件事情,认为"原告请求确认的'能够接受支付的地位',如果认为其是意味着与本案助成金相关的具体性的给付请求权的话,那么,作为请求明显不存在的权利之存在确认的情形,将被作为欠缺确认的利益乃至确认的对象之适格性的不适法的诉来处理,或者即使不是这样处理,那也将难免请求不受理",与此同时,鉴于助成金支付行为是接受平等原则之适用的这件事情,认为"提起处于能够接受本案助成金的支付之地位的确认诉讼,就本案助成金支付的可否请求法院的公权性判断,一方面可以说对于解决围绕助成金支付的必要性问题这是适切的手段,另一方面从其他适切的解决手段也不存在这种情形来看,关于上述确认诉讼,被解释为也可以对确认的利益予以肯定"②(本案也是容认)。进而,作为近年的事例,名古屋高等法院平成 26 年 5 月 30 日判决③,对于出租车事业者具有超过运输局长规定的乘务距离的最高限度,令驾驶员进行乘务的地位之请求确认,予以容认。④

4. 民事诉讼法上的确认诉讼被指出具有预防性功能⑤,这也是前述最高法院大法庭判决所揭示的。在这一点上,与撤销诉讼、中止诉讼如出

---

① 平成 17 年(行ウ)第 309 号,法院网站。
② 本判决谈及对就学援护费支付决定承认了处分性的最高法院平成 15 年判决[盐野著:《行政法Ⅱ(第六版)行政救济法》,第 86 页],认为本案助成金,与就学援护费也被视为劳灾给付的一环相对,"所谓雇佣保险给付,作为是应当定位为个别的雇佣安定施策来考虑才是率直的,《雇用保险法》自不必说,作为本案助成金相关的关联法规范的《中小企业劳动力确保法》及《独立行政法人雇佣、能力开发机构法》上也是一样,基于申请人的申请,预定了基于行政厅的'处分'来支付本案助成金,能够这样解释的规定,在哪里都不存在。这样考虑的话,上述最高法院判决与本案,不得不说是事实不同的案例"。在这一点上,也被解释为与法修改后的处分性论具有适合性。
③ 载《判例时报》第 2241 号,第 24 页以下。
④ 作为以裁判例为素材,论述确认诉讼的适法要件,认为柔和地承认了适法性的裁判例较多的成果,有村上裕章著:《公法上的确认诉讼的适法要件》,载《阿部古稀》,第 733 页以下、第 751 页。
⑤ 中野贞一郎、松浦馨、铃木正裕编:《新民事诉讼法讲义》(第三版),2018 年版,第 32 页。

一辙,从这两类诉讼哪一类都是以公权力的行使为直接对象的诉讼来看,在制度上的作用分担是明确的。但是,确认诉讼的预防性功能,在今后将展开的行政过程的不透明的状况下,在于防止对于原告不利的行政之活动,所以,只是因为在行政活动之中也具有处分包含其中的可能性,便将抗告诉讼解释为排他性地被适用,这样解释是不适切的。①

5. 在民事诉讼法上,确认诉讼的对象,原则上必须是现在的权利或者法律关系,一般认为对此也承认例外。② 行政过程,通过各种各样的行政的行为形式相组合而展开,这是通例,因此,可以认为,要发挥确认诉讼的预防性功能,适合于将行为的违法或者无效作为确认的对象的场合,这比直接对民事关系进行处理要多。③ 与在外国民选举权相关的平成17年最高法院大法庭判决也被解释为,并非作为范畴而排斥了行为(立法)的确认。④

确认诉讼的对象选择,关系到确认的利益,因此,应当按照事案的不同分别进行判断,故而不能进行一般化归纳,但是,例如,作为医疗设施开设中止劝告的救济,像平成17年最高法院判决那样,与其是对劝告承认处分性⑤,倒不如承认劝告的违法之确认诉讼,在与行政诉讼制度全体的关系上,更具有整合性,并且,作为预防性功能也被认为是充分的。关于

---

① 即便是这样解释的场合,在对确认的利益进行判断之际,依然留下了如何看待与中止诉讼所要求的"具有受到重大的损害之虞的场合"(法第37条之四第1款)这种要件的关系的问题。关于这一点,大阪地方法院判决,平成19年8月10日,载《判例时代》第1261号,第164页,对于要求这种要件的,大阪地方法院判决,平成20年12月25日,载《判例时代》第1302号,第116页,一方面参照前述《行政事件诉讼法》的规定,另一方面则并没有斟酌该要件,而是结合事案承认了确认的利益。不过,平成20年大阪地方法院判决也是在该事件中列举了无法设定将来的不利处分,在结合具体的事件的基础上,谋求与中止诉讼之要件的调整,在这一点上可以说是共通的。参见小早川著:《行政法》(下Ⅲ),第341页以下。

此外,与以规制违反为原因的不利处分之预防这种确认的利益不同,由于规制本身已经造成精神的压力等之不利,也认为是为确认的利益提供基础的,参见滨和哲著:《关于与处分中止诉讼的交错能够产生的场面中的当事人诉讼(确认诉讼)的活用》,载《水野古稀》,第113页以下、第120页以下。

② 参见中野、松浦、铃木编:《新民事诉讼法讲义》(第三版),第164页以下;新堂著:《新民事诉讼法》,第274页。关于确认之诉的利益之弹力化的民事诉讼法学的动向,参见高桥宏志著:《重点讲义民事诉讼法》(上册)(第二版补丁),第367页以下、第373页。

③ 小早川著:《行政法》(下Ⅲ),第338页,作为当事人诉讼的类型之一,列举了"虽然不是作为公权力行使的处分,却是关于与之准同的行政厅的行为的某种类型的诉讼"。

④ 参见盐野著:《行政法Ⅱ(第六版)行政救济法》,第217页"3."。

⑤ 盐野著:《行政法Ⅱ(第六版)行政救济法》,第93页。

承认了与计算尺相关的通达之处分性的东京地方法院昭和 46 年 11 月 8 日判决①,也是同样的。②

第十五节　民众诉讼和机关诉讼

一、概念

行政争讼原则上是被作为对私人的权利、利益救济的制度来定位的。当然,排除航空机噪音的抗告诉讼、阻止原子能发电设施建设的抗告诉讼等环境行政诉讼,保护的对象并不限于特定个人。与此相对应,原告适格也扩大了。即可以看到本来的主观诉讼的客观化现象。但是,至今所考察的、作为行政事件诉讼类型的抗告诉讼、当事人诉讼,依然是应该作为主观诉讼来理解。

但是,作为立法政策,为了维持客观的法秩序或者保护公共的利益而利用争讼这一程序,并不是《日本国宪法》所禁止的。这种诉讼自明治宪法时代起就由个别法所规定,而《行政事件诉讼法》法定了民众诉讼、机关诉讼这两种类型(第 5 条、第 6 条)。这两种诉讼的具体的制度目的是不同的,但却具有共同的特色乃至论点。

(一)对民众诉讼和机关诉讼予以总括的概念,在《行政事件诉讼法》上并没有明示性地予以规定,而是与讲学上的客观诉讼对应的概念。③

(二)作为民众诉讼的代表事例,有《地方自治法》上的居民诉讼、《公职选举法》上的选举诉讼。④ 此时,存在着在居民或者选民这种意义上的人的界限,但只要在其范围内,成为原告是没有限定的,原告是以居民或者选民的资格进行诉讼的,而不是主张自己的个人性权利和利益(第 5 条)。

---

① 载《行裁例集》第 22 卷第 11·12 号,第 1785 页。

② 关于公法上的确认诉讼中行为的对象性,山下义明著:《关于"行为的违法"确认之诉》,载《公法研究》第 71 号,2009 年,第 227 页以下,有详细论述。春日著:《当事人诉讼的功能与展开》,第 200 页以下,也对《行为的违法确认》,在与处分性扩大论的关系上,积极地进行了论述。

③ 关于围绕客观诉讼的论点,参见山岸敬子著:《客观诉讼的法理》,2004 年版。

④ 但是,关于个别法规定的民众诉讼、机关诉讼,参见盐野著:《行政法Ⅱ(第六版)行政救济法》,第 232 页。

（三）作为机关诉讼的代表事例，有《地方自治法》上的地方公共团体的首长和议会之间的诉讼①、对于国家干预的诉讼（不过，关于其法的性质是存在争议的）。② 地方公共团体的首长及议会这样不具有法人资格的机关相互之间的纠纷，以本来就不属于法律上的争讼这种观点为前提，即使这样，还是设想有必要使这些机关相互的纠纷服从法院的统制，因而设置了机关诉讼的类型。

（四）民众诉讼和机关诉讼，哪一种都不能当然地属于法律上的争讼，所以，是否承认此类诉讼，是立法政策上的问题。关于这一点，《行政事件诉讼法》采用了如下方法：将在民众诉讼和机关诉讼中承认哪一种的问题委任给个别的立法（第42条），仅就其审理程序设置了统一的规定。③ 因此，如果不存在将某种诉讼被看作机关相互之间的争议，并且，关于该纠纷的处理承认向法院起诉的特别规定的话，起诉将不被受理。④ 此外，起诉被判断为是以选民资格进行的，并且，在《公职选举法》等制定法上欠缺承认该种起诉的规定的话，该起诉也将不被受理。⑤

（五）民众诉讼和机关诉讼的类型，由于是从不同于抗告诉讼和当事人诉讼的观点建立起来的概念，所以，从诉讼的性质来看，可能存在与这些诉讼相对应的种类。例如，作为民众诉讼的关于选举效力的诉讼、关于当选效力的诉讼，都是作为对这些行为的效力不服的诉讼，具有抗告诉讼的性质。与此相对，在居民诉讼之中，对首长进行的损害赔偿请求诉讼等是与当事人诉讼相对应的。因此，《行政事件诉讼法》第43条规定，撤销诉讼、无效确认诉讼、当事人诉讼的规定援用于民众诉讼、机关诉讼中的各自所对应的诉讼。此外，民众诉讼、机关诉讼都是法定的行政事件诉讼，适用《行政事件诉讼法》第7条。并且，与此相关联，即使原告的范围

---

① 参见盐野著：《行政法Ⅲ（第五版）行政组织法》，第178页。
② 参见盐野著：《行政法Ⅲ（第五版）行政组织法》，第214页。
③ 作为所法定到底客观诉讼的一览，参见村上裕章著：《客观诉讼与宪法》，载《行政法研究》第4号，2013年，第49页以下所揭示的附表。
④ 参见最高法院判决，昭和28年6月12日，载《民集》第7卷6号，第663页；《行政判例百选Ⅱ》第211案件。此外，最高法院判决，昭和42年5月30日，载《民集》第21卷第4号，第1030页；《行政判例百选Ⅱ》（第四版）第239案件，谈到了民众诉讼，但是，该案件是机关诉讼的问题。
⑤ 最高法院判决，昭和32年3月19日，载《民集》第11卷第3号，第527页；《行政判例百选Ⅱ》（第六版）第219案件。

等得以广泛承认的情况下,也需要存在客观的诉的利益(选举无效确认诉讼的诉的利益,因议会的解散而丧失)。①

(六)民众诉讼、机关诉讼,即便在典型的场合容易设定,也存在与主观诉讼难以进行严密区别之情形。撤销诉讼一方面具有行政行为的适法性维持功能,在这种限度内,本来具有服务于客观的法秩序之实现的性质。② 进而,在原告适格论中,法律上应当保护利益说,并未从概念上承认民众诉讼本身,但是,当遭受实质上的不利之范围以称为消费者的形式扩展的时候,其内容与民众诉讼的区别便成为问题。③

此外,机关诉讼的范畴,由来于该组织在宪法上不处于接受裁判的保护之地位这件事情,因此,该机关并不一定应当作为行政组织法上的形式性的行政机关来理解。④

在这种意义上,对于被赋予了宪法上的自治权的国立大学的文部科学大臣是否存在监督权之违法的行使,具有解释为国立大学法人可以通过诉讼来对此进行争议的余地。⑤ 另外,将这件事情反过来说,行政主体

---

① 最高法院判决,平成12年11月10日,载《判例时报》第1738号,第41页。这样,民众诉讼和机关诉讼作为客观诉讼而得以分类,而在《行政事件诉讼法》上,并未准备作为客观诉讼的特别的审判程序,并且,在其他个别的法律上也是一样。不过,基于该客观诉讼的性格,也有进行特别的解释。作为其一例,最高法院判决,平成17年10月28日,载《民集》第59卷第8号,第2296页,不承认居民诉讼中的原告之请求的放弃。虽然没有阐述理由,但是,被解释为是因为居民诉讼不是该原告的个人性利益之主张,而是该地方公共团体的利益成为问题。与这一点相关联,有人提倡对客观诉讼适用包括职权探知主义在内的特别的措施。参见山岸敬子:《释明权、职权证据调查、职权探知》(2002年),载山岸著:《客观诉讼的法理》,第219页以下;山岸敬子著:《客观诉讼与上告制度》,载《行政法研究》第25号,2018年,第20页以下、第31页以下。此外,山岸敬子著:《脱离"法律上的争讼"的诉讼与司法权》,载《公法研究》第71号,2009年,第162页以下,从同样的旨趣出发,提倡脱离"法律上的争讼"的诉讼之活用,但是,必须注意的是,在立法不能适切地应对的场合,这个概念的强调,会导致促进迈向主观诉讼的排除效果。

② 参见亘理格著:《行政诉讼的理论》,载《行政法研究》第71号,2009年,第70页以下。

③ 参见人见刚著:《地方公共团体的起诉资格再论》,载《矶部古稀》,第213页以下。该论文将地方公共体的起诉,不是作为后述宪法上的自治权,而是作为以也包括国家在内的作为自己承担的法益之公益的保护为目的的主观诉讼来定位(第227页)。此外,在应当承认民众诉讼的客观的利益与法律上被保护的利益之间,在概念上便存在法律上应当保护的利益。

④ 作为主张被认为不适法的机关诉讼的机关及权限,应当从实质上且相对地来理解的见解,参见雄川一郎著:《机关诉讼的法理》(1974年),载雄川著:《行政争讼的理论》,第465页。

⑤ 同样旨趣,中川义朗著:《关于国立大学法人法的若干考察》(2005年),载中川著:《行政法理论与宪法》,2018年版,第216页以下、第270页以下。

相互的关系,具有作为机关关系来把握的可能性。① 但是,虽然说是行政主体相互,因为地方公共团体是宪法上被保障了自治权的,故而,当国家机关的行为涉及自治权之侵害时,被解释为地方公共团体可以从裁判上对此进行争议。②

关于被总称为特殊法人的法人也是一样,必须个别地进行考察,所以从实质上进行解释的必要性,对于这些法人也是同样适用的。③

(七)民众诉讼、机关诉讼的概念是明确的,但是,如前所述,无法从技术上明确地划定与主观诉讼的境界。需要注意的是,因为处于这样的状况,所以有时候即便在制定法上看起来是作为民众诉讼、机关诉讼而予

---

① 作为将对于日本铁道建设公团的工事实施计划的运输大臣(当时)的认可之关系,视为行政机关相互关系的基础上,否定了认可之处分性的裁判例,有最高法院判决,昭和53年12月8日,载《民集》第32卷第9号,第1617页;《行政判例百选Ⅰ》第2案件。

② 参见盐野宏著:《地方公共团体的法的地位论备忘录》(1981年),载盐野著:《国家与地方公共团体》,第36页;盐野宏著:《地方公共团体的起诉资格》,载盐野著:《行政法概念的诸形态》,第361页以下;曾和俊文著:《地方公共团体的诉讼》,载杉村编:《救济法》(2),第304页以下;薄井一成著:《地方公共团体的原告适格》,载《原田古稀》,第195页以下;盐野著:《行政法Ⅲ(第五版)行政组织法》,第214页以下。
作为关于这一课题的近年的文献,此外还有村上裕章著:《国家、自治体间等诉讼》,载《现代行政法讲座Ⅳ》,第11页以下;白藤博行著:《法治之中的自治、自治之中的法治》,载广渡清吾先生古稀纪念论文集《民主主义法学与研究者的使命》,2015年版,第245页以下;小林博志著:《行政厅、行政主体的不服申诉权与起诉权》(2016年),载小林著:《自治体的起诉之历史的研究》,2018年版,第177页以下。此外,在实务中,从地方公共团体的方面,与国家的纷争之裁判的解决之利用是限定性的。作为对其原因进行探究的成果,有垣见隆祯著:《团体自治与争讼》,载《公法研究》第78号,2016年,第177页以下。

③ 参见盐野宏著:《关于特殊法人的一点考察》(1975年),载盐野著:《行政组织法的诸问题》,第27页以下。
作为重新从国家法人说的再检讨这种角度出发,详细地论述该问题的成果,有门胁雄贵著:《国家法人与机关人格》(一)—(三),载《都法》第48卷第2号,第49卷第1号,第50卷第1号,2014—2015年;西上治著:《关于机关争讼的"法律上的争讼"性》,2015年版。关于日本围绕机关争讼的学说之状况,参见该书第70页以下。此外,关于德国法上机关诉讼、自己诉讼的状况,有门胁雄贵著:《机关的权利与机关诉讼——德国机关诉讼论的现状》(一)—(三),载《都法》第55卷第1—2号,第56卷第1号,2014—2017年;门胁雄贵著:《机关诉讼与自己诉讼》,在《小早川古稀》,第493页以下。此外,门胁著:《机关诉讼与自己诉讼》,西上著:《关于机关争讼的"法律上的争讼"性》,并非止于法人的层面,对于在行政主体内部的行政机关相互间,也论述了法律上的争讼之可能性。
这个问题,与近年来作为行政改革、规制缓和政策的一环的行政主体的多样化、行政的精简化的进展有关,从行政组织法理论来看是饶有趣味的问题。参见松户浩著:《"行政主体"的多样化与由法院进行统制》(一)(二),载《立教法学》第95号,第99号,2017—2018年;详细内容,盐野著:《行政法Ⅲ(第五版)行政组织法》,在第二章第三节、第四节进行论述。

以规定的场合,从教义上说也不是客观诉讼,而是应当作为主观诉讼来理解。① 总之,两个范畴在实定法上存在着这件事情姑且不论,直接对法律上的争讼进行考察才是至关重要的。

（八）作为编入客观诉讼之中的事例,还有团体诉讼。团体诉讼也存在于私人间的纷争中,在这一点上,与民众诉讼、机关诉讼区别开来。作为行政事件诉讼的团体诉讼,可以设想的是,环境保护团体以环境法违反为理由,就国家、地方公共团体的决定而提起诉讼。迄今为止,这种类型的诉讼都以没有特别的法律根据为理由而未被承认。② 在《行政事件诉讼法》修改工作中,仅限于对承认团体诉讼之际的问题进行探讨③,所以,在现行法上,作为行政事件诉讼的团体诉讼未被承认。虽然说立法性措施的探讨也是必要的④,但是,在个别性利益和集团性利益的区别正在被相对淡化的现阶段,通过修改法的运用来考虑集团性利益的救济方法,也是很重要的。

二、民众诉讼

（一）种类

作为在个别法上被承认的民众诉讼,有与公职选举有关的诉讼、与直接请求有关的诉讼、居民诉讼、有关基于《日本国宪法》第95条的居民投票的诉讼、有关最高法院法官的国民审查的诉讼。下面将就其中的前三种展开概述。

（二）与公职选举有关的诉讼

与公职选举有关的诉讼,是作为民众诉讼最为古老的存在形式。现在,关于众、参两院议员的选举,地方公共团体的首长及地方议会议员的选举,《公职选举法》第202条以下作出了规定。此外,《渔业法》第94条也对海区渔业调整委员会委员的选举承认了诉讼。

---

① 盐野著:《行政法Ⅱ(第六版)行政救济法》,第225页;盐野著:《行政法Ⅲ(第五版)行政组织法》,第214页以下。

② 盐野著:《行政法Ⅱ(第六版)行政救济法》,第108页。

③ 《行政诉讼检讨会最终总结》,载《法学者行诉研究》,第258页以下。

④ 参见《论究法学者》第12号,2015年,第114页以下所揭示的论考。此外,作为将焦点聚集于经济行政,涉及通过立法进行制度设计的成果,有杉原丈史著:《经济行政中团体诉讼的可能性》,载《佐藤古稀》,第287页以下。

《公职选举法》规定的诉讼，从性质上看并不当然都是民众诉讼。例如，当选诉讼中落选候补者提起的诉讼、关于选举人名簿的诉讼（第25条）中对自己的登记不服的人所提起的诉讼，都是可以作为以自己的参政权受到侵害为理由的诉讼来构成的。所以，假定《公职选举法》上不存在关于诉讼的规定，这些人也可以通过诉讼来请求自己的权利救济。而在现行法制上，这些主观诉讼也被作为基于《公职选举法》上的规定进行的诉讼，所以，不能另外提起和该规定不同的诉讼。①

（三）与直接请求有关的诉讼

《地方自治法》第74条之二、第85条，导入了条例的修改废止请求等各种直接请求的制度，并作为处理有关这些直接请求的纠纷的途径，承认了民众诉讼。②

（四）居民诉讼

在《日本国宪法》下，居民诉讼和《地方自治法》一起被引入日本，其起源是美国法，是在判例上形成的纳税人诉讼。③ 1962年的《地方自治法》的修改健全、完善了相关规定，也规定（其）名称为居民诉讼（第242条之二）。其后，2002年进行了以诉讼类型④的再构成为中心的修改。⑤ 此外，通过2017年的法修改，基于4项请求对地方公共团体的首长等追究损害赔偿责任的一部分免责得以规定（第243条之二）。

这种诉讼，是纠正地方公共团体的职员所进行的违法的财务会计上的管理运作，以确保地方公共团体的财务行政的公正运作的制度。此时，作为基于地方自治的本来宗旨的居民参政的一环，而对居民承认了起

---

① 不过，雄川著：《行政争讼法》，第115页，将《公职选举法》上的诉讼一般性地解释为以法规维持为目的的客观诉讼。另外，与《公职选举法》上的选举效力的诉讼、当选效力的诉讼不同，可以主张自己的参政权而提起主观的诉讼。参见关于在外国民的选举的最高法院大法庭判决。盐野著：《行政法Ⅱ（第六版）行政救济法》，第215页。

② 关于直接请求制度，参见盐野著：《行政法Ⅲ（第五版）行政组织法》，第182页以下。

③ 作为近年的研究，参见水岛能伸著：《美国的纳税人诉讼制度》（一）（二），载《广岛法学》第17卷第1号、第2号，1993年。

④ 第242条之二第1款规定的1项请求、4项请求。

⑤ 关于修改的旨趣，参见成田赖明著：《关于居民监查请求、居民诉讼制度的修改》，载《自治研究》第77卷第5号，第3页以下；第6号，第3页以下（2001年）。作为其批判性考察，参见阿部泰隆著：《对居民诉讼修改案的一点点疑问》，载《自治研究》第77卷第5号，2001年，第19页。

诉权。①

1. 起诉权者是普通地方公共团体的居民(第242条之二第1款)。所以,原告在居民诉讼期间失去居民资格时,起诉将不被受理。②

2. 提起居民诉讼,必须经过监查请求(监查请求前置。第242条之二第1款)。并且,对监察请求有期间的限制,而有正当理由的则不在此限(第242条第2款)。正当理由之存否,要客观地进行判断③,被认为需要根据事案进行个别判断。④ 此时,在监查请求阶段,要求进行个别的、具体的指控,使财务会计上的行为或者懈怠事实能够从其他事项中特别认识。⑤

3. 在居民诉讼中,成为审查对象的,不是地方公共团体行为的全部,而是只限于与财务会计有关的行为。⑥ 作为最单纯的事例,有金钱的支出行为(为纪念市的自行车竞赛事业10周年,向市议会议员赠送1万日元的行为)。⑦ 支出行为违反宪法的情况下,当然也成为居民诉讼的对象。⑧ 此外,某种契约应该以随意契约形式,还是应该以招标形式进行,属于财务会计行为,所以,关于此类行为的争议,有时也成为居民诉讼的对象。⑨ 必须注意的是,以前基本上是作为行政组织的内部法来理解

---

① 参见最高法院判决,昭和53年3月30日,载《民集》第32卷第2号,第485页;《行政判例百选Ⅱ》第214案件。

② 大阪高等法院判决,昭和59年1月25日,载《行裁例集》第35卷第1号,第8页。

③ 最高法院判决,平成14年9月12日,载《民集》第56卷第7号,第1481页;《自治判例百选》第92案件。

④ 作为重视了与信息公开制度的关联的事例,有最高法院判决,平成20年3月17日,载《判例时报》第2004号,第59页;《自治判例百选》第93案件。

⑤ 最高法院判决,平成2年6月5日,载《民集》第44卷第4号,第719页。不过,如果将该要件进行过于严格的解释,对于信息贫乏的居民来说,将会负担加重。针对在下级审判决中出现了这种倾向,最高法院判决,平成16年11月25日,载《民集》第58卷第8号,第2297页,认为特定的程度"在监查委员能够特定并认识……监察请求的对象这种轻度的指示"便足够了,可以说这是根据制度的旨趣作出的判断。此外,作为对事业的公款支出,认为有事业的特定便足够了的判决,参见最高法院判决,平成18年4月25日,载《民集》第60卷第4号,第1841页;《自治判例百选》第88案件。围绕与先行的前述最高法院判例的关系,参见人见刚解说。

⑥ 最高法院判决,平成2年4月12日,载《民集》第44卷第3号,第431页。

⑦ 最高法院判决,昭和39年7月14日,载《民集》第18卷第6号,第1133页;《行政法判例》第212案件。

⑧ 与政教分离有关的所谓津地镇祭案件(最高法院大法庭判决,昭和52年7月13日,载《民集》第31卷第4号,第533页)也是通过居民诉讼进行的。

⑨ 参见最高法院判决,昭和62年3月20日,载《民集》第41卷第2号,第189页;《自治判例百选》第51案件。

的这些财务、会计法规,通过居民诉讼而得以外部法化。

4. 居民诉讼是民众诉讼,因此,承认何种形式的请求,完全依据法律的规定。① 现行法所承认的形式,有行为的停止请求(第1项请求)②、行政处分的撤销或者无效确认的请求(第2项请求。该行为是行政处分,并且必须是财务会计行为,所以,请求的对象受到限定)③、懈怠事实的违法确认请求(第3项请求)④、有关地方公共团体的损害赔偿、不当获利返还的代位请求(第4项请求)⑤。其中的第4项请求,居民首先要以执行机关(或者其职员)为被告,对于给地方公共团体带来损害的人请求损害赔偿或者不当利益返还请求(第242条之二第1款第4项)。在该诉讼中,居民的胜诉判决一旦确定,便被视为地方公共团体对前述人等提起了损害赔偿请求诉讼(第242条之三第2款)。⑥ 这些居民诉讼之中,既有具有客观诉讼性质的,也有具有当事人诉讼性质的。

5. 作为实际运用的居民诉讼,第4项请求最多。此时,被代位的地方公共团体的请求权本身,是通过满足民法上的损害赔偿、不当获利等实

---

① 《地方自治法》第242条之二第1款。
② 除公款支出的停止(关于市进行的为了填平公有水面而进行的公款支出的案件,最高法院判决,平成5年9月7日,载《民集》第47卷第7号,第4755页;《自治判例百选》A第23案件)之外,还包括公权力的行使的停止。不过,中止请求,在具有严重阻碍、损害公共福祉的危险时,不能提起——第242条之二第6款。
③ 作为将行政财产的目的外使用视为财务会计行为的事例,有浦和地方法院判决,昭和61年3月31日,载《判例时报》第1201号,第72页。但是,目的外使用并不能当然地说属于财产管理行为,因而需要进行个别判断。
④ 关于懈怠于固定资产税的赋课征收的情况,参见横滨地方法院判决,昭和54年10月31日,载《行裁例集》第30卷第10号,第1795页;大阪地方法院判决,平成20年2月29日,载《判例时代》第1281号,第193页。关于以无偿地让神社使用市所有的土地是违法的为理由,怠于对神社进行腾退请求时是否该当被视为问题的场合,最高法院大法庭判决,平成22年1月20日,载《民集》第64卷第1号,第1页;《自治判例百选》第102案件。
⑤ 关于以接待费的支出违法为理由而对首长的损害赔偿请求的事例,参见最高法院判决,昭和61年2月27日,载《民集》第40卷第1号,第88页;《自治判例百选》第108案件。
⑥ 与第四项请求相关的这种构造,是在2002年的法修改中,替代从前所把握的居民的直接性代位请求而导入的制度。作为其旨趣,一方面列举了通过从前的方式来减轻首长及个人的负担等,另一方面则认为,对像损害赔偿请求权的成立要件那样的实体法并没有变更(参见成田赖明著:《关于居民监查请求、居民诉讼制度的修改》,载《自治研究》第77卷第5号,2001年,第3页以下;第6号,第3页以下。阿部泰隆著:《对居民诉讼修改案的一点点疑问》,载《自治研究》第77卷第5号,第19页)。其旨趣是否正确姑且不论(关于对修改的评价之诸说,参见大田直史著:《居民诉讼第四项请求的诸位问题》,载《现代行政法讲座Ⅳ》,第88页以下),有必要注意的是,通过该修改,居民诉讼更加客观诉讼化了。

体法的要件便可以成立的,而不是由规定居民诉讼的《地方自治法》的规定所创设的。① 这个道理,在2002年的《修改法》②上也没有改变。

此外,居民诉讼中的代位请求,不是基于《民法》第423条的债权人代位权的行使,而被认为是通过作为居民所固有的立场来要求损害的补救的制度。③

6. 居民诉讼制度本身,其目的在于确保地方财务行政的公正运作。但是,居民诉讼实际上并不仅限于此,而且还用于纠正行政运作。其典型是以津地镇祭案件为代表的围绕政教分离的居民诉讼。在这里,采取了对地方公共团体的首长请求损害赔偿的形式,但是,金钱的补救并没有成为争议的问题。所以,居民诉讼的直接依据对象是财务行政,而根据其如何理解违法事由,该等诉讼的涉及范围具有极大扩展的可能性。

地方公共团体的活动导致财政支出的情况较多,对于这些活动,如果全部都可以对地方公共团体的首长等职员请求损害赔偿的话,由于该诉讼的请求方法也单纯,容易被一般公众所运用,并且,作为地方公共团体的活动的合法性监控,具有得以极其广泛运用的可能性。关于这一点,在以对教育职员的退职津贴支付违法为理由,作为居民诉讼而进行的损害赔偿案件中,最高法院指出:该诉讼"是对具有进行财务会计上的行为权限的该职员,请求履行因违反职务上的义务的财务会计上的行为,所产生的该职员作为个人的损害赔偿义务的诉讼",作为损害赔偿成立要件,认为:"即使先行于此的原因行为存在违法事由的情况下,也只限于以前述原因行为为前提所进行的该职员的行为本身是违反财务会计法规上的义务的违法行为时",关于该事案,从原处分权者(教育委员会)与地方公共团体的首长之关系出发,作出了如下判示:"地方公共团体的首长,只要不是前述处分严重欠缺合理性,因而其存在从预算执行的适正确保之见地来看是无法放过的瑕疵的场合","就不允许予以拒绝"。④

该说明被解释为:对通过居民诉讼无限制地扩大首长的损害赔偿责

---

① 最高法院判决,昭和61年2月27日,载《民集》第40卷第1号,第88页。
② 参见盐野著:《行政法Ⅱ(第六版)行政救济法》,第227页脚注⑥。
③ 最高法院判决,昭和53年3月30日,载《民集》第32卷第2号,第485页;《行政判例百选Ⅱ》第216案件。
④ 最高法院判决,平成4年12月15日,载《民集》第46卷第9号,第2753页;《自治判例百选》第105案件。

任,最高法院试图划定一定的法界限。但是,即使根据该说明,何种情况下可以作为财务会计上的违法来判断的问题,也并没有明确化。① 这是因为,财务会计行为的违法性判断,最终必须考虑先行原因行为本身的违法性程度、原因行为和首长的关系、原因行为和财务会计行为的关系等。在最高法院平成 4 年判决的案件中,着眼于成为支出原因的行为是具有独立性的教育委员会的人事权的行使(在教务主任职位上的人的退职承认处分),否定了财务会计行为的违法性,其涉及范围并不广泛。其后,关于基于地方公共团体与土地开发公社间的土地先行取得之委托契约(先行行为)的、该地方公共团体与公社间的土地买卖契约(后续行为)的违法性,最高法院认为,先行行为之无效的场合姑且不论,即便不是无效的场合,后续行为构成违法的场合也是存在的。② 这被认为是着眼于后续行为和先行行为的关联性的判例。③ 进而,从首长的损害赔偿责任是民法的不法行为责任来看,有时首长的行为并不是在和个别财政法规范的关系上进行分析性评价,而是直截了当地在对地方公共团体的关系上被解释为属于不法行为④,有时作为整体被认为在不法行为上没有责任。⑤

三、机关诉讼

(一)种类

作为在个别法上被规定的机关诉讼,有关于地方公共团体的议会的决议或者选举的议会和首长之间的诉讼,以及对于国家干预的地方公共

---

① 对于居民诉讼制度来说,确定财务行为的违法这一要件,远比 2002 年的诉讼类型的再构成要重要得多,然而,这个问题以未检讨的形态成为今后的课题。此外,关于居民诉讼的由来、制度运用上特有的问题(由议会进行债权放弃等),参见盐野著:《行政法Ⅲ(第五版)行政组织法》,第 187 页以下。

② 最高法院判决,平成 20 年 1 月 18 日,载《民集》第 62 卷第 1 号,第 1 页;《自治判例百选》第 50 案件。

③ 关于居民诉讼中的所谓违法性的承继,作为判例、学说的详细的动向分析,参见野吕充著:《居民诉讼中违法性论的再检讨》,载《芝池古稀》,第 457 页以下。

④ 调往森林组合案件的最高法院判决,昭和 58 年 7 月 15 日,载《民集》第 37 卷第 6 号,第 849 页。

⑤ 关于渔港铁桩拆除案件[盐野著:《行政法Ⅰ(第六版)行政法总论》,第 63 页脚注②],最高法院判决,平成 3 年 3 月 8 日,载《民集》第 45 卷第 3 号,第 164 页;《行政判例百选Ⅰ》第 101 案件,大桥洋一解说。

团体的诉讼。不过,从本书的立足点出发的话,这件事情并不意味着否认在法定的机关诉讼之中能够包含主观诉讼,在法定的机关诉讼以外,也存在作为主观诉讼的行政机关间的诉讼。

此外,还有关于课税权的归属的地方公共团体的首长之间的诉讼①、关于市町村的境界的诉讼。② 这些诉讼在性质上都属于主观诉讼,但是,可以看作在制定法上特地规定的诉讼。③

(二)地方议会和地方公共团体首长的纠纷

在地方公共团体中,作为决议机关而设置地方议会,作为执行机关而设置首长。④ 两者基本上是分担作为决议机关和执行机关的职能,但是,《地方自治法》上承认了首长方面对条例的制定、改废、关于预算的议会决议、关于选举的首长方面的再议、再选举的要求权,并规定了议会方面不同意这些要求时,向总务大臣(关于市町村长,向知事)的审查请求,议会或者首长对审查的裁定不服时享有起诉权(第176条)。被告是作为裁定者的总务大臣(知事)。⑤ 议会和首长的纷争很少有被带入法院的情形。作为珍贵的一例,有基于《地方自治法》第96条第2款,围绕将市的综合计划案的制定等作为议会的议决事项的市的条例,市长以市议会为被告,请求议会的议决之撤销的事案。⑥

(三)对于国家干预的地方公共团体之诉(1)、关于地方公共团体不作为的国家之诉(2)

对于国家的干预,地方公共团体不服的,由国家地方系争处理委员

---

① 《地方税法》第8条。
② 《地方自治法》第9条。
③ 从前,除上述种类之外,还将关于机关委任事务的职务执行命令诉讼作为机关诉讼的典型事例来列举,然而,这种类型的诉讼和机关委任事务制度一起被废止了。参见盐野著:《行政法Ⅲ(第六版)行政组织法》,第178页、第216页。
④ 《日本国宪法》第93条,《地方自治法》第89条、第139条。
⑤ 因为发端于地方公共团体的机关相互之间的纠纷,所以,该诉讼作为机关诉讼之一来说明,这是通例[田中著:《行政法》(上),第360页;原田著:《行政法要论》,第381页]。但是,最终是关于国家的机关(总务大臣、知事)对地方公共团体的事务进行裁定干预的不服成为问题,所以,我认为,诉讼本身也可以作为围绕自治权的主观诉讼来把握[盐野著:《行政法Ⅱ(第六版)行政救济法》,第229页]。
⑥ 名古屋地方法院判决,平成24年1月19日,载法院网页;《自治判例百选》第127案件。参见木佐茂男解说。

会负责审查。对于该审查结果等不服时,该地方公共团体的执行机关可以向高等法院请求对国家的干预的撤销或者国家的不作为违法的确认[(1)]。① 对于国家的纠正之要求等,地方公共团体不作为时,从国家方面可以请求不作为的违法确认[(2)]。② 这些诉讼,被作为《行政事件诉讼法》上的机关诉讼来对待。③ 不过,关于其性质,在学说上存在争议。④

第十六节　裁判权的界限

一、引言

行政事件诉讼,特别是其中的抗告诉讼,是以对违法的公权力的行使进行私人的权利、利益的救济为目的的,同时,也是使行政权服从各种各样的行为规范的手段。在这里,同样是国家作用的一部分的司法权,在怎样的程度上能够控制作为其他国家权力承担者的行政权,便成为需要研究的问题。

此时,大致可以将问题分为两个领域。其一是行政权的活动是否全部都要成为司法审查的对象,换言之,虽说是行政权的行为,是否也存在不服从司法审查的情况的问题。其二是虽然成为司法审查的对象,但是,在审查的方法上是否存在界限的问题。可以说,前者是司法审查的对象的问题,后者是审查权的界限的问题。下面,将从这种观点出发,对若干问题,包括前面的考察中出现的问题,予以探讨。

二、司法审查的对象

《法院法》第 3 条第 1 款规定,法院裁判一切法律上的争讼。此时的

---

① 第 251 条之五第 1 款、第 3 款。

② 第 251 条之七第 1 款。平成 24 年新设。参见久元喜造著:《关于地方自治法上的违法确认诉讼制度的创设》(一)(二),载《自治研究》第 88 卷第 11 号、第 12 号,2012 年。作为所谓边野古诉讼的一环,有最高法院判决,平成 28 年 12 月 20 日,载《民集》第 70 卷第 9 号,第 2281 页。参见《法学者平成 29 年度重要判例解说》,第 53 页以下,稻叶馨解说。

③ 第 251 条之五第 8 款、第 9 款;第 251 条之七第 4 款。

④ 包括这一点在内,关于该诉讼的详细内容,参见盐野著:《行政法Ⅲ(第五版)行政组织法》,第 216 页以下。

"法律上的争讼",是以具体的案件性和通过法律的适用具有解决可能性为其内容的①("是关于当事人之间的具体的权利义务或者法律关系的存在与否的纷争,并且,该纷争是通过法令的适用而能够终局性地解决的纷争"②),解决这样的争讼的判断作用是司法,《行政事件诉讼法》也以相关的法律上的争讼观念、司法观念为前提,规定了相应制度。所以,并不是说因为是行政案件,在法律上的争讼性上便发生了内容变化,而是根据民事案件的模式,行政案件中的法律上的争讼性也得以判断。③ 换言之,《行政事件诉讼法》既没有扩大,也没有缩小作为宪法上观念的法律上的争讼,这是立案关系人的基本观点。

从这里,便产生对司法审查对象的如下限定:

(一)抽象地争议法令效力的规范统制诉讼,是《行政事件诉讼法》所不予设定的。④

(二)民众诉讼和机关诉讼也不属于法律上的争讼,因此,只有法律上存在特别规定的情况下才予以承认。⑤ 但是,认为个别法所规定的民众诉讼、机关诉讼并非全部该当法律上的争讼,这是有疑问的。⑥ 关于这个问题,竹下守夫准同于民事法学说,论述了民事诉讼中法律上的争讼与当事人适格等的关系之严格区别,认为选举诉讼中的选举人,是以让

---

① 有人提出了从司法权的观念中将"案件性"的要件切割开来的观点。高桥和之著:《体系宪法诉讼》,第56页以下,并未使用"事件性"的概念,而将司法定义为"等待适法的起诉,通过适正的程序,终局地确定法的解释、适用,赋予实效性的救济的作用"。不过,对于适法的起诉,除宪法上的权利、法律上的权利利益之外,也包括法律承认了起诉的场合,作为《行政事件诉讼法》之类型的客观诉讼,被作为其一例来列举(第57页)。留下了具体的事件中的分配的问题。有的观点认为,即使认为具体的案件性之要求是司法的本质性要素,在与对等当事人的纷争解决不同的行政裁判中,应当考虑与民事裁判不同的具体的案件性。关于这种观点,参见山岸敬子著:《行政裁判中的具体的事件性》(1993年),载山岸著:《客观诉讼的法理》,第155页以下。

② 所谓板曼陀罗案件,最高法院判决,昭和56年4月7日,载《民集》第35卷第3号,第443页。

③ 参见田中著:《行政法》(上),第296页;兼子一、竹下守夫著:《裁判法》(第4版),1999年版,第66—68页。

④ 在《行政事件诉讼特例法》时代,关于警察预备队设置违宪诉讼,有最高法院大法庭判决,昭和27年10月8日,载《民集》第6卷第9号,第783页;《行政例百选Ⅱ》第141案件。在《行政事件诉讼法》之下,关于最高法院规则,有最高法院判决,平成3年4月19日,载《民集》第45卷第4号,第518页;《行政判例百选Ⅱ》(第五版)第147案件。

⑤ 参见杉本著:《行政事件诉讼法的解说》,第24页以下。

⑥ 盐野著:《行政法Ⅱ(第六版)行政救济法》,第223页。

其代表选举人集团的旨趣而被赋予了原告适格的人,该诉讼本身该当"法律上的争讼"。① 当然,即便采取这样的逻辑构成,要赋予选举人以起诉资格,法律的根据是仍然必要的。并且,在上述竹下论文中,以在明治宪法下的众议院选举诉讼曾经不是属于行政法院而是属于司法法院的权限为理由,认为在当时,应该说众议院议员的选举诉讼属于司法权之固有的权限(第119页)。但是,美浓部达吉将该制度理解为《宪法》第61条之原则的依据法令规定的特例②,田中二郎将该选举诉讼和关于公法上的损失诉讼的诉讼,作为"形式的民事诉讼"来整理③,明治宪法下的行政法学说,被认为好像并未将众议院议员选举诉讼视为本来属于司法权的诉讼。

所以,制定法上没有特别规定时,原告适格的存在与否,便成为着眼于该原告的主观性要件的法律上的争讼性的存在与否的问题。④

(三)关于技术上、学术上的争议,也不是法律上的争讼。⑤ 当然,即使是有关学术上的判定,也存在程序问题、考虑其他情况的问题,所以,在该限度内,我认为也具有诉讼的对象性。⑥

(四)即使概念上属于法律上的争讼,统治行为的范畴一般也不作为司法审查对象来处理。关于具有高度政治性的行为,存在着作为统治行为来把握,还是作为裁量问题来把握的争议,而最高法院根据统治行为论,认为众议院的解散是法院的审查权所不能涉及的领域。⑦ 但是,只要是法律上的争讼,在《日本国宪法》之下,就属于司法权的范围内,我认为,以统治行为一般论来论述司法权的制约,是不适当的,而应该依据自

---

① 竹下守夫著:《行政诉讼与"法律上的争讼"备忘录》,载《论究法学者》第13号,第120页以下。
② 美浓部达吉著:《行政裁判法》,1929年,第32页以下。
③ 田中二郎著:《行政法讲义案》,昭和13年度,第157页。
④ 作为将原告适格的问题和作为法律上的争讼的要素的案件性相关联的研究,参见晴山一穗著:《司法权的界限》,载杉村编:《行政救济法Ⅰ》,第26页以下。
⑤ 关于国家考试,最高法院判决,昭和41年2月8日,载《民集》第20卷第2号,第196页;《行政判例百选Ⅱ》第143案件。
⑥ 参见前述《行政判例百选Ⅱ》第143案件,大桥真由美解说。
⑦ 最高法院判决,昭和35年6月8日,载《民集》第14卷第7号,第1206页;《行政判例百选Ⅱ》(第五版)第152案件。

律权及裁量论等更加具体的论据来论述。①

(五)部分性秩序的内部事项,被委任给其自主的自律性解决,不能成为司法审查的对象。② 当然,虽然说是"部分性秩序",但是,其存在的法的根据和实质性根据多种多样,我认为,承认其部分社会的自律性的理由也不一样(大学的自治和地方议会的自治)。即使是关于维持内部秩序的事项,对于该行为与人权侵害有关的,也被作为司法审查的对象,并且采取裁量的统制这种手法。③

(六)最高法院的判例认为:"国家或者地方公共团体完全作为行政权的主体,对于国民,要求其履行行政上的义务的诉讼,(不)属于《法院法》第3条第1款所说的法律上的争讼"。④ 作为其理由,在引用了关于法律上的争讼的判例⑤的基础上,最高法院指出:"国家或者公共团体提起的诉讼,作为财产权的主体,试图请求自己的财产上的权利利益之保护救济的情况下,应当说属于法律上的争讼。但是,国家或者地方公共团体完全是作为行政权的主体,对国民请求行政上的义务之履行的诉讼,是以法规范的适用公正或者一般公益的保护为目的的,而不能说是以自己的权利利益的保护救济为目的,所以,并不是作为法律上的争讼而当然地成为法院的审判对象的争讼,而是只限于在法律上有特别规定的情况下,才可以提起的"诉讼。

虽然该理由与机关诉讼的观念之间的关系并不明确,但是,这种理由

---

① 最高法院判决之中,关于有关条约的缔结的审查权的界限的判决,以统治行为论来说明是有困难的。参见最高法院大法庭判决,昭和34年12月16日,载《刑集》第13卷第13号,第3225页;《行政判例百选Ⅱ》(第六版)第150案件。此外,承认了关于国会的议事程序的司法审查的界限的最高法院大法庭判决,昭和37年3月7日,载《民集》第16卷第3号,第445页;《行政判例百选Ⅱ》(第五版)第153案件,也不是统治行为,而是着眼于议会的自律权的。

② 关于国立大学的学分授予行为,有最高法院判决,昭和52年3月15日,载《民集》第31卷第2号,第234页;《行政判例百选Ⅱ》第145案件。

③ 盐野著:《行政法Ⅰ(第六版)行政法总论》,第31页。关于在押关系,参见最高法院大法庭判决,昭和45年9月16日,载《民集》第24卷第10号,第1410页;《行政判例百选Ⅰ》(第四版)第20案件。最高法院判决,昭和58年6月22日,载《民集》第37卷第5号,第793页。

④ 最高法院判决,平成14年7月9日,载《民集》第56卷第6号,第1134页;《行政判例百选Ⅰ》第109案件。这是地方公共团体对违反了基于条例的命令的人,要求其履行行政上的义务而提起的诉讼。

⑤ 前述板曼陀罗案件,最高法院判决,昭和56年4月7日,载《民集》第35卷第3号,第443页。

和关于法律上的争讼的固定模式并不是从逻辑上结合在一起的。固定模式阐述了法律上的争讼是以法律关系的存在和法的解决之可能性为内容的。进而,在本案件的情况下,该地方公共团体和相对方的关系也不能说不是法律关系。否定这一点,即是否定行政上的法律关系的存在,便会一举回溯到绝对君主制的时代。并且,一旦否定了这种关系的法律关系性,那么,相对方对命令的撤销诉讼,进一步讲,大凡撤销诉讼都不是关于法律关系的诉讼,而没有撤销诉讼制度,对于相对方来说,便不存在确认对义务的不存在进行争议的手段。如果那样的话,现行撤销诉讼制度便会成为超越本来的司法作用的诉讼。最高法院在这里是否考虑了这一点,仅从该判决来看,是不明确的。此外,如果要问,通过法令的适用,是否能够实现终局性的解决呢?那么,回答便是,上述案件,完全是通过条例的适用(该条例是否违法、无效,另当别论),来确定义务的存在或不存在,进而解决案件的。

但是,最高法院从另外的观点出发,对法律上的争讼性附加了限定。正如前面所引述,这种限定可以理解为,一方当事人不是财产权的主体,而是行政权的主体,并且,该行政权只有在提起诉讼时才欠缺法律上的争讼性。不过,行政厅在撤销诉讼中成为被告的情况下,便成为法律上的争讼(如前所述,如果否定过去的做法的话,则另当别论),在这种情况下,公益上的主张将得到允许,这在日本法上是完全没有异议的。但是,关于相关的片面性法律上的争讼概念是从哪里推导出来的问题,判决中没有说明,而只是揭示了结论。

关于这一点,有的见解主张从公法和私法二元论中求得最高法院的逻辑之根据。① 公法、私法二元论,是以法秩序中存在公法和私法这两种秩序为其前提,同时以该法关系化为目标的观点②,而不是主张公法关系不是法关系的学说。所以我认为,从这里不能求得法院的教条主义的根据。进而,假设以公法和私法的区别为前提,主张《日本国宪法》上所说的司法权的范围仅限于私法上的法律关系的话,也许没有任何人会支持这种观点。

---

① 高木光著:《判例解说》,载《法学者》第 1246 号《平成 14 年重要判例解说》,第 45 页以下。

② 公权被区分为国家的公权和个人的公权两种类型。参见田中著:《行政法》(上),第 85 页。

于是，能够成为维持判决的结论的论据的，也许只能考虑所谓民事执行不能论，即民事执行法将自力救济的禁止严格地适用于私人相互的权利实现之中，而不能适用于能够自己设置确保行政上的义务履行制度的行政主体。① 于是，本案件是在《民事执行法》以前请求给付判决的正式诉讼，故没有可能提出《民事执行法》作为依据，为了早日结束讨论，而不得不依赖于法律上的争讼论。

即使假设该推测是妥当的，关于行政上的义务履行的民事执行不能论也不能作为现行法的解释论来采取，总之，无论是作为本案件的具体的解决方法，还是作为理论上的问题，本案中最高法院的司法权论，是没有说服性的。②

本判决以前，最高法院对于国家要求根据《信息公开条例》承认了公开请求的地方公共团体的决定之撤销的事案，承认了法律上的争讼性，却认为国家所主张的利益不该当个别的利益，从而否定了国家的原告适格。③ 对于不是作为财产权的主体而是作为行政权的主体的国家、地方公共团体的起诉，最高法院的态度是极其强硬的。但是，在通常的抗告诉讼中，作为被告的国家、地方公共团体(《行政事件诉讼法》第11条)确实是作为行政权的主体与原告对峙，以主张作为公益之实现的公权力之行使的适法性，因此，关于行政权的主体成为原告的事情，仅凭上述理由来否定法律上的争讼性或者原告适格的根据匮乏。④

（七）即使在概念上不属于法律上的争讼，也可以根据法律的规定而将一定的纷争解决委任给法院。现行法上所采用的机关诉讼、民众诉讼即是这种情形。作为探讨了其导入的诉讼类型，有团体诉讼。不过，关于

---

① 不过，地方公共团体不得自行创制自力救济的例外，也不能采取民事执行不能论，关于这一点，参见盐野著：《行政法Ⅰ（第六版）行政法总论》，第185页脚注①。

② 关于本判决，除《行政判例百选Ⅰ》第109案件的太田照美解说之外，参见原田著：《行政法要论》，第234页；高木光著：《判例解说》，载《法学者》第1246号《平成14年重要判例解说》，第45页以下。总之，对于最高法院判决，都是消极性的。更为一般的，作为论述了地方公共团体的起诉资格的成果，有兼子、阿部编：《自治体的起诉权与住基网络》。

③ 最高法院判决，平成13年7月13日，载《讼务月报》第48卷第8号，第2014页；《行政判例百选Ⅱ》第142案件。

④ 人见刚著：《地方公共团体的起诉资格再论》，载《矶部古稀》，第283页、第218页以下，认为"主观诉讼所说的主观的权利，并非限于个人的私的权利，对于作为行政权的主体的国家及自治体，主观的权利不是也应当被承认吗"，在此基础上，展开了基于国家公权的主观诉讼论（第227页以下）。

通过立法来导入客观诉讼的界限,宪法论上存在诸多对立。①

三、司法审查的界限

裁量问题,虽然也成为司法审查的对象,但是,在对其进行司法审查时则被作为存在界限的事项来处理。裁量行为,在明治宪法下,曾存在认为根本不能成为裁判权的对象的见解②,而在现阶段,虽说是裁量处分,但当出现错误地使用裁量权,便导致处分的违法的情况时,在该限度内成为司法审查的对象,关于这一点是没有异议的。《行政事件诉讼法》第 30 条即所谓确认性规定。

问题在于裁量统制的手段。行政裁量,这是法律作为专属的事项而委任给行政权的判断的领域。③ 所以,在现代行政中,一方面承认裁量的必要性,另一方面对裁量设置了一定的范围,这种裁量统制的任务在第一意义上属于立法权者。即无论是裁量统制的法实体要件,还是程序要件,首先应当是由立法者规定的事项。

但是,在裁量权的赋予之际,如果是侵害司法权的范围的事项,例如,将事实认定的权限无制约地赋予行政权的话,则法院有权审查该授权立法的违宪性。进而,即使是立法权者没有以制定法的形式明确地予以规定,法院也具有独立地发现法的任务,并且,现实中也由法院开发了发现法的任务的各种方式方法。④ 不过,应当注意的是,在日本,一方面,由于不存在行政法院,故在实体性审查方面比较薄弱;另一方面,由于公正程序的历史较浅,故在程序统制方面存在不严格的现象。今后,伴随着专门技术性行政判断的比重增强,在修改《行政事件诉讼法》之下,救济的多样化成为人们追求的目标,鉴于此,在裁量行为之际的法的制定和法的发现,便成为贯通行政法总论、行政救济法论双方的重要的研究课题。⑤

---

① 参见村上裕章著:《客观诉讼与宪法》,载《行政法研究》第 4 号,第 38 页以下。
② 美浓部达吉著:《行政裁判法》,1929 年,第 157 页。
③ 盐野著:《行政法Ⅰ(第六版)行政法总论》,第 102 页。
④ 盐野著:《行政法Ⅰ(第六版)行政法总论》,第 106 页以下。
⑤ 参见《行政诉讼检讨会最终总结》,载《法学者行诉研究》,第 255 页以下;盐野著:《行政法Ⅰ(第六版)行政法总论》,第 103 页以下;盐野著:《行政法Ⅱ(第六版)行政救济法》,第 131 页以下。

第二部　国家补偿法

序　章　国家补偿的观念

虽然我们在这里探讨国家补偿或者国家补偿法,但是,这并不等于存在着与之相对应的一般性法典。这些术语都是学术上的用语。①

关于私人方面因国家的活动产生损失的情况下,通过对该损失进行补救以谋求救济的制度,在各国都是适应该国的历史性情况而逐步发展起来的。但是,大体说来,对因国家的违法活动所产生的损害予以赔偿的是国家赔偿的制度;而对因以土地收用为核心的国家合法地剥夺私人的财产权所造成的损失予以补偿的是损失补偿的制度。这两种制度分别经历了其固有的发展过程。②

但是,从学术上的兴趣出发,将有关补救损失的这两种制度予以总括性把握,以分析其具有什么共同点的尝试,成为这里产生综合性国家补偿概念的理由。并且,在很早以前的德国,已经确立了成为国家赔偿、损失补偿制度之基础的公平负担的原则。例如,构筑了德国行政法基础的奥特·玛雅曾论述道:"为了使个人为共同体不得不蒙受的不利,在国家负担这一有组织的平均化的制度之中,由众人来负担,通过损失补偿,而转嫁给众人"③,此时,侵害行为的合法、违法,被认为不应该

---

①　《战伤病者战死者遗属等援护法》第 1 条和《战伤病者特别援护法》第 1 条规定了"基于国家补偿的精神",但是,该法并没有就"国家补偿"设置定义规定,而只是表现了立法精神的规定。

②　当然,关于国家赔偿法制和损失补偿法制这两者区分的现实状况、各自的发展阶段,由于国家的不同而具有很大的差异。关于各国的状况,参见《国家补偿法大系Ⅰ》所收论文。

③　Otto Mayer, Deutsches Verwaltungsrecht, Bd. 2, 3. Aufl., 1924, S. 296.

置于问题的中心。① 在日本也是一样，明治宪法之下，有人就指出了根据国家赔偿制度和损失补偿制度的共同的法理，来进行统一性理论构成的必要性，并且，作为立法论，有人提案制定不问行为的违法或者合法的、统一性损失补偿法。②

进而，必须注意的是，作为现实问题，出现了根据损害赔偿制度和损失补偿制度这两个范畴无法全部覆盖的问题(所谓谷底)，因而存在着设定作为概括性概念的国家补偿的场景，展开新的解释论或者立法论的实际的必要性。国家补偿并非因此直接带来一定的法的归结这种意义上的法=道具概念，也不是单纯的说明概念，而是具有问题发现的功能的概念。③

因此，下面将在注意因国家的活动而产生的损失之公平负担这种国家补偿的基本理念的同时，首先探讨国家赔偿制度，其次考察损失补偿制度，最后探讨在两者的间隙中存在的问题。④

---

① 奥特·玛雅的理论曾经强烈地受到法国行政法的启发，但是，他并不限于将公平负担的原则作为统一的理念来认识，而且将由此而发生的损失补偿请求权作为实定制度上的权利来主张。这种主张虽然被认为在德国实定法上没有根据，因而成为批判的对象(关于以上诸点，参见盐野著：《奥特·玛雅行政法学的构造》，第250页以下)，但是，我认为，该观点本身，即使在现代也依然是普遍适用的。

② 田中二郎著：《关于公法上的损失补偿制度》(1937年)，载田中著：《行政上的损害赔偿及损失补偿》，第5页以下、第244页以下。

③ 当然，关于谷底的处理及填充方法的路径也不一样。例如，今村著：《国家补偿法》，第3页、127页，是基于结果责任；西埜著：《概说》，第6页、第268页以下，则是基于危险责任的范畴。

④ 关于学说中的"国家补偿"这个用语事例及其功能，参见西埜章著：《国家补偿的概念和功能》，载《法政理论》(新潟大学)第32卷第2号，1999年，第1页以下；北村和生著：《国家补偿的概念与国家赔偿法上的违法性》，载《公法研究》第67号，2005年，第252页以下；福永实著：《通过国家补偿的救济》，载《现代行政法讲座Ⅱ》，第285页以下；小幡纯子著：《国家补偿之体系的意义》(2008年)，载小幡著：《国家赔偿责任的再构成》，2015年版，第345页以下。

第一章 国家赔偿

第一节 概 念

一、国家赔偿制度的整备

国家赔偿制度,从广义上说,是指因在国家的违法活动给私人带来损害的情况下,由国家补救该损害的制度。此时,虽然国家的活动无论如何都与自然人的行为有关,但是现在,无论是由于警察官的暴行造成的伤害,还是由于国道等道路的坑洼造成的负伤,对私人蒙受的损害,都存在国家予以赔偿的制度,可以说,这是不言而喻的。但是,在日本,相关制度得以创立和完善,是《日本国宪法》下的事情。并且,其他许多国家也是一样,国家赔偿制度的创设,和近代国家的其他许多法制度的创设和完善相比较,是极其晚近的事情。其中最早从判例上发展起国家赔偿制度的是法国,尤其是关于公共服务所产生的赔偿诉讼,为行政裁判权提供基础的权限法院中的1873年布朗哥判决非常著名。① 其后,在最高行政法院,关于国家赔偿制度,在"公共服务过失"(faute de service)之概念下,经历了裁判法理得以形成的时期。② 在德国,地区性、事项性的国家赔偿制度,在帝国宪法时代已经存在,但是,其全面适用却是根据魏玛宪法实现的(第131条)。而在英美诸国,直到1940年代,才终于由制定法创设和完善了国家赔偿制度。③

---

① 关于该判决,参见《法国判例百选》,1969年,第44页以下(雄川一郎著:《13 行政法与行政裁判权》)。

② 作为判例、学说的详细的近年分析,有津田智成著:《法国国家赔偿责任法的规范构造——以"公共服务过失"理论为中心》(一)至(五),载《北大法学论集》第64卷第6号、第65卷第2—5号,2014—2015年。

③ 关于英国,有《王权诉讼法》(The Crown Proceedings Act, 1947);关于美国的联邦,则有《联邦侵权索赔请求法》(The Federal Tort Claims Act, 1946)。

这样,国家赔偿制度在各国的创设和完善之所以比较晚,存在着如下两个法思想上的理由。其一是以主权和责任的相互矛盾为基础的主权免责原则的存在。① 这曾经在英国作为国王不能为非(King can do no wrong)的格言而存在,而在大陆法系诸国以及美国,这一主权免责的原理也曾长期适用。国家赔偿制度成立的障碍之二,是源于法治国原理的观念,认为违法的行为归属于国家是根本不能成立的,即使因作为国家的雇员的官吏的违法行为给人民带来损害,也没有由国家本身承担损害赔偿责任的道理。换言之,作为国家本身是不承担责任的,但是,官吏个人曾经是要对受害者承担责任的。② 可以说,对这种否定国家赔偿制度的法理的否定之历史,构成了各国国家赔偿制度的发展史。③

二、明治宪法下的国家赔偿

与《行政裁判法》的制定一样,关于国家赔偿制度的存在方式,明治政府也不是从成立初期就开始以一贯方针来对待的。④ 1874 年前后,虽然是限定性的,但是,似乎对基于官吏违法行为的国家责任开设了追究的途径。⑤ 当然,这个时期,虽然说日本开设了救济途径,但是,却不是完全的司法性救济,关于其操作,规定应呈报具体状况,接受正院的指示。之后,明治政府进入行政裁判制度的探讨,其结果是,《行政裁判法》第 16 条规定:"行政法院不受理要求损害赔偿的诉讼",这就杜绝了向行政法院提出国家赔偿请求的途径。因此,向司法法院的起诉便成为需要研究的问题。在波阿索那德民法草案中,和私人一样,规定了国家也要承担雇主的责任。但

---

① 主权免责的法理,可以追溯到绝对王制时代,而根据支配者和被支配者的自同性的逻辑,在国民主权下同样是适用的。参见宇贺克也著:《德国国家责任法的理论史分析》,载宇贺著:《国家责任法的分析》,第 15 页以下。
② 关于官吏的个人责任,参见盐野著:《行政法Ⅱ(第六版)行政救济法》,第 243 页(三)。
③ 主权无答责的法理,追溯至绝对王朝。关于欧洲及美国的理论状况,参见雄川一郎著:《美国国家责任法的一个切面》(1978 年),载雄川著:《行政的法理》,第 57 页以下;关于英国的格言,参见下山瑛二著:《国家的不法行为责任的研究》(1958 年版),第 7 页;关于法国,参见津田著:《法国国家赔偿责任法的规范构造——以"公共服务过失"理论为中心(三)》,载《北大法学论集》第 65 卷第 3 号,第 142 页以下;关于德国,参见宇贺著:《国家责任法的分析》,第 12 页以下。
④ 参见近藤昭三著:《波阿索那德和行政上的不法行为责任》,载近藤著:《法国行政法研究》,1993 年,第 208 页以下;宇贺克也著:《从比较法的角度看战前日本国家责任法的特色》(1987 年),载宇贺著:《国家责任法的分析》,第 405 页以下。
⑤ 明治 7 年 9 月 2 日司法省通知第 24 号。

是,该规定在旧《民法》中已经被删除,结果是,至少关于国家的权力性活动,企图否定基于《民法》的国家责任,立法者的这种意思是明确的。① 因此,在《行政裁判法》和旧《民法》得以公布的1890年当时,确立了采用关于公权力的行使的主权免责的法理这一基本的法政策。②

---

① 也包括现行民法在内,作为关于这一点的立法经过的详细研究,参见奥田安弘著:《国家赔偿责任与法律不溯及的原则》,载《北大法学论集》第52卷第1号,2001年,第1页以下、第16页以下。不过,关于这个问题,也有的见解认为,国家免责的法理的实质性内容,被委任给了大审院判例。参见冈田正则著:《从大审院判例看"国家免责的法理"的再检讨(一)》,载《南山法学》第25卷第4号,2002年,第95页。

② 参见宇贺著:《国家责任法的分析》,第411页。
接续盐野著:《行政法Ⅱ(第六版)行政救济法》,本页脚注①所揭示的冈田论文,冈田正则著:《明治宪法体制确立期的国家的不法行为责任》(一)至(五),载《南山法学》第28卷第4号、第29卷第2号、第31卷第1·2号、第31卷第3号,2005—2007年。上述论文,收录于冈田正则著:《国家的不法责任与公权力的概念史》(第二部),2013年版,第60页以下,是尝试对当时的国家赔偿法制的动向予以明确的成果。该冈田论文,包括本书所揭示的文献在内,是在对先行业绩进行分析的同时,涉猎了与法典编纂工作相关的原资料的研究成果,从而受到注目,因此,下面加以补充性说明。
这个问题,关系到西欧法制度的导入之际所探索过的明治政府的政策、尤其是并非关于纯粹的民事法而是有关国家统治的存在方式的国家赔偿政策的变迁之中,1890年的立法措施如何定位的问题。冈田论文也认为,将旧《民法》第373条视为试图否定高权活动基于《民法》的国家责任的立法者意思之体现,这种认定是错误的,同时认为,"这个课题,在为国家无答责的法理作为裁判法理而得以确立,1890年的诸立法赋予了其制度基础这个限度内,具有妥当性"(冈田著:《国家的不法责任与公权力的概念史》(第二部),第276页),由此可见,1890年立法无疑是明治宪法下的国家无答责的法理之一个重要组成部分。此时,关于到哪里寻求立法者意思之所在,与"立法者意思"的概念规定也相关,是难以进行一义性认定的问题,存在着将着力点置于直接与立法相关的法典调查会的会议录的方法[即便是这一方法,在奥田著:《国家赔偿责任与法律不溯及的原则》(《北大法学论集》第52卷第1号,第27页)和冈田著:《国家的不法责任与公权力的概念史》(第二部),第183页以下,也得出了不同的结论],以及将明治政府的理解加入考虑的方法。在后者的方法,具有参考价值的,有近藤著:《波阿索那德和行政上的不法行为责任》;奥田论文(不过,奥田论文认为井上毅曾是旧《民法》的起草成员,而冈田论文指出这种判断是误解)中,作为重要的资料而使用的井上毅的论说(井上毅著:《对于民法初稿第三百七十三条的意见》,载《国家学会杂志》第51号,1891年,第969页以下)。井上论述了对"行政权的原力"之执行承认国家的赔偿责任的错误,认为"现行民法上没有该条款"。不能单纯地将这份意见书替换为直接参与了民法起草的所谓起草者的意见。但是,考虑到当时的法制局长官井上毅的地位及职责、当时的《国家学会杂志》作为意见表明的场所,可以认为,这就是明治政府所表明的、旧《民法》第373条的立法旨趣就这样理解。此外,正如冈田论文所指出的,考虑到达至国家无答责的法理之大审院的判例及现行民法起草者对这个问题的并不一定是明快的见解,这样的观点被认为也是可以成立的(并且,正文中的"公权力的行使"这个术语,在井上论文及民法典起草的审议过程中也没有被使用,所以,是按照现在的用语进行的表述)。此外,"基本的法政策"(前述)这种表述,在1890年的当时,主权(国家)无答责的法理并没有以制定法的形式上明确地规定,而是其后的解释、立法指针,在这种意义上,本书是在其具体化被委任给了个别立法这种旨趣上使用的。作为近代法成立的草创期的立法之存在方式,是饶有趣味的。此外,仲野武志著:《帝国宪法·现宪法下的官吏责任、国家责任》(2016年),载仲野著:《法治国家原理与公法学的课题》,2018年版,第344页以下,认为,关于公权力行使的民法的损害赔偿责任否定,在与旧民法的对比中,是民法制定后的大审院中一贯的判例理论。

日本战前的国家赔偿法制,被置于上述制度性基础之下,而在之后的展开过程中呈现出如下特色:

(一)明文规定了行政法院不受理要求损害赔偿的起诉,但是,关于国家的公权力性活动以外的活动,国家也要服从民法的不法行为法。在这里,问题在于应如何来划定其范围。特别是该问题产生于给付行政领域,其中著名的案件有德岛游动圆棒案件。① 该案件是因为德岛市立小学的游动圆棒腐烂,该小学的儿童坠落死亡,其监护人以德岛市为被告请求损害赔偿的案件。作为司法法院的大审院认为,该市对校舍设施具有民法上的占有权,适用《民法》第717条,承认了原告的请求。关于该判决,存在着如下问题:对校舍设施那样的管理作用,使用民法上的"占有"的观念是否适当? 假定承认占有,从当时的法制来看,权利主体是否应该是国家而不应该是作为地方公共团体的市?② 关于以前一直予以消极解释的公共事业③,通过适用《民法》而承认损害赔偿请求权,具有重大的实际意义。自该判例以后,日本的国家赔偿案件,在这一限度内得以承认。④

(二)大审院承认赔偿责任的,是关于国家及其他公共团体的属于给付行政的事业所产生的损害,而关于权力性作用或者公法上的行为,到1890年代的后期没有承认《民法》上不法行为法的适用。⑤ 关于权力性行为,在解释论上没有承认国家的赔偿责任,学说的支配性见解也是同样的。⑥ 当然,作为立法论,主张导入国家赔偿制度的见解也是存在的⑦,在学说上,主权无答责的法理也并非原封不动地得以维持。

(三)在欧洲和美国,作为否定国家责任的反面,官吏的个人责任

---

① 大审院判决,大正5年6月1日,载《民录》第22辑,第1088页。
② 关于这一点,参见美浓部达吉著:《评释公法判例大系》(下卷),1939年再版,第314页。
③ 关于国家及其他公共团体的营利事业,一直适用民法上的不法行为法。
④ 参见田中二郎著:《透过判例看行政上的不法行为责任》(1937年),载田中著:《行政上的损害赔偿及损失补偿》,第46页以下。
⑤ 参见田中二郎著:《透过判例看行政上的不法行为责任》《关于行政上的损害赔偿责任》(1946年),载田中著:《行政上的损害赔偿及损失补偿》,第33页以下、第89页以下;冈田著:《国家的不法责任与公权力的概念》(第二部),注(1),第241页以下、第250页以下。
⑥ 参见宇贺克也著:《从比较法的角度看战前日本国家责任法的特色》,载宇贺著:《国家责任法的分析》,第413页以下。
⑦ 田中著:《行政上的损害赔偿及损失补偿》,第244页。

一直得以承认。① 于是可以看出,明治当初的制定法上设置了以官吏的个人责任为前提的规定。② 并且,学说虽然并不曾一致,但是,对官吏的个人责任肯定《民法》适用的学说,曾经很有说服力。③

但是,大审院的判例认为,关于公法行为不适用《民法》,所以官吏个人也不对私人承担赔偿责任,只是例外地在官吏滥用职权侵害私人的权利的情况下,以滥用职权已是个人的行为为理由,承认《民法》不法行为法的适用。④

综上所述,在明治宪法下,关于公权力的行使,处于国家和该官吏本人都不承担责任的状况,日本的国家赔偿法制,在和当时诸外国相比较的情况下,也存在重多的不健全和不完善之处。

三、《日本国宪法》下的国家赔偿

根据《日本国宪法》第17条,国家及公共团体的赔偿责任得以规定,主权免责的法理在宪法上被否定了。于是,在该宪法规定之下,《国家赔偿法》得以制定,⑤无论是权力性活动,还是非权力性活动,对违法的公共行政活动,广泛地承认了国家赔偿。这里可以看出和明治宪法下的行政救济法的重大不同之处。现在,人们认为国家赔偿法制当然已经存在,这正如本章开头所提示的那样。但是,其历史尚较短。

此时,存在着如何理解《日本国宪法》第17条的宗旨的问题。该问

---

① 关于德国,参见宇贺著:《国家责任法的分析》,第18页以下。关于英国,参见下山著:《国家的不法行为责任的研究》(1958年版),第36页以下、第49页以下;高木光著:《国家无答责的法理》(2014年),载高木著:《法治行政论》,2018年版,第189页以下。不过,在英国,被指出存在国王支付使用人的损害赔偿之惯例。参见下山著:《国家的不法行为责任的研究》(1958年版),第49页;高木著:《国家无答责的法理》,第192页以下。关于法国,参见津田著:《法国国家赔偿责任法的规范构造——以"公共服务过失"理论为中心(三)》,载《北大法学论集》;北村和生著:《法国对公务员的求偿诉权的成立及其特色(一)》,载《法学论丛》第130卷第5号,1992年,第59页。关于美国公务员的个人责任的详细研究,有植村荣治著:《美国公务员的不法行为责任》,1991年版。

② 前述明治7年9月2日司法省通知第24号。

③ 美浓部著:《日本行政法》(上),第344页以下;田中著:《行政上的损害赔偿及损失补偿》,第69页。

④ 以公法行为为理由,而否定了丢失了挂号信的三等邮局局长的责任的案件,有大审院判决,大正13年5月14日,载《法律新闻》第227号,第20页。对该判决的批判,参见美浓部达吉著:《评释公法判例大系》(上卷),1939年再版,第320页。

⑤ 昭和22年10月27日,法律第125号,同日施行。

题现在虽然不具有多大的实用性,但是,在宪法施行后,《国家赔偿法》施行前,对有关公权力的行使的损害赔偿案件,曾具有重大意义。最高法院采取大纲说,关于此间的案件,没有对私人承认损害赔偿请求权。[①] 但是,我认为,根据宪法,主权免责的法理被放弃,并且,只要没有关于有关公权力的行使的损害赔偿案件的特别规定,就不能对公权力主体承认特别的地位,所以,关于公权力的行使,也可以解释为适用《民法》的不法行为法。[②]

《日本国宪法》第 17 条的法律意义,在于对因国家活动产生的损害,充实对受害者的救济,这是不言而喻的。不过,必须注意的是,从依法律行政原理这一法治国原理来看,国家赔偿制度,在具有受害者救济的功能的同时,还具有违法行为抑制功能。这一点,不仅限于制度的客观性认识,而且在其运用时,也是应该留意的。[③]

第二节 《国家赔偿法》的定位及概要

一、定位

《国家赔偿法》[④]是根据《日本国宪法》第 17 条的规定而制定的法律。[⑤] 不过,宪法不是单纯的大纲规定,而且放弃了主权免责的法理,在该限度内,如果解释为国家也应该服从一般的不法行为法的话,则可以将《国家赔偿法》理解为规定《民法》的特殊规则的法律。

与此相对,如果认为关于公权力的行使根本不能适用《民法》的话,那么,《国家赔偿法》,特别是其第 1 条,便成为创设和民法不法行为法不同的损害赔偿制度的法律,而其第 2 条则可以看作是对于《民法》的

[①] 最高法院判决,昭和 25 年 4 月 11 日,载《裁判集民事》第 3 号,第 225 页。
[②] 作为主张这一点的学说,参见今村著:《国家补偿法》,第 84 页。
[③] 宇贺克也著:《国家责任的功能》,载《高柳古稀》,第 423 页以下,作为国家责任的功能,除受害者救济功能、损害分散功能之外,还列举了制裁功能、违法行为抑制功能、违法状态排除功能等。
[④] 昭和 22 年法律第 125 号。
[⑤] 关于《国家赔偿法》的制定过程,参见宇贺克也著:《国家赔偿法案的立法过程》,载《盐野古稀》(下),第 303 页以下。

特殊规则。①

二、《国家赔偿法》的概要

在考察《国家赔偿法》的个别制度之前,我们首先看一下该法(总共6条)的整体构造,可以归纳为如下几点:

(一)第1条,规定了基于公权力的行使的国家或者公共团体的损害赔偿责任。虽然与《民法》第709条、第715条相对应,但是,作为认识论上的问题,存在着将其看作《民法》的特殊规则,还是将其看作与《民法》不同的特别制度的问题。如前所述,我的意见是《民法》特殊规则说。

(二)第2条,规定了对因供公共之用的设施之设置、管理的瑕疵所造成的损害予以赔偿的责任,这是《民法》第717条的特殊规则,对此不存在异议。

(三)第3条,规定了关于所谓官营公费事业(事业的管理主体是国家,而费用负担者是地方公共团体的情况)的损害赔偿责任人。该内容在明治宪法时期就曾存在争议,作为从立法上予以解决的规定,当初就被立了案,但是,其结果是这被作为内部问题来处理(第2款),作为原告,可以以任何团体为被告提起损害赔偿请求(第1款)。

(四)第4条是有关《民法》适用的规定,一般具有如下两种意义:其中,关于因第1条、第2条以外的原因所产生的损害,即因公共团体的私法性活动所产生的损害,和以前一样适用《民法》;过失相抵等《民法》的规定对第1条案件、第2条案件也适用。② 在日本法中,如果以自明治宪法时代开始对公共团体的私经济性活动当然地适用《民法》(包括不法行

---

① 与此观点稍微不同,存在着基于《国家赔偿法》(第1条及第2条)的赔偿请求权是公权还是私权的问题设定。在否定公权和私权的区别的观点看来,此问题根本不能产生。但是,假定承认该区别的话,如果是公权,则是公法上的当事人诉讼,并且,根据《会计法》第30条,产生5年的消灭时效[关于这一点,参见盐野著:《行政法Ⅰ(第六版)行政法总论》,第20页以下]。在法院的实务中,虽然没有提出特别的理论性根据,但是,作为通常的民事案件来处理,则是其现状[另外,参见盐野著:《行政法Ⅱ(第六版)行政救济法》,第296页]。此外,即使以公法和私法的区别为前提的见解,也因为国家赔偿诉讼并没有直接触及行政行为的效力,而解释为私权(参见雄川:《行政争讼法》,第113页;古崎著:《国家赔偿法》,第12页,从《行政事件诉讼法》第13条推导出了私权说)。当然,根据《国家赔偿法》第4条,关于《国家赔偿法》上没有规定的事项,适用《民法》,所以,可以认为,这一问题已经从立法上得以解决。

② 古崎著:《国家赔偿法》,第239页。

为法)为前提的话,那么,认为《国家赔偿法》不能包括这些行为的见解就能成立。但是,如果将《日本国宪法》第17条解释为从英美法的角度放弃了主权免责原则,并将其具体化委任给法律的话,那么,就可以认为《国家赔偿法》是将公共团体的私经济性活动也置于视野之内进行立法的。无论如何,这都不是有实际意义的争论。

在第4条的适用关系上,有时成为问题的是:这里所说的"民法"是仅限于民法典,还是也包括附属法令? 作为具体事例,有在因消防署职员的灭火活动不充分,使余火再燃而发生火灾的情况下,是否适用《关于失火责任的法律》(失火责任法)的问题。根据该法的规定,能够追究失火责任的,限于有重大过失的情况。最高法院认为,因为失火责任法是《民法》第709条的特殊规则,所以符合《国家赔偿法》第4条,承认了《关于失火责任的法律》的适用。① 虽然从形式逻辑上应该进行最高法院的判决那样的解释,但是,我认为,即使在《国家赔偿法》第4条承认《民法》适用的情况下,也不应该连违反《国家赔偿法》宗旨的规定也予以当然地适用。消防署职员的职务义务正是灭火工作,所以,关于其业务的推行,可以解释为没有预定失火责任法的适用,并且,我认为,那实质上也能带来适当的结果。②

(五) 第5条,规定了在《民法》以外的其他法律上有特别规定时,依据该规定。在现行法制度上,作为此种规定,有规定国家的无过失责任的《国税征收法》第112条、《消防法》第6条第3款。此外,《邮政法》就损害赔偿的范围、金额加以限定(第50—57条),但是,只要是合理的范围,损害赔偿的限定也不违反《日本国宪法》第17条。不过,由于邮政自很早以前就被作为国家的私经济性事业来理解,所以,如果第5条也和第4条一样不适用于国家的私经济性事业的话,《邮政法》就不是第5条的

---

① 最高法院判决,昭和53年7月17日,载《民集》第32卷第5号,第1000页;《行政判例百选Ⅱ》第244案件。最高法院判决,平成元年3月28日,载《判例时报》第1311号,第66页,也遵守了这一先例。

② 前述最高法院平成元年3月28日判决中的伊藤意见,从结论来看,也是采用了限定说。此外,作为学说,关于《国家赔偿法》第1条的一般责任,排除失火责任法的适用的"适用否定说"具有说服力。参见泽井裕著:《消防职员的灭火过失和过失责任》,载《法学教室》第109号,1989年,第102页;几代著、德本补订:《不法行为法》,第184页;宇贺克也著:《行政法概说Ⅱ》(第六版),2018年版,第492页。

问题了。① 当然,关于这些规定的适用,以一般法和特别法的关系来处理便足够了,在这种意义上,第 5 条被解释为确认性规定。

(六)第 6 条,规定了受害者是外国人时的相互保证主义。② 因为是关于《国家赔偿法》适用条件的相互保证主义,所以,基于《民法》上的不法行为的损害赔偿案件另当别论。

第三节　与公权力的行使有关的赔偿责任
——《国家赔偿法》第 1 条

一、责任的性质

这里所说的"责任的性质",是指《国家赔偿法》第 1 条规定的责任是国家(包括其他公共团体。以下皆同)的自己责任,还是代位责任的问题。自己责任说认为,第 1 条承认了国家自身的责任;与此相对,代位责任说则认为,第 1 条规定的国家责任,本来是公务员个人所承担的责任,只是由国家代位承担而已。这在一方面具有如何认识现行实定法的侧面,同时在另一方面,在解释论上也具有意义。

作为国家的自己责任法制的代表事例,有法国。即国家赔偿以"公共服务过失"(faute de service)为理由,而其是在个人的过错之外另外承认的,其法理不是由制定法所规定,而是由最高行政法院的判例所形成的,这构成了其特色。③

---

① 关于邮政利用关系,参见园部敏、植村荣治著:《交通法、通信法》(新版),1974 年版,第 224 页。盐野著:《行政法Ⅱ(第六版)行政救济法》,第 295 页。

② 关于相互保证主义,关于其和规定了"任何人"的《日本国宪法》第 17 条的关系,成为值得研究的问题。从衡平的原则、在外国的日本国民的救济之充实的观点来看,通说和判例都认为该规定是合宪的(参见西埜著:《国家赔偿法》,第 521 页以下)。不过,有必要注意的是,"在严密地追求相互的保证的情况下,从国际性的人权保障的观点来看,具有产生不合理和弊端的危险性"(东京地方法院判决,平成 14 年 6 月 28 日,载《判例时报》第 1809 号,第 46 页、第 97 页。虽然该案件是关于实行联邦制且是判例法国家的美国的情形,但是,相互保证主义的灵活性运用之必要性,作为一般论也是妥当的)。

③ 参见津田著:《法国国家赔偿责任法的规范构造——以"公共服务过失"理论为中心(三)》,载《北大法学论集》;津田著:《关于公务员的对外的赔偿责任的试论性考察(三)》,载《自治研究》第 94 卷第 1 号,2018 年,第 109 页以下。

作为代位责任的立法事例,可以列举德国的法制。在那里,首先在联邦的《土地登记簿法》中采用,然后逐渐扩展至各州,1909年普鲁士采用了这一主义①,经过魏玛宪法,由《基本法》予以继承。《基本法》第34条规定:"任何人,在执行被委托给自己的公务时,违反了其对第三人所承担的职务义务时,原则上由雇用该人的国家或者团体承担责任"。当然,在德国,那并不是作为理论性结果而采用的主义,而被认为是一方面国家责任否定论的存在和另一方面为提高受害者保护实效性的需要之间妥协的产物。②

在日本,不存在"代替公务员"这样的明示性词句。不过,从实定法的构造来看,鉴于通过满足公务员个人的主观性责任要件而承认了对国家的赔偿请求权,没有涉及雇用者的选任监督责任③,承认了国家对加害公务员的求偿权等,认为现行《国家赔偿法》采用了以德国法为模式的代位责任,才是求是的态度。立案关系人很早就立于代位责任说,进行了《国家赔偿法》的解说。④

关于这一点,作为现行法的解释论,采取自己责任说的学说认为,基于权力作用的国家责任是危险责任的最为典型的情形,国家对于该危险的外部发生,应该直接承担责任,从这种观点出发来考察《国家赔偿法》第1条的话,从不存在"代替公务员"这一用语,尤其是从"国家或者公共团体承担其赔偿责任"这种规定方法来看,应该将国家责任解释为规定自己责任的结果。⑤ 不过,承认国家赔偿的实质性根据(其重要的根据之一是国家这种组织形态的危险性)和通过怎样的法律构成来实现国家赔偿,可以说是不同的问题。⑥ 如果根据自己责任说的话,则存在难以说明《国家赔偿法》第1条将公务员的主观性要素作为请求权成立要件的问

---

① 《普鲁士国家责任法》第1条第1款规定:"官吏,在行使被委任给自己的公权力的过程中,由于故意或者过失,违反了其对第三人所承担的职务义务时,由国家代位承担《民法》第839条所规定的官吏责任"。
② 关于以上内容,包括条文的译文,参见宇贺著:《国家责任法的分析》,第70页以下。
③ 《民法》第715条的雇用者责任,也是以他人(被雇用者)的不法行为责任的成立为媒介的,所以,有时被理解为代位责任。但是,雇用者责任的直接根据在于选任、监督的过失,在该限度内,被认为是自己责任(参见几代著、德本补订《不法行为法》,第196页、第216页)。在这种意义上,在《国家赔偿法》和《民法》上,代位责任这一概念是有差异的。
④ 参见田中二郎著:《关于国家赔偿法》(1947年),载田中著:《行政上的损害赔偿及损失补偿》,第169页以下。
⑤ 参见今村著:《国家补偿法》,第94页。另外,参见西埜著:《国家赔偿法》,第7页。
⑥ 参见稻叶馨著:《与公权力的行使有关的赔偿责任》,载《行政法大系6》,第52页。

题。自己责任说使这一要件客观化,认为应该作为公务运营的瑕疵来把握,这又违反前后文的逻辑性。①

代位责任的法律构成,不能直截了当地表现设置国家赔偿制度的根据,对此,有必要直率地予以承认。此外,作为解释论也是一样,如果形式性地适用代位责任这种法律构成,则存在产生欠缺具体适当性结果的可能性。在这种意义上,作为现行法的认识,即使采取代位责任说,在解释上,进而,作为立法论,也都必须进行适应现代要求的努力。②

二、要件(1)——国家或者公共团体

《国家赔偿法》第1条中规定的公共团体中包括地方公共团体,这是明确的。而除此以外还有什么样的团体属于这里所规定的公共团体,则是不明确的。不过,事先对这一点进行详细论述,并没有多大的意义。这是因为,探讨是否适用《国家赔偿法》第1条的问题,取决于这样一种机制,即该加害行为是否同样是第1条所规定的"公权力的行使"的问题的先决事项,所以,只要这个问题解决了,就由该加害人所属团体来承担赔

---

① 下级审中有采取自己责任说的(东京地方法院判决,昭和39年6月19日,载《下级民集》第15卷第6号,第1438页)。在最高法院判决中,就该问题尚没有作出明确的判断,但是,有对依据代位责任说的原审判决予以维持的(最高法院判决,昭和44年2月18日,载《判例时报》第552号,第47页)。

② 宇贺著:《国家补偿法》,第24页,作为立法论,进行了采用自己责任说的提案。
本文中所述责任的性质,是与国家承担责任时的法律构成有关的。与此相对,还存在基于责任的实质性根据的性质论。其一是危险责任的观念。这种观念不是国家赔偿法独自的范畴,本来就源于民法不法行为法,是统一地从国家的危险性中求得国家赔偿责任之根据的见解(今村著:《国家补偿法》,第93页以下)。这种见解并不限于单纯的认识论,而且容易和自己责任的构成相结合,并且,对责任的客观化也提供合适的论据。但是,即使实定法采取了代位责任的构成,以现代国家责任的实质性根据之一就在这里为基础,将其在解释论中充分利用,是应该被允许的。此外,必须注意的是,国家赔偿案件的展开,产生了根据危险责任无法充分说明的事例。例如,以国家怠慢于对社会产生危害的防止(药害、公害等)为理由,对国家进行赔偿请求。对此,法院也是在一定的限度内正逐渐予以承认[盐野著:《行政法Ⅱ(第六版)行政救济法》,第256页]。在这种情况下,危险因子在于社会方面。
在责任论中,进而存在着提供探讨的场所,即具有所谓开发性意义的责任范畴。结果责任的概念即是这种范畴(今村著:《行政法入门》,第196页;远藤著:《实定行政法》,第309页;梅原康生著:《基于结果责任的国家补偿》,载杉村编:《行政救济法2》,第169页),在这里,对在国家赔偿、国家补偿中得不到救济的各种损害的救济提供了探讨的场所[盐野著:《行政法Ⅱ(第六版)行政救济法》,第316页以下"国家补偿的稀疏领域"]。

偿责任。① 所以,在国家和地方公共团体以外,是否属于行使公权力的团体,是根据个别法来决定的。当然,如后面所考察的那样,"公权力的行使"这一概念得以扩张,国立学校和公立学校的教育活动(如课外的兴趣小组活动中顾问教师的指导监督)也包括在其中的话,根据学校的设置者是否为公共团体,便决定了是否适用《国家赔偿法》第1条。在学校关系

---

① 东京地方法院判决,昭和55年6月18日,载《判例时报》第969号,第11页,关于律师会,指出该会是以进行有关律师的指导、联系及监督的事务为目的的法人,是强制律师加入、接受国家管理权能之委任的公共团体,是《国家赔偿法》第1条上的公共团体。但是,问题并不在于律师会是否都是公共团体,而在于律师会所行使的惩戒权是否属于公权力的行使,此时,如果律师会并不是完全作为国家的机关而行动(这种情况下,国家的责任成为需要探讨的问题),而是作为律师会本身的权限行使属于"公权力的行使"的惩戒权的话,从结果来看,律师会成为《国家赔偿法》第1条上的公共团体。

关于这一点,有的见解认为,该法第1条所说的国家、公共团体,是指该事务的归属主体(参见芝池著:《行政救济法讲义》,第275页)。《行政事件诉讼法》第21条第1款也出现了"……事务归属的国家或者公共团体"这种用法,在裁判例中,也存在根据事务的归属来判断该法第1条的适用的情形(东京地方法院判决,昭和53年3月30日,载《判例时报》第884号,第36页,指出,关于预防接种事故,因为该事务是机关委任事务,所以,国家承担该法第1条第1款的责任,地方公共团体承担基于该法第3条第1款的责任。此外,最高法院判决,昭和54年7月10日,载《民集》第33卷第5号,第481页,《行政判例百选Ⅱ》第231案件,将交通犯罪搜查事务作为都道府县的事务,因而否定了基于该法第1条的国家的责任,但肯定了都道府县的责任)。

但是,该判断基准能够发挥其功能的场合并不是很广,即成为判例的对象的事件,每一件都是关于机关委任事务的,但是,现行《地方自治法》废止了机关委任事务的观念,同时新确立了自治事务、法定受托事务,其区别中不包括国家的事务和地方公共团体的事务之区别[盐野著:《行政法Ⅲ(第五版)行政组织法》,第137页以下]。所以,在国家和地方公共团体的关系上,事务归属主体论已经失去了从前的意义。

另外,也存在国家和地方公共团体以外的组织进行公权力的行使的事例。指定法人(尤其是行政事务代行型指定法人)所进行的检查、检定事务就是这种事例。有人主张,援用机关委任事务的制度观念,以指定法人(指定机关)占有委任的行政主体的行政厅的地位为根据,将委任源的国家或者地方公共团体视为属于《国家赔偿法》第1条的公共团体(米丸恒治著:《由私人进行的行政》,1999年版,第354页以下)。但是,在从前的机关委任事务中,地方公共团体的首长,在行政组织法上,在对于作为上级行政厅的国家的主务大臣的关系上,属于下级行政厅,所以,关于主务大臣和知事的关系,行政官厅法理发挥作用[参见盐野著:《机关委任事务的法的问题》(1980年),载盐野著:《国家和地方公共团体》,第192页]。与此相对,指定机关从国家那里被委任推行与公权力相关的事务,但是,根据这件事情,国家与指定机关之间并未成立行政官厅关系,制定法上也并没有特地将这种关系作为行政官厅关系加以整理[参见盐野著:《关于指定法人的一点考察》(1993年),载盐野著:《法治主义的诸形态》,第464页以下;盐野著:《行政法Ⅲ(第五版)行政组织法》,第95页以下]。在这种意义上,该指定机关(指定法人),与机关委任事务不同,将公权力的行使作为自己的权限,通过自己的计算而进行,因而应当视为《国家赔偿法》上的公共团体。(转下页)

上能够成为问题的,有被法人化后的国立大学中的事故。鉴于国立大学法人和职员、学生等的关系成为通常的契约关系这一事实,可以考虑的是,事故应根据民法不法行为法得以处理。

三、要件(2)——公务员

关于公务员,也存在同样的问题。也就是说,这里的公务员不是身份上的公务员,而是意味着被委以"公权力的行使"的人。律师会惩戒委员会委员虽然不是《国家公务员法》上的公务员,但是,由于被委以对律师行使惩戒权,所以,属于《国家赔偿法》上的公务员。① 所以,"公权力的行使"的概念,在这种情况下也成为主要问题。② "公权力的行使"之委

(接上页)

对于这一点,被理解为最高法院在其后也一直将着眼点置于事务的归属上。关于与《建筑基准法》的指定确认检查机关的确认行为的关联,参见最高法院判决,平成17年6月24日,载《判例时报》第1904号,第69页[盐野著:《行政法Ⅲ(第五版)行政组织法》,第140页脚注④]。关于基于知事的委托的儿童养护设施之职员的行为,参见最高法院判决,平成19年1月25日,载《民集》第61卷第1号,第1页;《行政判例百选Ⅱ》第232案件。但是,这些民间的法的主体行使公权力,该事务本来归属于作为统治团体的国家或者公共团体是当然的前提,所以,仅以事务论,尚不能判断《国家赔偿法》上的具体的责任。在这种意义上,之前关于指定机关所提示的基准(将该公权力的行使作为自己的权限,以自己的计算来实施),被解释为在其他场合也可以予以适用。参酌这个基准的话,指定确认检查机关案件的行为,对于该机关,就儿童养护设施案件,从委托应诺义务、费用负担的角度出发,将由委托方地方公共团体承担赔偿的责任。此外,米丸著:《由私人进行的行政》,对指定法人的赔偿责任持消极态度,而米丸恒治著:《行政的多元化与行政责任》,载《行政法的新构想Ⅲ》,第309页,则以指定确认检查机关不是从前型的指定机关为由,认为指定确认检查机关也是责任主体。此外,在儿童养护设施事件中,与作为委托方的地方公共团体一起,将该设施也作为不真正连带债务的承担者。这是基于公私协动性的手法中责任的共同负担之观点而得出的结论(参见米丸著:《行政的多元化与行政责任》,载《行政法的新构想Ⅲ》,第313页以下),作为公私协动论的检讨课题也是饶有趣味的。下山宪治著:《经济行政中国家补偿的法理》,载《佐藤古稀》,第318页以下,对经济行政法中公的任务之市场化、民间化与公的主体之责任进行检讨,解释为该机关对所揭示的指定确认检查机关事件,地方公共团体对儿童养护设施事件,分别是《国家赔偿法》第1条第1款的责任承担者。

① 参见前述东京地方法院昭和55年6月18日判决。
② 关于《国家赔偿法》第1条所说的公务员的概念,东京地方法院判决,平成11年3月16日,载《判例时报》第1702号,第113页,指出:"这里所说的'公务员',并不限定于公务员法上的公务员,而应当理解为,也包含那些能够作为代替国家或者公共团体,实质上行使国家或者公共团体应该实施的公权力来评价的人们"。在这里也是一样,"公权力"的概念成为"公务员"的判定基准,但是,此时,判决附加了"实质上"这个限定词,凸显了其特色。虽然说其内容并不一定是明确的,但是,可以视为由此而扩大了公务员的范围这种意义上的救济的理论。不过,《国家赔偿法》对于公权力的行使,进而从一般层面来说,对行政活动的范围,并不能认为其导入了新的要素,所以,我认为,不应该作为解释论而使用"实质上"这个不确定的要素。总之,由于公共服务的提供多样化了,所以,这是需要今后探讨的问题。另外,参见交告尚史著:《国赔法第1条的公务员》,载《神奈川法学》第30卷第2号,1995年,第75页以下。

托,除以法律直接规定的情况外①,还有以行政行为进行的情况②,也有基于契约进行的情况。③

相反,即使是身份上的公务员,只要其行为不是"公权力的行使",也就不产生第1条的适用的问题。

关于公务员,还有另外的问题。即由于公权力的行使而受到损害时,是否需要由受害者方面特定该公务员并主张和立证的问题。关于这一点,有的判例从自己责任说的立场出发,关于机动队员的集团性加害行为,认为"只要明确了承担该公权力的行使的公务员在行政组织上处于何种地位,换言之,只要明确了其在行政机构上属于哪个部门",便足够了。④ 但是,即使基于代位责任说,只要特定了何人实施了不法行为的话,也可以承认国家的责任。

前述情况属于虽然不能特定个人,但是,作为集团能够特定加害行为的情况。进而,在一系列的过程中,虽然不能特定由于哪个行为而受害,但是,只要能够确认如果不是由于这一系列的行为中的某个行为者的故意或者过失,便不能产生损害,并且,无论是哪个行为,对因此而造成的损害,行为人所属的国家或者公共团体处于应该承担赔偿责任的关系上时,就不能以加害行为不特定为理由而免除赔偿责任。这是最高法院的判例所采取的态度。⑤ 不过,此时,最高法院要求一系列行为的每一个行为都必须是国家或者同一公共团体的公务员的职务上的行为。这是因为,如果中途有其他的行为介入的情况,结果还是无法明确责任的所在。

四、要件(3)——公权力的行使

关于《国家赔偿法》第1条的适用,"公权力的行使"这一概念成为核心。关于公权力的行使,在制定法上,《行政事件诉讼法》第3条,《行政不服审查法》第1条、第2条等行政争讼法令上可以看到,并且在《行政程序法》第2条第2项中也存在。但是,由于制度目的的不同,并不一定需

---

① 《律师法》第56条第2款。
② 《关于精神保健及精神障碍者福祉的法律》第18条、第19条之四。
③ 《道路交通法》第108条第1款;《道路交通法施行令》第40条之二。
④ 东京地方法院判决,昭和39年6月19日,载《下级民集》第15卷第6号,第1438页。
⑤ 最高法院判决,昭和57年4月1日,载《民集》第36卷第4号,第519页;《行政判例百选Ⅱ》第230案件。

要两者一致。

关于这一点,学说上有最广义说、广义说、狭义说。最广义说认为,国家、公共团体的所有活动都属于公权力的行使。广义说大体上是指除国家的私经济作用及成为《国家赔偿法》第2条的对象的行为以外的所有活动。所以,其中也包括学校的教育活动、行政指导等。狭义说认为,公权力的行使属于国家统治权的优越性意思发动的作用。

判例采用了广义说。最高法院虽然没有陈述特别理由,但指出,公立学校中教师的教育活动也包括在《国家赔偿法》第1条第1款规定的公权力的行使之中。① 此外,关于非权力性事实性行为形式的行政指导,有的判例将规制性行政指导②视为《国家赔偿法》上的公权力的行使③,也有的

---

① 最高法院判决,昭和62年2月6日,载《判例时报》第1232号,第100页;《行政判例百选Ⅱ》第215案件。这是有关作为体育课而进行的在游泳池跳水练习中发生的事故的案件。此外,关于学校事故,以违反安全考虑义务为理由的赔偿请求也得以承认,关于此案件,将在盐野著:《行政法Ⅱ(第六版)行政救济法》,第295页谈到。

在之前,在下级审层级,一般认为,"《国家赔偿法》第1条规定的'公权力的行使'这一要件,不仅限于国家或者地方公共团体作为基于其权限的统治作用……而实施的权力作用,而且也包含国家或者地方公共团体的非权力性作用(不过,国家或者地方公共团体的纯粹的私经济作用和该法第2条规定的公共营造物的设置管理作用除外),这样解释是适当的"(东京高等法院判决,昭和52年4月27日,载《高裁民集》第30卷第2号,第78页)。像该判决这样,采用广义说的较多[此外,在有关学校的兴趣小组活动中的事故的最高法院判决,昭和58年2月18日,载《民集》第37卷第1号,第101页;《行政判例百选Ⅱ》(第四版)第143案件中,可以看出,最高法院认为,原审判决中《国家赔偿法》第1条适用部分即是以此为前提的]。当然,广义说的范围也并不明确。一方面将国立学校和公立学校的教育活动视为公权力的行使,另一方面,国立医院和公立医院中的医疗事故,在实务上则被作为民事不法行为乃至债务不履行的制度来处理[盐野著:《行政法Ⅱ(第六版)行政救济法》,第196页。此外,关于预防接种,判例是以公权力性为前提的。后述第320页]。这种差别化的根据并不明确。关于区别的判断基准,学说上没有展开很多的议论,这是因为如果受害者不拘泥于行为者个人的责任追究,则对补救损害并无不同。在这种意义上,《国家赔偿法》第1条得以制定这件事本身是曾经有意义的,之后的适用范围具有实务上不能成为太大问题的性质。与此相对,如果认为《国家赔偿法》第1条导入了无过失责任,或者说将来进行了这样的立法的话,其适用范围无论在理论上还是在实务上,都将成为重大问题。

此外,即便是国立的学校,大学成为法人,后职员被非公务员化,学生与大学的关系成为在学契约关系,所以,大学中教育上的过失和错误,被解释为根据《民法》第709条进行规范的问题。参见盐野著:《行政法Ⅲ(第五版)行政组织法》,第85页;德本广孝著:《"大学的法律关系"之研究》,载《行政法研究》第3号,2013年,第48页以下、第61页以下。

② 关于这种类型,发现实质性权力性是可能的。

③ 东京地方法院判决,昭和51年8月23日,载《判例时报》第826号,第20页。该案件与以枪、刀法的权限行使为背景而进行的玩具手枪的制造销售中止的行政指导相关。

判例甚至对所谓事前咨询也承认了公权力性。① 最高法院也将基于开发指导纲要请求捐助教育设施负担金的行为视为《国家赔偿法》上的公权力的行使。②

综上所述,可以说判例现在立足于广义说上。对此,尚可指出如下几点:

(一)某种行为是否属于《国家赔偿法》第1条规定的公权力的行使,不是损害赔偿请求的途径是否一般地被堵塞的问题,而是适用《国家赔偿法》第1条还是适用《民法》第709条、第715条的问题。并且,具体地说,其不同在于:《国家赔偿法》上没有雇用者免责的规定;《国家赔偿法》第1条第2款中将求偿权的行使要件规定为故意或者重大过失,而《民法》第715条中规定轻微过失即可;《国家赔偿法》第1条适用时,受害者不能对公务员个人直接请求③,而根据《民法》,除追究雇用者责任以外,还可以对行为者本人请求赔偿;国家赔偿的情况下,相互保证主义起作用④,而在《民法》上则没有此种规定;等等。

不过,有人指出,上述几点不同,在《民法》的适用过程中,近年来出现了极大的相对化。首先是关于雇用者免责,这被认为几乎没有得到承认,其次是求偿权,也呈现出判例和通说都予以限制性解释的倾向。⑤ 这样一来,《国家赔偿法》第1条和《民法》第715条的法效果出现近似化,在某种意义上便是当然的事情。这是因为,以前在没有承认国家责任的领域采取了国家的代位责任这种形式,创设了国家赔偿制度,因而两种制度的基本构造是相类似的。另一方面,从作为受害者救济制度来彻底完善赔偿制度的观点出发,在结果上民法不法行为制度的运用与国家赔偿的近似化,也是可以理解的。两者的相异不过在于如下这一点:在国家赔偿制度之下,受害者追究公务员个人的责任不被允许;而在民法不法行为法之下,既可以对雇用者又可以对被雇用者进行责任追究。从以上几

---

① 京都地方法院判决,昭和47年7月14日,载《判例时报》第691号,第57页。这是有关在风景地区建设加油站提出许可申请后的应答的案件。
② 最高法院判决,平成5年2月18日,载《民集》第47卷第2号,第574页;《行政判例百选Ⅰ》第98案件。
③ 这是通说和判例的观点。盐野著:《行政法Ⅱ(第六版)行政救济法》,第275页。
④ 《国家赔偿法》第6条。盐野著:《行政法Ⅱ(第六版)行政救济法》,第248页。
⑤ 参见几代著、德本补订:《不法行为法》,第212页以下、第215页。

点来看,依照前后文的逻辑性和沿革,最广义说是不能采用的,作为受害者救济制度,我认为,与民法不法行为法相比,对呈现出更进一步的《国家赔偿法》第1条的适用范围予以扩大解释,才是适当的。

(二)公权力的行使之中,也包括不作为——权限的不行使。一般而言,承认适用《国家赔偿法》第1条的典型性的事例,是公务员的作为对私人的身体、财产施加了危害的情形。《国家赔偿法》之所以被认为是基于危险责任的法理的,也是以该状况为前提的。但是,随着私人的活动范围飞跃性地增大,对于由此而来的危害,不能仅依赖于《民法》上的不法行为法来解决,为了防止危害,人们期待国家的介入。本来《警察法》具有相关的要素,而环境行政法、消费者行政法也具有这种性质。于是,在对于直接的加害者请求损害赔偿的情况下,在与该人的资力的关系上,有时会出现救济不够充分的情形,以国家方面的不作为为理由的国家赔偿案件便大量出现,现在,呈现出关于所谓斯蒙案件,国家的《药事法》上的权限不行使被判断为违法的状态。①

关于这个问题,最高法院从前提示,要参照法所赋予的权限的旨趣和目的,当权限的不行使被认为严重不合理时,便构成《国家赔偿法》上的违法。② 其后,在尘肺诉讼③、水俣病关西诉讼④、泉南石棉沉着病诉讼⑤中,以前述定式为前提,承认了基于权限不行使的国家的赔偿责任。这些判例确立了公权力的行使之不作为构成国家赔偿请求诉讼的要件。⑥

---

① 关于东京斯蒙案件,参见东京地方法院判决,昭和53年8月3日,载《判例时报》第899号,第48页。关于其他针对权限不行使的判例,参见横山匡耀著:《权限的不行使与国家赔偿法上的违法》,载《国家补偿法大系2》,第127页以下。

② 最高法院判决,平成元年11月24日,载《民集》第43卷第10号,第1169页;《行政判例百选Ⅱ》第222案件——宅基地建筑物交易法案件。最高法院判决,平成7年6月23日,载《民集》第49卷第6号,第1600页,《行政判例百选Ⅱ》第223案件——氯喹诉讼。不过,在该案件中并未承认赔偿责任。

③ 最高法院判决,平成16年4月27日,载《民集》第58卷第4号,第1032页;《行政判例百选Ⅱ》(第六版)第231案件。

④ 最高法院判决,平成16年10月15日,载《民集》第58卷第7号,第1802页;《行政判例百选Ⅱ》第225案件。

⑤ 最高法院判决,平成26年10月9日,载《民集》第68卷第8号第799页;《行政判例百选Ⅱ》第224案件。

⑥ 以这些最高法院判决为素材,对裁量审查的存在方式尝试进行详细的理论分析和提案(判断过程审查与裁量收缩要件审查的作用分担)的成果,有山下竜一著:《权限不行使事例的构造与裁量审查的存在方式》,载《芝池古稀》,第563页以下。

进而,作为承认不作为的违法的要件,有人指出,下级审判例列举了危险的迫近、预见可能性、规避可能性、补充性、国民的期待。① 与此相对,承认了国家的责任的三个最高法院判决,都没有提示将从前的定式进一步具体化的要件,但是,我认为,其实质性考虑要素,与下级审裁判例具有共通之处。② 不过,有必要注意的是,在所列举的任何一个案件中,对行政机关赋予权限的法的目的在于受害者的利益保护,这一点是特定的(尤其是尘肺诉讼),因而不必受所谓反射性利益论的烦扰③,便可以承认权限

---

① 参见横山匡耀著:《权限的不行使与国家赔偿法上的违法》,载《国家补偿法大系2》,第139页。

② 作为对与权限不行使相关的损害赔偿事件中的考虑要素进行了分类和分析的成果,有西田幸介著:《规制权限的不行使与国家赔偿》,载《法学》(东北大学)第81卷第6号,2018年,第208页以下。

③ 在最高法院平成元年11月24日判决的判旨之中,最高法院并没有使用"反射性利益"这个术语,但是,在其认为存在着制定法不作为直接保护的对象的事实上的利益这一点上,可以说实质上是架构了同样的判断框架[关于反射性利益,盐野著:《行政法I(第六版)行政法总论》,第304页。最高法院判决,平成2年2月20日,载《判例时代》第755号,第98页关于以不起诉处分的违法为理由的国家赔偿案件,认为告诉人所受到的利益"不过是通过公诉提起而反射地带来的事实上的利益而已"。作为引用该判决,使用"反射性地带来的事实上的利益"这种说法,而否定了国家赔偿请求权的例子,有最高法院判决,平成17年4月21日,载《判例时报》第1898号,第57页。并且,有抽出原告的人格权利来作为国家赔偿请求权之对象的泉德治法官的反对意见]。在撤销诉讼中,这便是原告适格即诉讼法的问题,而在《国家赔偿法》上,则是作为赔偿请求权的成立要件即实体法上的问题出现的。两者是否能够完全相互覆盖(在电及煤气的供给规定认可之际的利用者的利益,即使认为其不是为原告适格提供基础的因素,也应该使其成为《国家赔偿法》上的保护对象。作为采取这种观点的判例,有大阪地方法院判决,平成2年10月29日,载《判例时报》第1398号,第94页),进而,是否使用"反射性利益"这个术语,这个问题另当别论,可以承认的是,虽然规制法存在着,但是,不能够成为《国家赔偿法》上的保护对象的事实上的利益也是存在的(当然,其射程范围并不很大。参见稻叶馨著:《国家赔偿中的"反射性利益论"》,载《小嶋退职纪念》,第597页以下;芝池义一著:《对于行政权限的不行使的国家的责任》,载杉村编:《行政救济法2》,第123页;角松生史著:《关于犯罪搜查、公诉权的行使的国家赔偿请求诉讼与"反射性利益"论》,载《泷井追悼》,第175页以下。作为尝试了对学说、判例的详细分析的近年之论究,有户部真澄著:《关于国家赔偿诉讼中的反射性利益》,载《一桥法学》第17卷第2号,2018年,第105页以下)。

另外,还存在这样一个问题,即应当将《国家赔偿法》上不予保护的不利置于《国家赔偿法》的要件的什么地方?最高法院将其作为违法的问题加以处理,我认为,这是立足于《民法》上的不法行为法的相关关系说(几代通著、德本伸一补订:《不法行为法》,1993年版,第63页)的违法性的观念之上。但是,对于权力性行为,基本上应当以执行该行为的公务员的行为是否适合于法律所规定的要件来作出判断[盐野著:《行政法II(第六版)行政救济法》,第266页以下],从这一点出发的话,关于规制权限没有被合法地行使的情形,作为不存在法所保护的损害来处理,才是适切的(有人反对这样理解,稻叶馨著:《国家赔偿中的"反射性利益论"》,载《小嶋退职纪念》,第623页)。

不行使的违法性之判断。换言之,相关法令的目的,从制定文或者立法过程来看,有时候并不明确。在这种情况下,前述要件论便具有了意义。①

在前述案例中,实质性加害者是具有该权限的公务员以外的人,而对于申请的不作为状态持续,由此导致相对方发生损害的情况下,公务员也成为加害者。作为其一例,在水俣病认定迟延抚慰金请求案件中,最高法院承认,对由于迟延而导致精神性苦痛这一结果,产生予以回避的条理上的作为义务。②

---

① 关于承认对权限不行使的赔偿责任,有两种法律构成。其一是采取裁量权的收缩这种构成,例如,斯蒙诉讼中可以看到(前述东京地方法院判决,昭和53年8月3日)。在这里,在将《药事法》上的规制权限的行使视为本来的自由裁量(效果裁量)的基础上,认为,在一定的情况下,"关于是否行使规制权限的行政厅的裁量权收缩、后退,行政厅被赋予了为了防止结果发生而行使其规制权限的义务,所以,该权限的不行使,应当解释为,作为其作为义务的违反而构成违法"。这种法律构成,在义务赋课诉讼之中,是对德国的学说和判例的展开(原田尚彦著:《行政责任与国民的权利》,1979年版)。

与此相对,不是采用裁量权的收缩这种说明方法,而是直截了当地将规制权限的不行使视为违法,这是最高法院的态度(除正文所列举的判决例之外,参见关于警察官对刀具的临时保管的不作为的最高法院判决,昭和57年1月19日,载《民集》第36卷第1号,第19页;同样是关于警察官对被打到海岸上的炮弹处理的不作为的最高法院判决,昭和59年3月23日,载《民集》第38卷第5号,第475页)。

由于采取或者不采取裁量权的收缩这种构成的情况下,在权限的不行使构成违法的要件这一点上,并不能说当然地出现差异,所以,哪一种构成都是说明的方法的问题,而裁量和作为义务是对立概念,故después在德国令人信服的方法以日本法予以采用的意义,被认为是不存在的(但是,收缩论有其另外的意义,即对下级审判决带来一定的影响,对于推导出国家的损害赔偿责任发挥了作用)。进而,必须注意的是,更为根本的问题是,根据如何架构相关危害防止责任(也称为危险管理责任、危险防止责任)的根据的不同,具有发展到甚至不同是否有法律的根据,都承认采取危害防止措施(其中也会包含对私人方面的自由和财产的侵害)的可能性。这种可能性,也具有与从前的法治国原理从正面对立的契机[参见盐野著:《法治主义的诸形态》(1992年),载盐野著:《法治主义的诸形态》,第122页以下。作为以所谓基本权保护义务的存在为前提,指出了行政介入的界限的研究,参见桑原勇达著:《关于所谓行政的危险防止责任》,载《东海大学》第18号,1997年,第9页以下、第37页]。作为关于危险管理责任的概括性研究,北村和生著:《现代的行政责任》,载《现代行政法讲座Ⅰ》,第143页以下,具有参考价值。这个问题,正如北村论文中也指出的那样,是在与行政责任的扩大之关系上产生的,被认为有必要超越法规范性的讨论,展开增加了经济政策论的广泛的讨论。

② 参见最高法院判决,平成3年4月26日,载《民集》第45卷第4号,第653页;《行政判例百选Ⅱ》第218案件。此外,该判决将不作为的违法确认诉讼上的不作为的违法的要件,与《国家赔偿法》上的结果回避义务违反的要件予以区别开来,被认为是受到该损害是精神性的这一事实的影响的结果。作为对这种要件加重的批判,参见前述《行政判例百选Ⅱ》第218案件,久保茂树解说;冈本智子著:《国家赔偿法的意义和功能》,载《中川古稀》,第79页以下。

（三）这样，《国家赔偿法》第 1 条的对象领域，广泛涉及一般行政作用，而必须注意的是，在具体的事件中进行赔偿请求权的认定之际，个别作用法的理念、具体的机制之特色会被考虑。① 一般解释为，公权力的行使中不仅包括行政作用，而且也包括立法作用和裁判作用。②

（四）如上所述，成为日本《国家赔偿法》的对象的公权力的范围是极其广泛的。但是，即使是典型的公权力，有时也根据该行为的根据法的宗旨，不承认国家赔偿请求权的行使。例如，在逮捕令状的更新重复进行时，以搜查机关或者发布令状法官的判断违法为理由的国家赔偿请求，由于违反搜查的秘密进行性，故不予承认。③ 此外，当被解释为对《国家赔偿法》以外的救济手段赋予了排他性的情况下，是不允许进行赔偿请求的。这一点，关于一般撤销诉讼，一般认为并不具有上述意义的排他性。但是，关于像税务处分、养老金支付决定那样直接与金钱上的权利义务相关的处分，如果承认国家赔偿请求诉讼，则将导致起诉期间及不服申诉前置的规定失去意义，所以，这些处分的救济方法需要另外探讨。④ 虽然不是行政处分，而是关于强制执行程序，本来应该采取该程序内的救济手段，却因怠慢于该程序而产生的损害，对此不得向国家提出赔偿请求，这是最高法院的判决。⑤

五、要件（4）——故意、过失和违法性

在《国家赔偿法》第 1 条中，该行为的违法这一客观性要件和故意、过失这一主观性要件并列存在。此时，与《民法》第 709 条作为客观性要件列举了"权利"侵害相对，《国家赔偿法》以违法取而代之，这是与民法的判例和学说的展开相对应的结果。⑥ 与此相对，故意、过失这一主观性

---

① 关于消费者行政中《国家赔偿法》适用上的留意点，府川繭子著：《经济行政中国家赔偿法的功能——以消费者行政为中心》，载《佐藤古稀》，第 327 页以下，即是该尝试。
② 盐野著：《行政法Ⅱ（第六版）行政救济法》，第 262 页以下。
③ 最高法院判决，平成 5 年 1 月 25 日，载《民集》第 47 卷第 1 号，第 310 页。
④ 另外，参见盐野著：《行政法Ⅱ（第六版）行政救济法》，第 267 页脚注⑤。
⑤ 最高法院判决，昭和 57 年 2 月 23 日，载《民集》第 36 卷第 2 号，第 154 页；《行政判例百选Ⅱ》（第四版）第 147 案件。
⑥ 将《民法》第 709 条规定的权利侵害解释为违法，这是通说和判例的观点。参见几代著、德本补订：《不法行为法》，第 60 页以下；森岛昭夫著：《不法行为法讲义》，1987 年版，第 224 页以下。

要件,至少在语句上和《民法》第 709 条相同,在该限度内,不能说与《民法》相比《国家赔偿法》具有先进性。

这样一来,无论是《民法》,还是《国家赔偿法》,作为损害赔偿请求权的成立要件,在制定法上都要求违法和故意、过失这两个要件。关于其违法的内容及与违法的关系上的故意、过失的要件,已经在民法上有各种各样的争议。即在对《民法》第 709 条进行解释时,关于违法性和故意、过失(特别是过失)应该个别地判断,还是应该归结于违法性或者过失中任何一个的问题,出现了观点的分歧。这与如下认识的发展是相适应的:过失并不是加害者的主观性心理状态,而是作为客观性要件来理解的,即以普通人的能力为标准而应该规避的具有预见可能性的危害的结果规避义务违反或者注意义务违反。①

在《国家赔偿法》第 1 条的解释中,根据情况不同而更加复杂化,这可以说是对适用《国家赔偿法》第 1 条"公权力的行使"之多样性的反映,尤其是将以作为自然人的公务员为媒介所进行的国家行为的客观的违法与该公务员的故意、过失区别开来,构成违法概念(因此,关于法第 1 条的构成要件该当性,进行行为的违法及故意、过失的二元的审查)的观点(被称为公权力发动要件欠缺说),与将行为的违法和该公务员被赋课的职务上的注意义务之懈怠也加入违法性(因此,法第 1 条只是在这种意义上的违法性的审查,进行一元的审查)的观点(职务行为基准说②),这两种观点的对立显著。③ 下面对这一点予以注意,以判例的动向为中心,按照行为类型的不同分别展开检讨。

(一)即使在适用《国家赔偿法》第 1 条的案件中,有的法院也不进行违法性和过失的二阶段审查,而是仅判断公务员违反了注意义务。这可

---

① 参见森岛昭夫著:《不法行为法讲义》,1987 年版,第 176 页以下、第 246 页以下。关于过失一元说,参见平井宜雄著:《损害赔偿法的理论》,1972 年版,第 376 页以下。
② 此外,参见盐野著:《行政法Ⅱ(第六版)行政救济法》,第 265 页。
③ 宇贺著:《国家补偿法》,第 42 页以下;武田真一郎著:《关于国家赔偿中的违法性与过失》,载《成蹊法学》第 64 号,2007 年,第 494 页以下。以上文献对判例和学说(包括民法学说)进行了详细的探讨。此外,关于《国家赔偿法》第 1 条的违法性之概念分析,具有参考价值的有:小早川光郎著:《课税处分与国家赔偿》,载《藤田退职纪念》,第 425 页以下;神桥一彦著:《行政救济法中的违法性》,载《行政法的新构想Ⅲ》,第 239 页以下。进而,仲野武志著:《续·行政法中的违法概念的诸形态》,2016 年,载仲野著:《法治国原理与公法学的课题》,第 368 页以下,对最高法院的判例之动向,在进行了加害行为分类的基础之上,全面且详细地进行了分析,并且论及了学说的课题。

以从国立学校和公立学校事故的判例中看出。① 通过采用有关"公权力的行使"这一概念的广义说,对因国立学校和公立学校的兴趣小组的活动、课外活动所产生的损害,也适用《国家赔偿法》。但是,这并不意味着因为是国立学校和公立学校,在这些学校活动时,对教职员规定了特别的行为规范。因此,法院是在承认具有应该防止事故发生于未然这种一般的注意义务的基础上,来审理判断是否违反该义务的,在这一点上并不能看出与私立学校关系上的情况存在什么法律制度上的差异。

(二)在国家赔偿案件中,作为综合地把握违法性和过失的另一个领域,是由于"公权力的行使"之不作为的国家赔偿。在这种情况下,判决例中首先是探讨权限不行使的违法性,而在进行判断之际,要件论中的预见可能性、规避可能性被视为不法行为法中的过失的要件,并不一定要展开个别要件论的最高法院判决例②中,被认为违法判断之中也包含了过失的问题。在这种意义上,在权限不行使的国家赔偿案件中,违法性判断和过失的判断是相通的,两者处于如下关系:即一旦违法性得以承认的话,则过失也就容易被推定承认,或者说根本就不存在重新判断是否存在过失的余地。

(三)与此相对,在由于作为属于"公权力的行使"的法的行为形式的行政处分而产生的损害赔偿请求案件中,法院首先判断行政行为的合法和违法,在此基础上,进行故意和过失的认定,进行这种二阶段审查曾经成为通例,即使现在,依然存在依据该方法的判例。例如,以前以属于靠靠木(COCOM,巴黎统筹委员会)管制物资为理由,出口承认的申请遭拒绝,在请求赔偿对其结果所蒙受损害的案件中,判例在判断出口承认拒绝处分违法的基础上,重新判断通商产业大臣(当时)的过失是否存在。③ 此外,关于既请求外务大臣作出的一般护照颁发拒绝处分的撤销,又请求国家赔偿的案件,判例承认了处分撤销请求,但是,对国家赔偿,却以外务大臣没有故意、过失为理由,驳回了请求。④ 这些都是有关

---

① 参见最高法院判决,昭和58年2月18日,载《民集》第37卷第1号,第101页;《行政判例百选Ⅱ》(第四版)第143案件。最高法院判决,昭和62年2月6日,载《判例时报》第1232号,第100页;《行政判例百选Ⅱ》第215案件。
② 盐野著:《行政法Ⅱ(第六版)行政救济法》,第257页。
③ 东京地方法院判决,昭和44年7月8日,载《行裁例集》第20卷第7号,第842页。
④ 大阪地方法院判决,昭和63年5月27日,载《行裁例集》第39卷第5·6号,第365页。作为其控诉审判决,大阪高等法院判决,平成2年11月27日,载《判例时报》第1368号,第46页。

定型性行政处分的事例。在此种情况下,只要满足了法律的要件,行政厅制约私人的权利(商品的进出口、海外航海)就是法律上所承认的,换言之,行政厅只要服从法律的命令,即使侵害私人的权利、自由,也并不构成违法,所以,法院即使在国家赔偿案件中,也被解释为只能首先对处分的违法事由的存在与否以和撤销诉讼同一的判断基准来进行审查。最高法院在有关禁止和在押的幼年者接见的国家赔偿案件中,虽然判定成为禁止根据的《监狱法施行规则》无效,但是,也另外判断拘留所长的过失,并判定其没有过失。①

(四)作为法的性质,关于权力性法行为形式的法官的裁判作用,本来就有是否成为《国家赔偿法》的适用对象的问题。最高法院在以可以适用为前提的基础上,在对确定判决请求国家赔偿的案件中指出:"即使法官所作出的争讼裁判存在应该通过上诉等诉讼法上的救济方法予以纠正的瑕疵,也并不因此而当然地产生以存在《国家赔偿法》第1条第1款规定的违法行为为理由的国家损害赔偿责任的问题。前述责任要得以肯定,需要存在被认为具有该法官以违法或者不当的目的作出裁判等,法官明显地违背其被赋予的权限之宗旨而行使权限的特别情况"。② 在该判决中,并没有说明为什么关于法官的行为和行政行为的情况不同,关于裁判结果的违法要采用另外的违法基准。不过,在本案件中,关于一般意义上的权力性法的行为形式,最高法院并没有立于结果的违法和《国家赔偿法》上的违法是不同的这一出发点,特别是对违法事由予以极其限定性解

---

① 最高法院判决,平成3年7月9日,载《民集》第45卷第6号,第1049页;《行政判例百选Ⅰ》第48案件。

此时,法令的解释上的错误本身被判定构成违法,关于采取了该错误的解释这件事情,公务员是否存在过失,便成为需要研究的问题。关于某些事项的法律解释,不同的见解对立,实务上的处置也不相同,当哪一种观点都被认为具有相当的根据时,公务员将其中一方的见解理解为正当的,并立足于该见解而推行了公务时,因为其后该执行被判断为违法,而直接判定上述公务员存在过失的做法,判例认为是不适当的(最高法院判决,昭和46年6月24日,载《民集》第25卷第4号,第574页;最高法院判决,平成16年1月15日,载《民集》第58卷第1号,第226页等)。其后,最高法院判决,平成19年11月1日,载《民集》第61卷第8号,第2733页;《行政判例百选Ⅱ》第220案件,在认定通达的内容违法的基础上,认为与原子弹爆炸受害相关的通达发出担当者具有相当程度的进行慎重的检讨的注意义务,因此承认了相应的过失,不过,关于与上述先行判例的关系,不是作为判例变更,而是作为"事案不同"进行处理的。

② 最高法院判决,昭和57年3月12日,载《民集》第36卷第3号,第329页;《行政判例百选Ⅱ》第227案件。

释,在该限度内,可以说,其所依据的是裁判作用的特殊性质。①

这个问题暂且不论。根据该判决,被认为是《国家赔偿法》上的违法,仅限于有故意的情况,并且,只要一旦违法被确认,便当然地产生国家责任,所以,对违法性和故意、过失,应该进行一元化判断。

(五)作为同样属于权力性法的行为形式的,有立法行为。关于立法行为,是否也适用国家赔偿制度,是一个需要探讨的问题。在关于在家投票制度的不健全的损害赔偿请求案件中,最高法院认为适用,同时指出,其制定违宪的法律(包括立法的不作为)并不直接导致国会议员在立法过程中行动的违法,"国会议员,对立法,原则上应该仅限于在与全体国民的关系上承担政治性责任,而不承担在与个别国民的权利相对应的关系上的法义务。国会议员的立法行为,除属于像立法的内容虽然违反宪法的单义性文字规定而国会依然进行该立法那样,难以易于设想的例外情况以外,在《国家赔偿法》第1条第1款规定的适用上,不接受违法的评价"。② 这是在着眼于国会议员活动的特殊性质的基础上,认为《国家赔偿法》上对违法的评价应该基于和结果的违法(违宪法律的制定)不同的基准来进行的判例。

当然,该结论本身,从其将根据置于在家投票制度被委任给了立法府的裁量这种最高法院自身的宪法解释状况来看,"例外的事情"之束缚并不

---

① 最高法院在有关审判长作出的法庭中禁止记笔记措施的损害赔偿请求案件中,认为在该案件中禁止记笔记"是欠缺合理根据的法庭警察权的行使"。但是,禁止记笔记措施也是法庭警察权之一,在行使该权力时,审判长的措施,"只要不存在其严重超出法庭警察权的目的、范围,或者其方法非常不当等特别情况,便不能说是《国家赔偿法》第1条第1款所规定的违法的公权力的行使",而该案件中的措施虽然欠缺考虑,却没有特别的情况,所以,不属于《国家赔偿法》上的违法的公权力的行使(最高法院判决,平成元年3月8日,载《民集》第43卷第2号,第89页)。此判例宗旨是否将法庭警察权的行使中的违法和《国家赔偿法》上的违法予以区别,并不明确。认为只有裁量权行使严重失当时才属于裁量权的滥用的事例,在对裁量范围广泛的行政决定的抗告诉讼中的最高法院的判决中也可以看出[盐野著:《行政法Ⅱ(第六版)行政救济法》,第131页]。此外,并不是断定该审判长的措施是违法的。从这一点来看,我认为,本案判决宗旨,不应该认为对法官的司法作用以外也区别结果的违法和《国家赔偿法》的违法,而应该解释为:是因为问题属于国家赔偿案件,所以直截了当地论述了是否属于该法第1条第1款的违法性。并且,我认为,本案判决宗旨的特色在于:一方面广泛地承认行使法庭警察权的裁量范围,同时,另一方面,最高法院以判决的形式提出了其裁量基准(所以,对于禁止记笔记的《国家赔偿法》上的违法性判断,以后将以本判决所提出的基准作为其基准)。

不过,从关于在法庭记笔记的最高法院的判断来看,在判定本案件中的措施为违法的基础上,以过失的认定驳回请求,可以解释为是适当的。

② 最高法院判决,昭和60年11月21日,载《民集》第39卷第7号,第1512页;《行政判例百选Ⅱ》(第六版)第233案件。

一定是严格的。也就是说,其后,最高法院在关于在外国民选举权的诉讼中承认了确认的利益,并且,对本案也是在容认的同时①,对于同时提起的国家赔偿案件,在作出与昭和60年判决旨趣不同的交代之基础上,明确了在外国民在国政选举中进行投票的机会在宪法上得以保障这种最高法院自身的宪法解释,该权利没有得以实现的状态下过了10年以上的立法之不作为,"该当例外的场合",进而,认为"在这样的场合,不能否定过失的存在",容认了赔偿请求。② 另外,关于以规定再婚禁止期间的《民法》第733条的违宪为理由的损害赔偿请求事案,最高法院平成27年12月16日大法庭判决③,认为该规定是违宪的,但是,在平成20年的时候,危险性对于国会来说尚不能够说已经清楚。此外,关于与承认夫妇别姓的立法之不作为的损害赔偿请求事案,最高法院平成27年12月16日大法庭判决④,认为规定夫妇同姓制的《民法》第750条不违反宪法,驳回了起诉。

从上述这样的最高法院判决例的动向来看,在立法行为(包括不作为)相关的损害赔偿中的特色,可以理解为,与违法性的所在之讨论(所谓"区别说与违宪即违法说"乃至"职务行为基准说和公权力发动要件欠缺说")的分类基准并不一定是对应的。

此外,只要属于最高法院所说的例外情况,可以说故意、过失也当然成立,应对违法性和故意、过失,便能够进行一元化判断。⑤

---

① 盐野著:《行政法Ⅱ(第六版)行政救济法》,第215页以下。

② 最高法院大法庭判决,平成17年9月14日,载《民集》第59卷第7号,第2087页;《行政判例百选Ⅱ》第226案件。包括与昭和60年判决的关系,参见朝田友子解说。

③ 载《民集》第69卷第8号,第2427页。

④ 载《民集》第69卷第8号,第2586页。

⑤ 根据最高法院判决所提示的立法的不作为的国家赔偿请求权的成立要件是极其严格的(松田聪子著:《关于立法行为与国家赔偿的备忘录》,载《小高古稀》,第407页以下,关于立法行为和立法的不作为的判定基准,区分开来,分别进行了分析),在所谓从军慰安妇诉讼中,山口地方法院下关支局判决,平成10年4月27日,载《判例时报》第1642号,第24页,认为其是根源性人权问题,属于最高法院判决所揭示的例外,因而承认了基于立法的不作为的国家赔偿请求(不过,作为其控诉审判决的广岛高等法院判决,平成13年3月29日,载《判例时报》第1795号,第42页,则遵循最高法院的定式,驳回了请求。同样是从军慰安妇诉讼的案件,东京高等法院判决,平成11年8月30日,载《判例时报》第1704号,第54页,也否定了基于立法的不作为的国家赔偿)。

在所谓麻风病诉讼中,熊本地方法院判决,平成13年5月11日,载《判例时报》第1748号,第30页,同样认为该案件与最高法院判决不同,认定了《麻风预防法》废止的不作为的违法。由于国家没有提起控诉,所以,该判决得以确定(包括相关参考文献,参见长尾英彦著:《关于麻风病诉讼熊本地方法院判决》,载《中京法学》第36卷第3·4号,2002年,第1页以下)。

（六）在刑事案件中确定了无罪判决以后，以提起公诉的检察官的行为存在违法为理由，请求国家赔偿的案件中，最高法院认为，仅以确定了无罪判决为理由，尚不能直接断定公诉的提起是违法的，"逮捕、拘留，只要在当时关于犯罪的嫌疑具有相当的理由，并且被承认必要性的话，就是合法的。因为公诉的提起不过是检察官对法院请求就犯罪是否成立、刑罚权是否存在进行审判的意思表示而已，所以，起诉时或者公诉追行时的检察官的心证，在其性质上，和判决时法官的心证不同，被解释为只要综合考虑起诉时或者公诉追行时的各种证据资料，通过合理的判断过程，具有被认为有罪的嫌疑便足够了"。① 这种情况下，检察官的行为不应该以其结果为基准来评价，而应该以提起公诉时对检察官规定的行为规范为基准进行评价，从这一点出发，此被称为职务行为基准说。② 此外，关于由警察官进行的嫌疑人的逮捕，也可以说，依据职务行为基准说是判例的倾向。③

该判断的范围，和对法官、国会议员的行为的评价具有类似之处，但是，也存在如下不同点：在法官和国会议员的情况下，对行为的结果，从客观的法秩序的观点出发，作出是否违法的评价；与此相对，在检察官和警察官的情况下，从判决的逻辑出发，即使在客观的意义上，也不接受是否违法的评价。必须注意的是，关于检察官，在最高法院的陈述中已有体现，而对于警察官的情况，也并没有将客观上犯了罪作为逮捕的要件。④

从前述观点来看，我认为，在违法性的判断之外对故意、过失进行认定，从逻辑上讲是可能的。不过，检察官提起公诉的合理性证明不成立时，被推定承认检察官的职务活动有故意、过失，并且被认为进行反证是困难的⑤，所以可以说实质上进行了一元化判断。⑥

---

① 最高法院判决，昭和53年10月20日，载《民集》第32卷第7号，第1367页；《行政判例百选Ⅱ》第228案件。同样宗旨，最高法院判决，平成元年6月29日，载《民集》第43卷第6号，第664页。

② 该命名始于原田尚彦著：《判例解说》，载《昭和45年度重要判例解说》（《法学者》第482号），第28页。关于检察官的行为，另外参见村重庆一著：《检察官的起诉与国家赔偿》（1992年），载村重著：《国家赔偿研究笔记》，1996年版，第90页以下。

③ 最高法院判决，平成8年3月8日，载《民集》第50卷第3号，第408页。

④ 《刑事诉讼法》第199条。

⑤ 古崎著：《国家赔偿法的理论》，第41页。

⑥ 关于检察官公诉的提起和维持，作为在基于最高法院的判断基准认定了违法性的案件中，被推定承认过失的事例，参见东京地方法院判决，平成2年6月12日，载《判例时代》第727号，第238页。

（七）以上所考察的，对有关法官等的法行为的违法性的判断范围，分别是对应裁判、立法、公诉的提起、逮捕等各自的制度而构成的。不过，对法官和国会议员的行为的违法性判断范围，即对国家机关的行为规范和对作为自然人的公务员所赋课的职务义务不同这一手段，也适用于一般的行政行为，并不是不可能的。并且，现实中也出现了采用该手段的下级审判决。例如，关于对驾驶执照撤销处分作出了撤销判决的国家赔偿案件，有的判决认为："《国家赔偿法》上的违法性，应该从公务员在具体的状况下是否违反了应该尽的职务上的法定义务这种观点来判断，所以，和行政处分在客观上是否欠缺成为其判断基准的行政法规所规定的实体性或者程序性要件这一瑕疵判断，其判断基准是不同的"。① 并且，最高法院也在与作为典型的行政处分的租税更正处分相关的国家赔偿案件中，以更正处分的撤销判决在下级审阶段已经确定了为前提，指出："税务署长所进行的所得税的更正，即使被认为过多地认定了所得金额，也不能以此为理由直接接受存在《国家赔偿法》第1条第1款规定的违法的评价。只有税务署长在收集资料，并基于该资料来认定、判断课税要件事实上，存在着能够承认其没有尽到职务上通常应该尽到的注意义务，而漫不经心地作出更正那样的情况时，解释为接受前述评价，才是适当的"。②

如上所述，认为撤销诉讼和国家赔偿诉讼的违法是各自不同的见解，是很早以前学说所主张的。③

的确，撤销诉讼和国家赔偿诉讼的制度目的是不同的。制度不同的话，同样的用语具有不同的内容，也就不奇怪了。不过，必须注意的是，对于行政处分的违法和国家赔偿的违法，存在着如下关系：即行政处分适法的话，即使因此而产生权利和利益的侵害，除相对人具有损失补偿请求权的情形以外，也必须忍受该侵害。在这种意义上，在因作为

---

① 东京地方法院判决，平成元年3月29日，载《判例时报》第1315号，第42页。
② 最高法院判决，平成5年3月11日，载《民集》第47卷第4号，第2863页；《行政判例百选Ⅱ》第219案件。同样被认为是立足于职务行为基准说的判例，有最高法院判决，平成25年3月26日，载《裁判集民集》第243号，第101页；《行政判例百选Ⅱ》第221案件。此外，关于属于该说的判决例，参见宇贺克也著：《职务行为基准说的检讨》，载《行政法研究》第1号，2012年，第28页以下。
③ 远藤著：《实定行政法》，第275页。此外，也参见前述《行政判例百选Ⅱ》第219案件，北村和生解说。

权力性法的行为形式的行政行为所引起的损害赔偿案件中,对于赔偿请求权的成立,该行政处分的违法成为必要条件。前述判例似乎正是在以此为前提的基础上指出,《国家赔偿法》上的职务义务,不是相关实体法(包括《行政程序法》意义上的程序法)上的义务是否遵守了本身,而在于是否适应具体的状况作出了应该遵守实体法的行动。此时,成为前提的行政处分的违法性,存在如下情形:当原告不提起处分的撤销诉讼,而是直截了当地进行了国家赔偿请求时(公定力不适用于国家赔偿案件①),在该诉讼中被认定的场合(靠靠木COCOM诉讼②);在被合并了的撤销诉讼中通过撤销判决被认定的场合(前述平成元年东京地方法院判决、最高法院平成20年2月19日判决③);在其他诉讼的撤销诉讼(下级审)中被作出撤销判决的场合(前述平成5年最高法院判决);即便以该处分是违法的作为前提,对注意义务违反的有无进行判断的场合(最高法院平成15年6月26日判决④);等等。于是,这种情况下是否违反了职务上应该尽到的义务之判断,结果是对该公务员是否尽到了注意义务的判断,在这种意义上,过失成为违法的认定要素,在该限度内,可以说进行了二元化审理。换言之,该法的行为之客观的法秩序适合性和客观化了的过失之认定,这两个要素,在这里也得以维持,在该限度内,可以说该问题不是关于实用性的,而是关于逻辑构成的问题。⑤ 进

---

① 盐野著:《行政法Ⅰ(第六版)行政法总论》,第123页"公权力的界限"。
② 盐野著:《行政法Ⅱ(第六版)行政救济法》,第261页。
③ 载《民集》第62卷第2号,第445页。
④ 载《金融法务事情》第1685号,第53页。
⑤ 即使在关于有关所得税的更正处分的国家赔偿请求的最高法院平成5年的判决[盐野著:《行政法Ⅱ(第六版)行政救济法》,第266页]中,只要存在注意义务违反,便存在《国家赔偿法》上的违法,其结果是,不必论述过失的要件,国家应当承担赔偿请求义务。如果这样的话,剩下的只有是将注意义务违反作为违法的问题还是作为过失的问题来处理的不同。作为有关更正处分的国家赔偿案件的特殊性,只限于原审和最高法院作出不同判断的注意义务的程度的问题,不存在勉强和撤销诉讼上的违法相区别的理论上和实务上的意义。必须注意的是,有关所得税更正处分的国家赔偿案件的问题性应该在另外方面。也就是说,假定原告不进行更正处分的撤销请求,而仅主张国家赔偿请求的情况下,如果将其损害额视为更正处分相当额的话,即使具有故意、过失(注意义务违反)的要件,实质上也能免除撤销诉讼的排他性管辖的拘束(在前述案件中,由于确定了更正处分撤销判决,因而没有产生这样的问题)。

一般地说,国家赔偿诉讼中处分的违法判断被认为是不违反公定力的[盐野著:《行政法Ⅰ(第六版)行政法总论》,第123页"公定力的界限"],但在行政目的完全与金钱的征收相关的情况下,撤销诉讼和国家赔偿的功能是相等的,所以,国家赔偿请求权的成立,仅有单纯(转下页)

而,神桥一彦在《关于"职务行为基准说"的理论考察》①中认为,职务行为基准(说)"被认为更能表现国赔违法之本质的样子"(第38页),然而,关于其适用性,被解释为并未特别予以论及。此外,米田雅宏在《迈向〈国家赔偿法〉第1条规定的违法概念的体系性理解的一点考察》②中,尝试进行判例的职务行为基准说之体系性说明,对于判例的理解助益很大。不过,与公权力发动要件欠缺说进行比较,以探讨哪个"更高的说明力被承认"③,而职务行为基准说在于对从前未被深入追求的公务员的注意义务的存在方式,从理论上、实务上赋予了检讨的场所这一点上,考虑到该处分的违法性的问题被作为其前提的话,被认为可以将两者作为处于相互补完的关系之中的要素来整理。

不过,即使作为逻辑构成,在行政行为本身的违法之外确立《国家赔偿法》上的违法之概念,也是有疑问的。这是因为,行政行为要求适合于法律,并且,只要满足了该要求,便不承担损害赔偿法上的责任。与此相对,行政行为在违法的情况下,当初曾通过主权免责的法理、违法行为不能归属于国家的理论,否定了国家的损害赔偿责任。但是,这两个法理被放弃了,只要国家的行为违法,就开辟了国家赔偿请求之途径。所以,成

(接上页)的过失(注意义务违反)尚不够,还应该限定为故意或者重大过失。或者说,相关情况作为满足处分的无效要件的情形,也可以考虑完全在税务诉讼的范围内来处理[盐野著:《行政法Ⅱ(第六版)行政救济法》,第259页]。学说分为肯定说和否定说。参见人见刚著:《以金钱征收、给付为目的的行政处分的公定力和国家赔偿》,载《法学会杂志》(都立大学)第38卷第1号,1997年,第157页以下;占部裕典著:《围绕课税处分的国家赔偿诉讼的特殊性》,载《波多野古稀》,第57页以下;小早川光郎著:《课税处分与国家赔偿》,载《藤田退职纪念》,第424页以下。最高法院立足于肯定说而作出了判决(最高法院判决,平成22年6月3日,载《民集》第64卷第4号,第1010页;《行政判例百选Ⅱ》第233案件。参见北村和生著:《关于金钱的给付及征收的行政处分与国家赔偿请求》,载《水野古稀》,第30页以下)。由于判决并未否定通过立法进行调整,所以基本上也可以认为,要否定私权(国家赔偿请求权),要求在民法不法行为法的系统内进行规范。

关于职务上的注意义务违反成为过失的重要因素的事情,参见北村著:《国家补偿的概念与国家补偿法上的违法性》,载《公法研究》第67号,第259页。此外,参见盐野著:《行政法Ⅱ(第六版)行政救济法》,第271页。

① 神桥一彦著:《关于"职务行为基准说"的理论考察》,载《立教法学》第80号,2010年,第1页以下。

② 米田雅宏著:《迈向〈国家赔偿法〉第1条规定的违法概念的体系性理解的一点考察》(一)(二),载《法学》(东北大学),2018年,第81卷第6号,第299页以下;第82卷第1号,第34页以下。

③ 载《法学》第82卷第1号,第55页。

为中心的问题是比照客观的法秩序,国家行为是否被评价为违法。现行《国家赔偿法》采取了国家的代位责任这一法律构成,此时,在违法之外附加了该公务员的故意、过失。以该制度为前提的话,《国家赔偿法》上的违法,那样当行政行为明确存在对国家的行为规范时,意味着对该规范的违反,应该作为该公务员的过失来评价的则不包括在其中,而直截了当地作为过失的问题来处理,可以说这才是坦率的观点。此外,我认为,这样解释,将依法律行政原理所支配的行政过程和国家赔偿制度整合起来,将有助于有效地发挥国家赔偿制度所具有的违法行为抑制功能。① 当然,最高法院也并不是一贯坚持职务行为基准说,在与其后的一般行政决定相关的情况下,出现了根据案件的具体情况,提出了职务行为的违法性问题,客观地进行判断的事例。②

此外,关于对旧教员向公立高中提出的再任用申请,教育委员会判定为不合格的国家赔偿请求事案,最高法院认为,不能直截了当地说教育委员会的判断超过了裁量权的范围或者滥用了裁量权因而是违法的,驳回了请求。③ 也就是说,应当注意的是,即便在国家赔偿诉讼中,最高法院

---

① 对于所谓职务行为基准说(尤其是其扩张性适用),学说上批判强烈(也包括参考文献的意思,参见北村和生著:《国家赔偿中的违法与过失》,载《争点》,第 46 页以下;宇贺著:《职务行为基准说的检讨》,载《行政法研究》第 1 号,第 32 页以下;西埜著:《国际法逐条解释》,第 173 页以下)。尽管如此,与学说也没有对话,最高法院便将其对象事项予以扩大(或者一般化),并不一定是什么珍稀的事例,但是,对于日本法的发展来说,是不理想的[仲野著:《法治国原理与公法学的课题》,第 380 页以下,作为学说和判例的相互认识,论述了判例理论(职务行为基准说)与学说(职务行为基准说与公权力发动要件欠缺说的双方)的课题,进而也论及了立法论]。

② 关于《监狱法施行规则》,参见前述最高法院平成 3 年 7 月 9 日判决。此外,关于不法逗留外国人的国民健康保险被保险人资格,参见最高法院判决,平成 16 年 1 月 15 日,载《民集》第 58 卷第 1 号,第 226 页;《行政判例百选Ⅱ》(第五版)第 222 案件。关于这些将违法和过失进行二元化把握的最高法院判决的存在,喜多村胜德著:《行政处分撤销诉讼中的违法性与国家赔偿请求案件中的违法性的异同》,载鹿山、村田编:《裁判实务》,第 636 页,关于平成 3 年最高法院判决,认为"即便根据职务行为基准说也存在视为违法的余地,那姑且不论,将其视为认为公务员不曾有过失的判决是相当的";关于平成 16 年最高法院判决,认为"公权力的行使性完全是根据法令的解释之误,即便根据职务行为基准说,处分也存在解释为违法的余地,那姑且不论,进行那样的解释也是存在没有办法的事情,应当视为以此为理由才视为公务员无过失的案件"。这被解释为从裁判实务的观点出发进行的整理,而论者自身,鉴于公权力行使的多样性,认为"要将这些总括起来,一义性地确立国家赔偿请求中公权力行使的违法之意义乃至判断形式,是存在困难的,也是没有用的"。如果以通过判例进行《国家赔偿法》第 1 条的"权力的行使"概念的扩大为前提的话,被解释为与本书同旨趣。

③ 最高法院判决,平成 30 年 7 月 19 日,载《判例地方自治》第 440 号,第 55 页。

也认为没有必要等待根据职务行为基准的审查,就可以认定处分的违法性从而作出判决,职务行为基准说的射程,是附有限定的。

(八)在有关行政行为的损害赔偿请求诉讼中,将违反注意义务的问题作为违法要素的判例,作为将有关裁判、立法这种并不一定适合于适用一般的国家赔偿法制的特别的国家行为的观点予以一般化的判例,是不适当的。此外,在今后的国家赔偿法制中,违法无过失的问题之处理将成为重要的课题,而这种情况下的违法,是就国家行为本身来考虑的,从对此架桥这一点来看,关于违法的概念,使其具有一贯性才是适当的。

进而,从与以后的立法政策的关系上来说,关于国会议员的立法作用及法官的裁判作用等,一般地适用《国家赔偿法》这种现行法制本身的适当性,也是必须考虑的。①

(九)关于权力性的实力行使,成为是否符合有关该行为的根据规范、规制规范②的违法性和故意、过失的二元性评价的对象。③

此外,最高法院关于乘警车追踪途中对第三人造成的事故,指出:"要说前述追踪行为是违法的,应该解释为,需要前述追踪是为推行该职务目的所不必要的,或者说,比照基于逃走车辆的逃走状态及道路交通状况等所预测的发生危害的具体危险性的有无及其内容,追踪的开始、继续或者追踪的方法是不适当的"。④ 这可以看作是对犯人及第三人双方进行的事实行为适用比例原则的事例。但是,在对第三人的关系上,我认为应该仅将违反结果规避义务作为应该考虑的问题。在这种情况下,违法性和

---

① 关于有关立法、裁判作用的立法论,参见宇贺著:《国家补偿法》,第112页以下、第121页以下。

② 其中包括比例原则。参见盐野著:《行政法Ⅰ(第六版)行政法总论》,第189页、第218页。

③ 关于机动队的警备活动,横滨地方法院判决,昭和62年3月17日,载《判例时报》第1254号,第103页;东京地方法院判决,昭和62年11月24日,载《判例时代》第668号,第194页。但是,东京高等法院判决,昭和53年10月17日,载《判例时报》第916号,第35页,认为《警察官职务执行法》上的违法并不能当然地成为《国家赔偿法》上的违法。基于《预防接种法》的预防接种行为,也作为公权力的行使,被视为《国家赔偿法》第1条的适用对象[盐野著:《行政法Ⅱ(第六版)行政救济法》,第324页]。

④ 最高法院判决,昭和61年2月27日,载《民集》第40卷第1号,第124页;《行政判例百选Ⅱ》第216案件。

过失应该进行一元化判断。①

（十）无论是将违法和过失进行二元化判断的情况，还是进行一元化判断的情况，在这里，过失都作为客观化了的注意义务违反来把握。

此时，对实施了该行为（或者存在不作为）的个别公务员追究是否存在注意义务的违反，是符合《国家赔偿法》上的前后文逻辑性的，并且，现实中以这种观点来审理判断的情况也较多。不过，即使在这种情况下，行政行为的法律上的处分权者是大臣，当是否存在该注意义务的违反成为问题时，作为实际问题，鉴于行政决定本身以作为自然人的该大臣本身的判断来进行的情况很少存在（通常是采取专决、代决的方法）②，所以，注意义务的违反也是作为组织上的过失来把握的。

将这个问题更进一步推进的是预防接种事故诉讼的东京高等法院判决（前述）。在该判决中，形式上是追究厚生大臣（当时）的结果规避义务违反的，而实质上却是以掌管预防接种的厚生省③的对策为问题的。④

（十一）以上的考察，可以进行如下的概括总结。《国家赔偿法》第1条的旨趣，被认为在于由违法的权力性国家活动而使国民方面产生的损害之填补，而同时也包含着，对公权力的行使之违法性作出判断，适应法治主义的要求。所以，在《国家赔偿法》中，不仅对该作为自然人的公务员赋课的职务义务（注意义务），而且该国家活动的法适合性也成为审理的核心。不得因为《国家赔偿法》采取了代位责任的构成⑤，而看不到国家赔偿制度的本来的旨趣。在这种意义上，《国家赔偿法》第1条的违

---

① 一审判决是作为过失问题来把握的。作为对由机动队进行压制行为的直接的相对人以外的人，仅判断是否存在结果规避义务的判例，有东京高等法院判决，平成2年12月20日，载《判例时代》第750号，第102页。此外，阿部著：《国家补偿法》，第152页以下，将此道理作为相对性违法来说明。

② 盐野著：《行政法Ⅲ（第五版）行政组织法》，第29页。

③ 厚生大臣被作为其首长来定位——《国家行政组织法》第5条。

④ 参见盐野著：《行政法Ⅱ（第六版）行政救济法》，第320页以下。武田真一郎著：《关于国家赔偿中的组织性过失》，载《法经论集》（爱知大学）第159号，2002年，第45页以下，以民法上的组织性过失为范式，将为了防止损害发生的指挥监督义务及联络通报义务的懈怠视为过失认定的要件。不过，这种组织性过失，与承认了国家的自己责任，是不能直接相联结的。此外，作为更加一般地就不法行为的统制，不仅作用法的观点，而且组织法的观点也成为必要的事情，也参考了判例实予以指出的成果，参见饭岛淳子著：《关于行政组织及其构成员的责任的一点考察》，载《法学》（东北大学）第81卷第6号，2018年，第1页以下。

⑤ 盐野著：《行政法Ⅱ（第六版）行政救济法》，第249页。

法性,应当作为基本上是对国家的权力活动所赋课的法违反来把握。不过,《国家赔偿法》第 1 条的公权力行使之范围的扩大的判例法一旦扎下根,关于被扩大了的部分,令其服从与民事不法行为法类似的关系同样的判断过程才是适切的,即便在国家赔偿制度上,也应当跟民法不法行为法同样,可以承认存在根据所谓相关关系说来应对的领域。① 进而,关于立法权、司法权的活动,作为《国家赔偿法》上的公权力之行使的扩大适用例,也可以对违法性的内容添加变化的要素。从以上的基准出发的话,在判例中,虽然并不能完全否定根据职务行为基准说、相关关系说来进行判断的事情,但以此来理解其全部,也是不适切的。关于该问题,最高法院判例上也并不一定是确定的,这在某种意义上讲是当然的事情,而将职务行为基准说的妥当场面作为判例本身予以整理,则是理想的做法。

此外,违法性二元说(公权力发动要件欠缺说)和违法性一元说(职务行为基准说),作为《国家赔偿法》第 1 条的要件,哪一种学说都要求公权力发动的要件不存在和该公务员的注意义务违反,所以,关于国家赔偿请求权成立要件,在结果上是没有不同的。因此,两种学说被视为只不过是理论上或者说明上的区别而已。② 不过,在现实的诉讼中,对行为的违法性和公务员的故意、过失分二阶段进行审查的场合,首先对行为的违法性进行审查,然后是故意、过失的有无得以判断。也就是说,针对该违法性的判断明确了之后,在一元性判断中职务上的义务之充足性被置于中心,并不深入公权力发动的要件之存否,请求便被驳回的事情也是可能的。所以,当原告所希望的,与金钱赔偿相比,更在于通过违法的确认实现精神的满足时,进而在于面向未来对同种的行为之反复可能性的阻止

---

① 武田著:《关于国家赔偿法的违法性过失》,载《成蹊法学》第 64 号,第 464 页以下,认为即便在《国家赔偿法》第 1 条适用事案中,也是对行为违法和结果违法进行相关联地考虑从而作出判断,这种民法上的相关关系说是妥当的。但是,将《国家赔偿法》的违法性以相关关系说予以统一地把握,从本书的见解出发的话,作为将国家赔偿制度之周边部分的事情予以一般化的理论,是不适切的(盐野著:《行政法概念的诸形态》,第 11 页以下)。针对本书所指出的,武田真一郎著:《关于国家赔偿中的违法性与过失》,载《成蹊法学》第 88 号,2018 年,第 536—503 页,承认了《国家赔偿法》上的违法性的多元性,指出了公权力发动要件欠缺说、职务行为基准说、相关关系说分别具有妥当的场合。《国家赔偿法》第 1 条的适用范围由判例予以广泛解释,故而以公权力发动要件欠缺说难以把握全部,这一点也是本书所承认的。

② 盐野著:《行政法 Ⅱ(第六版)行政救济法》,第 266 页。参见高木光著:《公定力与国家赔偿请求》(2011 年),载高木著:《法治行政论》,第 80 页。关于撤销诉讼的既判力与国家赔偿请求诉讼的关系,参见后述第 351 页。

时,根据职务行为基准说的运用如何而可能发生不能充足的情形。与此相对,在二元说中,一旦行为的违法性得以认定,凭此便可以使得依法律行政的原理之理念的部分得以实现,同时,即便是公务员的过失被否定,起诉被不予受理,也会或多或少地得到精神的慰藉,而接受了违法性之判断的结果,在国家方面会对判决之违法判断予以尊重,可以预测到尔后的同种诉讼之败诉,也可以期待谋求将来同种的公权力行使的纠正。这是从现实中与《监狱法施行规则》的违法判断相关的最高法院平成3年判决的结果中可以看出的观点。① 在这一点上,从行政过程的观点来看,必须注意的是,职务行为基准说和公权力发动要件欠缺说也存在并不一定是仅限于理论上问题的方面。②

六、要件(5)——关于执行职务

《国家赔偿法》第1条第1款中有公务员"关于执行其职务"的词语。这和《民法》(2006年修改前)第44条中所说的理事等"关于执行其职务",以及《民法》第715条中所说被雇用者"关于其事业的执行",是相同的旨趣。并且,在民法上,判例法上形成了所谓外形标准说,而在学说上,关于交易性不法行为,正逐渐承认该判例理论,同时展开了对事实行为的不法行为依据另外的基准(例如,是否在支配领域内)是否适当的争论。③

在国家赔偿案件中,最高法院明确了作为一般论而采用外形主义,指出:《国家赔偿法》第1条是"不限于公务员以主观上行使权限的意思进行的情况,即使是以谋求自己利益为目的而进行的情况,只要客观地进行了具备执行职务之外形的行为,因此而给他人带来损害的情况下,让国家或者公共团体承担损害赔偿的责任,广泛地维护国民的权益,以此作为其立法的宗旨"。④ 当然,最高法院关于采用外形标准说,并没有就理论性根据及具体的判断基准作出特别论述,并且,该案件是警察官在非当班

---

① 参见盐野著:《行政法Ⅰ(第六版)行政法总论》,第80页;《行政判例百选Ⅰ》第48案件,筑紫圭一解说。
② 作为从相关的实益上的观点出发,对信息公开诉讼中赔偿请求事件判决进行分析的成果,有友冈史仁著:《信息公开诉讼中损害赔偿请求事件的构造》,载《法学研究》第81卷第12号,2008年,第371页以下、第377页以下。
③ 参见森岛著:《不法行为法讲义》,第38页以下。
④ 最高法院判决,昭和31年11月30日,载《民集》第10卷第11号,第1502页;《行政判例百选Ⅱ》第229案件。

时,以谋求私欲为目的,穿着警察制服,带着警察帽,使用从同事警察官那里偷来的手枪,对受害者射击而致其死亡的案件,具有其特殊性,所以前述判决的涉及范围并不一定明确。

鉴于适用《国家赔偿法》第1条的案件的多样性,要建立一般论是较困难的。但是,如果着眼于关于公权力的行使不存在纳入民法上所争议的交易保护观念的余地,并且滥用公权力的危险性及其危害程度非常大,我认为,即使认为进行该滥用的公务员的行为需要进入事物管辖的范围,也并不一定需要属于土地管辖的范围。

七、国家赔偿请求诉讼上的问题

(一)在日本,在对某种行政活动的救济方面,采用了撤销诉讼和国家赔偿请求诉讼的自由选择主义。作为原告,既可以在这二者中选择进行任何一种请求,也可以同时提出两种请求(关于撤销诉讼,另外还需要诉的利益)。在这种情况下,《行政事件诉讼法》上,损害赔偿请求成为撤销请求的关联请求(第13条第1项)。在制度上可以进行撤销诉讼的情况下,也可以规定应首先通过撤销诉讼来恢复自己的法地位,并且,关于违法判断,还可以考虑令撤销诉讼先行的立法政策。但是,在日本,没有采取其中的任何一种主义。①

(二)国家赔偿请求权,即使在以公法和私法的区别为前提的见解中也被视为私权,因此,该诉讼以民事诉讼程序进行。所以,审理程序和通常的民事诉讼并无不同,关于立证责任,原则上适用民事的不法行为中的立证责任分配的原则。不过,根据具体的案件,有时也进行过失的推定。②

(三)关于撤销诉讼判决的既判力是否涉及国家赔偿请求诉讼的问题,要根据国家赔偿中违法性的问题如何构成而定。在撤销诉讼中,作出本案判决时,该行为是权力性法的行为形式,在国家赔偿中该行为的客观

---

① 另外,关于对《国家赔偿法》以外的救济程序承认排他性的情况,盐野著:《行政法Ⅱ(第六版)行政救济法》,第259页。

在德国,对受害者赋课了通过抗告诉讼、上诉等首次性权利救济手段进行损害规避义务(参见宇贺著:《国家责任法的分析》,第231页、第273页)。此外,即使通过国家赔偿请求诉讼而获得胜诉,也不能使因行政行为而变动的权利关系本身恢复原状。所以,国家赔偿请求诉讼与公定力并不抵触[盐野著:《行政法Ⅰ(第六版)行政法总论》,第122页]。

② 关于警察官的手枪使用的注意义务违反,参见东京地方法院判决,昭和45年1月28日,载《判例时报》第582号,第24页。

性的法适合性被解释为也应该得以审理判断①,所以,撤销诉讼判决的既判力被解释为也涉及之后的国家赔偿。② 与此相对,根据采取职务行为基准说的最高法院判例,存在撤销判决的既判力是不是不适用的问题③,即便在前述平成5年最高法院判决中,被认为也可以读取,该税务处分的撤销判决的既判力是以此为前提的。④

八、公务员的个人责任

在明治宪法下,不仅国家的赔偿责任没有被承认,而且,根据判例,关于公权力的行使,官吏个人也不承担责任。⑤ 在《日本国宪法》下,由于公务员的公权力的行使,《国家赔偿法》第1条明确规定,由国家、地方公共团体承担责任,但是,公务员个人是否对受害者不直接承担任何责任呢?

关于这一点,有的见解强调公务员也和国家并列承担个人性责任。该见解认为:"基于《国家赔偿法》第1条的责任,如果解释为国家的自己责任,根本与公务员的责任无关的话,国家负担责任和公务员个人的责任,本来就是不同的问题,所以,作为原则论,由于国家负担责任,并不存在公务员的责任被排除的根据。"⑥此外,有的下级审判决在国家

---

① 参见盐野著:《行政法Ⅱ(第六版)行政救济法》,第268页以下。

② 认为在存在关于劳动委员会的救济命令的合法性的确定判决的情况下,不能以该命令的违法为理由请求国家赔偿的判例,有东京高等法院判决,昭和62年8月31日,载《劳动判例》第503号,第28页。另外,参见盐野著:《行政法Ⅱ(第六版)行政救济法》,第153页。

这里所述东京高等法院判决引用了最高法院判决。这是换地处分撤销诉讼败诉(确定)原告进行了以换地处分的违法为前提的国家赔偿请求的案件。法院认为:"关于对本案土地的换地处分,上告人在本案中主张的违法和所论换地处分撤销诉讼中主张的违法,在其内容上不是不同的,这可以从记录上得以承认,所以,在前述行政诉讼中,既然上告人接受驳回请求的确定判决,关于本案换地处分成为撤销原因的违法之存在被否定,由于其既判力,应该说,在本案中,不能作出前述换地处分违法的判断。"(最高法院判决,昭和48年3月27日,载《裁判集民事》第108号,第529页)。这是关于判定行政行为合法的判决的,而处分被判定为违法的情况下,被告不能在国家赔偿请求诉讼中主张该处分的合法性。

③ 参见喜多村著:《行政处分撤销诉讼中的违法性与国家赔偿请求案件中的违法性的异同》,载藤山、村田编:《裁判实务》,第630页以下。

④ 围绕该问题,西埜著:《国赔法逐条解释》,第768页以下,有详细论述。顺带说一下,该书认为,国赔诉讼与行政诉讼是不同的诉讼制度,关于既判力,制定法上也没有设定任何规定,所以,否定了既判力。这种观点称为既判力无关系说。参见该书第780页。

⑤ 盐野著:《行政法Ⅱ(第六版)行政救济法》,第244页。

⑥ 今村著:《国家补偿法》,第122页。

责任之外,承认了公务员具有故意或者重大过失时对受害者的直接责任。①

与此相对,认为公务员个人对受害者不直接承担责任,这是最高法院所确立的判例。② 判决虽然没有列举特别的理由,但是,我认为其结论是应该予以支持的。

首先,就和自己责任说的关系而言,不能当然地推导出公务员个人的责任。应该说,公务员此时是国家这一装置的一部分,所以,公务员的责任也被国家的责任所吸收,则可以得出作为个人不承担责任的结论。进而,即便是根据代位责任说的场合(日本法),按照制定法的机制来看,鉴于国家方面对公务员具有求偿权(《国家赔偿法》第1条第2款),以前曾经承认公务员的个人责任的《公证人法》第6条及旧《户籍法》第4条的规定,被《国家赔偿法》的附则删除了,作为实质论,通过让国家承担责任,以实现受害者救济这一目的等,由此可以说公务员对受害者不承担直接责任。

当然,以上的情况是《国家赔偿法》通常的适用场合。与此相对,根据外形标准说③,即使公务员为了其私利私欲而实施不法行为的情况下也承认国家赔偿,《国家赔偿法》扩大了其适用,所以,是否可以原封不动地承认公务员个人免责,存在着疑问的余地。通过解释,国家赔偿的范围扩大到比该法本来所预定的范围宽广的领域,从这一点出发的话,法本来所预定的机制(在这种情况下,是指公务员对受害者的免责)无法原封不动地发挥其作用的见解便得以成立。关于承认公务员的个人责任的范围,围绕日本法也存在各种学说。④

---

① 东京地方法院判决,昭和46年10月11日,载《判例时报》第644号,第22页。
② 参见最高法院判决,昭和30年4月19日,载《民集》第9卷第5号,第534页;《行政判例百选Ⅱ》第234案件。
③ 盐野著:《行政法Ⅱ(第六版)行政救济法》,第273页以下。
④ 作为详细进行分析的成果,有津田智成著:《关于公务员的对外赔偿责任的试论性考察》(一)至(五),载《自治研究》第93卷第9号、第11号,第94卷第1号、第2号、第4号,2017—2018年。在该论文中,本书的立论被视为"职权滥用限定说"(《自治研究》第94卷第4号,第121页以下),被批判为形式的根据论,而本书的立论,如前所述,是以最高法院的外形标准说为前提的归结。此外,即便是在以自己责任说的法国,当存在例外的事情时,也可以并行请求对于该公务员的根据个人责任的损害赔偿(《自治研究》第94卷第1号,第109页以下)。

第四节　与营造物的设置管理有关的赔偿责任
——《国家赔偿法》第 2 条

一、规定的意义

在明治宪法下,关于国家、公共团体的非权力行政,在承担民法上的赔偿责任的方向上,判例得以展开①,不过,其范围、理论构成并没有得以确立。② 因此,在《日本国宪法》下制定《国家赔偿法》时,"关于基于无法作为公权力的行使来考虑的公共管理作用的损害,为了明确地规定国家或者公共团体的赔偿责任,一扫其疑义"③,制定了《国家赔偿法》第 2 条。在这一点上,制定第 2 条的意义和第 1 条具有不同之处。对后者来说,在该规定的性质上,曾被认为需要重新制定国家法。与此相对,第 2 条的情况,属于将反正可以通过《民法》第 709 条、第 717 条的适用来处理的事项,确认性地新设置一个条款,使国家承担赔偿责任得以明确,这是其着眼点。此外,将公物的管理作用看作公权力的行使的话,我认为,第 1 条的适用也是可能的。于是,可以说立法时欲将其间的法条文的适用关系予以明确。④

不过,在立法时,并没有单纯将《民法》第 717 条的规定原封不动地带进国家所设置、管理的土地工作物的有关规定,而是予以一定的变化。具体地说,与《民法》的规定比较具有如下特色:

(一)与《民法》上土地的工作物相比,公共营造物是广泛的概念(包

---

① 盐野著:《行政法Ⅱ(第六版)行政救济法》,第 243 页以下。
② 参见田中二郎著:《关于国家赔偿法》,载田中著:《行政上的损害赔偿及损失补偿》,第 171 页。
③ 田中二郎著:《关于国家赔偿法》,载田中著:《行政上的损害赔偿及损失补偿》,第 172 页。
④ 关于《国家赔偿法》第 2 条,存在着该等日本法上特殊的制定经过。在外国法制上,也不存在反映各国情况的普遍的制度。在法国,很早以前,公共土木损害的概念就由判例展开(小幡纯子著:《国家赔偿责任的再构成》,第 1 页以下),这虽然仅以不动产为对象,但是,它不仅包括《国家赔偿法》第 2 条所对应的损害赔偿,而且还包括损失补偿。此外,在德国,以职务责任(和《国家赔偿法》第 1 条相对应)和民法的损害赔偿责任这两个系统来对应,没有进行营造物的设置、管理责任这样的概括性规定。

括动产在内）。①

（二）与《民法》上有占有者免责条款相对，《国家赔偿法》上不存在类似的规定。

（三）关于费用负担的方法，《国家赔偿法》上有单独的规定。不过，这不是第2条规定的，而是在第3条中规定的。

这样，从受害者救济的观点来看，《国家赔偿法》比《民法》稍微有利一些。不过，在基本的损害赔偿请求权成立要件这一点上，通过适用《国家赔偿法》或者适用《民法》，并不存在多大的差异。将本来在《民法》上也可以请求的内容，借此机会予以明确规定，这是立法的基本宗旨。所以，关于要件，两者之间不存在差异，有人认为这应该说是当然的事情。②

二、赔偿请求权成立的要件

（一）公共营造物

"公共营造物"，本来是德国行政法上的用语 öffentliche Anstalt 翻译成日语的表现形式。根据奥特·玛雅的定义："公共营造物，是由公共行政的主体为服务于特定的公共目的而规定的人力、物力手段的综合体"。③ 就具体事例而言，即邮政、铁道、图书馆、剧场、医院等。

---

① 盐野著：《行政法Ⅱ（第六版）行政救济法》，第279页。
② 关于基于《国家赔偿法》第2条的损害赔偿请求事件，看到了包括最高法院判决在内的判例之积蓄，与此相对应，从民法、行政法的角度也展开了理论分析。不过，正像关于《国家赔偿法》第1条那样，学说上并未形成多数说，而是呈现出所谓"瑕疵论争"的状况。参见小幡著：《国家赔偿责任的再构成》，第250页以下。与此相对，关于责任的根据、要件，也进行了与民法不同的、国家赔偿法独自的法理之检讨。例如，小幡著，前出书，第255页以下，作为《国家赔偿法》第2条的适用事例，分为物的形状瑕疵类型和供用关联瑕疵类型[关于这种观念，参见盐野著：《行政法Ⅱ（第六版）行政救济法》，第285页]两种类型，指出，存在与民法的土地工作物的赔偿责任不同的、国家赔偿法独自的领域。高桥明男著：《公共营造物的供用关联瑕疵与警察责任》，载《阪大法学》第55卷第3·4号，2005年，第163页以下，受德国法的启示，主张营造物管理主体的实体性警察责任。此外，松塚晋辅著：《公共团体是什么——在与国家赔偿法的关系上》，载《久留米大学法学》第48号，2003年，第73页以下，基于《国家赔偿法》（第2条）和《民法》（第717条）的区别之一是动产的处理，详细地论述了《国家赔偿法》第2条的公共团体适合性。不过，根据椅子等动产之瑕疵的损害赔偿请求权成立的要件，而导致《国家赔偿法》上和《民法》上的质的差异，本书的立场认为这是不正确的。
③ Otto Mayer, Deutsches Verwaltungsrecht, Bd. 2, 3. Aufl., 1924, S.268. 关于玛雅的定义，另外参见盐野著：《奥特·玛雅行政学的构造》，第237页以下。

与此相对,《国家赔偿法》第 2 条规定的"公共营造物",被解释为意味着这其中作为设施部分的有体物。① 在这一点上,将此表述为"公物",也许更加适当。不过,并不是说以公物的概念②就能够将所有的内容全部囊括其中,例如临时设置物等。③

具体地说,尚有如下几点需要注意:

1. 虽然是国家、公共团体在进行管理,但是,没有供公共使用的物,不是《国家赔偿法》第 2 条的营造物。所以,因国家拥有的普通财产而产生的损害,根据《民法》第 717 条进行赔偿。

2. "公共营造物"并不限于不动产,而且也包括动产。这是通说和判例的观点。作为判例中出现的,有公用汽车、作为教具的电刨子、手枪等。④ 警犬、骑马队的马等动物也被认为包括在其中⑤,但是,尚未作为裁判例出现。关于动物,存在学说上的对立。⑥

以这样的形式,判例和学说广泛地将动产置于营造物之中来进行解释,这是因为和《国家赔偿法》第 1 条的情况不同,关于赔偿请求权成立没有故意、过失的要件,仅此便存在着更有利于受害者的救济的可能性。

3. 公共营造物的设置、管理主体是国家或者公共团体,而其设置、管理,有的最高法院判决认为,不需要有法律上的管理权乃至所有权等法律上的权利根据,只要存在行政主体事实上管理着的状态即可。⑦ 当然,即使在这种情况下,也是以该物被提供于公共使用为前提的。

4. 关于河川、湖沼、海滨等自然公物,虽然设置的观念不适用,但是,由于河川本身是《国家赔偿法》第 2 条所列举的,所以也是该条所说

---

① 田中著:《行政法》(上),第 209 页。大阪地方法院判决,昭和 61 年 1 月 27 日,载《判例时报》第 1208 号,第 96 页,认为公共营造物"是由国家或者公共团体直接提供用于公共目的的各个有体物,不包括无体财产及人力设施"。

② 盐野著:《行政法Ⅲ(第五版)行政组织法》,第 303 页以下。

③ 参见稻叶馨著:《关于〈国家赔偿法〉第 2 条的"公共营造物的设置或者管理"》,载《川上古稀》,第 402 页。

④ 关于手枪,参见大阪高等法院判决,昭和 62 年 11 月 27 日,载《判例时报》第 1275 号,第 62 页。

⑤ 今村著:《国家补偿法》,第 124 页。

⑥ 参见西埜著:《国赔法逐条解释》,第 382 页以下。

⑦ 关于普通河川,参见最高法院判决,昭和 59 年 11 月 29 日,载《民集》第 38 卷第 11 号,第 1260 页。

的营造物。

5. 公共营造物的设置主体是国家或者公共团体。因此,地方公共团体当然包括在其中,其他公共团体的范围则成为需要探讨的问题。这样的问题在适用《国家赔偿法》第 1 条时也同样产生,在这种情况下,可以从解释论上以公权力的行使的概念来处理。然而,在《国家赔偿法》第 2 条中,设置主体的概念得以从正面设置。

在这种意义上,《国家赔偿法》第 2 条的适用上,国家及地方公共团体之外还有什么团体是该条所说的公共团体的问题,必须予以明确。但是,只要该物包括在《民法》第 717 条的土地、工作物的概念之中,那么,无论在《国家赔偿法》上,还是在《民法》上,在损害赔偿请求权的成立要件上都没有变化,因此,几乎不存在争论的实际利益。在营造物的设置、管理的瑕疵中,被解释为还包括成为《民法》上所说的一般的不法行为(第 709 条)对象的噪音等公害[①],所以,在这种情况下其法律构成不同,但是,关于损害赔偿请求权的成立要件,可以说解释论上的差异几乎是不存在的。从概念上看,独立行政法人、国立大学法人等,具有行政主体性的法人[②]也被解释为属于这里所说的公共团体。[③]

(二)设置、管理的瑕疵——概述

《国家赔偿法》第 2 条所说的设置、管理的瑕疵,被认为和《民法》第 717 条规定的设置、保存的瑕疵是同义。但是,作为其内容,"是指营造物欠缺通常应该具有的安全性,具有对他人带来危害的危险性的状态","关于相关瑕疵的存在与否,应该综合考虑该营造物的构造、用法、场所的环境及利用状况等诸般情况,具体地、个别地予以判断"。这是最高法院的定式。[④] 问题在于以此一般论为前提的具体的适用。正如最高法院判决所提示的那样,其瑕疵因营造物的种类等而不同。下面,姑且对作为营

[①] 盐野著:《行政法Ⅱ(第六版)行政救济法》,第 285 页的"供用关联瑕疵"。
[②] 盐野著:《行政法Ⅲ(第五版)行政组织法》,第 76 页以下。
[③] 小幡纯子著:《关于"公共营造物"概念的试论》,载《原田古稀》,第 506 页以下,将公共服务的民营化之倾向也置入视野,这些民间的事业在实质上发挥着作为公共用物之作用时,承认了《国家赔偿法》第 2 条的适用余地。关于《国家赔偿法》第 1 条所规定的公共团体的范围论,此外也参见松塚著:《国家赔偿责任的再构成》。[盐野著:《行政法Ⅱ(第六版)行政救济法》,第 278 页的脚注②。]
[④] 参见关于大东水害的最高法院判决,昭和 59 年 1 月 26 日,载《民集》第 38 卷第 2 号,第 53 页;《行政判例百选Ⅱ》第 237 案件。

造物的代表的道路、河川进行较为详细的阐述。①

(三)设置、管理的瑕疵——道路的情况

关于道路,最高法院的指导性案例是有关道路落石事故的案件,在这里,提出了有关道路的设置、管理通常所应具有的安全性、无过失责任、预算抗辩的排斥的三原则。② 必须注意的是,此时,最高法院并没有判定结果责任,即没有判定只要道路上发生了危害,任何状况下都应该承担责任,并且,也并没有认为只要欠缺单纯的物的安全性就足够了。

即关于电动自行车撞在了长时间(87小时)放置在道路上的故障车,发生了人身事故的案件,最高法院认为,汽车被长时间放置,"尽管处于道路的安全性严重欠缺的状态,……(但是)根本没有采取为了告诉人们有故障车而设置防栅,或者暂时禁止半边道路部分的通行等,为保持道路的安全性所必要的措施",因而在道路管理上存在瑕疵。③ 该判决,从另外的观点来看,即使道路客观上欠缺安全性,在没有余暇采取安全策略的情况下,视为不存在道路管理的瑕疵。④

前述最高法院的判例,还是着眼于道路的物的状态的判决,而有的判例更加明确地不仅着眼于单纯的物的状态,而且还引入管理作用的观念。即在所谓飞驒川公共汽车坠落案件中,法院从设施对策、避难对策两个方面予以考察,就前者承认了不可抗力,而对后者,针对集中暴雨的灾害是可以预测到的,却没有采取事前规制等必要的措施这一点,承认了管理的瑕疵。⑤ 此外,在所谓日本坡隧道事故中,在和该防灾设备的运用的关系上,法院认为,由通行人等进行的初期灭火手段的功能不完全,对消防署的信息提供的延迟及不足,对后续车辆的驾驶员的信息提供不充分等,应该说欠缺作为长隧道通常所应该具备的安全性。⑥

---

① 鉴于营造物的种类的多样性,从复数的角度,按照类型进行考察是重要的。关于其详细情况,参见小幡纯子著:《公共团体是什么——在与国家赔偿法的关系上》,第252页以下。
② 最高法院判决,昭和45年8月20日,载《民集》第24卷第9号,第1268页;《行政判例百选Ⅱ》第235案件。
③ 最高法院判决,昭和50年7月25日,载《民集》第29卷第6号,第1136页;《行政判例百选Ⅱ》第236案件。
④ 从这一观点否定了瑕疵之存在的,是关于因其他车辆撞倒了道路工事标识板等而发生的事故的最高法院判决,昭和50年6月26日,载《民集》第29卷第6号,第851页。
⑤ 名古屋高等法院判决,昭和49年11月20日,载《判例时报》第761号,第18页。
⑥ 东京高等法院判决,平成5年6月24日,载《判例时报》第1462号,第46页、第73页。

这样,《国家赔偿法》第 2 条规定的责任,根据判例,这不是结果责任,而是要加以某种限定的责任。而该限定的方法及其法律构成成为需要研究的问题,关于这一点,将在后面论述。①

(四)设置、管理的瑕疵——河川的情况

在日本,由河川造成的水害可谓是日常性的,从这种意义上可以说,以前对此的损害赔偿不曾成为问题。关于河川这样的自然公物,曾经存在过不适用《国家赔偿法》第 2 条规定的学说。与此相对,随着其附近居民权利意识的提高,有关因河川导致水害而提起的诉讼也越来越多,并且,也不断出现对此予以支持的判决②,在这种意义上,和道路判决的步调是一致的。

但是,对此赋予一大转机的是关于所谓大东水害案件的最高法院的判断。该案件是:正在对都市河川进行按顺序改修的工程,暴雨后从尚未改修的部分溢水,给附近居民带来危害,因此,附近居民依据《国家赔偿法》第 2 条提出了损害赔偿请求。最高法院认为,河川是自然发生性的公共用物,本来内在地包含着因洪水等自然原因带来灾害的危险性,在这一点上,和起初就作为具备了安全性的公共营造物而提供公共之用的道路等是不同的。最高法院在作出如上强调的基础上,指出:"关于河川的管理是否具有瑕疵,应该对过去所发生水害的规模、发生的频率、发生的原因、受害的性质、降雨状况、流域的地形及其他自然条件、土地的利用状况及其他社会性条件、要求改修的紧急性的有无及其程度等诸般情况,进行综合考虑,比照在前述诸制约之下的同种、同规模的河川管理的一般水准及社会一般观念,是否可以承认其具备了安全性,以此为基准作出判断"。③

简而言之,该判例的特色在于:关于未改修河川的安全性,认为原则上具备了过渡性的安全性便足够了。④ 此外,必须注意如下几点:

---

① 盐野著:《行政法Ⅱ(第六版)行政救济法》,第 283 页以下。
② 关于其经过,参见下山瑛二著:《水害和赔偿责任》,载《行政法大系 6》,第 121 页以下。
③ 前述最高法院昭和 59 年 1 月 26 日判决。
④ 不过,即使在那种情况下,像该案件中都市河川的情形,也许有必要考虑其特殊性。都市河川是指在其上游、下游实行了流域的都市化的状态,而此时当然会使得上游区域的保水功能低下。并且,在下游,游水功能也丧失了。从这一点来看,由都市河川造成的水害呈现出一种人灾性样态。所以,存在着如下问题,即为了防止相关灾害,不是仅单纯地强化堤防,而且还应当采取在堤内地实行土地利用规制等广域性综合性措施。最高法院并未深入到如此地步,完全是在从前的治水行政中处理了问题,而作为损害赔偿案件的处理,这样做也许是不得已的事情。(转下页)

1. 判决强调了河川和道路的不同。的确,河川是自然地存在着,并且从最初就是对人类有用的存在,同时又是作为具有危险性的物而存在着。并且,对于河川,不能像在道路上那样可以采取暂时封锁的手段。但是,即使是道路,若存在放置不管则会出现危险之处,要予以一举修缮也是不可能的,必须有计划地循序渐进地进行,这和河川的情况相同。换言之,对有缺陷的某条道路,假定判决承认了损害赔偿责任①,也不能直接说同种道路都应该进行一举修缮或者停止通行。危险之处的修缮本身和河川的情况相同,在和整体预算的关系上,不得不循序渐进地进行。在这种意义上,必须注意的是,道路的维护管理这一行政的存在方式和通过损害赔偿进行救济的存在方式之间,存在着不一致。对此,在与河川有关的水害诉讼中,根据最高法院判决,河川管理的界限和救济的界限是一致的。

2. 与道路和河川有关的管理的界限和救济的界限不协调,其一可以作如下说明:与道路是国家积极提供的相对,就河川本身而言,国家不是提供者,而是处于事故防止者的立场。不过,仅此,用于对可以容易地防止事故的情况的说明,则是不充分的,除此之外,我认为,河川管理本身及对水害赔偿的财政负担之大,是实质性理由。对道路来说,损害的数额及对应判决而进行的危险地段的修复,在时间上和经济上,和河川相比较,都不是很大的开支。与此相对,关于需要巨额成本的治水事业、水害救济,被认为其背后存在如下考虑:需要宏观的行政和财政上的考虑,所以,着眼于赔偿制度这一受害者救济的制度并不一定是合适的。②

(接上页)

与大东水害相关的最高法院判决,极大地变更了以前关于河川的判例的流向,这种倾向在其后的案件中得以明确地体现。在该案件的发回重审中,大阪高等法院判决,昭和62年4月10日,载《判例时报》第1229号,第27页,沿着最高法院判决的路线进行事实审理,驳回了原告的请求。此外,作为该案件判决的射程,由于这是针对溢水型的判决,所以也可以认为其不适用于破堤型的案件,可是,最高法院本身将自己所确立的基准适用于破堤型水害诉讼,作出了判断(参见最高法院判决,昭和60年3月28日,载《民集》第39卷第2号,第333页)。不过,关于援用工事实施基本计划而进行的改修、整备的多摩川的破堤型诉讼,最高法院否定了形式上适用大东水害诉讼的基准,将其视同于未改修部分的原审判断(最高法院判决,平成2年12月13日,载《民集》第44卷第9号,第1186页;《行政判例百选Ⅱ》第238案件)。

① 这就是前述最高法院昭和45年8月20日判决。
② 远藤著:《实定行政法》,第290页,关于财政性制约,指出:从社会性资源分配的观点来看,考虑财政性制约是当然的事情,这也适合于道路。这是关于道路的客观性瑕疵即欠缺的水准应置于哪里的问题。我认为,最高法院并没有要求只要技术上是可能的,就应该是完美无缺的道路。

3. 从以上诸点来看,至少关于未改修河川,并不是仅依据物的性质和状况来判断管理的瑕疵,而是将行政和财政管理计划是否具有合理性作为判断的重要因素。①

4. 在河川水害中,由于水库操作的错误导致水害是其特殊的情况。在这种情况下,不是作为河川的设置、管理的瑕疵,而是作为水库管理的瑕疵来把握问题的。所以,不能适用大东水害最高法院判决的固定模式,这是下级审判决的倾向。② 不过,这样的水库操作的错误,也可以作为《国家赔偿法》第1条的问题来把握,并且,现实中就有以怠慢于自然湖的水位调节义务为理由,主张《国家赔偿法》第1条的损害赔偿责任,法院也予以审理判断的事例。③

(五)设置、管理的瑕疵——小结

1.《国家赔偿法》第2条的责任,并不是仅着眼于损害发生这一结果的所谓结果责任,这是判例和学说几乎一致的看法。这不仅和设置、管理的"瑕疵"的前后文的逻辑性相一致,而且也是和作为《国家赔偿法》第2条的一般法的《民法》第717条的解释相对应。④ 关于国家的营造物,也可以考虑应该承担结果责任这样的立法政策,但是,其宗旨难以从立法过程中推导出,该政策仅是超出了损害的公平负担的理念的、有关税金的使用方法的政策。因此,需要更加明确的立法者的意向。将并非意味着结果责任的"瑕疵"这一宗旨予以定式化了的,是最高法院判决中所说的"欠缺通常所应具有的安全性"⑤,而在这里也可以包括各种考虑事项。⑥

2.《国家赔偿法》第2条的责任不是结果责任这一宗旨,是指对瑕疵进行判定,有时还要考虑该物的客观状态以外的要素。并且,占据该要素的重要部分的,是管理者的对策。这在一方面扩大了管理者的责任,即对受害者起到有利的作用较多⑦;在另一方面,当不能期待管理者的损害规

---

① 作为对重视这一点持消极态度的见解,参见西埜著:《国赔法逐条解释》,第1023页以下。
② 参见大阪地方法院判决,昭和63年7月13日,载《判例时报》平成元年8月5日临时增刊号,第115页。
③ 参见甲府地方法院判决,平成4年4月20日,载《判例时报》第1424号,第3页。
④ 关于《民法》第717条的解释,参见森岛著:《不法行为法讲义》,1987年版,第53页以下。
⑤ 参见盐野著:《行政法Ⅱ(第六版)行政救济法》,第280页。
⑥ 关于新开发的安全设备(点字地区),参见最高法院判决,昭和61年3月25日,载《民集》第40卷第2号,第472页;《行政判例百选Ⅱ》第239案件。
⑦ 前述名古屋高等法院昭和49年11月20日判决的案件。

避时,也会向着不承认责任的方向起作用。①

不过,在具体的场合,关于对损害规避措施期待何种程度,难以找出确切的解答。一般地说,关于道路,法院对损害规避措施予以高度的期待;与此相对,关于未改修河川,则通过计划的合理性来看待损害规避措施。但是,计划的合理性是因营造物的不同而各异的,甚至可以说,即使是同种的营造物,也由于其各自所处的状况不同而可能不同。

3. 按照营造物的状况分别考虑瑕疵的问题,是指也应该考虑营造物的本来用法。这种情况有两个侧面。其一,如果按照本来的用法使用,则不可能产生损害;但是,由于利用者没有依照该用法来利用而发生了危害的情况下,被认为营造物管理责任不存在。②

其二,与此相对,即使作为公物本来的用法,对其利用者来说是没有瑕疵的,但是,在与第三人的关系上有时也会导致危害的发生。在这种情况下也是一样,由于公物也并不是和外界环境隔绝而存在,所以,在与本来的用法无关,对第三人产生危害的这种情况下,作为国家赔偿的问题来把握也是可能的。空港噪音诉讼、新干线噪音诉讼等,都是此类事例(所谓功能性瑕疵、供用关联瑕疵③)。在大阪国际空港案件中,最高法院将空港供用停止请求作为诉讼要件的问题来把握,驳回了请求④;而关于噪音,则适用《国家赔偿法》第 2 条,承认了损害赔偿。⑤ 关于道路噪音,也承认了损害赔偿。⑥ 此外,关于道路噪音的中止,最高法院没有直接谈及,而是认为原告不应当将要求公权力之发动作为其寻求救济的方法,故而承认了通过民事诉讼进行请求的适法性是原审判断的前提。

此外,有必要注意的是,与供用关联瑕疵相关的救济法制,也与损失

---

① 前述最高法院昭和 50 年 6 月 26 日判决的事例。
② 关于在道路的防护栅的上端扶手上面向道路而坐,结果坠落的事故,参见最高法院判决,昭和 53 年 7 月 4 日,载《民集》第 32 卷第 5 号,第 809 页。关于中学的网球场审判台,当幼儿攀爬到上面时,审判台坍塌,被压在下面而致死亡的事案,参见最高法院判决,平成 5 年 3 月 30 日,载《民集》第 47 卷第 4 号,第 3226 页;《行政判例百选Ⅱ》第 240 案件。
③ 关于该观念,参见小幡著:《国家赔偿责任的再构成》,第 305 页以下。
④ 盐野著:《行政法Ⅱ(第六版)行政救济法》,第 95 页。
⑤ 最高法院大法庭判决,昭和 56 年 12 月 16 日,载《民集》第 35 卷第 10 号,第 1369 页;《行政判例百选Ⅱ》第 241 案件。
⑥ 最高法院判决,平成 7 年 7 月 7 日,载《民集》第 49 卷第 7 号,第 1870 页;《行政判例百选Ⅱ》(第四版)第 165 案件。

补偿制度有关。①

4. 若着眼于营造物主体的损害规避措施的话,在和《国家赔偿法》第1条的关系上存在需要研究的问题。例如,关于以《国家赔偿法》第2条的适用为前提的道路事故,作为损害规避措施的一种手段,可以暂时封锁道路,这是《道路法》第46条作为道路管理者的权限予以规定的(对其违反,设有罚则)。因此,作为怠慢于该权限的行使的情况,似乎可以根据《国家赔偿法》第1条进行损害赔偿请求。相反,被波浪冲上海滨的炮弹之处理的不作为,作为有关警察权的行使的情况,被作为《国家赔偿法》第1条的问题来处理②,但是,海滨也可以作为《国家赔偿法》第2条的营造物(自然公物)来考虑,从防止其事故的观点来看,该案件也是适用第2条的情况。关于水库操作也存在同样的问题。③ 作为第1条和第2条双方都可以适用而不必着眼于结果规避行为的事例,有在公立学校中的事故。在相关情况下,既可以追究教师的注意义务违反,又可以追究设备的瑕疵,即可以追究任何一方面的情形较多(体操时间内,由于单杠有缺陷而发生事故的情形)。关于手枪的保管,存在一审(第1条适用说)和二审(第2条适用说)的判断分道扬镳的事例。④

进而,在大阪国际空港案件中,这也成为一个论点,最高法院判决中的补充意见承认了适用第1条的可能性,同时,关于损害赔偿这一点,从空港管理权的行使这一方面适用了第2条。⑤

《国家赔偿法》是以日本的损害赔偿法制的历史状况为背景而制定的,所以,其并不一定是作为具有理论上的协调性的制度而制定的。因此,关于《国家赔偿法》第1条和第2条的关系,即使可以设想适用各个条文的定型的事例,也并不是说可以归纳到如此程度:所有事故都可以被置于其中某个条文的排他性适用之下。⑥

---

① 盐野著:《行政法Ⅱ(第六版)行政救济法》,第313页。
② 盐野著:《行政法Ⅱ(第六版)行政救济法》,第258页脚注①。
③ 盐野著:《行政法Ⅱ(第六版)行政救济法》,第284页。
④ 参见大阪高等法院判决,昭和62年11月27日,载《判例时报》第1275号,第62页。盐野著:《行政法Ⅱ(第六版)行政救济法》,第279页。
⑤ 关于《国家赔偿法》第1条和第2条的关系的详细内容,参见远藤著:《国家补偿法》(上卷),第125页以下;阿部著:《国家补偿法》,第248页以下。
⑥ 西埜著:《国家赔偿法》,第270页以下,强调第1条和第2条的明显区别,但并不否定也存在两者交错的情况——第462页。

所以,关于具有境界领域的损害,作为解释论,应该将主张《国家赔偿法》第 1 条的适用性,还是依照第 2 条为请求提供根据,委托给原告选择。① 此时,根据第 1 条的话,作为公务员的过失内容的注意义务违反,成为赔偿请求权的成立要件;根据第 2 条的话,存在作为营造物的设置、管理的瑕疵的内容的规避可能性,成为赔偿请求权的成立要件。所以,从理论上可以说,不需要过失为其要件的后者,更容易认定责任。②

第五节　赔偿责任者

一、对于原因者的求偿

(一)根据《国家赔偿法》第 1 条,国家承担责任的情况下,由受害者对实施了该行为的公务员个人进行损害赔偿请求,原则上是不能承认的③,《国家赔偿法》设置了由国家对该公务员进行求偿的制度(第 1 条第 2 款)。这种制度基于如下判断:从代位责任的构成来看,由于公务员个人本来就承担着赔偿责任,所以,最终由该公务员承担责任,从公平负担的角度来看应该是适当的。关于在这种情况下轻度过失被除外的问题,有人作出如下说明:公务员害怕被追究过失责任的结果,具有带来事务执行的停顿和荒废的危险性,为了避免这种状况的发生,而从政策的角度作出的规定。④ 但是,我认为,既然托付公务,存在轻度过失就是当然的事情,这种说明才是适当的。

《国家赔偿法》(第 1 条第 2 款)规定,要件充足的情况下国家或者地方公共团体"具有求偿权",求偿权,被解释为不必等待国家或者地方公

---

① 阿部著:《国家补偿法》,第 249 页。
② 关于《国家赔偿法》第 2 条的责任,以前述判例的动向为前提,被认为存在客观说、主观说和义务违反说等的对立[关于这些学说的对立,参见远藤著:《国家补偿法》(上卷),第 131 页以下;森岛昭夫著:《不法行为法讲义》,第 60 页;宇贺著:《国家补偿法》,第 248 页;小幡著:《国家赔偿责任的再构成》,第 248 页以下;等等]。但是,从《国家赔偿法》第 2 条案件的性质来看,并不是能够单纯地区分清楚的。并且,关于赔偿责任的成立要件,并没有多大的差异,主要是说明方法的问题。作为关于这个问题的近来的综合性研究,参见国井和郎著:《营造物管理责任》,载《21 世纪的法与政治》(大阪大学法学部创立 50 周年纪念),2002 年版,第 161 页。
③ 盐野著:《行政法Ⅱ(第六版)行政救济法》,第 275 页。
④ 田中著:《行政法》(上),第 206 页。

共团体的认定而客观地得以确定的权利。不过,由于《国家赔偿法》并未对求偿权的行使设置特别的规定,故而其处理跟其他的债权相同,根据国家或者地方公共团体的一般的财政法令的规定实施。

关于这一点,最高法院,关于地方公共团体的求偿权,引用《地方自治法》第 240 条及其施行令第 171 条至第 171 条之七,认为对于求偿权的行使、不行使,裁量权是不存在的。① 进而,关于国家的求偿权,在对于国会中的质问主意书的政府答辩书中有如下介绍,即根据《关于国家的债权管理等的法律》第 10 条至第 20 条、《会计法》第 6 条等的规定,是应当毫无迟延地行使求偿权的。②

另外,在行政事务上,揭示基于《国家赔偿法》第 1 条第 2 款的求偿权之行使的事态的信息,无论是个别地还是在统计性处理上,都未被明确,被推测为求偿权的行使一直以来没有怎么实施。③

与此相对,近年来,在居民诉讼中,求偿权的行使懈怠被提了出来,出现了对此予以承认的裁判例。④ 进而,最高法院也对关于求偿权的不行使的居民诉讼作出了以容许性为前提的判决。⑤ 这种路径成为裁判实务上确定下来的惯行。

不过,作为对《国家赔偿法》第 1 条第 2 款的求偿权行使予以担保的手法,鉴于将给居民强加负担的居民诉讼作为基本手法是不合理的,国家的层面不存在能够与居民诉讼匹配的国民诉讼,有必要另外考虑立法措施,而国家、地方公共团体进行了损害赔偿的情况下,也可以考虑尝试(对于国会、地方议会的相关委员会等的)关于求偿权之处理的信息开示等简便的应对。⑥

---

① 最高法院判决,平成 16 年 4 月 23 日,载《民集》第 58 卷第 4 号,第 892 页;《自治判例百选》第 114 案件。

② 西埜著:《国赔法逐条解释》,第 731 页。

③ 作为对其实务的批判及立论的先行业绩,有阿部泰隆著:《从国家赔偿法上的求偿权之不行使看行政的组织性腐败及解决对策》,载《自治研究》第 87 卷第 9 号,2011 年,第 3 页以下。

④ 作为其一例,参见国立市公寓案件,东京地方法院判决,平成 22 年 12 月 22 日,载《判例时报》第 2104 号,第 19 页。

⑤ 最高法院判决,平成 29 年 9 月 15 日,载《判例时报》第 2366 号,第 3 页。参见《法学者平成 29 年度重要判例解说》,第 48 页以下,齐藤诚解说。

⑥ 作为关于国家的求偿权行使担保的具体的提案,另外参见宇贺著:《行政法概说 Ⅱ》,第 460 页以下。

（二）在与营造物的设置、管理的瑕疵的关系上，《国家赔偿法》并没有将求偿权的相对方局限于公务员，而是广泛地规定为对损害的原因有责任的人（第 2 条第 2 款）。《民法》上也设置了同样的规定（第 717 条第 3 款），作为求偿的要件，是原因者实施了具备不法行为之要件的行为。如果不是这样的话，则由原因者承担比通常情况加重了的责任。不过，从《国家赔偿法》上看不出这种宗旨。

虽然没有以明文规定排除轻度过失，但是，在和《国家赔偿法》第 1 条第 2 款的均衡上，应该解释为对公务员排除轻度过失（通说）。此外，和《国家赔偿法》第 1 条不同，在这种情况下，对原因者进行直接损害赔偿请求也得以承认。这样一来，关于公务员，在国家赔偿请求诉讼中，即使关于和第 1 条有关的案件被免除由受害者进行的直接追究，关于第 2 条案件也不能免除。鉴于第 1 条中公务员的职务义务的违反和第 2 条中公共营造物的设置、管理的瑕疵的要件出现了相对化倾向①，即使在第 2 条的相关案件中，也应该解释为：公务员不被直接追究责任。

二、费用负担者和求偿

（一）国家和地方公共团体

国家和地方公共团体分别具有独立的法人资格，所以，在分别通过各自的机关，以各自的财源来推行其各自的事务的范围内，损害赔偿的责任者是明确的。可是，国家和地方公共团体在推行事务及承担费用上，处于各种各样的关系之中，所以，具体的情况下，国家和地方公共团体的哪一方是损害赔偿的责任主体，成为需要探讨的问题。②

这种问题，在明治宪法之下，从当时的状态来看，道路及小学等营造物的设置、管理主体（国家）和费用负担团体（地方公共团体）是完全分离的，围绕着所谓官营公费事业展开了争议，而在制定《国家赔偿法》之际，又成为讨论的对象。③

---

① 参见盐野著：《行政法Ⅱ（第六版）行政救济法》，第 285 页以下。
② 作为判例、学术的综合性分析，参见稻叶馨著：《关于国家赔偿责任之"主体"的一点考察》（一）至（二），载《自治研究》第 87 卷第 5 号，第 25 页以下，第 6 号，第 34 页以下，2011 年。
③ 参见宇贺克也著：《国家赔偿法的立法过程》，载《盐野古稀》（下），第 313 页、第 322 页以下。

关于这一点，结果是，《国家赔偿法》以第 1 条和第 2 条规定国家赔偿请求权的成立要件，以第 3 条第 1 款就和受害者的关系上的赔偿义务人的范围作出规定，进而以第 3 条第 2 款规定涉及内部性求偿关系。此时，第 3 条的宗旨在于：避免因复杂的公共团体之间的关系给受害者选择被告赋课负担。这是没有异议的。① 其结果，实际上可以归纳为如下几点：

1. 关于因公权力的违法行使所导致的损害赔偿，既是该公务员的职位上的归属主体，又是费用的负担者的公共团体，应当成为责任主体。

关于因营造物的设置、管理的瑕疵导致的损害赔偿，既是营造物的设置、管理的主体，又是费用承担者的公共团体，应当成为责任主体。

2. 但是，在许多情况下，国家和地方公共团体处于更复杂的关系中。在这些情况下，《国家赔偿法》第 3 条第 1 款规定了受害者应将其作为被告的责任主体的范围。该款所规定的公务员的选任者或者监督者存在和公务员的俸禄工资负担者不同的情况，作为属于该情况的典型，有公立小学教员、麻药取缔员。公立小学教员的任免，经市町村的教育委员会的内部审查，由都道府县教育委员会进行；而对其服务的监督由市町村的教育委员会进行。② 与此相对，工资由都道府县负担，国家也负担其实际支出额的三分之一。③ 麻药取缔员的选任监督是都道府县知事，费用是四分之三由国库负担。④

---

① 这种情况下，对于受害者（外部）的责任关系，是全部视为《国家赔偿法》第 3 条所规定的，还是根据第 3 条而成为责任主体的只有费用负担者呢？这一点，作为理论上的问题而存在着。根据从前的讨论，鉴于在本来的责任者与受害者的关系上，应当作为被告重合了，并且，《国家赔偿法》第 3 条的原案只是将费用负担者作为责任者来规定，我认为，前说是妥当的（参见古崎著：《国家赔偿法》，第 232 页以下）。的确，从作为制定出来的条文的《国家赔偿法》第 2 条和第 3 条的规定方法来看，在与受害者的关系上，营造物的设置、管理的主体首先根据第 2 条来承担赔偿责任，费用负担者根据第 3 条第 1 款来承担责任，这样理解才是直率的看法（作为采取这种观点的，有最高法院判决，昭和 45 年 8 月 20 日，载《民集》第 24 卷第 9 号，第 1268 页；《行政判例百选 II》第 235 案件。法制意见，昭和 33 年 9 月 15 日，前田编：《法制意见百选》，第 266 页以下；阿部著：《国家补偿法》，第 54 页、第 58 页以下）。但是，这样的话，似乎可以认为，只有根据第 1 款进行损害赔偿的费用负担者才具有求偿权。这样便违反了立法的经过（田中二郎著：《关于国家赔偿法》，载田中著：《行政上的损害赔偿及损失补偿》，第 163 页）。总之，作为战后早期的立法，并不一定得以整备。

② 《关于地方教育行政的组织及运营的法律》第 37 条、第 38 条、第 43 条。
③ 《市町村立学校职员工资负担法》第 1 条、《义务教育费国库负担法》第 2 条。
④ 《麻药及向精神药取缔法》第 59 条之二。

3. 此外，就作为国家的营造物的一般国道来看，指定区间内的国道的设置、管理者是国家（《道路法》第 13 条），但是，对于负担一部分费用的都道府县，受害者也可以对之提起损害赔偿。同样的事例，在适用《河川法》的河川问题中也可以看到。①

4. 根据最高法院的判决，国家对地方公共团体的营造物交付补助金的情况下，根据《国家赔偿法》第 3 条第 1 款，有时国家也具有责任。即关于因国立公园特别地域内的环行路的设置、管理有瑕疵而发生了人身事故的案件，最高法院列举了补助金的交付额和本来的负担者相同、实质上属于事业的共同执行、补助金交付者能够有效地防止危险这三要件，承认了作为该案件的费用负担者的国家的责任。②

本来，在《地方财政法》上，负担金和奖励性补助金是相区别的。负担金是《地方财政法》第 10 条以下规定的，例如，义务教育学校建设费等。在这种负担金中，国家对公共事业的费用进行所谓均摊负担。所以，这与为了奖励地方公共团体自主地进行事务，国家所支付的《地方财政法》第 16 条的补助金，性质是不同的。从这一点来看，《国家赔偿法》第 3 条的费用负担也包括负担金，被认为是没有异议的。不过，有时虽说是《地方财政法》的负担金，却作为补助金来支出，负担金和补助金的区别，在实务上并不一定明确。鉴于这样的现状，应该以该费用负担实质上是否具有负担金的性质为标准来判断，才是适当的，并且，最高法院的立场被认为也是如此。这样一来，最高法院所列举的三要件被解释为没有必要全部具备，仅满足了第二个实质性共同执行的要件就足够了。也可以将第一、第三要件视为判断第二要件的辅助要件。③

5. 从前，曾经存在将国家的事务由地方公共团体的机关作为国家的机关来执行的机关委任事务的制度④，关于推行机关委任事务的过程中所产生的赔偿责任，从前一直作如下解释：作为事务归属主体的国家承担

---

① 《河川法》第 9 条、第 60 条。
② 最高法院判决，昭和 50 年 11 月 28 日，载《民集》第 29 卷第 10 号，第 1754 页；《行政判例百选Ⅱ》第 242 案件。
③ 最高法院判决，平成元年 10 月 26 日，载《民集》第 43 卷第 9 号，第 999 页，引用前述最高法院昭和 50 年的判决，关于国家负担比例为四分之一的情况，否定了国家的责任，作为对昭和 50 年判决的理解，有点过于形式化。
④ 盐野著：《行政法Ⅲ（第五版）行政组织法》，第 138 页。

《国家赔偿法》第 1 条的责任,地方公共团体作为公务员工资支付者而成为该法第 3 条的费用负担者。① 但是,通过与地方分权相关联的《地方组织法》的修改(1999 年),地方公共团体的机关所执行的事务,原则上全部成为该地方公共团体的事务②,所以,围绕着机关委任事务这种不合规则性的事务的归属的责任所在的问题,也就消灭了。③ 此外,着眼于关于法定受托事务的国家的干预权行使,有的见解认为,"国家也与之相对应而承担责任"。④ 这种见解也可以理解为,根据具体的情况不同,干预也会属于《国家赔偿法》第 3 条所规定的"监督"的范围内。不过,从这一点出发的话,我认为,对于自治事务的干预权(特别是《地方自治法》第 245 条之五规定的纠正要求),不能作为范畴而予以除外。进一步说,虽然《地方自治法》上特地没有使用监督的观念,但是,关于《国家赔偿法》第 3 条的适用,从受害者救济的见地出发,将"干预"改读为"监督",稍微有些权宜之计的倾向,这是不能否认的。在这种意义上,对于地方公共团体的干预,不属于《国家赔偿法》第 3 条的"监督",这样明确地加以区分,是可能的。

总之,在地方自治法修改之际,虽然改变了从前的事务区分,但是,我认为,由于并未对《国家赔偿法》第 3 条的适用关系进行考虑,由此而产生了解释上的混乱,所以,肇始于明治宪法时期的官营公费事业的赔偿责任者问题,倾斜向受害者救济的《国家赔偿法》第 3 条的存在意义本身,便应当成为考虑的对象。

6.《国家赔偿法》关于事业的主体和费用的负担者不同的情况等,从便于救济的观点出发,在对受害者的关系上扩大了赔偿责任主体的范围,但是,还存在由谁最终负担损害赔偿费用的问题。对此,早在明治宪法时代,以损害赔偿义务只不过是经济性负担为理由,曾存在事业的费用

---

① 盐野著:《行政法Ⅱ(第六版)行政救济法》,第 251 页脚注①。也曾存在将国家的责任求证于第 3 条规定的监督的观点。
② 参见盐野著:《行政法Ⅲ(第五版)行政组织法》,第 138 页以下。
③ 参见小早川光郎著:《机关委任事务与〈国家赔偿法〉第 1 条》,载《南古稀》,第 8 页以下。芝池著:《行政救济法讲义》,第 275 页,认为法定受托事务中存在着不得不说实质上是国家的事务的情形,所以,从事务的归属主体的观点出发将其视为承担国家赔偿上的责任的情形,但是,这违反了事务二区分的宗旨。
④ 松本英昭著:《新地方政治制度详解》,2000 年版,第 125 页。

负担者为赔偿责任者的见解①,《国家赔偿法》没有对此从立法上予以解决,只是提到在内部存在着求偿关系(第3条第2款)。因此,在内部关系上的求偿权的范围,作为解释论上的问题而遗留下来。

关于这一点,存在着如下学说的对立:主张管理责任的主体是最终负担者的管理者说;认为应该按照在损害发生中的贡献度来决定负担者的贡献程度说;主张负担该事务费用的,也应是关于损害赔偿的最终责任者的费用负担者说。② 管理者说和贡献程度说,在具体的情况下,有时难以作出判断,这是由于采取了管理主体和费用负担主体相分离的、国家和地方相通的行政、财政制度而产生的问题,所以,在这里提出《国家赔偿法》上的固有责任之所在的问题,并没有必然的理由,损害赔偿费用也可能是负的费用负担等,从如上情况来看,费用负担者说被认为是适当的。③

此外,在现实中,国家和地方公共团体双方承担费用的较多,实际上损害赔偿的分担比例形式成为需要探讨的问题。法律上规定了比率时,依据法律的规定④,在法律上没有规定的情况下,被解释为应该依照《道路法》《河川法》等规定的费用负担比率进行分担。⑤

(二) 与国家和地方公共团体以外的团体的关系

以上关于费用负担的记述,主要是以迄今为止成为讨论对象的国家和地方公共团体的关系为前提的。但是,作为今后将成为问题的事项,各个独立行政法人及各个国立大学法人与国家之间的费用负担应当采取何种方式的问题也存在。在这种关系中,如前所述的内容,在解

---

① 美浓部著:《日本行政法》(上),第354页。此外,由于当时没有《国家赔偿法》第1—3条那样的规定,所以,在当时的议论中,最终的费用负担者和损害赔偿请求诉讼的被告被认为是一致的。

② 参见阿部著:《国家补偿法》,第64页。

③ 《法制意见昭和44年9月25日》,前田正道编:《法制意见百选》,1986年版,第266页以下,以损害赔偿所需要的费用具有作为营造物的消极的设置、管理所需要的费用的性质为理由,确立了费用负担者说。关于以上诸点,是在因为作为县费负担职员的中学教谕之体罚而提起的损害赔偿请求诉讼中,实施了损害赔偿的县向该市求偿其全额的事案,最高法院承认了县的请求。最高法院判决,平成21年10月23日,载《民集》第63卷第8号,第1849页;《行政判例百选Ⅱ》第243案件。这被解释为,在采用了费用负担者说的基础上,为规定其范围,而使用形式性基准(《学校教育法》第5条、《地方财政法》第9条)干脆利索地作出取舍的判例。

④ 参见《食品卫生法》第57条第6项。

⑤ 同样宗旨,古崎著:《国家赔偿法》,第238页。

释论上,被认为基本上是妥当的,但应当探求作为立法论进行整理的可能性。

第六节 民法的适用

根据《国家赔偿法》第 4 条、第 5 条的规定,关于国家的赔偿责任,只要《国家赔偿法》及其他法律上没有特别的规定,就适用《民法》。

一、作为对适用《国家赔偿法》第 1 条或者第 2 条的案件也能够适用的《民法》上的规定,有第 509 条(由于不法行为而产生的债权的相抵)、第 710 条(对精神性损害的慰问费)、第 711 条(对生命侵害的慰问费)、第 713 条(精神丧失者的责任能力)、第 719 条(共同不法行为)、第 722 条(损害赔偿的方法等、过失相抵)、第 723 条(名誉毁损)、第 724 条、第 724 条之二(损害赔偿请求权的消灭时效)等。①

有时候,被作为问题来探讨的是,在国家不行使对药害等的规制权限的情况下,国家责任和企业责任处于什么关系。判例认为,两者不是立于共同不法行为的关系上的。② 关于道路公害,基于《民法》第 719 条,承认了国家(国道的管理者)和阪神高速公路公团(该公团道路的管理者)的共同不法行为。③

---

① 最高法院在尘肺诉讼(前述最高法院判决,平成 16 年 4 月 27 日)、水俣病关西诉讼(前述最高法院判决,平成 16 年 10 月 15 日)这两个国家赔偿案件[盐野著:《行政法Ⅱ(第六版)行政救济法》,第 256 页]中,明示性地对除斥期间的起算点进行判断,指出,是指"从加害行为了算起,相当的期间经过之后,损害发生的情况下,该损害的全部或者一部分发生了的时候"。不过,这种判断等,并不是显示国家赔偿案件的特色的,而是显示了通过国家赔偿案件所进行的民法解释。

② 参见东京地方法院判决,昭和 53 年 8 月 3 日,载《判例时报》第 899 号,第 48 页;东京地方法院判决,昭和 57 年 2 月 1 日,载《判例时报》第 1044 号,第 19 页;等等。作为对这种裁判例的综合性分析,参见黑川哲志著:《行政的危险管理责任的再构成》,载《早稻田社会科学综合研究》第 4 卷第 3 号,2004 年,第 55 页以下。关于这一点,前述黑川著:《行政的危险管理责任的再构成》,第 70 页以下,从"被规制者对于行政规制的依存"的观点出发,作为解释论而提出应当承认国家的内部分担比例。这是考虑到作为加害者的零散事业者的利益的结果。但是,如果从零散事业这种观点来判定依存度的话,我想这就是政策论上的问题了。尘肺诉讼第二审判决(福冈高等法院判决,平成 13 年 7 月 19 日,载《判例时报》第 1785 号,第 89 页),以损害额的三分之一为限度,承认了国家的责任,但是,这被解释为,该标准并不能当然地将其效果波及国家和企业的内部性负担关系。

③ 参见神户地方法院判决,平成 12 年 1 月 31 日,载《判例时报》第 1726 号,第 20 页。

关于损害的方法,由于《国家赔偿法》上没有特别的规定,所以,根据《民法》第 722 条,金钱赔偿的原则是妥当的。但是,有必要注意的是,这一原则并不一定是逻辑性归结,也不一定是普遍性的原则。我认为,与金钱赔偿并列的是,除去因国家的行为而出现的不法的结果,这种方法也是值得考虑的。①

二、对于不适用《国家赔偿法》第 1 条或者第 2 条的不法行为案件,适用民法。作为裁判例,国立医院和公立医院的医疗过失案件较多。② 当然,国立学校和公立学校的包括兴趣小组活动在内的教育,被作为公权力的行使来把握,适用第 1 条;与此相对,为什么对医疗行为则完全适用《民法》呢? 其理论说明并不充分。

依据《民法》还是依据《国家赔偿法》,并不明确的情况也是有的,但是,作为原告,只要作为诉讼上的请求而进行了通过请求的宗旨和原因能够识别的特定的法律上的主张,就足够了,没有必要提出适用法条,或者以法律上的称呼来予以表现,所以,这种状况被解释为对原告并没有特别的不利。

三、如果《民法》及《国家赔偿法》以外有特别规定的话,则依据该规定。作为承认无过失责任的规定,有《消防法》第 6 条第 3 款、《国税征收法》第 112 条第 2 款等。作为和无过失责任一起从法律上规定损害赔偿额的,例如,有《邮政法》第 50—57 条的规定。不过,关于挂号邮件及特别送达邮件的免除或者限制部分,最高法院作出了违宪(违反《宪法》第 17 条)的判决。③ 这是探讨《邮政法》之目的达成之手段的合理性的判决。

---

① 在德国,很早以前就由学说和判例展开了结果除去请求权的法理。在《国家责任法》(1981 年。不过,该法之后由联邦宪法法院以联邦和州的立法权限的问题宣布了违宪无效)上,与金钱赔偿相并列的结果除去的制度得以法定(参见宇贺克也著:《1981 年国家责任法》,载宇贺著:《国家责任法的分析》,第 230 页)。当然,结果除去请求权的法理本身是不限于损害赔偿的方法的实体法上的请求权(包括该法理的介绍和参考文献的意思,参见宫田著:《国家责任法》,第 199 页以下;山本隆司著:《行政上的主观法与法关系》,第 394 页以下),但是,从日本的行政救济法的见地来看,我认为,一方面考虑撤销诉讼的作用分担,另一方面就结果除去法制,首先在国家赔偿的层面推进探讨,是妥当的。

② 作为其代表事例,关于国立大学附属医院的事故,参见最高法院判决,昭和 36 年 2 月 16 日,载《民集》第 15 卷第 2 号,第 244 页(输血梅毒案件)。

③ 最高法院大法庭判决,平成 14 年 9 月 11 日,载《民集》第 56 卷第 7 号,第 1349 页。

四、虽然不是不法行为的问题,但是,作为民法上的对国家、地方公共团体起作用的类似制度,有以违反安全考虑义务为理由的损害赔偿责任的制度。实际上,承认民法上的安全考虑义务的指导性判例是关于自卫队职员的案件。① 此外,最高法院平成 28 年 4 月 21 日判决②,对于被收容于拘留所的被拘留者,以该拘留关系是"基于拘留的裁判,与被拘留者的意思无关而形成,根据法令等的规定而得以规范的关系"为理由,认为国家不承担安全考虑义务。③

经过后来的判例发展,安全考虑义务也被适用于学校教育关系上。④ 关于像在国立学校和公立学校的学校事故那样,存在着事先难以具体特定行为规范,并且,公权力性也不明确的问题,我认为,以违反安全考虑义务的问题来处理,作为案件的处理是适当的,并且,作为对《国家赔偿法》第 1 条的运用也是适当的。⑤ 关于因为海啸灾害导致町立保育园的孩子死亡的案件,也有对町的安全考虑义务违反和《国家赔偿法》第 1 条违反并立性地进行审理判断的事例。⑥ 虽然是概念上的问题,但是,有必要对安全考虑义务和《国家赔偿法》的关系进行整理。

五、以上所考察的都是关于实体法上民法的适用的问题,而国家赔偿请求权从前一直被理解为私权⑦,所以,关于这方面的诉讼,不是《行政事件诉讼法》第 4 条所规定的公法上的当事人诉讼,而是全面地适用民事诉讼。由于与处分相关的损害赔偿的请求被视为《行政事件诉讼法》上的关联请求,所以,只是在该限度内采取特别的处理而已。⑧ 当然,这种做

---

① 最高法院判决,昭和 50 年 2 月 25 日,载《民集》第 29 卷第 2 号,第 143 页;《行政判例百选Ⅰ》第 26 案件。

② 载《民集》第 70 卷第 4 号,第 1029 页。

③ 关于本案,也参见前述《行政判例百选Ⅰ》第 26 案件,嵩纱耶香解说。

④ 作为在公立中学理科实验时的失明事故,被以违反安全考虑义务为理由而承认损害赔偿责任的事例,参见静冈地方法院沼津支部判决,平成元年 12 月 20 日,载《判例时报》第 1346 号,第 134 页。

⑤ 作为对私立高中的事故承认了违反安全考虑义务的判例,参见东京地方法院判决,平成 2 年 6 月 25 日,载《判例时报》第 1366 号,第 72 页。另外,也出现了在认定违反安全考虑义务的基础上,适用了《国家赔偿法》第 1 条的裁判例(大阪地方法院判决,平成 13 年 3 月 26 日,载《判例时报》第 1769 号,第 82 页)。

⑥ 仙台高等法院判决,平成 27 年 3 月 20 日,载《判例时报》第 2256 号,第 30 页。

⑦ 盐野著:《行政法Ⅱ(第六版)行政救济法》,第 246 页脚注①。

⑧ 关于具体的实务上的处理,参见村重庆一著:《国家赔偿诉讼》(1970 年),载村重著:《国家赔偿研究笔记》,第 163 页以下。

法并不一定是普遍性的。在法国,很早以前就是以由行政法院进行公法上的救济这种形式来处理的。① 作为立法论,与是公权还是私权的概念性问题不同,作为行政上的法律关系的一种类型,将国家赔偿案件置于《行政事件诉讼法》之中来处理,也是可以考虑的事情。

---

① 参见滝泽正著:《各国国家补偿法的历史性展开及动向》,载《国家补偿法大系1》,第20页以下。

第二章 损失补偿

第一节 概　　念

国家赔偿制度,如前面所考察的那样,是关于在国家、公共团体的行为、设施有瑕疵的情况下,对私人方面所产生的财产性损害予以补救的制度。

与此相对,从国家的行为本身来看是合法的,但是,若对因此而产生的私人方面的特别损失置之不理的话,则违反公平负担的理念,所以,需要对此予以补偿。这就是损失补偿的制度。一般地说,"基于行政上的合法行为的损失补偿,是指对于因合法的公权力的行使所带来的财产上的特别损失,为了从整体上公平负担的角度予以调节而进行的财产性补偿"。①

损失补偿制度,从其历史来看,在各国都比国家赔偿制度更早地发展起来。这是因为,曾经成为国家赔偿制度发展障碍的主权免责的法理和违法行为不能归属于国家这两个重要原因,在该领域不曾存在。例如,在德国,作为规定伴随土地征收的损失补偿的法律,有 1874 年普鲁士《土地收用法》。在该法之前的 1794 年,立足于对于国家侵害的既得权保护思想的普鲁士《一般国法》序章第 74 条、第 75 条,就损失补偿(Aufopferung)设置了规定。② 其后,至《魏玛宪法》,对于财产权的损失补偿,成为宪法上的制度。《魏玛宪法》第 153 条第 2 款规定:"收用,只有为了公共的福利,并且基于法律才能进行。只要法律上没有特别规定,其应该与相当的补偿相交换而进行"。在美国也是一样,对于公用收用的损失补偿,远远早于国家赔偿制度的创立而成为宪法保障的制度。美利坚

---

① 田中著:《行政法》(上),第 211 页。
② 关于该规定的概要,参见盐野著:《预防接种事故和国家补偿》(1986 年),载盐野著:《行政过程及其统制》,第 419 页以下。

合众国宪法第五修正案第 5 条规定:"没有……正当的补偿,私有财产不得为公共所收用"。

明治宪法上也曾有保障所有权的规定(第 27 条第 1 款),但是,不曾有损失补偿条款。不过,例如,在 1900 年的《土地收用法》中设置了收用时的补偿条款(第 47 条),将关于对此的争议规定为普通法院的管辖事项(第 82 条)。损失补偿法制,虽然其对象范围被限定于个别法律的规定,但是,在明治宪法之下已经拥有作为行政法上的一种制度的地位①,在这一点上,和国家赔偿法制是不同的。

在《日本国宪法》之下,伴随着财产权的保障,损失补偿也成为宪法上的制度(第 29 条)。另外,必须注意的是,也正是因为这样,关于损失补偿制度,在解释论上产生了比明治宪法之下的解释更加困难的问题。

一、在明治宪法之下,损失补偿制度完全由法律以下的制定法来规定。"如果法律上没有特别规定,由于那是因基于正当的权限进行的合法的公法行为而产生的损失,所以,除解释为人民有忍受该损失的义务之外别无他法,而不能认为,不必等待法律的规定,人民当然地拥有请求损失补偿的权利"。② 因此,是否需要损失补偿,损失补偿的数额等,全部都依据相应制定法的规定。与此相对,在《日本国宪法》之下,与《日本国宪法》第 29 条第 3 款的解释相关,假定这不是单纯的大纲规定,那么在制定法的情况下,大体说来,是否需要损失补偿便会成为一般宪法论探讨的对象(宪法上的补偿请求权)。

二、与前述情况相关联,伴随着国家功能的扩大,国家对市民社会介入的对象领域、介入的方法都越来越复杂、多样化。在损失补偿中,其原型是土地所有权的剥夺及其对价的赋予,而在现代国家中,其对象也从土地所有权扩大为一般财产权,进而,如后面所考察的那样,身体侵害的问题也产生了。侵害的形态也不限于剥夺,而是涉及各种限制。这就是所谓传统的收用概念的扩大化现象。因此,便产生了难以判断在什么情况下应该予以补偿的状况(是否需要补偿的问题)。

三、从沿革上看,损失补偿曾经是关于财产权的补偿。所以,从实现

---

① 参见美浓部著:《日本行政法》(上),第 355 页以下;美浓部达吉著:《公用收用法原理》,1936 年版,第 285 页以下。

② 美浓部著:《日本行政法》(上),第 357 页。

公平负担的理念这一观点来看，只要该补偿对财产权的价值采取等价交换的原则就可以了。然而，现在出现了仅靠这种交换价值的补偿，无法调整收用前和收用后之不均衡的状况。例如，在山村中建设水库的情况，被收用的虽说是个别财产，但是，作为整体而形成的社会生活也同时遭到破坏。在这种情况下，仅对财产予以补偿，还有无法得到补救的内容。此外，即使关于个别的财产，如果仅对其评价，存在着在离开山村的其他场所无法进行相同水准的生活的情况。因此，作为补偿的内容，除财产的评价这一和以前相同的问题以外，还存在着必须考虑生活再建措施等新内容的补偿（补偿内容的问题）。

四、存在着既不属于国家赔偿，也不属于损失补偿的损害种类。在明治宪法之下，对于此类损害的措施完全作为立法政策乃至行政对策的问题来处理便足够了。与此相对，像现在这样，宪法上要求确立损害赔偿、损失补偿的制度，作为其固定模式，关于不属于这两者任何一种的损害或者损失，是否可以将其救济仅作为立法乃至行政对策的问题来把握，是否应该也作为宪法问题来考虑，便成为探讨的对象（国家补偿的低谷）。

第二节　损失补偿的必要性

一、宪法上的请求权

即使认为《日本国宪法》第 29 条第 3 款不是单纯的大纲规定，也并不能单义性地明确其所意味着的内容。作为一种存在方式，补偿在宪法上是必要的，但是，欠缺补偿条款的法律却使其无效。所以，例如，制定了无补偿规定而设定城市周围的绿色林带的法律的情况下，如果认为无补偿地对土地利用进行高度的规制是违宪的，那么，由于在日本没有承认抽象性规范统制诉讼，所以，只能进行建筑确认的申请，在对该申请的拒绝处分的撤销诉讼中，主张该规制法律违宪。

与此相对的另一种方法是，即使进行了欠缺补偿规定的侵害财产权的立法，该法律也不违宪，而蒙受损失者可以直接基于宪法，在裁判上主张损失补偿请求权。

关于应该采取上述哪一种主义，《日本国宪法》没有作出明确的判断,但是,后一种主义,即认为发生宪法上直接损失补偿请求权的观点,是通说和判例的观点。①

但是,从法技术上看,有的情况下难以一概断定哪种做法更好。没有设置补偿规定,是不是因为立法者判断不需要损失补偿?此时,假定宪法上规定需要补偿,也可能存在以不得已而适用补偿请求的态度来立法的情况;如果认为补偿是必要的,也许存在该规制本身不是立法者意图的情况。并且,包括上述两种情况在内,是即使予以补偿也要推行该政策,还是如果有必要补偿的话便中止该政策,应该再次提到国会展开议论,这样做才是合理的。似乎这样的观点也是能够成立的。② 当然,在损失已经产生,不可挽回的情况下,该损失的恢复原状,则需要另外的途径,例如,预防接种事故的问题。关于这一点将在后面论及。③

二、是否需要补偿的基准

与宪法上是否直接发生损失补偿请求权的问题不同,对财产权的某种侵害,存在着是否需要宪法上的损失补偿,即是否需要补偿的问题。

一般地说,损失补偿是针对国家的合法侵害,从公平负担的理念补救该损失的制度;所以,需要是在该损失违反公平的场合。并且,认为此种场合该损失应是特别的损失,可以说这是一般性见解。

在这里的问题,是在什么情况下该损失属于特别的损失。对此,存在着主张将侵害行为的对象是一般的还是特别的之形式性基准,以及

---

① 这是今村著:《国家补偿法》,第73页所主张的观点。田中著:《行政法》(上),第213页也指出,在宪法上要求补偿的情况下,该法律却以无补偿为宗旨而制定的话,是违宪的。所以,被认为法的沉默在解释上可以推导出宪法上的请求权。作为最高法院的判例,虽然没有对此从正面予以论述,但是,作为旁论,有承认基于《日本国宪法》第29条第3款直接请求损失补偿的例子。最高法院大法庭判决,昭和43年11月27日,载《刑集》第22卷第12号,第1402页;《行政判例百选Ⅱ》第252案件。

② 其他,关于这两种制度的优劣长短,参见阿部著:《国家补偿法》第262页以下;宇贺著:《国家补偿法》,第394页以下。

③ 盐野著:《行政法Ⅱ(第六版)行政救济法》,第318页以下。在德国基本法上,根据附带条款(Junktimklausel),没有补偿规定的侵害立法被视为违宪无效。但是,关于这一点,在学说、判例上存在争议。回避了附带条款,没有补偿规定的场合,承认补偿请求的判例理论得以形成,而宪法法院再度对其进行严格适用的状态。参见栋居快行著:《波恩基本法第14条第3款(公用收用)中的 Junktimklausel 的一点考察》,载《小林还暦》,1983年版,第605页以下。关于该论文以后的状况,参见宇贺克也著:《德国国家责任法的现状与课题》,载宇贺著:《国家责任法的分析》,第283页以下。

侵害行为是否达到侵害财产权的本质性内容之程度,即是否属于社会一般观念上应该忍受的程度之实质性基准两点都作为判断要素的学说。①

与此相对,有的学说主张:关于财产权的剥夺或者妨碍该财产权的本来效用之发挥的侵害,只要权利者方面不存在应该忍受的理由,就应该解释为当然需要补偿;关于未达到前述程度的对财产权行使的规制,当该财产的存在被认为是为保持社会性共同生活的调和所必需时,作为财产权所内在的社会性拘束的体现,应该解释为需要补偿;其他为了公益目的,和该财产权本来的社会性效用无关地被偶然赋课限制时,需要补偿。②

这两种学说并不一定是相互对立的,我认为,田中说的关键不在于形式而在于实质,今村说是对田中说的进一步具体化,这样理解是妥当的。不过,无论是哪种学说,说特别的损失、权利的社会性拘束性、内在性制约,虽然概念的抽象性内容是明确的,但是,具体适用时的内容则是匮乏的。并且,我认为,其内容最终应该对利用规制的形态、原因、损失的程度、社会一般观念(因时代的不同、场所的不同而具有可变性)进行综合考虑的基础上作出判断。③

作为在具体情况下应当予以考虑的要素,有如下几点:

(一)在财产权的限制之程度绝对薄弱,而相对的公共利益的确保较大的情况下,不能承认补偿。例如,根据《矿业法》第64条规定,矿业权者要在铁路、道路、河川、公园、学校等供公共之用的设施、建筑物的地表、地下50米以内的场所采掘矿物,必须取得管理厅或者管理人的允诺(不过,没有正当的理由,管理厅等不得拒绝该允诺)。这"是为了公共福祉而进行的一般性最小限度的限制,任何人都必须作为别无他法的限制而当然地忍受"。④

---

① 田中著:《行政法》(上),第214页。
② 今村成和著:《损失补偿制度的研究》,1968年版,第31页;今村著:《行政法入门》,第174页。此外,关于田中说和今村说两方面,参见西埜章著:《损失补偿的必要性及其内容》,第51页以下、第69页以下。
③ 参见盐野宏著:《国土开发》(现代法学全集),筑摩书房1976年版,第213页;西埜著:《损失补偿的必要性及其内容》,第83页。
④ 最高法院判决,昭和57年2月5日,载《民集》第36卷第2号,第127页。

（二）当财产权方面存在接受规制的原因时，不需要补偿。例如，根据《消防法》，为了避免火灾的发生，或者对发生了火灾的消防对象物，作为消防活动而承认了对消防对象物及其土地的使用和处分（第29条第1款），却没有对此设置损失补偿的规定。与此相对，对没有扩展燃烧危险的物，为了灭火、防止扩展燃烧、救助人命所采取的措施，需要予以损失补偿（第29条第3款）。①

（三）虽然是财产，但是，当其价值消灭时，予以剥夺也不需要补偿。在根据《消防法》进行消防活动时，关于有扩展燃烧危险的灭火对象物采取的措施，不需要补偿（第29条第2款）。② 此外，根据《食品卫生法》，侵入病原菌的食品等的废弃（第54条）也是一样。当然，这些情况也可以作为该财产具有规制原因的情况来归纳整理。

（四）存在着眼于该物所具有的危险性来判断是否需要补偿的事例。这也称为状态责任。例如，由于汽油罐的危险性，法律上规定应该在离道路一定距离的场合设置油罐（《消防法》第10条第4款）。但是，在偶尔因道路扩展路面宽度，不得不挪动油罐的情况下，其挪动费用是由道路管理者方面负担，还是由汽油罐设置者方面负担，成为争议的问题。最高法院指出："由于施行道路工事的结果，产生了警察规制上的违反状态，导致危险物持有者不得不转移该工作物，以适合前述技术上的基准，即使因而蒙受了损失，这不过是由于道路工事的施行使基于警察规制的损失碰巧现实化了而已"。③ 这一案件是与基于《道路法》第70条的损失补偿请求有关的，但是，从判决的宗旨来看，被解释为，在《道路法》之外，不能从宪法上直接推导出补偿请求权。不过，虽然可以理解为负有状态责任者应该事先在周围确保必要的空间，但是，关于像本案中道路那样，即使通过土地收用也能够接近的情况，对此不存在事先应对的方法，从公平的观点来看，我认为这种情况下的费用，由道路管理者方面负担才是合理的。

（五）上面是着眼于物本身的补偿必要性论，也有的人着眼于规制的

---

① 参见最高法院判决，昭和47年5月30日，载《民集》第26卷第4号，第851页；《行政判例百选Ⅱ》第246案件。

② 参见前述《行政判例百选Ⅱ》第246案件，宇贺克也解说。

③ 最高法院判决，昭和58年2月18日，载《民集》第37卷第1号，第59页；《行政判例百选Ⅱ》第247案件。

目的予以归纳。这就是警察限制和公用限制的区别。即,前者是为了公共的安全、秩序的维持这一消极目的而进行的限制,对此不需要补偿;与此相对,后者是为了增进公共福祉这一积极目的而进行的限制,因此需要补偿。① 这种二分论的前提是:公共秩序的确保,即市民生活的安全确保是国家的最低限度的义务履行,与此相适应,私人也应该忍受因此而进行的限制;而为了积极地增进福祉,所采取的限制在另一方面产生了损失,以全体的负担来予以调整,被认为是符合公平观念的。

在最高法院的判决中,也有被认为采取了这种观点的。在违反有关蓄水池堤坝上禁止种植竹子、农作物等条例规定行为的刑事案件中,最高法院认为:该限制"是为了防止灾害,保持公共福祉,在社会生活上不得已而为之的,这种制约,应该说是能够使用蓄水池堤坝之财产权的人当然必须忍受的责任和义务",所以不需要宪法上的补偿。②

但是,这一基准的效用并不很大。即使就蓄水池条例的最高法院判决本身来看,虽然说对竹子等的种植之禁止本身,从防止灾害的角度可以正当化,但是,对迄今为止一直得以承认的耕作权(既得权)的剥夺,则存在考虑补偿的余地。③

此外,关于作为公用限制的《自然公园法》上的行为限制,与公用限制有关的,设置了补偿规定(第52条),而从其地域属性来看,则存在着如下疑问:不承认建筑及开发行为,是否应该理解为妨碍本来效用之发挥的限制?④

进而,必须注意的是:根据限制的形态,存在着无法归类于警察限制或者公用限制的任何一种的情况。例如,在《都市计划法》《建筑基准法》上,有市街化区域、市街化调整区域、地域地区(第一种居住专用地域、美观地区等)的制度,在各自的制度中进行了土地利用规制,但是,制定法上却没有损失补偿的规定。将这些一律作为警察限制或者公用限制来说

---

① 作为立足于积极目的、消极目的之二分论的研究,参见田中著:《行政法》(上),第215页。
② 最高法院大法庭判决,昭和38年6月26日,载《刑集》第17卷第5号,第521页;《行政判例百选Ⅱ》第251案件。
③ 参见前述《行政判例百选Ⅱ》第251案件,大桥洋一解说;今村成和著:《该判例解说》,载《土地收用判例百选》,1968年版,第199页。
④ 参见盐野著:《行政法Ⅱ(第六版)行政救济法》,第305页(六)。

明,是存在困难的。①

(六)在考虑有关财产权限制的特别损失时,何为该财产的本来的效用,成为重要的要素。如果是土地的话,可以设想形状、性质的变更、建筑行为等,大体说来,问题是:在土地的限度内,进行这些限制,是否会侵害土地所有权的本来效用。以前,从土地利用的内在性制约、忍受的范围这一观点出发,承认了不需要补偿的限制之存在。然而,该内在性制约的范围,换言之,对该财产权的评价,并不一定是客观地、普遍地决定的。②

例如,关于土地利用,在现代,对脱离了该土地所处的环境、利用现状的抽象性的利用,是否可以作为所有权者的既得权而予以承认,存在着极大的疑问。从这一点来看,即使对侵害现在的利用的规制(例如,为了设置绿化林带,要求拆除既存的建筑物),承认需要补偿,但是,当其限制仅限于固定现状的利用时,便不需要补偿。这被认为是重要的要素。③ 关于根据《自然公园法》(平成14年法律第29号修改前)进行的工作物的新建申请不许可处分(第17条第3款第1项)是否满足损失补偿(第35条第1款)的必要性,有的判例认为,应该综合地考虑现状、因建筑行为对地域的影响、以前的用途(包括从以前的用途可以客观地预想到的用

---

① 就建筑规制而言,有必要考虑如下要素:存在着由于该规制,使地域的环境得以改善的情况,并且,作为一种相邻关系性规制,在忍受的范围内。此外,关于建筑规制,作为《都市计划法》(第53条)的道路预定地被指定的结果,受到了建筑限制的情况下,该道路的整备在没有实施的状态下而被放置的事案中,有未承认损失补偿请求的最高法院判决。最高法院判决,平成17年11月1日,载《判例时报》第1928号,第25页;《行政判例百选Ⅱ》第253案件。不过,该判决正如从判文本身及藤田补充意见来看很清楚那样,是以该案件的事实关系为基础的事例判决,意味着长期的都市计划限制也不能一般地无补偿而实施。作为对长期的土地利用限制的补偿请求予以承认的要件论,参见渡井理佳子著:《〈都市计划法〉第53条与损失补偿的要否》,载《法学研究》第81卷第12号,2008年,第617页以下、第624页以下。

② 在这一点上,可以参考外国的状况。特别是作为和以前的日本相比较具有强调土地利用的社会拘束性的制度的国家,有德国(参见藤田宙靖著:《财产权的补偿及其界限》,载藤田著:《西德的土地法和日本的土地法》,1988年版,第107页以下;阿部泰隆著:《西德的土地利用规制和损失补偿》,载阿部著:《国土开发与环境保全》,1989年版,第173页以下)。此外,从市民的相互拘束性的观点出发,通过对美国法上的互酬性(reciprocity)概念论的介绍,来论述损失补偿之要否决定的成果,具有参考作用的是福永实著:《损失补偿与互酬性(reciprocity)》(一)至(四),载《大阪经大论集》第58卷第6号、第7号,第59卷第2号、第5号,2008—2009年。

③ 参见盐野宏著:《国土开发》(现代法学全集),第214页。这种观点也被称为"状况拘束性"说。作为其批判性探讨,参见西埜章著:《财产权的限制与损失补偿的必要性》,载《法政理论》(新潟大学)第33卷第1号,2000年,第28页以下;西埜著:《国家补偿法概说》,第219页以下。此外,玉卷弘光著:《土地利用规制与损失补偿的必要性》,载《东海法学》第9号,1993年,第315页,是对有关这个问题的学说和判例的总括性研究,强调了作为基本原理的"公平负担"的理念。

途)的困难性等情况。①

三、诉讼上的请求

如果采取从宪法上直接发生损失补偿请求权的解释的话,那么,要在裁判上实现该请求权,则必须以义务者为被告提起给付诉讼。此时,如果将该给付请求权视为公权,则成为《行政事件诉讼法》上的实质性公法上的当事人诉讼。不管怎样,这是没有多大实际利益的问题。

像《土地收用法》那样,在法律上规定了程序的情况下,应该依据该程序。在《土地收用法》的情况下,对补偿裁决不服的权利人,应当以义务者(起业者)为被告提起当事人诉讼。②

第三节 补偿的内容

一、问题所在

《日本国宪法》第29条第3款规定,私有财产在正当的补偿下可以用于公共目的。此时的"正当的补偿"之观念,是意味着完全补偿,还是意味着相当补偿,有时成为议论的对象。

但是,除特别的情况(例如,农地改革、产业的社会化立法)以外,这种议论不怎么能算得上问题。这是因为,若从实现国家通常的政策时所产生的损失之公平负担这种角度来看,应该将在收用等行为的前后该人所拥有的财产性价值没有增减作为正当的补偿,所以,这与完全的补偿是相一致的。这也被称为原则上完全补偿,虽然说存在一定的微妙的差异,但是,这也是学说大体上的倾向。③ 当然,虽然说是完全的补偿,也并

---

① 东京地方法院判决,平成2年9月18日,载《判例时报》第1372号,第75页。
在个别法上,虽然不属于宪法上的损失补偿,但是,有的从政策的见地出发,设置了关于补偿的规定之例(例如,《家畜传染病预防法》第58条第1款、《植物防疫法》第20条、第4条第3款等)。关于这些立法例,通过"政策上的补偿"这一范畴来尝试整理、分析的论究,有福永实著:《通过国家补偿的救济》,载《现代行政法讲座Ⅱ》,第292页以下;西埜著:《损失补偿逐条解释》,第19页以下。关于政策上的补偿立法,分别揭示了立法理由,其原资是税金,鉴于其多样化倾向,包括国会中的审议过程在内的立法过程的分析也是必要的。
② 关于该诉讼的性质、请求的方法,参见盐野著:《行政法Ⅱ(第六版)行政救济法》,第210页。
③ 关于学说的状况,参见中谷实著:《正当的补偿》,载大石真、石川建治编:《宪法的争点》,2008年版,第156页以下。

不是能够一义性地予以确定的,而是只能追求其近似值。①

关于战后的农地改革中的补偿,最高法院曾经采取了所谓相当补偿说,认为,宪法所规定的正当的补偿,"是指基于其当时的经济状态中被认为成立的价格,合理地算出的相当的金额,所以,并不是一定要求始终与该价格完全一致的金额"。②关于该最高法院大法庭判决,学说认为,那是在农地改革这种特别的情况下阐述的观点,所以,并不是确立正当的补偿的一般基准的判决。在这种理解之下,前述学说得以形成。并且,在此期间,关于《土地收用法》第71条(1966年修改前)的解释,出现了主张根据客观性交易价格,被认为是立足于完全补偿说的判决。③

另外,通过《土地收用法》第71条的修改(1967年),采用了运用事业认定时应对物价变动的修正率的价格计算方式(所谓价格固定方式)④。由此,该条的宪法适合性重新成为问题。关于这一点,最高法院将被认为立足于相当补偿说的前述昭和28年大法庭判决定为最高法院的判例,在此基础上,承认了该法第71条的合理性。⑤

法律上存在就补偿的内容设置规定的情形,并且,从实务上看,也是

---

① 福井秀夫著:《对于财产权的"完全的补偿"与根据〈土地收用法〉的"移转费"的法的经济分析(上)》,载《自治研究》第80卷第2号,2004年,第66页以下,从"法和经济学"的观点出发对这一点进行了分析。

② 最高法院大法庭判决,昭和28年12月23日,载《民集》第7卷第13号,第1523页;《行政判例百选Ⅱ》第248案件。

③ 参见最高法院判决,昭和48年10月18日,载《民集》第27卷第9号,第1210页;《行政判例百选Ⅱ》第250案件。

④ 关于其详细内容,参见小泽道一著:《逐条解说土地收用法》(下卷,第四次改订版),2019年版,第44页以下。

⑤ 最高法院判决,平成14年6月11日,载《民集》第56卷第5号,第958页。该判决完全无视学说和下级审判决的动向,维持了昭和28年大法庭判决的主观性意图并不一定是明确的。进而,该判决的射程存在更加难以判断的问题。即将该判决作为以裁决时的近旁类似土地的价格为基准这一点为前提,对权利取得裁决时的实质价格的计算方法的合理性进行判断的判决来理解的话,那就不是超出完全补偿说的范围的观点了[小泽道一著:《逐条解说土地收用法》(下卷,第四次改订版),2019年版,第6页以下,认为该判决实质上与完全补偿说并无差异]。换言之,该判决的实质性的判定部分,就是以完全补偿说为基础的"结构解释",而不是其他。判决本身指出:"……据此,被收用者,应当说是能够得到使收用的前后被收用者所拥有的财产性价值相当的补偿"。根据这种观点,所谓相当的补偿,在通常的情况下,等于说就是完全的补偿。在这种意义上,可以看出,该判决只是在提示了关于法律上的补偿条款的司法审查的存在方式方面具有意义的判决。不明确这一点,只是提出1953年当时的大法庭判决,对于今后的解释论和立法论来说,可资参考的意义是匮乏的。

适切的。《土地收用法》(第70条以下),规定了《土地收用法》第88条之二的细目等的政令①,便是这种情形。但是,即使在这种情况下,这些规定难免具有这样的性质,即该规定是否比宪法的要求更低,一直是人们争论的问题。

此外,《土地收用法》第88条也是一样,在制定法上,在被收用财产的价格以外,还有对伴随着收用等通常会产生的损失予以补偿的事例,具体地说,什么损失被包括在其中,其计算基准是什么,则成为争议的问题。②

并且,在日本,公共用地的取得方法,几乎全部采用任意买卖的形式。但是,在这种情况下,起业者一方面是以收用特权为背景的,另一方面是希望得到具体土地的买方。在这种条件之下,如果将价格完全交由当事人个别的交涉的话,有时会产生价格的不均衡,导致不公平的状况。因此,为了尽量消除其不统一,保障任意买卖的公正和公平,制定了《伴随公共用地的取得的损失补偿基准纲要》③(以下简称《基准纲要》)。④

二、对于财产的补偿

这里所说的对于财产的补偿,是指对土地的收用等财产的剥夺和使用的补偿,又称为对价补偿。⑤ 关于这一点,《土地收用法》采用了金钱补偿的原则(第70条),进而,将其金额规定为:"考虑到近旁类似土地的交易价格等而计算出的事业认定告示时的相当价格,乘以对应至权利取得裁决时为止的物价变动的修正率,所得的数额"(第71条)。在这里,简而言之,重要的是以交易价格为原则、采取告示认定时这一价格固定制。⑥

就前者而言,只要存在市场,以其市场价格为补偿额,是最为公平

---

① 平成14年令第248号。这其中也包含了后述通损补偿。
② 包含通损补偿的类型分析在内,参见小刚高著:《关于通损补偿(一)》,载《名城法学》第51卷第3号,2002年,第1页以下。
③ 昭和37年6月29日阁议决定——平成14年7月2日修改。
④ 作为其解说,有公共用地补偿研究会编著:《伴随公共用地的取得的损失补偿基准纲要的解说》,2013年版。
⑤ 参见小泽道一著:《逐条解说土地收用法》(下卷,第四次改订版),2019年版,第6页。
⑥ 关于现行法上的价格固定制的合理性,参见盐野著:《行政法Ⅱ(第六版)行政救济法》,第306页。

的,这几乎是没有异议的。就后者即价格固定制而言,这是相对于裁决时主义进行改革而确定的,其理由在于起业利益的公正化。在公共事业的情况下,从发表计划到收用裁决时,需要一定的时间,在这期间地价暴升已成为通例。因此,如果以裁决时为基准的话,则必须进行包括起业利益在内的补偿,因而有必要避免这样做。还有一个理由是,如果采取裁决时主义的话,则裁决越是推迟,补偿额就越是增加,便会导致交涉长期化的结果。并且,也存在着和早期答应收买者相比较,越晚越有利的问题。"基准纲要"规定对土地以正常的交易额为补偿额(第7条),计算的时期为契约缔结时(第3条)。

三、其他补偿项目

《土地收用法》除规定对土地收用时该土地的价格予以补偿以外,还设置了如下几个补偿项目:剩余土地补偿(第74条)、工事费用补偿(所谓沟、墙补偿,第75条)、移转费补偿(第77条)。进而,除一般性地对这些项目予以补偿以外,还规定,对脱离耕作费、营业上的损失、由于建筑物的移转所造成的租赁费的损失,以及其他由于收用或者使用土地使土地所有人或者关系人通常受到的损失,也必须进行补偿(第88条)。

这些补偿项目中,包含着对收用的结果当然发生的损失(收用损失)和使用该被收用的财产的事业在执行过程中产生的损失(事业损失)这两种损失的补偿。进而,作为该补偿的性质,有宪法上的补偿、政策上的补偿,甚至还有具有损害赔偿性质的补偿,多种多样,需要个别地进行探讨。

(一)《土地收用法》规定的剩余土地补偿的典型是,一片土地的一部分被收用的情况下,剩余的土地不成形状或者面积狭小时,其价格与以前相比有时会下降,所以,对其价格的减少部分予以补偿。在这种意义上,这些是收用损失,并且也是构成完全补偿之内容的。[①] 移转费、脱离耕作费、营业上的损失等,都属于这一范畴。

(二)作为收用损失的对象,是否包括精神性损失,成为争议的问题。所谓精神性损失,例如,因失去祖先传下来的土地及长期住惯了的土地的痛苦等,可以作为其典型事例来考虑。由于是作为收用的结果所当然要

---

① 参见小泽道一著:《逐条解说土地收用法》(下卷,第四次改订版),2019年版,第114页。

产生的,所以,属于收用损失。作为对《土地收用法》的解释,存在着是否包括在通常产生的损失之中的问题。进而,也以能否作为宪法上的补偿请求权来构成的形式,成为讨论的对象。

对此,《土地收用法》上没有特别的规定,《基准纲要》本身也没有涉及,但是,在"伴随纲要施行的阁议谅解"中指出:"以前在部分领域进行的对精神性损失的补偿、协力奖励金及其他与此类似的以不明确的名目进行的补偿等的措施,不予进行考虑",这就否定了对精神性损失的补偿。①

《日本国宪法》第 29 条所说"正当的补偿",只要将其视为从公平负担的观点进行完全补偿,那么,就不能将该损失限定为财产性损失。承认精神性损失的障碍,在于是否可以将在进行财产权的收用时所产生的精神性痛苦作为独立的救济对象予以承认的问题。此外,还有是否存在具体的、客观的评价及其补救方法的问题。

在日本《民法》上的不法行为法中,关于生命侵害之际所产生的精神性痛苦,将其作为赔偿的对象,这说明并不是凡精神性痛苦一概被认为不能成为法的救济对象。在财产侵害中也是一样,只要给受害者的感情带来特别的侵害,一旦置之不理则违反公平的话,我认为就存在作为法的救济对象的余地。在日本,鉴于对祖先传下来的土地环境存在着特别的主观性感情,属于通常的买卖交易不能成立的情况,就独立的精神性损失设立补偿项目,被认为是可能的。②

此外,关于评价,由于精神性痛苦本身是主观性的,所以,不得不承认,客观性、金钱性评价是有困难的。但是,在民事的损害赔偿诉讼中,也是最终委任给法官进行判断,我认为,在这里不存在另外解释的理由。

(三)关于文化财产的价值也是一样,《土地收用法》上不存在特别的规定。关于这一点,最高法院在请求轮中堤的文化财产性价值的补偿的案件中指出:《土地收用法》上通常受到的损失,"理解为客观地、社会地来看,被认为是基于收用,被收用者将当然蒙受的经济性、财产性的损失,才是适当的。应该说,其宗旨并不是连非经济性价值的特殊的价值也

---

① 参见小泽道一著:《逐条解说土地收用法》(下卷,第四次改订版),2019 年版,第 327 页。
② 作为存在特别情况时予以承认的见解,参见小泽道一著:《逐条解说土地收用法》(下卷,第四次改订版),2019 年版,第 336 页。西埜章著:《损失补偿的必要性及其内容》,第 266 页;西埜著:《国家补偿法概说》,第 210 页。作为宪法上的根据,使第 29 条第 3 款和第 13 条、第 14 条第 1 款相结合。

作为补偿的对象"。① 如果在文化财产性价值的权利人方面产生了特别的精神性损失的话,在前述(二)中所阐述的内容便是妥当的。不过,文化财产性价值本来就是公共性的价值,所以,在这里承认特别的损失,是有困难的。②

(四)存在着通常受到的损失中是否包括生活上的损失的问题。对此进行的补偿,称为生活再建补偿或者生计补偿。这不是对个别财产的财产性价值的补偿,而是着眼于作为整体的人的生活本身或者该人的生活设计的补偿。即由于土地的收用,特别是因水库的建设等,村落的大部分被水淹没的话,所失去的当然是土地,是耕地,但是,同时失去的还有在那里居住的人们的生活本身。此外,对于少数受不来的人来说,将失去在迄今为止所形成的村落中拥有的生活上的诸多便利和利益。进而,以个别的财产所获得的补偿金,要在平原上购买新的土地,只能得到比以前狭小的土地。因此,其将会被迫进行生活的变更、职业的变更。

这样一来,不是对于个别财产的补偿,而是对于生活整体的补偿,或者为了更加积极地进行生活再建的补偿请求权是否存在,就成为需要探讨的问题。③

这种问题意识本身,无论在实务上还是在理论上,从很早以前就存在了。④《关于公共用地的取得的特别措施法》⑤、《都市计划法》(第74条)、《水源地域对策特别措施法》(第8条),都对生活再建措施等规定了努力义务。2001年新修改的《土地收用法》也作出了规定(第139条之二)。此外,"基准纲要"虽然没有使用生活再建补偿这一概念,但是,就少数受不来的人补偿(第45条)、离职者补偿(第46条)等作了规定。这样,虽然在立法政策上,进而在实务上,人们正逐步认识到生活再建措施的重要性,但是,必须注意的是,在法律上,这些仅限于一种努力义务,从其规定来看,并没有赋予裁判上的请求权。

---

① 最高法院判决,昭和63年1月21日,载《判例时报》第1270号,第67页。
② 详细地论述该问题的,有小高刚著:《对于文化财产性价值的损失的补偿再论》,载《成田古稀》,第231页。该论文否定了慰问费说,主张投下费用填补说。此外,关于《文化财产保护法》所规定的补偿规定,参见盐野著:《行政法Ⅱ(第六版)行政救济法》,第318页以下。
③ 关于财产补偿和生活再建补偿的关系,参见小高刚著:《关于通损补偿(一)》,载《名城法学》第51卷第3号,2002年,第18页以下。
④ 小泽道一著:《逐条解说土地收用法》(下卷,第四次改订版),2019年版,第327页以下。
⑤ 参见第23条、第38条、第46条、第47条。

在判例中也是一样,生活再建补偿也没有得到承认。这是因为,《日本国宪法》第 29 条被认为是对于财产权的财产性损失的补偿。[①]

在这里,作为通常会产生的损失来定位生活权侵害,和关于精神性损失一样,必须明确如下两点:能否作为法的价值予以承认?其计算能否委任给法官?就前者而言,和精神性损失不同,生活权侵害不能说在《民法》的不法行为法上已被赋予了明确的位置。但是,该侵害毕竟是以国家权力为背景,因此,作为对该侵害要求特别考虑的根据,可以列举《日本国宪法》第 25 条。即关于《日本国宪法》第 29 条第 3 款的财产权补偿的公平负担的观念和《日本国宪法》第 25 条的维持国民生活的理念相结合的话,我认为,对于生活权补偿的抽象性的宪法根据论是存在的。

问题在于作为具体的请求权如何来构成这种权利。离职者补偿、少数受不来的人补偿等作为金钱性补偿,也许是可以提供客观性的标准,但是,关于作为起业者现实进行的对策的集团移居地的建造、营业资金的斡旋、职业指导、生活再建资金的融资、职业斡旋等,原告即使在裁判上主张这些,对法院来说,则存在着在法律上应该作为何种请求权来认识的困难。以"起业者为生活再建应采取某种措施的义务的确认"这种请求宗旨,日本的法院是否予以承认,则是需要研究的问题。

不过,尽管如此难以作为裁判上的请求权来构成,但是,在实务上当然是不能置之不理的,正是因为在裁判上处理存在困难,人们才更加期待行政部门拿出真挚的对策。如果说土地价格的计算等是传统的损失补偿的问题的话,那么,这类补偿就是现代性补偿的问题,因而存在更加复杂的、不透明的问题。[②]

(五) 剩余土地及其周围土地,伴随着收用事业的施行(有道路、空港等建设工事本身及道路、空港等的提供),由于断坡、通道的废弃、背阴、臭

[①] 参见岐阜地方法院判决,昭和 55 年 2 月 25 日,载《行裁例集》第 31 卷第 2 号,第 184 页;东京高等法院判决,平成 5 年 8 月 30 日,载《行裁例集》第 44 卷第 8·9 号,第 720 页。

[②] 福井秀夫著:《基于〈宪法〉第 29 条 3 款的"正当的补偿"之概念》,载《行政法研究》第 19 号,2017 年,第 26 页以下,对本书援用《日本国宪法》第 25 条的做法进行批判,认为根据《日本国宪法》第 29 条第 3 款,"至少可以将基于供需逼迫的地价上升部分作为正当的补偿来依法进行请求"。在这种限度内是可以赞成的,而本书之所以引用《日本国宪法》第 25 条,是基于这样的考虑:作为更加复杂的要素之集合的生活上的损失,对于这一点,要总括性地作为财产上的损失来处理,恐有不到之处。

气、噪音及其他与此相类似的因素而蒙受的不利或者损失,是否成为损失补偿的对象,成为需要研究的问题。在相对于收用损失的意义上,这称为事业损失。

关于这一点,日本实定法并没有规定统一的制度。

作为制定法上的应对事例,《土地收用法》对剩余土地及相邻土地等法定了所谓沟、墙补偿(第75条、第93条)。对此,存在着其性质是宪法上的损失补偿,还是损害赔偿,抑或政策上的补偿的理论问题,而制定法上被认为是作为损失补偿来处理的。

与此相对,关于背阴、臭气、噪音危害,《土地收用法》上没有特别的规定。由于这些危害使土地等的价格低落时,被认为成为剩余土地补偿(第74条)的对象①,而关于精神性、身体性损害,《土地收用法》上缺乏根据。另外,在《基准纲要》中,否定了将此作为损失补偿来处理的做法(《基准纲要》第41条但书)。并且,在裁判实务中,关于国营空港、旧国有铁道等公共设施的运作所产生的噪音等危害,是作为《国家赔偿法》第2条规定的营造物的设置、管理的瑕疵(所谓供用关联瑕疵)问题来处理的。②

关于这样的实务中的损害赔偿性处理,从理论的角度提出了疑问。与损害赔偿中的违法性是国家作用的违法性相对,事业损失中的归责事由是,居民方面产生了危害是违法的,因而应当认为这里存在着损失补偿的实体。③ 进而,也存在主张应该从正面构成事业损失的见解。④

但是,关于伴随公共设施的运作的损害的救济方法,并不一定存在普遍性的制度,各国的现状都是对应实定法制而进行努力的结果。换言之,并不是以理论上的协调性为指南来架构具体的制度,而是可以说,在各国的历史发展中都采用了适合本国国情的法制度。在这种意义上,试图通过在各国很少见到的营造物的设置、管理的瑕疵的制度,以及忍受限度论、阶段违法性说这种手段来保证公共事业的运作和补救损害的双方的均衡,这种日本实务的处理,在解释论的层面上,可

---

① 参见小泽著:《逐条解说土地收用法》(下卷),第145页以下。
② 盐野著:《行政法Ⅱ(第六版)行政救济法》,第285页。
③ 雄川一郎著:《国家补偿总说》(1983年),载雄川著:《行政的法理》,第492页。
④ 关于学说的状况,参见西埜著:《损失补偿逐条解释》,第176页以下。

以认为是适当的。①

（六）即使是限制财产权的情况下，有时也对"通常会产生的损失"予以补偿。即在《自然环境保全法》《自然公园法》《关于古都中历史性风土的保存的特别措施法》（简称《古都保存法》）中，对权利者赋课了不作为义务（被解释为公用限制的一种），要进行建筑等一定的行为时，需要获得行政厅的许可；对得不到该许可的情况等，规定补偿通常将产生的损失。② 因为这些补偿不是从被赋课不作为义务时，而是在申请不被许可时才被赋予的，所以又称为不许可补偿。

而且，在这种情况下，补偿的内容也成为需要探讨的问题。对此，有采用了应该在不许可决定使地价下落的限度内予以补偿的地价低落说的判例。③ 另外，也有采用了只限于在因不许可处分而受到积极损失的情况才应该予以补偿的积极的实损说的判例。④ 关于土地利用规制，从应该重视现状变更的要素这种见解⑤来看，实损说被解释为是适当的。⑥

---

① 小幡著：《国家损害赔偿责任再构成》，第363页、第366页，主张应当将判例实务上的如上所述的手法作为"补偿代替型国家赔偿"来把握。

在法国，不进行合法行为、违法行为的理论性区别，判例上，作为公共土木责任制中永久性损害的问题来处理（小幡著：《国家损害赔偿责任再构成》，第32页以下、第222页以下）。在德国，使用了收用性侵害（enteignender Eingriff）的法概念（参见宇贺克也著：《德国国家责任法的理论史性分析》，载宇贺著：《国家责任法的分析》，第198页）。在美国，有逆收用（inverse condemnation）的概念[参见寺尾美子著：《美国土地利用计划法的发展和财产权的保障（三）》，载《法学协会杂志》第101卷第1号，1984年，第105页以下]。此外，作为从和航空机噪音的关系上综观这三国的法制度的研究，参见宇贺克也著：《赔偿和补偿》，载《法学者》第866号，1986年，第20页以下。

日本的营造物的设置、管理的瑕疵的构成，从救济的角度来看，我认为，在如下几点上具有优点：不仅包括地价低落，而且还包括精神性、具体性损失，还留有中止请求的余地。

作为立法论，关于公共设施的建设，在导入计划制定程序的同时，关于中止诉讼、损害赔偿诉讼，也应该制定一定的规则[参见行政程序法研究会（第一次报告）《公共事业实施计划确定程序》，载《法学者》第810号，1984年，第54页以下]。但是，在此之前，我认为，只能以正文所论述的日本的法技术来处理。

② 《自然环境保全法》第33条、《自然公园法》第52条、《古都保存法》第9条。

③ 东京地方法院判决，昭和57年5月31日，载《判例时报》第1047号，第73页。

④ 东京地方法院判决，昭和61年3月17日，载《行裁例集》第37卷第3号，第294页。作为其控诉审判决，有东京高等法院判决，昭和63年4月20日，载《行裁例集》第39卷第3·4号，第281页也是同样的宗旨。此外，作为学说，除此以外还有相当因果关系说、地价说等。参见西埜著：《损失补偿逐条解释》，第141页以下。

⑤ 盐野著：《行政法Ⅱ（第六版）行政救济法》，第305页。

⑥ 东京地方法院判决，平成2年9月18日，载《行裁例集》第41卷第9号，第1471页，被认为是采用了实损说。

四、开发利益的返还

在这里,所谓开发利益,是指事业所带来的整体效用。即开发利益=粗效用—(工事费+资本成本+用地费)。① 而且,这种开发利益是应该由不特定多数的全体来享受的。但是,现实中却并不一定被平均地返还给不特定多数人。例如,就水库建设而言,实际上水库的效用集中在下游,可以说对建设水库当地的开发利益返还是较少的。因此,使因水库建设带来的利益不是仅归属于作为直接受益者的下游流域的居民,而是也返还给上游领域的居民的,就是开发利益返还的观点,或者称为利益再分配。在这种意义上,是超出补偿范围的,但是,这也是在补偿的时候必须予以一同考虑的事项。

如上所述,开发利益的返还被认为可以正当化,而该返还以对个人补偿的形式进行是否适当,则是需要探讨的问题。如果认为开发利益本来是应该由不特定多数的国民来享受的,那么,返还不应该是作为对个人补偿的添加,而应该作为向地域的返还来考虑。具体地说,可以考虑该地方公共团体为承受者。②

从这种观点来看,现行制度上也存在着开发利益返还地域方式的制度。根据《水源地域对策特别措施法》,在因水库等的建设其基础条件被认为发生了显著变化的地域(水源地域。基于都道府县知事的申请,国土交通大臣指定——第3条)内,制定水源地域整备计划(决定权者是国土交通大臣——第4条),对基于这一计划的事业经费,承认了国家的负担或者补助的特例(第9条)。进而,受益地方公共团体也进行一定的费用负担(第12条)。③

---

① 参见华山谦著:《公共事业的施行和补偿》,载《行政法大系6》,第330页。
② 宇贺著:《国家补偿法》,第467页以下,将该问题作为以补偿为内容的社区对策来把握。
③ 《水源地域对策特别措施法》是在对以前以金钱进行损失补偿中心主义的反省的基础上制定的,和正文所述对于整备事业的财政上的特别措施一起,对作为生活再建补偿的生活再建措施,也作出了规定(第8条。不过,限于努力义务)。在这种意义上,该法是以过于稀疏对策、财政援助、生活再建措施、当地团体和受益团体的利益调整为目的的综合性地域开发立法。

第四节　国家补偿的稀疏领域

一、问题状况

在日本,国家赔偿和损失补偿是作为不同的制度分别展开的。但是,从理论上看,存在难以划分为国家赔偿和损失补偿任何一种的所谓境界领域,如计划变更①,事情判决(特别情况下的驳回判决)②,事业损失③等。进而,从国家补偿制度整体来看,有人指出,存在着以迄今为止的国家赔偿和损失补偿这两种制度无法包容的、国家补偿的稀疏领域。关于这个概念,存在如下范畴:

(一)属于公权力的行使的公务员的行为虽然违法但是无过失的情况。《国家赔偿法》第1条至少在修辞上是以存在公务员的过失为要件的。与此相对,人们虽然展开了过失概念本身的客观化这种实体法上的对策及过失推定等所谓程序上的对策,但是那是有限度的。另外,按照以前的观念的话,损失补偿仅限定于合法行为。所以,虽然违法但是无过失的情况下,不能依据国家赔偿和损失补偿的任何一种途径得到救济。

(二)营造物的设置、管理没有瑕疵的情况。在《国家赔偿法》第2条的解释上,国家虽然承担无过失责任,但是,并不是在无瑕疵的情况下也承担责任,即不是只要发生了危害,就必须对其结果承担责任,这是通说性见解。我认为,无论在前后文逻辑性上,还是在沿革上,该见解都是适当的。对此,在现行制度下也存在救济之手不能涉及的领域。

(三)进行强制性国家活动本身是法所承认的,但是,如果对因此而产生的损害置之不理,有时会产生违反正义的状况。例如,在预防接种之际,尽管是根据法的规定,并且也没有怠慢于注意义务,但是,还是出现了后遗症,有时甚至出现死亡的事例。在通常的损失补偿中,对相对人带来损失是法所承认的。与此相对,预防接种的后遗症的发生并不是法从正面承认的,而观其结果,却产生了严重违反正义的状况。尽管如此,在这

---

① 盐野著:《行政法Ⅰ(第六版)行政法总论》,第181页。
② 盐野著:《行政法Ⅱ(第六版)行政救济法》,第162页。
③ 盐野著:《行政法Ⅱ(第六版)行政救济法》,第313页。

种情况下,无论在国家赔偿、国家补偿的哪一种制度中,若以其传统的形态来把握,则均是无法救济的。

(四)公务灾害、战争灾害,是鉴于个人被置于危险状况的损害,和(三)的范畴相类似,所以,有时将双方一同作为危险责任来说明。但是,我认为,这种情况不是像预防接种那样的个别的侵害行为,而是受害者被置于总括性环境存在危险,在这一点上可以与(三)的范畴区别开来。这些灾害难以通过传统的救济方法得到全面解决,这是不言而喻的。

关于以上国家补偿的稀疏领域,从受害者方面来看,可以说是当然应该予以救济的。但是,必须注意的是,其救济费用最终只能由税金来解决。在这种意义上,存在着解释论的界限,即这里存在着如下问题:论及税金的使用方法,那不是法官的工作(裁判),而是立法者的作用。

二、应对的状况

(一)违法、无过失的情况

在公权力的行使违法、无过失的情况下,现行法上,进行了过失的客观化、过失的推定等所谓对症下药疗法。

但是,超过此范围,既然现行法明确规定以过失为要件,一般地说,要从正面否定过失的概念,作为解释论是有困难的。因此,人们期待着个别的对策。作为制定法也并不是没有对应事例。

例如,在《国税征收法》的滞纳处分程序中,当动产的出卖决定违法时,对善意的购买者不能要求返还,同时,国家此时被规定为应承担无过失的损害赔偿责任(第112条)。此外,《消防法》在对消防长、消防署长(市町村的机关)赋予防火对象物改善命令等权限时规定,通过该命令的撤销诉讼作出撤销判决时,对因该命令所产生的损失,应当以时价予以补偿(第5条、第5条之二、第6条)。

不过,必须注意的是,这些并不是一般性无过失损害赔偿制度的前奏,而是分别由其各自固有的立法理由所支持的。就《国税征收法》而言,国家设定国税征收制度,其目的之一是确保国税征收的顺利运作,从调整购买人和旧所有者利益的角度出发,结果由国家来补救相关损害。与此相对,在《消防法》之下,在紧急情况下姑且承认发布命令,即在预测到违法行为之发生的基础上,由该市町村无过失地承担此时的损害。

问题不在于这里所说的个别对应,而在于对国家的行为是否应该从正面承认无过失责任这一点上。这关系到《国家赔偿法》的根本性修改,因而成为将来的课题。①

(二)设置、管理无瑕疵的情况

关于营造物的设置、管理,不考虑瑕疵的存在而承担责任这种意义上的结果责任,在解释论上,不是通说和判例所采用的观点。② 此外,在立法论上也存在着无条件地全额以税金来负担因营造物而产生的损害是否适当的问题。在这里,应该采取包括有关水害、道路灾害等的保险制度在内的灾害防止及危险负担的合理的、综合的对策。

(三)关于正当行为的结果责任

虽然说行为本身是正当的,但是,有时作为该行为的结果却使私人方面产生意想不到的损失。法律上虽然有对此作出规定的事例,但是,也存在需要通过解释论来解决的问题。

1. 作为法律上规定了补救的事例,《文化财产保护法》规定对在规定的修理(第 38 条)之时受到损失者,规定由国家补偿通常会产生的损失(第 41 条)。此外,对重要文化财产的所有者,文化厅长官为了提供于公开之用,可以发布参展命令(第 48 条)。对起因于参展的灭失、毁损,规定了相同宗旨的补偿(第 52 条)。关于这种情况下的"损失补偿"的性质,《文化财产保护法》没有作出特别的规定,即只要产生了损害,国家的行为便是违法的。故此,这里的补偿,是应该视为无过失损害赔偿呢?还是应该着眼于行为本身,只要没有瑕疵,就是基于合法行为

---

① 这一问题也和国家责任的法的构成相关联。作为将来的方向,应该在明确国家的自己责任的基础上,明确指出对违法行为的损害赔偿原则。当然,关于是否承认完全的无过失责任,有必要从比较法的角度慎重地予以考虑。德国的《国家责任法》(1981 年。不过,之后,由于违宪判决而无效),在废止了以前的代位责任,承认了国家的自己责任的基础上规定:"在行使公权力时,即使尽到了各个不同时期的情况所要求的注意,依然不可能避免义务违反的情况下,不进行金钱赔偿"(第 2 条第 1 款)。在这种意义上,必须注意的是,虽然不是一般地采用了无过失责任主义,但是,该注意义务是高度客观性的义务。进而应该注意的是,针对这一原则,其规定:"违反义务,违法地侵害了基本权的情况下,即使尽到了根据第一款所要求的注意,损害也必须以金钱予以赔偿"(第 2 条第 2 款)。即关于基本权的侵害的所有情形,都承认了无过失责任(关于以上内容,参见宇贺克也著:《1981 年国家责任法》,载宇贺著:《国家责任法的分析》,第 224 页以下)。此外,法国立于自己责任说,在判例法上展开了公共服务过失(faute de service)的概念。但是,公共服务过失,被根据该行政作用的性质、个别的情况进行了灵活的把握(滝泽正著:《各国的国家补偿法的历史发展及其动向——法国》,载《国家补偿法大系 1》,第 23 页以下)。

② 盐野著:《行政法Ⅱ(第六版)行政救济法》,第 284 页。

的,所以应该视为属于损失补偿的系列呢?仅依据法律条文,是不明确的。不过,在这种情况下,立法时并不一定有拘泥于损害赔偿或者损失补偿的理由。因而,只要作为文化财产的修缮、陈列这一公益目的和私人的财产权的保护的调整性立法,承认其合理性便足够了。并且,这样一来,将不以行为的违法、合法为问题的立法,作为承认了结果责任的立法来处理,也是可能的了。

2. 就因预防接种所发生的事故而言,现在已经建立起了不管过失如何,进行一定的给付的制度(《预防接种法》,第 16 条以下)。但是,在该法制定以前也曾发生过预防接种事故,出现了过失的认定存在困难、救济受阻的状况。并且,在该法制定之后,也存在着给付额是否过低的问题。因此,人们展开了对其救济能否通过损失补偿法理来进行的讨论。

其一是考虑到《日本国宪法》第 29 条第 3 款的援用。关于预防接种事故的救济,依据《日本国宪法》第 29 条第 3 款来进行,则存在着该条款本来是以财产权为对象之疑问。但是,在日本,损失补偿的法理本身,是明治宪法以来,以公平负担、特别损失的观念为基础而建立起来的。此时,作为观念中的重要的适用例,的确一直是财产权。但是,那并不是概念的必要性前提条件。从以特别损失为核心的损失补偿制度来看,《日本国宪法》第 29 条第 3 款承认了公平负担、特别损失的财产情形之适用的,或者说仅此而已。这样一来,关于因强制性预防接种而对某人产生的事故的救济方法,采取对在《日本国宪法》下比财产具有更高的保护价值的生命、身体的合法侵害的损失补偿的构成,作为其请求权的具体化,援用《日本国宪法》第 29 条第 3 款,我认为是较实际的解释。这种援用,是类推还是当然,并无本质上的差异。① 此外,援用《日本国宪法》第 29 条第 3 款,并不等于从正面承认了对生命的剥夺和对身体的侵害。这是因为,援用的对象是对特别损失,基于公平负担的见解的补偿,而不是有意识的侵害行为。②

---

① 同样宗旨,梅原康生著:《基于结果责任的国家补偿》,载杉村编:《行政救济法2》,第 194 页。

② 此外,在德国,依据制定法的对应先行,进行了通过损失补偿的构成的法院的救济。包括这一点在内,参见盐野著:《预防接种事故和国家补偿》,载盐野著:《行政过程及其统制》,第 417 页以下。此外,在学说上,除此以外,还有《日本国宪法》第 13 条、第 14 条第 1 款、第 25 条第 1 款适用说。关于这些学说,参见西埜章著:《预防接种与法》,1995 年版,第 149 页以下。

虽然也可以发现有与这种观点相对应的裁判例①,但是,损失补偿说其后并未成为法院所采用的观点,对于预防接种事故的现实的救济,在日本,是通过认定预防接种之际的公务员的过失这种国家赔偿法制来进行的。例如,东京高等法院平成4年12月18日判决②就采取了这种法理。该判决认为:"从与生命、健康的侵害这种重大的法益侵害相对比来看,不能说以成本及人手的问题为理由,可以使厚生大臣(当时)所采取的行动得以正当化。"在此基础上,指出:"作为厚生大臣没有采取为了识别……禁忌的充分的措施之结果,现场的接种担当者错误地进行禁忌识别,对属于禁忌者予以接种,应当说,是能够预见像本案件中各事故那样重大的副作用事故发生的。并且,……由于本案件中受害儿童们全部被推定为属于禁忌者,所以,应当说,假设厚生大臣采取了识别禁忌的充分的措施,其结果,接种担当者没有错误地进行禁忌识别,将属于禁忌者全部从接种对象者之中排除出去的话,本案件副作用事故的发生是可以规避的。所以,可以说,本案件副作用事故这种结果规避可能性也是存在的。"作为结论,该判决指出:"不得不说,厚生大臣存在过失,即怠慢于采取为了避免对属于禁忌者实施预防接种的充分的措施。"③该判决中有法院自身援用的两个最高法院判决——后遗残疾发生的情况下,属于禁忌者的推定发挥作用的判决④,以及对担当医师赋课进行区别禁忌者提问这种高度的注意义务的判决⑤——可以说,使得预防接种不是通过损失补偿,而是通过国家赔偿来进行救济这种判例实务得以巩固。⑥

---

① 东京地方法院判决,昭和59年5月18日,载《判例时报》第1118号,第28页。
② 载《判例时报》第1445号,第3页。
③ 盐野著:《行政法Ⅱ(第六版)行政救济法》,第270页。
④ 最高法院判决,平成3年4月19日,载《民集》第45卷第4号,第367页;《行政判例百选Ⅱ》第217案件。
⑤ 最高法院判决,昭和51年9月30日,载《民集》第30卷第8号,第816页。
⑥ 东京高等法院平成4年12月18日判决,也涉及损失补偿的方法。该判决认为,本来,对生命、健康进行的合法的侵害,在《日本国宪法》之下,难以在宪法所承认的刑事补偿(第40条)以外考虑。在预防接种之际发生了事故的话,那么,种痘的强制被视为违法。作为结论,该判决指出:"本来,如果对生命、身体课处特别的牺牲的话,应当说,那就是违宪违法的行为,是不能被容许的行为。因为生命、身体是无论伴随怎样的补偿,也不得将其供于公共之用的,所以,由于不应允许的对于生命、身体的侵害发生而进行的补偿,本来,不得不说,其与《日本国宪法》第29条第3款是毫无关系的。因此,关于这样毫无关系的事项,根据生命、身体比财产更加贵重这种逻辑而进行类推或者当然解释,是失当的。"(转下页)

此外,关于预防接种损害的救济,在《预防接种法》上也规定了健康损害的救济措施(第 15 条以下),因为该制度没有排他性,故而另外进行损害赔偿请求是可能的。①

(四)有关危险状态的责任

在承认国家补偿的立法事例中,有的承认了对因国家设定危险状态,或者将人置于危险状态而发生的损害予以补偿。例如,《国家公务员灾害补偿法》《关于对警察官的职务协力援助者的灾害给付的法律》《关于基于在日本国滞留的美利坚合众国军队等行为的特别损失之补偿的法律》等。

预防接种事故补偿、文化财产损伤补偿,基本上也是以危险责任为根据的。但是,这其中也存在个别的公权力的行使和对其服从的关系,是规定对在该过程中所产生损失予以补救的。与此相对,这里考察的是,国家方面没有个别的命令行为,而是国家创造出更加广泛的危险状态的情况下的损害的补救问题。

不过,仅被置于危险状态,便一般地构成补偿请求权,这是有困难的,即危险状态越是一般性的,补偿的问题就越难以作出单义性的规定,与此相适应,是否应该补偿的判断权者,也从司法权之手转移到立法

(接上页)
当然,该判决并不是从正面承认因预防接种所产生的事故当然地导致国家的损害赔偿责任的产生即无过失损害赔偿责任的判决。该判决认为,假设在国家方面不能认定过失的情况下,发生了损害赔偿不实施的事态,那也是在《日本国宪法》之下的国家补偿体系上不得已而为之的事情。此外,该法院承认了具有违法的结果发生的可能性,指出:"考虑到预防接种制度的公益性、公共性,即使偶尔发生在法秩序上不能容忍的损失,对于制度整体而言,也应该予以合法且合宪的评价"。所以,从逻辑上说,预防接种是以事故发生的预测为前提而得以实施的,尽管其结果发生了预防接种事故,也会残留下得不到救济的情形。正是这种状况,在《日本国宪法》之下置之不理,这难道不是法所不承认的事情吗?损失补偿将其本来的出发点置于这一点上,试图从正面对此作出回答。东京高等法院判决通过作为现实问题的高度客观化了的国家的组织性过失这种方法,谋求对受害者的救济,为现实的受害者救济提供了一种方法,这是不能否定的。但是,尽管如此,还是可以认为,对于损失补偿的方法,法院完全堵塞路径,是不妥当的(包括这一点在内,参见稻叶馨著:《对预防接种的国家的补偿责任》,载《法学者》第 1021号,1993 年,第 60 页以下)。此外,我认为,极端地推进过失概念的客观化,其对日本法带来的影响,在某种意义上,比损失补偿论还要大。

① 关于两种制度的并用及改善的问题,参见樋口范雄著:《续·思考医疗与法》,2008 年版,第 47 页以下、第 55 页以下;宇贺克也著:《对于预防接种损害的救济》,载《争点》,第 162 页以下。

权之手。战争灾害就是其中的一种。对此，如果着眼于具体的每个人，虽然所蒙受的损害有轻重之分，但是，从司法上来辨别特别损失和非特别损失，实际上是不可能的，并且，如何补救该灾害，可以说也是极其适合于立法性、行政性判断的。① 关于这个问题，因为在外资产的丧失而提起补偿金请求的，最高法院昭和 43 年 11 月 27 日大法庭判决②认为，一般地说，战争灾害是国民均应忍受的。进而，西伯利亚扣留请求案件③、在日韩国人的军人、军属的年金恩给请求案件④、BC 级战犯案件⑤等，对于这些与战争有关但与一般日本国民不同的情况，均承认了立法裁量，排斥了原告的主张。⑥

此外，即使立法上承认了对基于危险状况在现实中发生的损失予以

---

① 作为试图进行立法性解决的一个事例，有《战伤病者战死者遗属等援护法》。该法第 1 条规定："本法律的目的是，关于军人军属等的公务上的负伤、疾病或者死亡，基于国家补偿的精神，对曾经是军人军属等的人或者这些人的遗属予以援护。"关于与战争灾害补偿相关的其他的立法事例，进而更加广泛地与危险责任相关的立法例，参见福永著：《通过国家补偿的救济》，载《现代行政法讲座Ⅱ》，第 300 页以下，详细地进行了分析。
② 载《民集》第 22 卷第 12 号，第 2808 页；《行政判例百选Ⅱ》第 254 案件。
③ 最高法院判决，平成 9 年 3 月 13 日，载《民集》第 51 卷第 3 号，第 1233 页。
④ 最高法院判决，平成 13 年 4 月 5 日，载《判例时报》第 1751 号，第 68 页；最高法院判决，平成 14 年 7 月 18 日，载《判例时报》第 1799 号，第 96 页。
⑤ 最高法院判决，平成 13 年 11 月 22 日，载《判例时报》第 1771 号，第 83 页。
⑥ 战争相关的补偿请求事件，并非都能够以战争灾害来整理。例如，关于由中国残留孤儿、中国残留妇人提起的国家赔偿请求事件，大阪地方法院判决，平成 17 年 7 月 6 日，载《判例时代》第 1202 号，第 125 页，将原告所蒙受的损害视为战争灾害或者战争牺牲，引用了昭和 43 年最高法院判决、平成 9 年最高法院判决。而在关于同种事件的其他裁判中，例如，东京地方法院判决，平成 18 年 2 月 15 日，载《判例时报》第 1920 号，第 45 页，并没有论及战争灾害论；札幌地方法院判决，平成 19 年 6 月 15 日，平成 15 年（ワ）2636 号，刊发于法院网站；名古屋地方法院判决，平成 19 年 3 月 29 日，平成 15 年（ワ）4003 号，刊发于法院网站；对战争灾害或者战争损害予以全部或者部分地明示否定，从正面论述了国家的作为义务。当然，在这种国家赔偿事件中，也有承认了国家的赔偿责任的事例（神户地方法院判决，平成 18 年 12 月 1 日，载《判例时报》第 1968 号，第 18 页），而大多是原告的请求被驳回，原告的救济只能等待立法措施（《关于中国残留侨民日本人等顺利归国的促进以及永居归国后的自立支援的法律》之部分修改，2007 年）。在作为司法救济之界限事例这一点上，与战争灾害的救济具有相通之处。
作为对容易广泛承认立法裁量的判例进行批判性探讨的研究，参见荻野芳夫著：《关于战后补偿和立法裁量论》，载《关东学院法学》第 9 卷第 2 号，2000 年，第 1 页以下。
与战争损害相关的案件，从请求的旨趣来看，与其说是纯粹的损失补偿请求，倒不如说是各种各样的，包括国家赔偿请求、行政处分撤销请求、未支付工资请求等。关于这一点，从行政法的观点出发，对判例、学说进行了整理的研究，西埜章著：《围绕战后补偿的行政法上的诸问题》，载《法政理论》（新潟大学）第 31 卷第 4 号，1999 年，第 132 页以下，具有参考价值。

补救的情况,但是,正像有时同时具有国家补偿的性质和社会保障的性质那样,也会产生其性质不能作单义性区分的情况。① 最高法院在适用《关于原子弹受害者的医疗等的法律》之际,认为不需要居住关系。其论据是,该法具有作为社会保障法的性质,同时在其根本上具有国家补偿法的性质,这是无法否定的。②

---

① 作为具有复合性质的国家给付,除此之外,还有《犯罪受害者等给付金支付法》(参见大谷实、齐藤正治著:《犯罪受害者给付金制度》,1982年版,第39页以下)。但是,这不是以国家的行为(作为、不作为)本身作为问题的,所以,不包含在国家补偿(责任)的范畴之中(参见宇贺著:《国家补偿法》,第512页以下)。此外,最高法院判决,平成29年9月8日,载《民集》第71卷第7号,第1021页,认为基于《关于公害健康受害的补偿等的法律》的损害补偿费,为了实现损害的迅速填补这一旨趣,作为代替原因者本来应当实现的损害赔偿义务的履行而支付的。以该解释为前提的话,损害补偿费,与其说是"补偿",倒不如说应当将其理解为,为了促进受害人救济而采取的一种行政手法(此外,参见《法学者平成29年重要判例解说》,第55页以下,木村琢磨解说)。

② 参见最高法院判决,昭和53年3月30日,载《民集》第32卷第2号,第435页;《行政判例百选Ⅱ》第255案件,上床悠解说;《行政判例百选Ⅱ》(第六版)第263案件,又坂常人解说。不过,最高法院判决,平成27年9月8日,载《民集》第69卷第6号,第1607页,作出了国外居住者也是支付对象的判断,但没有使用国家补偿的概念,而是仅限于作为重点列举了健康损害的特异性、重大性。

判 例 索 引

● 大审院、最高法院 *

大判大正 5 年 6 月 1 日,载《民录》第 22 辑,第 1088 页(德岛游动圆棒案件) …… 243
大判大正 13 年 5 月 14 日,载《法律新闻》第 227 号,第 20 页 ………………… 244
昭和 25 年 4 月 11 日,载《裁判集民事》第 3 卷,第 225 页 ………………………… 245
昭和 27 年 1 月 25 日,载《民集》第 6 卷第 1 号,第 22 页 ……………………… 165
昭和 27 年 10 月 8 日(大),载《民集》第 6 卷第 9 号,第 783 页
　(警察预备队设置违宪诉讼) ……………………………………………………… 232
昭和 27 年 11 月 20 日,载《民集》第 6 卷第 10 号,第 1038 页 ………………… 79
昭和 28 年 6 月 12 日,载《民集》第 7 卷第 6 号,第 663 页 …………………… 221
昭和 28 年 10 月 30 日,载《行裁例集》第 4 卷第 10 号,第 2316 页 …………… 165
昭和 28 年 12 月 23 日(大),载《民集》第 7 卷第 13 号,第 1523 页 ………… 307—
昭和 28 年 12 月 24 日,载《民集》第 7 卷第 13 号,第 1604 页 ………………… 126
昭和 29 年 6 月 22 日,载《民集》第 8 卷第 6 号,第 1162 页 …………………… 172
昭和 29 年 10 月 14 日,载《民集》第 8 卷第 10 号,第 1858 页 ………………… 28
昭和 30 年 4 月 19 日,载《民集》第 9 卷第 5 号,第 534 页 …………………… 276
昭和 31 年 11 月 30 日,载《民集》第 10 卷第 11 号,第 1502 页 ……………… 273
昭和 32 年 3 月 19 日,载《民集》第 11 卷第 3 号,第 527 页 …………………… 221
昭和 32 年 12 月 25 日,载《民集》第 11 卷第 14 号,第 2466 页 ……………… 26
昭和 33 年 7 月 25 日,载《民集》第 12 卷第 12 号,第 1847 页 ………………… 163
昭和 34 年 1 月 29 日,载《民集》第 13 卷第 1 号,第 32 页 …………………… 85
昭和 34 年 8 月 18 日,载《民集》第 13 卷第 10 号,第 1286 页 ………………… 107
昭和 34 年 12 月 16 日(大),载《刑集》第 13 卷第 13 号,第 3225 页 ………… 234
昭和 35 年 3 月 9 日,载《民集》第 14 卷第 3 号,第 355 页 …………………… 118
昭和 35 年 6 月 8 日(大),载《民集》第 14 卷第 7 号,第 1206 页(苫米地案件) … 233
昭和 35 年 7 月 12 日,载《民集》第 14 卷第 9 号,第 1744 页 ………………… 84

---

* 日期后面附有"(大)"字样的,表示是最高法院大法庭判决;日期后面附有"(决)"字样的,表示是最高法院决定。——译者注

昭和36年2月16日,载《民集》第15卷第2号,第244页(输血梅毒案件) …… 295
昭和36年3月15日(大),载《民集》第15卷第3号,第467页 …………… 90
昭和36年7月21日,载《民集》第15卷第7号,第1966页 ……………… 80
昭和37年1月19日,载《民集》第16卷第1号,第57页 ………………… 107
昭和37年3月7日(大),载《民集》第16卷第3号,第445页 …………… 234
昭和37年12月26日,载《民集》第16卷第12号,第2557页 …………… 33,75
昭和38年6月26日(大),载《刑集》第17卷第5号,第521页
　(奈良蓄水池条例案件) ……………………………………………… 304
昭和39年1月24日,载《民集》第18卷第1号,第113页 ………………… 90
昭和39年7月14日,载《民集》第18卷第6号,第1133页 ……………… 226
昭和39年10月29日,载《民集》第18卷第8号,1809页
　(东京垃圾焚烧场案件) ………………………………………… 82,86,94—
昭和40年4月28日(大),载《民集》第19卷第3号,第721页 …………… 119
昭和40年11月19日,载《判例时报》第430号,第24页 ………………… 88
昭和41年2月8日,载《民集》第20卷第2号,第196页 ………………… 233
昭和41年2月23日(大),载《民集》第20卷第2号,第271页 …………… 89—
昭和41年7月20日(大),载《民集》第20卷第6号,第1217页 ………… 215
昭和42年3月14日,载《民集》第21卷第2号,第312页 ………………… 183
昭和42年4月7日,载《民集》第21卷第3号,第572页 ………………… 183
昭和42年5月24日(大),载《民集》第21卷第5号,第1043页
　(朝日诉讼) …………………………………………………………… 121
昭和42年5月30日,载《民集》第21卷第4号,第1030页 ……………… 221
昭和43年11月27日(大),载《民集》第22卷第12号,第2808页 ……… 322—
昭和43年11月27日(大),载《刑集》第22卷第12号,第1402页
　(名取川案件) ………………………………………………………… 301
昭和43年12月24日,载《民集》第22卷第13号,第3147页 …………… 85
昭和43年12月24日,载《民集》第22卷第13号,第3254页
　(东京十二频道案件) ……………………………………… 41,107,120
昭和44年2月18日,载《判例时报》第552号,第47页 ………………… 250
昭和45年7月15日(大),载《民集》第24卷第7号,第771页 …………… 86
昭和45年8月20日,载《民集》第24卷第9号,第1268页
　(高知落石案件) ……………………………………………… 281,283,290
昭和45年9月16日(大),载《民集》第24卷第10号,第1410页 ………… 234
昭和45年12月24日,载《民集》第24卷第13号,第2243页 …………… 91
昭和46年1月20日(大),载《民集》第25卷第1号,第1页 …………… 86,97

昭和46年6月24日,载《民集》第25卷第4号,第574页 ················· 262
昭和47年5月30日,载《民集》第26卷第4号,第851页 ················· 303
昭和47年11月16日,载《民集》第26卷第9号,第1573页 ··············· 189
昭和47年11月30日,载《民集》第26卷第9号,第1746页
　（长野勤务评定案件） ································· 204
昭和48年1月19日,载《民集》第27卷第1号,第1页 ··················· 106
昭和48年3月6日,载《裁判集民事》第108号,第387页 ················· 118
昭和48年3月27日,载《裁判集民事》第108号,第529页 ················ 275
昭和48年10月18日,载《民集》第27卷第9号,第1210页 ················ 307
昭和49年3月8日,载《民集》第28卷第2号,第186页 ··················· 166
昭和49年12月10日,载《民集》第28卷第10号,第1868页
　（旭丘中学案件） ···································· 121
昭和50年2月25日,载《民集》第29卷第2号,第143页 ·················· 296
昭和50年6月26日,载《民集》第29卷第6号,第851页 ············· 281,285
昭和50年7月25日,载《民集》第29卷第6号,第1136页 ·················· 281
昭和50年11月28日,载《民集》第29卷第10号,第1754页 ·············· 291—
昭和51年3月10日（大）,载《民集》第30卷第2号,第79页 ··············· 42
昭和51年4月14日（大）,载《民集》第30卷第3号,第223页 ·············· 164
昭和51年4月27日,载《民集》第30卷第3号,第384页 ·················· 178
昭和51年9月30日,载《民集》第30卷第8号,第816页 ·················· 320
昭和52年3月15日,载《民集》第31卷第2号,第234页 ················ 85,234
昭和52年7月13日（大）,载《民集》第31卷第4号,第533页
　（津地镇祭案件） ···································· 226
昭和52年12月20日,载《民集》第31卷第7号,第1101页 ················ 132
昭和53年3月14日,载《民集》第32卷第2号,第211页
　（主妇联合会饮料诉讼） ·························· 19,106,108
昭和53年3月30日,载《民集》第32卷第2号,第435页 ·················· 323
昭和53年3月30日,载《民集》第32卷第2号,第485页 ············· 226,228
昭和53年7月4日,载《民集》第32卷第5号,第809页 ···················· 285
昭和53年7月17日,载《民集》第32卷第5号,第1000页 ·················· 247
昭和53年9月19日,载《判例时报》第911号,第99页 ···················· 144
昭和53年10月4日（大）,载《民集》第32卷第7号,第1223页
　（马库林案件） ······································ 132
昭和53年10月20日,载《民集》第32卷第7号,第1367页 ················ 265
昭和53年12月8日,载《民集》第32卷第9号,第1617页

（成田新干线案件）· 85,223
昭和 54 年 7 月 10 日,载《民集》第 33 卷第 5 号,第 481 页 · · · · · · · · · · 251
昭和 54 年 12 月 25 日,载《民集》第 33 卷第 7 号,第 753 页(海关检查案件) · · · · · · 91
昭和 55 年 11 月 20 日,载《判例时报》第 1001 号,第 31 页 · · · · · · · · · · · · · · · · · · 120
昭和 55 年 11 月 25 日,载《民集》第 34 卷第 6 号,第 781 页 · · · · · · · · · · · · · · · · · · 119
昭和 56 年 2 月 24 日,载《民集》第 35 卷第 1 号,第 98 页 · 79
昭和 56 年 4 月 7 日,载《民集》第 35 卷第 3 号,第 443 页
（板曼陀罗案件）· 232,234
昭和 56 年 5 月 14 日,载《民集》第 35 卷第 4 号,第 717 页 · 19
昭和 56 年 7 月 14 日,载《民集》第 35 卷第 5 号,第 901 页 · · · · · · · · · · · · · · · · · · 146
昭和 56 年 12 月 16 日(大),载《民集》第 35 卷第 10 号,第 1369 页
（大阪国际空港案件）· 95—,208—,215,285
昭和 57 年 1 月 19 日,载《民集》第 36 卷第 1 号,第 19 页 · 258
昭和 57 年 2 月 5 日,载《民集》第 36 卷第 2 号,第 127 页 · 302
昭和 57 年 2 月 23 日,载《民集》第 36 卷第 2 号,第 154 页 · 261
昭和 57 年 3 月 12 日,载《民集》第 36 卷第 3 号,第 329 页 · 262
昭和 57 年 4 月 1 日,载《民集》第 36 卷第 4 号,第 519 页 · 253
昭和 57 年 4 月 22 日,载《民集》第 36 卷第 4 号,第 705 页 · 89
昭和 57 年 9 月 9 日,载《民集》第 36 卷第 9 号,第 1679 页
（长沼奈基基地诉讼）· 88,106,109,121
昭和 58 年 2 月 18 日,载《民集》第 37 卷第 1 号,第 59 页 · 303
昭和 58 年 2 月 18 日,载《民集》第 37 卷第 1 号,第 101 页 · · · · · · · · · · · · · · · 254,261
昭和 58 年 6 月 22 日,载《民集》第 37 卷第 5 号,第 793 页 · 234
昭和 58 年 7 月 15 日,载《民集》第 37 卷第 6 号,第 849 页 · 229
昭和 59 年 1 月 26 日,载《民集》第 38 卷第 2 号,第 53 页
（大东水害案件）· 280,282
昭和 59 年 3 月 23 日,载《民集》第 38 卷第 5 号,第 475 页 · 258
昭和 59 年 10 月 26 日,载《民集》第 38 卷第 10 号,第 1169 页 · · · · · · · · · · · · · · · · · 117
昭和 59 年 11 月 29 日,载《民集》第 38 卷第 11 号,第 1260 页 · · · · · · · · · · · · · · · · · 279
昭和 59 年 12 月 12 日,载《民集》第 38 卷第 12 号,第 1308 页 · · · · · · · · · · · · · · · · · · 92
昭和 60 年 3 月 28 日,载《民集》第 39 卷第 2 号,第 333 页(加治川水害案件) · · · 283
昭和 60 年 11 月 21 日,载《民集》第 39 卷第 7 号,第 1512 页
（废止在家中投票制度违宪诉讼）· 263
昭和 60 年 12 月 17 日,载《民集》第 39 卷第 8 号,第 1821 页 · · · · · · · · · · · · · · · · · 178
昭和 60 年 12 月 17 日,载《判例时报》第 1179 号,第 56 页(伊达火力诉讼) · · · · · · 106

昭和 61 年 2 月 13 日,载《民集》第 40 卷第 1 号,第 1 页 …………………… 88
昭和 61 年 2 月 27 日,载《民集》第 40 卷第 1 号,第 88 页 …………… 227,228
昭和 61 年 2 月 27 日,载《民集》第 40 卷第 1 号,第 124 页 …………… 270
昭和 61 年 3 月 25 日,载《民集》第 40 卷第 2 号,第 472 页 …………… 284
昭和 61 年 6 月 19 日,载《判例时报》第 1206 号,第 21 页 ……………… 79
昭和 62 年 2 月 6 日,载《判例时报》第 1232 号,第 100 页 …………… 254,261
昭和 62 年 3 月 20 日,载《民集》第 41 卷第 2 号,第 189 页 …………… 226
昭和 62 年 4 月 17 日,载《民集》第 41 卷第 3 号,第 286 页 …………… 180—
昭和 62 年 4 月 21 日,载《民集》第 41 卷第 3 号,第 309 页 …………… 74
昭和 63 年 1 月 21 日,载《判例时报》第 1270 号,第 67 页 …………… 311
平成元年 2 月 17 日,载《民集》第 43 卷第 2 号,第 56 页
　　（新潟空港诉讼）………………………………………… 106,108,110,143
平成元年 3 月 8 日,载《民集》第 43 卷第 2 号,第 89 页（法庭笔记诉讼）………… 263
平成元年 3 月 28 日,载《判例时报》第 1311 号,第 66 页 …………… 247—
平成元年 4 月 13 日,载《判例时报》第 1313 号,第 121 页
　　（近铁特急案件）………………………………………………… 108,116
平成元年 6 月 20 日,载《判例时报》第 1334 号,第 201 页
　　（伊场遗迹保存诉讼）…………………………………………… 109,110
平成元年 6 月 29 日,载《民集》第 43 卷第 6 号,第 664 页 …………… 265
平成元年 10 月 26 日,载《民集》第 43 卷第 9 号,第 999 页 …………… 291
平成元年 11 月 24 日,载《民集》第 43 卷第 10 号,第 1169 页
　　（宅基地建筑物交易法案件）……………………………………… 256,257
平成 2 年 1 月 18 日,载《民集》第 44 卷第 1 号,第 253 页 ……………… 28
平成 2 年 2 月 20 日,载《判例时代》第 755 号,第 98 页 ……………… 257
平成 2 年 4 月 12 日,载《民集》第 44 卷第 3 号,第 431 页 …………… 226
平成 2 年 6 月 5 日,载《民集》第 44 卷第 4 号,第 719 页 …………… 226
平成 2 年 12 月 13 日,载《民集》第 44 卷第 9 号,第 1186 页
　　（多摩川水害案件）………………………………………………… 283
平成 3 年 3 月 8 日,载《民集》第 45 卷第 3 号,第 164 页（渔港铁桩拆除案件）… 229
平成 3 年 4 月 19 日,载《民集》第 45 卷第 4 号,第 367 页 …………… 320
平成 3 年 4 月 19 日,载《民集》第 45 卷第 4 号,第 518 页 …………… 232
平成 3 年 4 月 26 日,载《民集》第 45 卷第 4 号,第 653 页
　　（水俣病认定迟延抚慰金请求案件）……………………………… 258
平成 3 年 7 月 9 日,载《民集》第 45 卷第 6 号,第 1049 页
　　（监狱法案件）…………………………………………… 262,269,273

平成 4 年 1 月 24 日,载《民集》第 46 卷第 1 号,第 54 页 ·················· 121,164
平成 4 年 2 月 18 日,载《民集》第 46 卷第 2 号,第 77 页 ·················· 146
平成 4 年 9 月 22 日,载《民集》第 46 卷第 6 号,第 571 页
　　(文殊原子能发电诉讼) ·· 107
平成 4 年 9 月 22 日,载《民集》第 46 卷第 6 号,第 1090 页
　　(文殊原子能发电诉讼) ·· 181—
平成 4 年 10 月 6 日,载《判例时报》第 1439 号,第 116 页 ·················· 89
平成 4 年 10 月 29 日,载《民集》第 46 卷第 7 号,第 1174 页
　　(伊方原子能发电诉讼) ·· 107,132,138,166
平成 4 年 11 月 26 日,载《民集》第 46 卷第 8 号,第 2658 页 ·················· 89
平成 4 年 12 月 15 日,载《民集》第 46 卷第 9 号,第 2753 页 ·················· 228
平成 5 年 1 月 25 日,载《民集》第 47 卷第 1 号,第 310 页 ·················· 259
平成 5 年 2 月 18 日,载《民集》第 47 卷第 2 号,第 574 页 ·················· 255
平成 5 年 2 月 25 日,载《民集》第 47 卷第 2 号,第 643 页
　　(厚木基地第一次诉讼) ·· 95
平成 5 年 3 月 11 日,载《民集》第 47 卷第 4 号,第 2863 页 ·················· 266,267,275
平成 5 年 3 月 30 日,载《民集》第 47 卷第 4 号,第 3226 页 ·················· 285
平成 5 年 9 月 7 日,载《民集》第 47 卷第 7 号,第 4755 页 ·················· 227
平成 5 年 9 月 10 日,载《民集》第 47 卷第 7 号,第 4955 页 ·················· 118
平成 7 年 6 月 23 日,载《民集》第 49 卷第 6 号,第 1600 页(氯喹诉讼) ·················· 256
平成 7 年 7 月 7 日,载《民集》第 49 卷第 7 号,第 1870 页 ·················· 285
平成 7 年 7 月 7 日,载《民集》第 49 卷第 7 号,第 2599 页 ·················· 96
平成 8 年 3 月 8 日,载《民集》第 50 卷第 3 号,第 408 页 ·················· 265
平成 8 年 11 月 1 日,载《判例时报》第 1590 号,第 144 页 ·················· 129
平成 9 年 1 月 28 日,载《民集》第 51 卷第 1 号,第 147 页 ·················· 212
平成 9 年 1 月 28 日,载《民集》第 51 卷第 1 号,第 250 页 ·················· 108
平成 9 年 3 月 13 日,载《民集》第 51 卷第 3 号,第 1233 页 ·················· 322
平成 9 年 10 月 17 日,载《民集》第 51 卷第 9 号,第 3925 页 ·················· 215
平成 9 年 10 月 28 日,载《讼务月报》第 44 卷第 9 号,第 1578 页 ·················· 160
平成 10 年 12 月 17 日,载《民集》第 52 卷第 9 号,第 1821 页 ·················· 108
平成 11 年 10 月 26 日,载《判例时报》第 1695 号,第 63 页 ·················· 118
平成 11 年 11 月 19 日,载《民集》第 53 卷第 8 号,第 1862 页 ·················· 146,200
平成 11 年 11 月 25 日,载《判例时报》第 1698 号,第 66 页 ·················· 112
平成 12 年 3 月 10 日(决),载《判例时报》第 1711 号,第 55 页 ·················· 141
平成 12 年 3 月 17 日,载《判例时报》第 1708 号,第 62 页 ·················· 108

平成 12 年 11 月 10 日,载《判例时报》第 1738 号,第 41 页 ………… 222
平成 13 年 3 月 13 日,载《民集》第 55 卷第 2 号,第 283 页 ………… 108
平成 13 年 4 月 5 日,载《判例时报》第 1751 号,第 68 页 ………… 322
平成 13 年 7 月 13 日,载《讼务月报》第 48 卷第 8 号,第 2014 页 ………… 236
平成 13 年 11 月 22 日,载《判例时报》第 1771 号,第 83 页 ………… 322
平成 14 年 1 月 17 日,载《民集》第 56 卷第 1 号,第 1 页 ………… 88—
平成 14 年 1 月 22 日,载《民集》第 56 卷第 1 号,第 46 页 ………… 108
平成 14 年 2 月 12 日(决),载《判例时报》第 1782 号,第 159 页 ………… 130
平成 14 年 6 月 11 日,载《民集》第 56 卷第 5 号,第 958 页 ………… 307
平成 14 年 7 月 9 日,载《民集》第 56 卷第 6 号,第 1134 页 ………… 234
平成 14 年 7 月 18 日,载《判例时报》第 1799 号,第 96 页 ………… 322
平成 14 年 9 月 11 日(大),载《民集》第 56 卷第 7 号,第 1439 页
（邮政法违宪诉讼）………… 295
平成 14 年 9 月 12 日,载《民集》第 56 卷第 7 号,第 1481 页 ………… 226
平成 14 年 9 月 26 日(决),载《判例时报》第 1807 号,第 152 页 ………… 130
平成 14 年 10 月 24 日,载《民集》第 56 卷第 8 号,第 1903 页 ………… 79
平成 15 年 1 月 24 日(决),载《裁判集民事》第 209 号,第 59 页 ………… 129
平成 15 年 3 月 11 日(决),载《判例时报》第 1822 号,第 55 页 ………… 171
平成 15 年 6 月 26 日,载《金融法务事情》第 1685 号,第 53 页 ………… 267
平成 15 年 9 月 4 日,载《判例时报》第 1841 号,第 89 页 ………… 86,218
平成 16 年 1 月 15 日,载《民集》第 58 卷第 1 号,第 226 页 ………… 262,269
平成 16 年 4 月 23 日,载《民集》第 58 卷第 4 号,第 892 页 ………… 288
平成 16 年 4 月 26 日,载《民集》第 58 卷第 4 号,第 989 页 ………… 92
平成 16 年 4 月 27 日,载《民集》第 58 卷第 4 号,第 1032 页（尘肺诉讼）…… 256,294
平成 16 年 10 月 15 日,载《民集》第 58 卷第 7 号,第 1802 页
（水俣病关西诉讼）………… 256,294
平成 16 年 11 月 25 日,载《民集》第 58 卷第 8 号,第 2297 页 ………… 226
平成 17 年 3 月 29 日(决),载《民集》第 59 卷第 2 号,第 477 页 ………… 128
平成 17 年 4 月 14 日,载《民集》第 59 卷第 3 号,第 491 页 ………… 92
平成 17 年 4 月 21 日,载《判例时报》第 1898 号,第 57 页 ………… 257
平成 17 年 6 月 24 日,载《判例时报》第 1904 号,第 69 页 ………… 252
平成 17 年 7 月 11 日,载《民集》第 59 卷第 6 号,第 1197 页 ………… 149
平成 17 年 7 月 15 日,载《民集》第 59 卷第 6 号,第 1661 页
（病院开设中止劝告案件）………… 93,99—
平成 17 年 9 月 14 日(大),载《民集》第 59 卷第 7 号,第 2087 页

（在外国民选举权诉讼）·· 215,219,225,264
平成 17 年 10 月 14 日（决），载《民集》第 59 卷第 8 号，第 2265 页 ············ 141
平成 17 年 10 月 25 日，载《判例时报》第 1920 号，第 32 页 ····················· 68
平成 17 年 10 月 28 日，载《民集》第 59 卷第 8 号，第 2296 页 ················· 222
平成 17 年 11 月 1 日，载《判例时报》第 1928 号，第 25 页 ····················· 305
平成 17 年 12 月 7 日（大），载《民集》第 59 卷第 10 号，第 2645 页
（小田急诉讼）·· 112—,114—
平成 18 年 3 月 30 日，载《民集》第 60 卷第 3 号，第 948 页 ·················· 116
平成 18 年 4 月 25 日，载《民集》第 60 卷第 4 号，第 1841 页 ················· 226
平成 18 年 7 月 14 日，载《民集》第 60 卷第 6 号，第 2369 页 ·················· 87
平成 19 年 1 月 25 日，载《民集》第 61 卷第 1 号，第 1 页 ····················· 252
平成 19 年 10 月 19 日，载《判例时代》第 1259 号，第 197 页 ·················· 115
平成 19 年 11 月 1 日，载《民集》第 61 卷第 8 号，第 2733 页 ·················· 262
平成 19 年 12 月 18 日（决），载《判例时报》第 1994 号，第 21 页 ············· 170
平成 20 年 1 月 18 日，载《民集》第 62 卷第 1 号，第 1 页 ····················· 229
平成 20 年 2 月 19 日，载《民集》第 62 卷第 2 号，第 445 页 ·················· 267
平成 20 年 3 月 17 日，载《判例时报》第 2004 号，第 59 页 ···················· 226
平成 20 年 6 月 4 日（大），载《民集》第 62 卷第 6 号，第 1367 页 ············ 216
平成 20 年 9 月 10 日（大），载《民集》第 62 卷第 8 号，第 2029 页
（土地区划整理事业计划案件）··· 68,89,99
平成 21 年 1 月 15 日，载《判例时报》第 2034 号，第 24 页 ···················· 139
平成 21 年 2 月 27 日，载《民集》第 63 卷第 2 号，第 299 页 ·················· 121
平成 21 年 10 月 15 日，载《民集》第 63 卷第 8 号，第 1711 页 ················ 114
平成 21 年 10 月 23 日，载《民集》第 63 卷第 8 号，第 1849 页 ················ 293
平成 21 年 11 月 26 日，载《民集》第 63 卷第 9 号，第 2124 页 ·············· 87,151
平成 22 年 1 月 20 日（大），载《民集》第 64 卷第 1 号，第 1 页 ·············· 227
平成 22 年 6 月 3 日，载《民集》第 64 卷第 4 号，第 1010 页 ·················· 268
平成 23 年 10 月 25 日，载《民集》第 65 卷第 7 号，第 2923 页 ················ 217
平成 24 年 2 月 3 日，载《民集》第 66 卷第 2 号，第 148 页 ···················· 92
平成 24 年 2 月 9 日，载《民集》第 66 卷第 2 号，第 183 页 ············ 206,208,217
平成 24 年 11 月 20 日，载《民集》第 66 卷第 1 号，第 3521 页 ················· 79
平成 25 年 1 月 11 日，载《民集》第 67 卷第 1 号，第 1 页 ····················· 217
平成 25 年 3 月 26 日，载《裁判集民事》第 243 号，第 101 页 ·················· 266
平成 25 年 4 月 19 日（决），载《判例时报》第 2194 号，第 13 页 ·············· 141
平成 26 年 1 月 28 日，载《民集》第 68 卷第 1 号，第 49 页 ···················· 115

平成 26 年 7 月 29 日,载《民集》第 68 卷第 6 号,第 620 页 ………………… 115
平成 26 年 9 月 25 日(决),载《民集》第 68 卷第 7 号,第 781 页 …………… 77
平成 26 年 10 月 9 日,载《民集》第 68 卷第 8 号,第 799 页
  (泉南石棉沉着病诉讼) ……………………………………………………… 256
平成 27 年 3 月 3 日,载《民集》第 69 卷第 2 号,第 143 页 ………………… 119
平成 27 年 9 月 8 日,载《民集》第 69 卷第 6 号,第 1607 页 ……………… 327
平成 27 年 12 月 16 日(大),载《民集》第 69 卷第 8 号,第 2427 页 ……… 264
平成 27 年 12 月 16 日(大),载《民集》第 69 卷第 8 号,第 2586 页 ……… 264
平成 27 年 12 月 24 日,载《民集》第 69 卷第 8 号,第 2404 页 …………… 118
平成 28 年 4 月 21 日,载《民集》第 70 卷第 4 号,第 1029 页 …………… 296
平成 28 年 12 月 8 日,载《民集》第 70 卷第 8 号,第 1833 页 ……………… 96
平成 28 年 12 月 20 日,载《民集》第 70 卷第 9 号,第 2281 页 …………… 231
平成 29 年 4 月 6 日,载《民集》第 71 卷第 4 号,第 637 页 ………………… 121
平成 29 年 9 月 8 日,载《民集》第 71 卷第 7 号,第 1021 页 ……………… 324
平成 29 年 9 月 15 日,载《判例时报》第 2366 号,第 3 页 ………………… 288
平成 30 年 7 月 19 日,载《判例地方自治》第 440 号,第 55 页 …………… 269

● 高等法院

仙台高等法院判决,昭和 24 年 7 月 8 日,载《行政裁判月报》第 18 号,第 65 页 ……
  ………………………………………………………………………………… 163
东京高等法院判决,昭和 28 年 8 月 29 日,载《行裁例集》第 4 卷第 8 号,
  第 1898 页 …………………………………………………………………… 41
东京高等法院判决,昭和 34 年 1 月 30 日,载《行裁例集》第 10 卷第 1 号,
  第 171 页 ……………………………………………………………………… 145
大阪高等法院决定,昭和 40 年 10 月 5 日,载《行裁例集》第 16 卷第 10 号,
  第 1756 页 …………………………………………………………………… 91
东京高等法院判决,昭和 42 年 7 月 26 日,载《行裁例集》第 18 卷第 7 号,
  第 1064 页 …………………………………………………………………… 88
大阪高等法院判决,昭和 44 年 1 月 30 日,载《行裁例集》第 20 卷第 1 号,
  第 115 页 ……………………………………………………………………… 130
札幌高等法院判决,昭和 44 年 4 月 17 日,载《行裁例集》第 20 卷第 4 号,
  第 459 页 …………………………………………………………………… 86,98
东京高等法院决定,昭和 44 年 10 月 15 日,载《行裁例集》第 20 卷第 10 号,
  第 1245 页 …………………………………………………………………… 140
仙台高等法院判决,昭和 46 年 3 月 24 日,载《行裁例集》第 22 卷第 3 号,

第 297 页 ·· 109
东京高等法院判决,昭和 48 年 7 月 13 日,载《行裁例集》第 24 卷第 6·7 号,
　　第 533 页(日光太郎杉案件) ······································· 133
东京高等法院判决,昭和 49 年 4 月 30 日,载《高民集》第 27 卷第 3 号,
　　第 136 页(国立过街天桥案件) ····································· 94
名古屋高等法院判决,昭和 49 年 11 月 20 日,载《判例时报》第 761 号,
　　第 18 页(飞驒川公共汽车坠落案件) ························· 281,289
高松高等法院决定,昭和 50 年 7 月 17 日,载《行裁例集》第 26 卷第 7·8 号,
　　第 893 页 ·· 140—
大阪高等法院判决,昭和 52 年 1 月 27 日,载《行裁例集》第 28 卷第 1·2 号,
　　第 22 页 ·· 146
东京高等法院判决,昭和 52 年 4 月 27 日,载《高裁民集》第 30 卷第 2 号,
　　第 78 页 ·· 254
名古屋高等法院判决,昭和 52 年 8 月 18 日,载《判例时报》第 873 号,
　　第 26 页 ·· 211
大阪高等法院决定,昭和 53 年 9 月 22 日,载《判例时报》第 912 号,第 43 页 ······ 140
东京高等法院判决,昭和 53 年 10 月 17 日,载《判例时报》第 916 号,
　　第 35 页 ·· 270—
高松高等法院决定,昭和 54 年 7 月 2 日,载《行裁例集》第 30 卷第 7 号,
　　第 1225 页 ··· 139
东京高等法院判决,昭和 55 年 7 月 28 日,载《行裁例集》第 31 卷第 7 号,
　　第 1558 页 ··· 86
大阪高等法院决定,昭和 56 年 12 月 26 日,载《行裁例集》第 32 卷第 12 号,
　　第 2348 页 ··· 173
东京高等法院判决,昭和 58 年 5 月 30 日,载《行裁例集》第 34 卷第 5 号,
　　第 946 页 ·· 109
大阪高等法院判决,昭和 59 年 1 月 25 日,载《行裁例集》第 35 卷第 1 号,
　　第 8 页 ··· 226
东京高等法院判决,昭和 59 年 1 月 31 日,载《行裁例集》第 35 卷第 1 号,
　　第 82 页 ·· 145
高松高等法院判决,昭和 59 年 12 月 24 日,载《行裁例集》第 35 卷第 12 号,
　　第 2333 页 ··· 211
大阪高等法院判决,昭和 62 年 4 月 10 日,载《判例时报》第 1229 号,第 27 页 ··· 283
东京高等法院判决,昭和 62 年 8 月 31 日,载《劳动判例》第 503 号,第 28 页 ······ 275
大阪高等法院判决,昭和 62 年 11 月 27 日,载《判例时报》第 1275 号,

第 62 页 ·· 279,286
东京高等法院判决,昭和 62 年 12 月 24 日,载《行裁例集》第 38 卷第 12 号,
　　第 1807 页 ·· 90
东京高等法院判决,昭和 63 年 4 月 20 日,载《行裁例集》第 39 卷第 3·4 号,
　　第 281 页 ··· 314
福冈高等法院判决,平成元年 8 月 31 日,载《判例时报》第 1349 号,第 38 页 ····· 212
大阪高等法院判决,平成 2 年 6 月 28 日,载《判例时代》第 734 号,第 114 页 ····· 164
大阪高等法院判决,平成 2 年 11 月 27 日,载《判例时报》第 1368 号,第 46 页 ··· 261
东京高等法院判决,平成 2 年 12 月 20 日,载《判例时代》第 750 号,第 102 页 ··· 271
福冈高等法院判决,平成 3 年 8 月 22 日,载《判例时代》第 787 号,第 148 页 ····· 120
大阪高等法院决定,平成 3 年 11 月 15 日,载《行裁例集》第 42 卷第 11·12 号,
　　第 1788 页 ··· 173
东京高等法院判决,平成 4 年 12 月 18 日,载《判例时报》第 1445 号,第 3 页
　　(东京预防接种事故诉讼) ··· 320,321—
东京高等法院判决,平成 5 年 6 月 24 日,载《判例时报》第 1462 号,第 46 页、
　　第 73 页(日本坡隧道事故诉讼) ·· 281
东京高等法院判决,平成 5 年 8 月 30 日,载《行裁例集》第 44 卷第 8·9 号,
　　第 720 页 ··· 312
东京高等法院决定,平成 8 年 3 月 25 日,载《判例时报》第 1566 号,第 132 页 ··· 129
名古屋高等法院判决,平成 8 年 7 月 18 日,载《判例时报》第 1595 号,
　　第 58 页 ·· 118
东京高等法院判决,平成 10 年 11 月 25 日,载《判例时报》第 1665 号,第 34 页 ··· 41
东京高等法院判决,平成 11 年 1 月 25 日,载《判例时报》第 1700 号,第 17 页 ······ 41
东京高等法院判决,平成 11 年 8 月 30 日,载《判例时报》第 1704 号,第 54 页 ··· 264
广岛高等法院判决,平成 13 年 3 月 29 日,载《判例时报》第 1759 号,第 42 页 ··· 264
东京高等法院判决,平成 13 年 7 月 4 日,载《判例时报》第 1754 号,第 35 页 ······ 143
福冈高等法院判决,平成 13 年 7 月 19 日,载《判例时报》第 1785 号,
　　第 89 页(尘肺诉讼) ·· 294
名古屋高等法院金泽支局判决,平成 15 年 1 月 27 日,载《判例时报》
　　第 1818 号,第 3 页 ··· 167
福冈高等法院决定,平成 17 年 5 月 27 日,载《判例时代》第 1223 号,
　　第 155 页 ··· 123
福冈高等法院决定,平成 17 年 5 月 31 日,载《判例时代》第 1186 号,
　　第 110 页 ··· 170
东京高等法院判决,平成 18 年 6 月 28 日,载《民集》第 63 卷第 2 号,

第 351 页 ………………………………………………………………… 121
大阪高等法院决定,平成 19 年 3 月 1 日,载《工资与社会保障》第 1448 号,
　　第 58 页 ………………………………………………………………… 207
大阪高等法院判决,平成 20 年 3 月 6 日,载《判例时报》第 2019 号,第 17 页 …… 114
广岛高等法院判决,平成 20 年 6 月 20 日,载《讼务月报》第 55 卷第 7 号,
　　第 2642 页 ……………………………………………………………… 196
福冈高等法院判决,平成 23 年 2 月 7 日,载《判例时报》第 2122 号,第 45 页 …… 197
名古屋高等法院判决,平成 26 年 5 月 30 日,载《判例时报》第 2241 号,
　　第 24 页以下 ……………………………………………………… 206,220
仙台高等法院判决,平成 27 年 3 月 20 日,载《判例时报》第 2256 号,第 30 页 … 296
福冈高等法院宫崎支局决定,平成 28 年 4 月 6 日,载《判例时报》第 2290 号,
　　第 90 页 ………………………………………………………………… 181

● 地方法院

仙台地方法院判决,昭和 35 年 2 月 29 日,载《行裁例集》第 11 卷第 3 号,
　　第 703 页 ………………………………………………………………… 163
长崎地方法院判决,昭和 36 年 2 月 3 日,载《行裁例集》第 12 卷第 12 号,
　　第 2505 页 ……………………………………………………………… 148
大阪地方法院判决,昭和 38 年 10 月 31 日,载《行裁例集》第 14 卷第 10 号,
　　第 1793 页 ……………………………………………………………… 155
甲府地方法院判决,昭和 38 年 11 月 28 日,载《行裁例集》第 14 卷第 11 号,
　　第 2077 页 ……………………………………………………………… 182
东京地方法院判决,昭和 39 年 6 月 19 日,载《下级民集》第 15 卷第 6 号,
　　第 1438 页 ………………………………………………………… 250,253
东京地方法院判决,昭和 39 年 11 月 4 日,载《行裁例集》第 15 卷第 11 号,
　　第 2168 页 ……………………………………………………………… 189
东京地方法院决定,昭和 40 年 4 月 22 日,载《行裁例集》第 16 卷第 4 号,
　　第 708 页 …………………………………………………………… 88,151
横滨地方法院判决,昭和 40 年 8 月 16 日,载《行裁例集》第 16 卷第 8 号,
　　第 1451 页 ………………………………………………………………… 81
东京地方法院判决,昭和 41 年 10 月 5 日,载《行裁例集》第 17 卷第 10 号,
　　第 1155 页 ………………………………………………………………… 91
东京地方法院决定,昭和 42 年 6 月 9 日,载《行裁例集》第 18 卷第 5・6 号,
　　第 737 页 ………………………………………………………………… 174
东京地方法院决定,昭和 42 年 11 月 27 日,载《行裁例集》第 18 卷第 11 号,

第 1485 页 ··· 173
浦和地方法院判决,昭和 43 年 2 月 28 日,载《行裁例集》第 19 卷第 1·2 号,
 第 347 页 ··· 181
长崎地方法院判决,昭和 43 年 4 月 30 日,载《行裁例集》第 19 卷第 4 号,
 第 823 页 ··· 163
名古屋地方法院决定,昭和 43 年 5 月 25 日,载《行裁例集》第 19 卷第 5 号,
 第 935 页 ··· 174
熊本地方法院判决,昭和 43 年 11 月 14 日,载《行裁例集》第 19 卷第 11 号,
 第 1727 页 ·· 160
京都地方法院决定,昭和 44 年 1 月 28 日,载《行裁例集》第 20 卷第 1 号,
 第 91 页 ·· 170
东京地方法院决定,昭和 44 年 6 月 14 日,载《行裁例集》第 20 卷第 5·6 号,
 第 740 页 ··· 91
东京地方法院判决,昭和 44 年 7 月 8 日,载《行裁例集》第 20 卷第 7 号,
 第 842 页(靠靠木诉讼)·· 261,267
东京地方法院判决,昭和 44 年 9 月 26 日,载《行裁例集》第 20 卷第 8·9 号,
 第 1141 页 ·· 175—
东京地方法院判决,昭和 45 年 1 月 28 日,载《判例时报》第 582 号,
 第 24 页 ·· 274
东京地方法院判决,昭和 45 年 2 月 24 日,载《行裁例集》第 21 卷第 2 号,
 第 362 页 ··· 27
东京地方法院决定,昭和 45 年 9 月 14 日,载《行裁例集》第 21 卷第 9 号,
 第 1113 页 ·· 174
东京地方法院决定,昭和 45 年 10 月 14 日,载《行裁例集》第 21 卷第 10 号,
 第 1187 页(国立过街天桥案件) ·· 94
东京地方法院决定,昭和 46 年 10 月 11 日,载《判例时报》第 644 号,
 第 22 页 ·· 276
东京地方法院判决,昭和 46 年 11 月 8 日,载《行裁例集》第 22 卷第 11·12 号,
 第 1785 页 ·· 220
京都地方法院判决,昭和 47 年 7 月 14 日,载《判例时报》第 691 号,第 57 页 ······ 255
东京地方法院判决,昭和 48 年 9 月 10 日,载《行裁例集》第 24 卷第 8·9 号,
 第 916 页 ··· 91
东京地方法院判决,昭和 48 年 11 月 6 日,载《行裁例集》第 24 卷第 11·12 号,
 第 1191 页 ·· 109
佐贺地方法院判决,昭和 50 年 4 月 25 日,载《行裁例集》第 26 卷第 4 号,

第 625 页 ·· 81
东京地方法院判决,昭和 51 年 8 月 23 日,载《判例时报》第 826 号,第 20 页 ····· 254
东京地方法院判决,昭和 53 年 3 月 30 日,载《判例时报》第 884 号,第 36 页 ····· 251
东京地方法院判决,昭和 53 年 8 月 3 日,载《判例时报》第 899 号,第 48 页
（东京斯蒙案件）·· 256,260,297
横滨地方法院决定,昭和 53 年 8 月 4 日,载《行裁例集》第 29 卷第 8 号,
第 1409 页 ·· 170
名古屋地方法院判决,昭和 53 年 10 月 23 日,载《行裁例集》第 29 卷第 10 号,
第 1871 页 ·· 120,164
大分地方法院判决,昭和 54 年 3 月 5 日,载《行裁例集》第 30 卷第 3 号,
第 397 页 ·· 93
横滨地方法院判决,昭和 54 年 10 月 31 日,载《行裁例集》第 30 卷第 10 号,
第 1795 页 ·· 227
岐阜地方法院判决,昭和 55 年 2 月 25 日,载《行裁例集》第 31 卷第 2 号,
第 184 页 ·· 312
东京地方法院判决,昭和 55 年 6 月 18 日,载《判例时报》第 969 号,
第 11 页 ·· 251,252
大阪地方法院决定,昭和 56 年 1 月 20 日,载《行裁例集》第 32 卷第 1 号,
第 52 页 ·· 172
东京地方法院判决,昭和 56 年 9 月 17 日,载《行裁例集》第 32 卷第 9 号,
第 1581 页 ·· 90
大津地方法院判决,昭和 57 年 1 月 25 日,载《行裁例集》第 33 卷第 1·2 号,
第 1 页 ·· 18
东京地方法院判决,昭和 57 年 2 月 1 日,载《判例时报》第 1044 号,第 19 页 ····· 294
大阪地方法院判决,昭和 57 年 2 月 19 日,载《行裁例集》第 33 卷第 1·2 号,
第 118 页 ·· 162,163
东京地方法院判决,昭和 57 年 5 月 31 日,载《判例时报》第 1047 号,
第 73 页 ·· 314
大阪地方法院判决,昭和 58 年 9 月 29 日,载《行裁例集》第 34 卷第 9 号,
第 1681 页 ·· 93
东京地方法院判决,昭和 59 年 5 月 18 日,载《判例时报》第 1118 号,
第 28 页 ·· 320
大阪地方法院判决,昭和 61 年 1 月 27 日,载《判例时报》第 1208 号,
第 96 页 ·· 279
东京地方法院判决,昭和 61 年 3 月 17 日,载《行裁例集》第 37 卷第 3 号,

第 294 页 …………………………………………………… 314
浦和地方法院判决,昭和 61 年 3 月 31 日,载《判例时报》第 1201 号,第 72 页 … 227
横滨地方法院判决,昭和 62 年 3 月 17 日,载《判例时报》第 1254 号,
　　第 103 页 …………………………………………… 271
东京地方法院判决,昭和 62 年 11 月 24 日,载《判例时代》第 668 号,
　　第 194 页 …………………………………………… 271
大阪地方法院判决,昭和 63 年 5 月 27 日,载《行裁例集》第 39 卷第 5·6 号,
　　第 365 页 …………………………………………… 261
大阪地方法院判决,昭和 63 年 7 月 13 日,载《判例时报》平成元年 8 月 5 日
　　临时增刊,第 115 页 ………………………………… 284
东京地方法院判决,平成元年 3 月 29 日,载《判例时报》第 1315 号,
　　第 42 页 ……………………………………………… 267—
静冈地方法院昭津支部判决,平成元年 12 月 20 日,载《判例时报》第 1346 号,
　　第 134 页 …………………………………………… 296
东京地方法院判决,平成 2 年 3 月 7 日,载《行裁例集》第 41 卷第 3 号,
　　第 379 页 …………………………………………… 211
高松地方法院判决,平成 2 年 4 月 9 日,载《判例时代》第 736 号,第 115 页 …… 164
东京地方法院判决,平成 2 年 6 月 12 日,载《判例时代》第 727 号,第 238 页 … 265
东京地方法院判决,平成 2 年 6 月 25 日,载《判例时报》第 1366 号,第 72 页 … 296
大阪地方法院决定,平成 2 年 8 月 10 日,载《判例时代》第 1391 号,第 142 页 … 172
东京地方法院判决,平成 2 年 9 月 18 日,载《行裁例集》第 41 卷第 9 号,
　　第 1471 页 ………………………………………… 314
东京地方法院判决,平成 2 年 9 月 18 日,载《判例时报》第 1372 号,第 75 页 … 306
大阪地方法院判决,平成 2 年 10 月 29 日,载《判例时报》第 1398 号,第 94 页 … 257
熊本地方法院决定,平成 3 年 6 月 13 日,载《判例时代》第 777 号,第 112 页 …… 170
高知地方法院决定,平成 4 年 3 月 23 日,载《判例时代》第 805 号,第 66 页 …… 187
甲府地方法院判决,平成 4 年 4 月 20 日,载《判例时报》第 1424 号,第 3 页 …… 284
大阪地方法院判决,平成 4 年 6 月 24 日,载《判例时代》第 793 号,
　　第 98 页 …………………………………………… 211,212
山口地方法院下关支局判决,平成 10 年 4 月 27 日,载《判例时报》第 1642 号,
　　第 24 页 ……………………………………………… 264
东京地方法院判决,平成 11 年 3 月 16 日,载《判例时报》第 1702 号,
　　第 113 页 …………………………………………… 252
神户地方法院判决,平成 12 年 1 月 31 日,载《判例时报》第 1726 号,第 20 页
　　(尼崎大气污染公害诉讼) …………………………… 294

大阪地方法院判决,平成 13 年 3 月 26 日,载《判例时报》第 1769 号,第 82 页 ⋯ 296
熊本地方法院判决,平成 13 年 5 月 11 日,载《判例时报》第 1748 号,第 30 页 ⋯ 264
东京地方法院判决,平成 13 年 10 月 3 日,载《判例时报》第 1764 号,第 3 页 ⋯ 163
大阪地方法院判决,平成 13 年 10 月 12 日,载《判例时报》第 1776 号,第 3 页 ⋯⋯ 81
东京地方法院判决,平成 13 年 12 月 4 日,载《判例时报》第 1791 号,
  第 3 页 ⋯⋯⋯⋯⋯⋯⋯⋯⋯⋯⋯⋯⋯⋯⋯⋯⋯⋯⋯⋯⋯⋯⋯⋯⋯⋯ 197,208
东京地方法院判决,平成 14 年 6 月 28 日,载《判例时报》第 1809 号,
  第 46 页、第 97 页 ⋯⋯⋯⋯⋯⋯⋯⋯⋯⋯⋯⋯⋯⋯⋯⋯⋯⋯⋯⋯⋯⋯ 248
东京地方法院决定,平成 15 年 6 月 11 日,载《判例时报》第 1831 号,第 96 页 ⋯ 171
福冈地方法院决定,平成 17 年 5 月 12 日,载《判例时代》第 1186 号,
  第 115 页 ⋯⋯⋯⋯⋯⋯⋯⋯⋯⋯⋯⋯⋯⋯⋯⋯⋯⋯⋯⋯⋯⋯⋯⋯⋯⋯ 170
大阪地方法院判决,平成 17 年 7 月 6 日,载《判例时代》第 1202 号,第 125 页 ⋯ 322
东京地方法院决定,平成 18 年 1 月 25 日,载《判例时报》第 1931 号,第 10 页 ⋯ 204
东京地方法院决定,平成 18 年 2 月 15 日,载《判例时报》第 1920 号,第 45 页 ⋯ 322
东京地方法院判决,平成 18 年 9 月 12 日,载法院网页 ⋯⋯⋯⋯⋯⋯⋯⋯ 218
东京地方法院判决,平成 18 年 10 月 25 日,载《判例时报》第 1956 号,
  第 62 页 ⋯⋯⋯⋯⋯⋯⋯⋯⋯⋯⋯⋯⋯⋯⋯⋯⋯⋯⋯⋯⋯⋯⋯⋯⋯⋯ 199
大阪地方法院判决,平成 18 年 10 月 26 日,载《判例时代》第 1226 号,
  第 82 页 ⋯⋯⋯⋯⋯⋯⋯⋯⋯⋯⋯⋯⋯⋯⋯⋯⋯⋯⋯⋯⋯⋯⋯⋯⋯⋯ 114
神户地方法院判决,平成 18 年 12 月 1 日,载《判例时报》第 1968 号,第 18 页 ⋯ 322
神户地方法院决定,平成 19 年 2 月 27 日,载《工资与社会保障》第 1442 号,
  第 57 页 ⋯⋯⋯⋯⋯⋯⋯⋯⋯⋯⋯⋯⋯⋯⋯⋯⋯⋯⋯⋯⋯⋯⋯⋯⋯⋯ 207
大阪地方法院判决,平成 19 年 3 月 14 日,载《判例时代》第 1252 号,
  第 189 页 ⋯⋯⋯⋯⋯⋯⋯⋯⋯⋯⋯⋯⋯⋯⋯⋯⋯⋯⋯⋯⋯⋯⋯⋯⋯⋯ 202
名古屋地方法院判决,平成 19 年 3 月 29 日,载法院网页 ⋯⋯⋯⋯⋯⋯ 322
东京地方法院判决,平成 19 年 5 月 31 日,载《判例时报》第 1981 号,第 9 页 ⋯⋯ 197
札幌地方法院判决,平成 19 年 6 月 15 日,载法院网页 ⋯⋯⋯⋯⋯⋯⋯ 322
大阪地方法院判决,平成 19 年 8 月 10 日,载《判例时代》第 1261 号,
  第 164 页 ⋯⋯⋯⋯⋯⋯⋯⋯⋯⋯⋯⋯⋯⋯⋯⋯⋯⋯⋯⋯⋯⋯⋯⋯⋯⋯ 219
千叶地方法院判决,平成 19 年 8 月 21 日,载《判例时报》第 2004 号,第 62 页 ⋯ 143
冈山地方法院决定,平成 19 年 10 月 15 日,载《判例时报》第 1994 号,
  第 26 页 ⋯⋯⋯⋯⋯⋯⋯⋯⋯⋯⋯⋯⋯⋯⋯⋯⋯⋯⋯⋯⋯⋯⋯⋯⋯⋯ 204
广岛地方法院判决,平成 19 年 10 月 26 日,载《讼务月报》第 55 卷第 7 号,
  第 2661 页 ⋯⋯⋯⋯⋯⋯⋯⋯⋯⋯⋯⋯⋯⋯⋯⋯⋯⋯⋯⋯⋯⋯⋯⋯⋯ 196
东京地方法院判决,平成 19 年 11 月 7 日,载《判例时报》第 1996 号,第 3 页 ⋯ 217

大阪地方法院判决,平成 19 年 12 月 6 日,载《判例地方自治》第 309 号,
　　第 82 页 ·· 144
东京地方法院判决,平成 19 年 12 月 26 日,载《判例时报》第 1990 号,
　　第 10 页 ·· 189
大阪地方法院判决,平成 20 年 2 月 29 日,载《判例时代》第 1281 号,
　　第 193 页 ·· 227
东京地方法院判决,平成 20 年 5 月 29 日,载《判例时报》第 2015 号,第 24 页 ··· 144
大阪地方法院判决,平成 20 年 12 月 25 日,载《判例时代》第 1302 号,
　　第 116 页 ·· 219
广岛地方法院判决,平成 21 年 10 月 1 日,载《判例时报》第 2060 号,
　　第 3 页 ·· 116,206
东京地方法院判决,平成 21 年 12 月 14 日,载《工资与社会保障》第 1622 号,
　　第 42 页 ·· 197
名古屋地方法院决定,平成 22 年 11 月 8 日,载《判例时代》第 1358 号,
　　第 94 页 ·· 204
东京地方法院判决,平成 22 年 12 月 22 日,载《判例时报》第 2104 号,第 19 页
　　(国立市公寓案件)·· 288
名古屋地方法院判决,平成 24 年 1 月 19 日,载法院网页 ·················· 230
京都地方法院判决,平成 25 年 3 月 26 日,载《判例时报》第 2209 号,第 79 页 ··· 116
长崎地方法院判决,平成 28 年 2 月 22 日,载《判例时报》第 2333 号,第 10 页 ··· 199
东京地方法院判决,平成 28 年 11 月 29 日,载《判例时代》第 1445 号,
　　第 189 页 ··· 26

- **委员会裁定**

公害等调整委员会裁定,平成 4 年 6 月 22 日,载《判例时报》第 1427 号,
　　第 24 页 ··· 37

事 项 索 引

A
安全考虑义务 254,296

B
被告适格 60,76
本人诉讼 75
比例原则 137,270
变更 31—,156
变更裁决 74
辩论主义 65,124,126
辩明书 23,28—
标准处理期间 188,189
驳回 31,149
补偿的内容 306
补正 26
补助参加 75
补助金的交付 189
不服的申诉 45
不服申诉期间 19
不服申诉前置(主义) 8,80,259
不可争力 78,87,97
不利变更的禁止 31
不利处分程序 147
不利排除诉讼 208
不许可补偿 314
不予受理 31,149
不作为 17,256,261
不作为的违法确认诉讼 187
部分社会 234
部分性秩序 85,234

C
财务会计 226—
裁定 46
裁定的申请 43,45
裁定性介入 44
裁决 30—
裁决的撤销诉讼 67—
裁决的方式 33
裁决的拘束力 34
裁决的内容 31
裁决的申诉 45
裁决的效力 33
裁决固有的瑕疵 35
裁决主义 40,74
裁量权的收缩 258
裁量行为 131,237
裁判外纷争解决手段(ADR) 47
裁判作用 262
参加行政厅 131
撤废(事实上的行为的) 31
撤回 30
撤销判决的第三人效力 149
撤销判决的效力 149
撤销诉讼 67—
撤销诉讼的对象 81
撤销诉讼的防止处分反复功能 70
撤销诉讼的概念 67

撤销诉讼的功能　68—
撤销诉讼的合法性维持功能　69
撤销诉讼的合一确定功能　69
撤销诉讼的排他性管辖　69,267
撤销诉讼的审理　123
撤销诉讼的诉讼物　72
撤销诉讼的性质　70
撤销诉讼的原状恢复功能　69
撤销诉讼的再度考虑功能　70,154
撤销诉讼的中止功能　69
撤销诉讼的种类　73
撤销诉讼的主体　75
撤销诉讼中心主义　66,191,195,199
陈情书　25
陈述型听证　37
抽象性规范统制诉讼　300
处分的变更　34
处分的撤销诉讼　67,68—
处分权主义　124
处分时说　165—
处分效力的停止　171
处分性　81,97

D

代位责任　248,250,253,255,318
当事人适格　101
当事人诉讼　186,210—
当事人诉讼(关于无效行政行为的公法上的)　186—
当事人争讼　4,46
道路　281—,285—
第三人的诉讼参加　75,129—
第三人的再审之诉　130
第三人效力　150,182,201,206
第三人再审　150
定型的处分　83

定型的非处分　84
定型的原告适格　103
都市河川　282
独立行政法人　293
对价补偿　308

F

法定外抗告诉讼(无名抗告诉讼)　66,191,197,204,207
法令的解释　262
法律保留(理)论　97
法律第106号(明治23年)　53
法律上的利益　102
法律上的争讼　231—
法律上所保护的利益说　104—,110
法律上值得保护的利益说　104,105
法律问题　42
法律行为的代替性行为　85
法律要件分类说　134
法务大臣权限法　76
法治国　6
反复禁止效力　157—
反射性利益　103,257
非权力性活动　244
负担金　291
附带性效果(处分的)　119
附近居民　107,115

G

概括主义　6
告诫　91,156
个别保护要件　112,113
根据规范　96,270
更新　120—
公布于众　50
公定力　67,82,87,97,98,135,267,274
公定力排除诉讼　67

公法和私法的区别 274
公法上的案件 64
公法上的当事人诉讼 186—,213—,306
公共服务过失(faute de service) 318
公共工事 94—
公共事业实施计划 314
公共营造物 278—
公害等调整委员会 37,41
公平负担 238,298,300,301,312,319
公权 246,306
公权和私权的区别 246
公权力的行使 244—,250—,252—,255—,261,277,316
公权力发动要件欠缺说 260,268,272—
公务员个人的责任 255
公物 279,285
公用限制 304—
公正交易委员会 40
公证行为 90
功能性瑕疵 285
供用关联瑕疵(类型) 285,313
沟、墙补偿 313
固定资产评价审查委员会 28
固有的资格 20,45
故意、过失 259,260,265,270
雇用者免责 255
雇用者责任 249,255
关联请求 128
关于公法上的法律关系的诉讼 210
《关于民事诉讼法的应急性措施的法律》 54
关于物的利害关系人 108
观念的通知 91
官吏的个人责任 244
官营公费事业 246,289

管辖 77
规避可能性 261,287
规范力 83
规范统制诉讼 84,232
规制规范 96,270
规制行政 84
规制性行政指导 254
国家补偿的稀疏领域 316
国立大学法人 252,293
过渡性的安全性 282
过失 260
过失的推定 274
过失相抵 246

H

海滨 286
海难审判 36
航空行政权 95
合法性审查 138
和解 147
和解的中介 46
河川 279,282—
环境保护团体 224

J

机关诉讼 220—,229,236
机关委任事务 251,291
机关争讼 4
即时执行 84,93—
给付行政 85—,243
给付诉讼 71,192,205,211—,214—
既判力 151—,155,157,160,206,274
监查请求 226
检察官 265
检察官的行为 265
教示 20—,122
教育设施负担金 255

阶段性行为　88,93
结果规避义务　260,270—
结果责任　250,281,284,318
精神性损失　309—,312
景观利益　116
警察限制　304
纠问性程序　39
纠问性审判程序　37
居民诉讼　4,220,225—
居民投票的诉讼　224
居民团体　109

K

开发利益　315
抗告诉讼　4,66—
客观诉讼　65—,224
空港管理权　286
口头陈述意见的机会　27
口头审理　27—,39
口头审理(主义)　27
苦情处理　48

L

理由的替换　144,146—,199—
理由附记　146
立法的不作为　263,264
立法行为　263,264
立法作用　270
立证责任　133—,199,274
《联邦行政程序法》(APA)　42
列举主义　6,18,53
临时处分　185—
临时处分的排除　185
临时处分权的限制　185
临时的救济　60,168—,203—,207
临时的义务赋课　60,203—
临时的中止　60

律师强制　75

M

民事案件　184
民事不介入的原则　46
民事执行法　236
民事中止诉讼　208
民众诉讼　220—,224,236
民众争讼　4
名义人　88

N

内部行为　85
内阁总理大臣的异议　55—,61,174—

P

判断过程统制　133
判决的第三人效力　149,182—,192,212
判决的拘束力　153—,156,182,200,213
判决的形成力　130
判决时说　166
平等原则　132
平野案件　54
评定官　53
破堤型水害　283

Q

起诉期间　55,60,78—,259
起算日　79
请求的客观合并　74
请求的追加性合并　74
求偿权　255,287—,293
权力性的实力行使　270
权力性妨害排除诉讼　208—
权力性活动　242—
权力性行为　243

权力性作用 243
权利侵害 259
权利(受到)毁损 102
权限(的)不行使 256—,258,261
劝告 93
确认的利益 215—
确认诉讼 61,71,72,101,215—

R

认诺 148
容认 31

S

上级行政厅 15—
少数受不来的人 311
申请权 189—
申诉书 25
审查的申诉 43—
审查期间 188
审查请求 16,80
审查请求书 17
审查厅 21,22
审决的申请 44—
审理官 39
审理员 22—
审判的效力 39
审判功能 39
生活权补偿 312
生活再建补偿 311
生计补偿 311
剩余土地补偿 309
失火责任 247
实力行使 94
实质性证据法则 40—,131
事后程序 5
事前程序 5
事情裁决 31

事情判决(制度) 161
事实上的行为变更 32
事实审型听证 37
事实问题 42
事实行为 90,93
事业损失 309,313
释明处分 60,126
释明处分的特则 199
收用裁决 46
收用损失 309
手枪的保管 286
书面审理主义 27
水库操作 284,286
说明责任 127
司法审查 231—
司法审查的对象 231—
司法审查的界限 237
司法制度改革审议会 58—
私法上的当事人诉讼 177
私权 246
诉的撤回 147
诉的成熟性 89
诉的合并 127
诉的利益 117—
诉讼参加 129—
诉讼费用 213
诉讼类型 64
诉讼物 194
诉讼要件 77—
诉愿前置主义 53,55,80
损害规避措施 285
损失补偿 298
损失补偿的必要性 300—
损失补偿请求权 300,306

T

弹劾性审判程序 37

特别(的)损失 302,306,319
特别情况下的驳回裁决 31
特别情况下的驳回判决 161
特定管辖法院 77
提出新证据的限制 41,147
调停 46
调整性行政指导 46
听证程序 147
通常会产生的损失 312—,314
通常受到的损失 311—
通常所应具有的安全性 280—
通知 91
统治行为 233
团体诉讼 224,236

W

外形标准说 273,276
完全补偿 306
完全的补偿 307
危害防止责任 258
危险责任 252
危险状态 321—
违法、不当判断的基准时 34
违法、无过失 317
违法判断的基准时 165
违法行为抑制功能 269
违法性的继承 160
违法性(国家赔偿法上的) 259,266—
违反目的 132
违反注意义务 267
未改修河川 284
文化财产 109—,116,310,318,321
文书提出义务 138—
斡旋 46,48
无过失责任 281
无名抗告诉讼 191

无效的行政行为 175—
无效确认判决的第三人效力 183
无效确认诉讼 178—
无效确认诉讼的诉的利益 179
物的形状瑕疵(类型) 278
物件(的)阅览 74

X

狭义的诉的利益 117—
现在的法律关系 178
宪法诉讼 63
相当补偿 306—
相关请求 174
相互保证主义 248,255
消费者 109
消费者团体 109
效果裁量 131,137
懈怠事实的违法确认请求 227
信息公开 138
行政不服审查会 24—
行政裁判法 53—,242
行政裁判制度 52
行政程序法 6
行政处分的撤销或者无效确认的请求 227
行政法法官(Administrotiue Lalo Judge, ALJ) 22
行政法院 53,243
行政法院法案 54
行政计划 93
行政监察员 49—
行政救济法 1
行政上的争讼 4
行政审判 3,35—,142,147
行政事件(诉讼) 3,63
行政事件诉讼特例法 55

行政诉讼法案　54
行政诉讼检讨会　58—
行政厅的诉讼参加　130
行政委员会　35
行政争讼　3—,6—
行政指导　93
行政主体　76
行政咨询委员　48
形成力　149
形成权　72
形成诉讼　70,71,192,193,211—
形式上的当事人诉讼　44,210—
形式上的行政行为　96
形式上的行政争讼　5
修正裁决　74
许可　84
蓄水池条例　304
选举诉讼　220,224
学校事故　254,261,296

Y

要件裁量　42,132,137
一般处分　108
一般的行为　87
一般概括主义　9,18,20
一般消费者　108,116
医疗过失　295
义务赋课诉讼　59,191—
义务赋课诉讼的诉讼物　146
义务赋课诉讼(申请满足型)　190,198
义务赋课诉讼(直接型)　192,195
义务确认诉讼　208
异议(的)申诉　15,44,45,79
(溢水型)水害　283
营业竞争者　107,115
营造物　277—,278—,313

预防接种(事故)　254,270,301,316,319—,321
预防性不作为诉讼　204
预防性诉讼　179
预见可能性　261
预算抗辩　281
原处分主义　40,74
原告适格　19,59,101
原因裁定　46
阅览请求　29
允诺　302

Z

再调查的请求　15—
再检查的申诉　44
再审查请求　15—,79
责任裁定　46
战争损害　322
战争灾害　317,322
争点诉讼　184—
争点效　185
争讼　3
正当的补偿　306—
执行不停止　26
执行力　34,149
执行停止(制度)　26,167—
执照　84
职能分离　39
职权进行主义　127
职权探知(主义)　28,125
职权行使的独立性　38
职权证据调查　28,125,213
职权主义　28
职务行为基准说　260,264,268—,272—
职务执行命令诉讼　230
指导纲要　255

指定法人　252
指定机关　252
指定确认检查机关　252
中间性决定　88
中止诉讼　60,101,204,205—,218
中止诉讼的诉讼物　205
仲裁　46
主观诉讼　65,220
主权免责(原则)　241,245,247,268
主张限制　141—
主张责任　134

注意义务(违反)　260,266,267,271
状态责任　303
追诉功能　39
准司法(性)程序　35,38,42
自白　126
自己责任　248,253,275,318
自律权　234
自然公物　279,282
自然正义原则　39
组织规范　96—

合订本中文版译后记

经过整整一年的艰苦努力,终于将《行政法》翻译完毕,并最终付梓,我如释重负。

本书是当代日本著名行政法学者盐野宏先生的力作《行政法》第一册、《行政法》第二册和《行政法》第三册的中文全译本。盐野宏先生立足于其长期以来所主张的行政过程论,通过行政过程论、行政救济论和行政手段论这三部曲,完成了行政法教科书的体系架构,与传统行政法学体系(行政组织法、行政作用法和行政救济法)相比,呈现出较为鲜明的特色。其中第一册已被翻译成繁体中文在我国台湾地区出版,并被翻译成韩文在韩国出版;第二册也已被翻译成韩文在韩国出版。可见本书不仅具有很高的学术价值,而且其影响甚广。

客观、冷静、理性,重视引述他人的研究成果并加以吸收,同时加以检证,展开剖析,使自己在他人研究成果的基础上取得更大的突破。这是大多数日本行政法学者的共通特点,当然也是盐野宏先生治学态度的真实写照。通过翻译《行政法》,我深深地敬佩盐野宏先生在著书立说方面所表现出的那种严谨。例如,为了展开行政过程论的体系架构,他详细列举了各种不同观点,并逐一予以分析。列举不同观点,不局限于"有人认为",而是进一步标明出处。又如,在列举参考文献时,除列明编者外,还在括号中具体表明撰稿人[南编:《逐条解释行政事件诉讼法》,第526页以下(春日伟知郎)]。这样,既是对撰稿人的尊重,又责任分明……总之,我认为,目前我国学界应借鉴日本法学者的实证研究方法,尽快建立起严谨、科学的学术研究规范。仅从这层意义上讲,《行政法》的翻译出版也具有重大意义。

有幸参与"早稻田大学·日本法学丛书"的翻译工作,我首先要感谢本丛书发起人、早稻田大学教授大须贺明先生。大须贺先生热心于中日两国法学文化交流,为使本丛书出版计划付诸实施,不仅在日本国内奔走筹资,而且不辞辛苦数次访问中国,其精神令人钦佩。同时,我也要向本丛书的实际组织者林浩先生表示衷心感谢,感谢他为本丛书出版计划得以实现所做的许多重要的工作,为中日法学交流做出了贡献。北京大学教授姜明安先生在百忙之中抽时间对本书译文进行了审阅和校对,提出了许多宝贵意见,并逐字逐句地加以修改,使本书中的理论术语和习惯用语更加准确、规范,在此表示衷心感谢。在《行政法》的翻译过程中,法律出版社蒋浩先生经常给予督促,并及时给予必要的技术性指导,确保了本书能够如期和读者见面,衷心感谢蒋浩先生的大力支持。最后,我还要感谢我的夫人陈衍珠女士,在我翻译本书期间,她不仅承担了全部家务,而且作为本书译稿的第一位读者,对全书译文进行了初步校对,付出了辛勤劳动。

翻译,是一项极其艰辛的劳动。尤其是翻译较有影响的专著,更是如此。只要以认真、负责的态度,而不是以沽名钓誉的态度进行翻译,那么,翻译专著便可称为一项严谨、科学的学术研究。然而,目前国内著述却表现出一种倾向,即在引用文献时省略译者。仿佛外国学者直接用中文著述,又仿佛引用者直接引用外国原版文献,导致责任不明。我认为应该学习日本法学者的做法,采取客观、冷静、理性的态度:标明原作者的同时,也应标明译者。这样,责任分明,也是对译者的起码尊重。

由于翻译专著是一项严谨、科学的学术研究,因而存在一个不断发展、不断完善的过程。由于时间的限制,更重要的是由于译者素质方面的制约,尽管从主观上尽了十二分的努力,也难免存在不尽如人意的处理。若书中翻译有不妥乃至错译或漏译之处,还望读者批评,有待今后改正。若本书简体中文版对中国学者了解当代日本行政法及行政法学,乃至促进我国行政法及行政法学的发展有所帮助,我将感到十分欣慰。

杨建顺
1998年8月1日于中国人民大学静园

三分册中文版译后记

2008年8月5日,这是一个值得纪念的日子。

这一天,我终于为最新版"盐野宏行政法教科书三部曲"的中文翻译工作画上了句号。当我点击"发送"键,将全部校对完毕的翻译书稿传给杨剑虹编辑时,全身心充满了无比的舒畅之感。

1998年,拙著《日本行政法通论》由中国法制出版社出版。转眼间将满十周年,一直没有修订。这期间,日本行政法的制度和理论研究皆发生了巨大的变化,并且,最近数年一直在变化着。我一直致力于拙著《日本行政法通论》的修订,并试图将这种变化反映于修订版之中。虽然已经拟定了从诸多意义上都值得纪念的2008年出版《日本行政法通论》修订版的计划,但是,相关工作却处于缓慢进行之中。

1999年,盐野宏先生的力作、被称为"盐野宏行政法教科书三部曲"的《行政法Ⅰ》(第二版)、《行政法Ⅱ》(第二版)和《行政法Ⅲ》(初版)由我翻译,由法律出版社以中文全译合订本的形式出版。之后,这三册书一直处在补订和改版的状态之中,经过多次补订印刷,内容或者形式的变化累积到一定程度之后,才是改版。与此相比较,拙著十年未改,真是汗颜!

先于拙著改版而推出"盐野宏行政法教科书三部曲"的三分册中文版,是我经过仔细考虑和斟酌之后才作出的决定。首先,根据我的判断,在目前中国行政法学界,尚没有能够与这套书比肩的成果。无论是从体系的完整性和科学性的角度,还是从内容的广泛性和深刻性的角度,抑或从学术研究的规范性和扎实性的角度,这套书都堪称力作。正如我曾经在自己的博客中给予该套书的评价——三册在手,融会贯通,行政法学,行家里手。这么好的著作,当然应尽快介绍给中国的同仁。其次,我在拙著修订过程中借鉴了该著作的许多内容,希望在注释中标注出可供中国同仁查阅的出处,而不是日文原版的出处。这样,可以为读者提供更多比较思考的便利,有助于形成更为客观的学术评价和批评的氛围,助推中国行政法学研究的发展。再次,我觉得在拙著修订之前,应该全面、系统而深入地追踪学习近年来日本行政法的制度和理论,而经过对诸多日本行政法学者的研究成果的追踪和比较,更使我确信,通读、精读并有重点地阅读该著作具有极其重要的意义。翻译该著作,恰好是我强迫自己做到"通读、精读并有重点地阅读"的最佳方式。最后,我认为再度翻译该著作是作为译者的责任和荣誉。1999年有幸参与"早稻田大学·日本法学丛书"的翻译工作,我被大须贺先生热心于中日学术交流的热情和激情深深感动,为自己有机会翻译盐野宏先生的力作而感到无比的荣幸和自豪。然而,数年来,日本行政法的制度和理论不断变化和发展着,自己却很少有时间对这些变化和发展进行跟踪研究。翻译"盐野宏行政法教科书三部曲"的最新版,尽快将其介绍给中国学界,可以弥补自己在这方面的欠缺,也是我心中一直期盼且引以为荣的事情。基于上述考虑,我选择了先完成这项翻译工作,然后再致力于拙著的修订工作。

然而,正如我在合订本中文版的"译后记"中所说的:"翻译,是一项极其艰辛的劳动。"合订本中文版的翻译工作,我用了一年的时间,而此次翻译工作我用了两年的时间。当然,我必须对其间因诸种事情而分心的"缺乏定力"进行检讨和反思。不过,我也为此次翻译过程中的"读书"而欣慰。

很长时间了,我在"读书"方面处于"选择阅读"的状态,很少能通读,更谈不上精读一本专业书籍。而此次翻译,迫使我对日文版"盐野宏行政法教科书三部曲"通读了三次(三个版本),精读了一次(翻译过程),有重点地阅读了两次(根据盐野先生的手写修订稿);对中文翻译稿精读了数次(翻译过程),通读了一次(校对),有重点地阅读了一次(根据责任编辑和诸位校对者的校对意见)。此外,我根据该书中的注释和参考文献,参考比较阅读了大量新的日文版文献资料。真的是受益匪浅。

从确定翻译到完成翻译,我共使用了三个版本,准确地说是四个版本(加上未正式出版的盐野宏先生的手写修订稿的话)。

2005年秋,在日本访学的我的学生王丹红发来邮件,告诉我盐野宏老师的《行政法Ⅰ》和《行政法Ⅱ》出了第四版,《行政法Ⅲ》出了第二版,并为我购买了一套。当时我正在致力于拙著《行政规制与权利保障》的写作,该书拖了很长时间,迟迟不能交稿,甚是苦恼。盐野宏先生的力作有新版面世,这实在令我兴奋不已,为我最终完成拙著提供了巨大的动力。2006年年初,丹红回国,带回了我期盼已久的这套书。于是,我在撰写拙著的同时,开始了第一次通读。

2006年3月,和北京大学出版社第五图书事业部主任蒋浩先生就翻译出版该套书的事宜达成意向性共识,并于同年6月中旬正式确立了翻译出版计划。于是,我于6月18日给盐野宏先生去信,谈了有关翻译授权事宜。7月10日,收到了盐野宏先生热情洋溢的回信,他不仅非常高兴由我再度翻译"盐野宏行政法教科书",而且告诉我《行政法Ⅲ》已出了第三版,《行政法Ⅰ》和《行政法Ⅱ》也将进行第四版的修订印刷,他已在相关部分用红笔标识出来了。他希望我用最新版来翻译,且按照相关修订标识来翻译,中文翻译版可以先于日文补订版出版发行。多么令人感动啊!之后不久,我收到了盐野宏先生委托有斐阁奥贯清先生寄来的、添加了修订标识的《行政法Ⅰ》和《行政法Ⅱ》的第四版、《行政法Ⅲ》的第三版,以及《行政法判例百选Ⅰ》和《行政法判例百选Ⅱ》的第五版。于是,我又开始了"盐野宏行政法教科书"的通读。随着时间的推移,我陆续收到了奥贯清先生寄来的数封航空信,里面装的是盐野宏先生再度作了修订标识的书页的复印件。这些都是我重点阅读的重要依托。

2008年春节前,《行政法Ⅰ(第四版)行政法总论》翻译、校对完毕,提交给了出版社。5月初,《行政法Ⅱ(第四版)行政救济法》和《行政法Ⅲ(第三版)行政组织法》也都翻译完毕,然而,由于之后的两个月忙于学生论文的指导、评阅、答辩等事宜,再也没有余暇来校对书稿,以至于这项工作不得不拖至暑假了。恰好在此期间,5月中旬,我又收到了盐野宏先生委托有斐阁寄来的2008年最新补订版"盐野宏行政法教科书"。于是,暑假期间,在对后两册翻译书稿进行校对的同时,我通读了最新补订版"盐野宏行政法教科书"日文版三分册。

盐野宏先生对于中日学术交流的热忱,对待自己作品的认真负责,几次无偿地邮寄赠书,都令我感佩至深。一次次书信往来,一次次电话交谈,还有传真、Email交流,盐野宏先生总是不厌其烦地给予我热情的支持和鼓励。此次翻译过程中的交流,让我在学术研究之外充分感受到了盐野宏先生高尚的人格魅力。衷心感谢您,盐野宏先生!

其实,在再度翻译"盐野宏行政法教科书三部曲"的过程中,除作者盐野宏先生之外,还有许多人曾给予我慷慨的帮助。

前面提到的有斐阁的奥贯清先生,一次又一次地给我寄来书籍及有关修订的复印件,来信询问翻译出版的进展情况;有斐阁的编辑总务伊东晋先生,为出版合同事宜亲自进行协调,并在百忙之中发来热情洋溢的邮件,给予我诸多支持和鼓励。我和两位先生都未曾谋面,但是,和他们的交流,总能够感受到似曾相识的亲切。

我的学生王丹红博士,不仅为我购买并从日本带回新版"盐野宏行政法教科书三部曲",而且还对照我的中文全译合订本查找新版的相关修订部分,列出了《行政法Ⅰ》和《行政法Ⅱ》的修订对照表,为我提供了诸多便利。

我的学生张步峰博士,博士生刘亚凡、栾志红、白贵秀、高卫明、何倩,硕士生梁瑞辉、唐莹祺、王拓,他(她)们分别承担了部分书稿的文字校对工作,并提出了许多有益的建议。

在此,我必须特别提到蒋浩主任和本书的责任编辑杨剑虹女士。是他(她)们的果敢判断和鼎力支持,促成了最新版"盐野宏行政法教科书三部曲"三分册中文版的出版,而他(她)们对我迟延交稿总是表示理解,为我用更加充分的时间对翻译书稿进行斟酌和完善提供了支持。

对于前面提到的诸位的支持和帮助,借此写"译后记"的机会,表示我最诚挚的谢意!

此外,著名行政法学者姜明安先生对合订本中文版的审校,为该书翻译行文更加流畅,反映的专业知识更加准确,阅读起来更少困难,提供了重要的支持。此次翻译,由于时间等诸方面的原因,没有再度劳烦姜明安先生审校。但是,先生前次的审校同样也为三分册中文版提供了重要的基础。再次感谢姜明安先生的鼎力支持!

最后,还是要对我的妻子陈衍珠女士说声"感谢"!她从一开始就劝我先放下拙著的修订工作,优先完成最新版"盐野宏行政法教科书三部曲"的翻译工作,并在最后的翻译书稿完善阶段给了我巨大的帮助,承担了三册书最后的事项索引和判例索引的核对、排序工作。这项工作很烦琐,费时间却成就感很少。但是,有了准确的排序,才能确保该套书更好地发挥其"行政法百科全书或行政法学专业词典的功用"。

杨建顺

2008年8月14日

于中国人民大学明德法学楼研究室

2025年三分册中文版译后记

"盐野宏行政法教科书三部曲"2025年三分册中文版的翻译工作全部完成了。想到这套书即将付梓,我实在不知道该用什么语言来表达自己内心的激动。衷心感谢诸位的关注、鼓励和鞭策!同心协力一路走来,满是收获,满是感谢!继续奋楫前行,才能更好体悟幸福。

之所以承担这套书的翻译工作,除诸多偶然的因素外,更具决定性的因素在于这套书本身具有里程碑式的地位和灯塔般的价值。这套书对于行政法学(包括日本行政法学、中国行政法学乃至比较行政法学)研究具有极其重要而深远的意义,这使得我真心觉得能够翻译这套书实在是我的荣幸。的确是这样,数十年来,我一直将自己有此荣幸引以为豪;这种自豪,也化作我不断努力向上的巨大动力,催我奋进,不断去遇见更好的自己。

盐野先生在《写给中国读者的话》中提及南博方著行政法教科书《行政法》(第六版)由我翻译并在中国出版,他认为"盐野宏行政法教科书三部曲""是作为展示其后日本行政法及行政法学之展开的一例而被选中的"。诚如盐野先生所言,这套书的翻译出版的确具有这方面的意义。不过,也不完全是这样,或者说,主要的并不是这样。前后三次全译"盐野宏行政法教科书三部曲",除展示其后的发展情况之意义外,还有更为重要、更为深远的无可置疑的意义。

这套书的特点,除我在之前的两次"译后记"中所阐述的那些外,还可以追加归纳为如下几点:(1)内容浩瀚,180多万字的鸿篇巨制,篇章结构安排科学,条理清晰,逻辑严密,说理透彻;(2)旁征博引,资料翔实,有不胜枚举的注释,又注重扎实检证,以内链接增强互相印证;(3)体系宏大,囊括现代行政法学体系的所有领域、阶段和层次,辑各家主张,集各派成果,评实务案例之利弊得失,守正出新,全面展开又细致入微。作者盐野先生做到了这几点,完成了其"行政法教科书三部曲",并不断加以修订完善、改版扩容,与时俱进,笔耕不辍,这着实令人钦佩至极。这套书第一册、第二册已经出了第六版,第三册也出了第五版,这是盐野先生扎实治学精神的生动写照。我有幸第三次全译"盐野宏行政法教科书三部曲",感觉自己也随之成长了许多,怎能不为之自豪!

盐野先生于2015年推出《行政法Ⅰ(第六版)行政法总论》后,我便跟北京大学出版社学科副总编辑蒋浩先生联系"盐野宏行政法教科书三部曲"最新版的翻译出版事宜,得到蒋先生的理解和支持。当时的最新版即《行政法Ⅰ(第六版)行政法总论》《行政法Ⅱ(第五版补订版)行政救济法》和《行政法Ⅲ(第四版)行政组织法》。2016年1月7日,盐野先生回信,非常高兴地表示同意"盐野宏行政法教科书三部曲"最新版的翻译出版计划,并且给予温馨提示:目前正准备对《行政法Ⅱ(第五版补订版)行政救济法》进行修订改版,至于是对目前版本进行翻译,还是等出了新版再翻译,请自行定夺。我跟蒋先生商量决定,先翻译《行政法Ⅱ(第五版补订版)行政救济法》,待第六版出版后再对照修改完善即可。与盐野先生的修订工作同步,我的翻译工作扎实推进。盐野先生于2019年推出《行政法Ⅱ(第六版)行政救济法》,我在这之前已完成了第五版补订版的翻译工作。于是,按照既定计划,在已有翻译的基础上,又展开了查漏补缺的翻译完善工作。

2021年1月,三册书的翻译工作基本完成,进入全面校稿阶段,不出意外的话,当年8月便可出版。1月7日,我向盐野先生汇报了这个情况,并邀请他为"盐野宏行政法教科书三部曲"最新版翻译出版写序。盐野先生欣然答应,同时,先生告诉我一个好消息:《行政法Ⅲ(第五版)行政组织法》很快就要刊行了。四个月后的5月15日,我收到盐野先生亲自填写寄送信息的国际航空邮包,真的是非常感动。德高望重的盐野先生赠书,而且是通过国际航空邮包的形式邮寄赠书,这对于作为晚辈和译者的我来说,真的是莫大的鼓舞和鞭策。于是,我开始了《行政法Ⅲ(第五版)行政组织法》的翻译工作。

本以为会像《行政法Ⅱ(第五版补订版)行政救济法》到《行政法Ⅱ(第六版)行政救济法》那样进行查漏补缺,很快就可以完成翻译工作。然而,《行政法Ⅲ(第五版)行政组织法》的修订幅度之大,已远超对照第四版进行查漏补缺所能应对的范畴,必须扎实开展全面翻译工作。这样一来,既定的许多计划便不得不推迟了。

2021年6月,盐野先生完成了《写给中国读者的话》,遗憾的是我却未能在短时间内完成翻译任务,再加上由于各种主客观原因,三分册中文版的出版工作未能按照原计划推进。

从"盐野宏行政法教科书三部曲"最新版翻译出版计划正式启动到现在,转瞬过去了九年。这期间,如前所述,盐野先生推出了《行政法Ⅱ(第六版)行政救济法》和《行政法Ⅲ(第五版)行政组织法》,我对这两册书则是分别翻译了两个版本,最后呈现在读者面前的当然是其真正的"最新版"。这期间,这套书最新版的翻译工作一直得到诸多朋友的关注、鼓励和鞭策。有的在微信朋友圈点赞、留言,有的发微信、短信或者邮件等,一次次问询,一声声鼓励,路径不同,形式各异,都助力我及早完成翻译任务,让我倍感亲切、温暖。在"盐野宏行政法教科书三部曲"合订本中文版出版发行二十六年后,三分册中文版出版发行十七年后,能够推出2025年三分册中文版,我感到非常高兴和无比幸福!借此机会,再次对盐野先生及有斐阁的信任表示衷心的谢意!对蒋浩先生及北京大学出版社的鼎力支持表示衷心的谢意!对王建君、焦春玲、关依琳、陈晓洁四位编辑的辛劳付出和专业建议表示衷心的谢意!对姜明安教授百忙之中拨冗审读书稿、给予莫大支持表示衷心的谢意!还要感谢我指导的博士生叶益均、张天翔和田一博对书稿的读校!对诸位朋友一直给予我关注、鼓励和鞭策表示衷心的谢意!

在这里,要特别感谢我的妻子陈衍珠女士一如既往地给予鼎力支持!陈衍珠女士承担了日文版最新版本跟2025年三分册中文版内容的比对标记工作。她认真对照日文原版和中文版,逐字逐句审读,列出原版和中文版的内容对照表,发现问题,提出修改完善建议,为我顺利开展查漏补缺工作提供了便利,为确保翻译用词的前后呼应、协调一致提供了重要参考。为进一步提升"盐野宏行政法教科书三部曲"中文版的翻译质量,2025年三分册中文版在各分册之间的"内链接"及判例索引、事项索引等页码处理上,一如既往地从方便读者查对的角度出发,尽可能以每册的最新版为基准,以中译本页码进行准确比对标示。对应较早出版的书中的注释,查找较晚出版的书中的页码,往往存在较大难度。这样处理的工作量增大了许多,相关工作一如既往地得到陈衍珠女士的全程相助。再次表示衷心感谢!

我一直认为,"盐野宏行政法教科书三部曲"值得反复研读。这套书对于研究探索中国自主行政法学知识体系和助力中国式现代化与法治,具有重要的参考和借鉴价值。我虽然前后三次翻译了这套书,但是,离达到对其切实掌握、深入理解的程度,依然存在很远的距离。数十年来,我反反复复地翻阅该书,而且和我的硕士生、博士生弟子们一起研析这套书,逐步加深对这套书的内容和体系的理解,因而敬佩之情更真、更深。翻译过程中,对"盐野宏行政法教科书三部曲"的高水准,对盐野先生精益求精的治学态度,更是无比敬佩。

最后,衷心祝愿盐野先生健康快乐,福如东海,寿比南山!衷心祝愿这套书为中国自主行政法学知识体系的构建提供更多参考和借鉴!

杨建顺
2025 年元旦
于北京海淀世纪城